重庆文理学院年鉴

2018

主　编　蔡华锋
副主编　李兴春　马雁

西南交通大学出版社
·成　都·

图书在版编目（CIP）数据

重庆文理学院年鉴.2018/蔡华锋主编.—成都：西南交通大学出版社，2018.9
ISBN 978-7-5643-6460-1

Ⅰ.①重… Ⅱ.①蔡… Ⅲ.①重庆文理学院－2018－年鉴 Ⅳ.①G649.287.19-54

中国版本图书馆 CIP 数据核字（2018）第 223225 号

Chongqing Wenli Xueyuan Nianjian
重庆文理学院年鉴
2018
主编　蔡华锋

责 任 编 辑	武雅丽
助 理 编 辑	郑丽娟
封 面 设 计	曹天擎
出 版 发 行	西南交通大学出版社 （四川省成都市二环路北一段 111 号 西南交通大学创新大厦 21 楼）
发行部电话	028-87600564　028-87600533
邮 政 编 码	610031
网　　　址	http://www.xnjdcbs.com
印　　　刷	成都蜀通印务有限责任公司
成 品 尺 寸	175 mm × 250 mm
印　　　张	27.25
插　　　页	8
字　　　数	422 千
版　　　次	2018 年 9 月第 1 版
印　　　次	2018 年 9 月第 1 次
书　　　号	ISBN 978-7-5643-6460-1
定　　　价	139.00 元

图书如有印装质量问题　本社负责退换
版权所有　盗版必究　举报电话：028-87600562

编 委 会

主　任　孙泽平　黄伟九

委　员　兰　刚　谭　宏　李德全　漆新贵
　　　　万书辉　王明华　金　盛　周洪亮
　　　　周文东

主　编　蔡华锋

副主编　李兴春　马　雁

编　辑　徐红川　余　嘉　潘澜月　周洪丹

9月29日，学校召开第三次党代会

9月29日，学校第三次党代会代表合影

10月31日,学校举行本科教学工作审核评估专家组见面会

9月21日,学校召开硕士学位授予单位建设工作会议

10月18日,学校领导为本科生讲授思想政治理论课

8月23日,学校领导看望慰问涂铭旌院士

9月11日,学校领导参加2017级学生开学典礼暨军训动员大会

12月18日,学校领导率队赴巫溪开展扶贫工作

5月27日,学校领导率队赴俄罗斯洽谈教育合作

11月19日,学校领导与大学生面对面交流

1月6日,学校领导陪同中国科学院院士参观新材料技术研究院

3月3日,学校领导出席与武汉华中数控股份有限公司举行的校企合作签约仪式

11月8日，学校领导指导2018届毕业生双选会

5月19日，学校领导参加新材料技术研究院硕士研究生暨卓越工程师实验班毕业座谈会

8月26日,学校领导检查暑假维修改造工程

1月4日,《中国教育报》刊登学校转型发展纪实

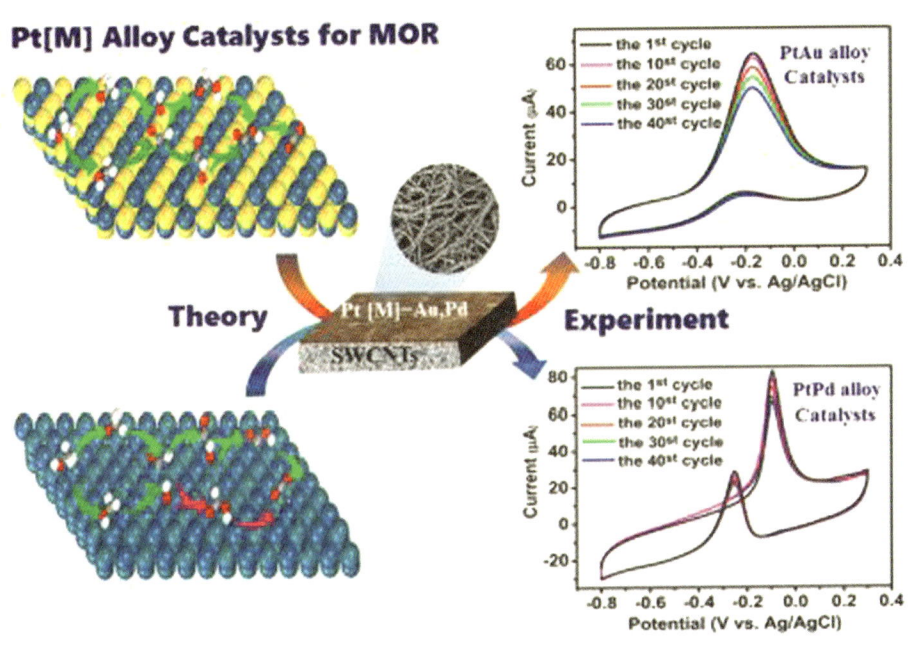

11月，学校联合培养研究生在国际著名期刊发表高水平论文

3月24日，央视主持人敬一丹相约文理，畅谈阅读之于成长

11月30日,学校青年教师在英国伦敦举办个人绘画作品平行展

12月7日,学校学生在第五届全国师范院校师范生教学技能竞赛中再获佳绩

7月5日,学校学生"Blue组合"代表重庆市参加中央电视台《星光大道》节目录制

4月8日,学校承办2016—2017年中国大(中)学生体育舞蹈锦标赛总决赛并获三项冠军

12月15日,学校承办2017—2018中国大学生3×3篮球比赛(重庆赛区)

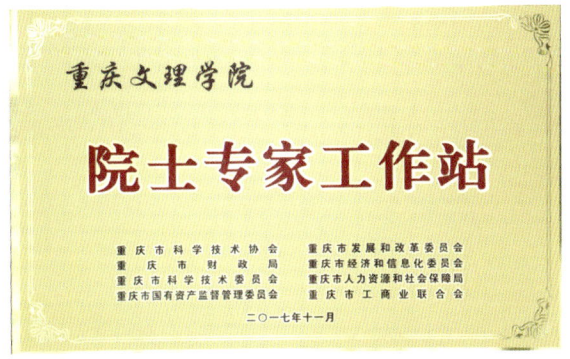

11月,学校院士专家工作站获得授牌

11月，学校在第三届中国"互联网+"大学生创新创业大赛中喜获佳绩

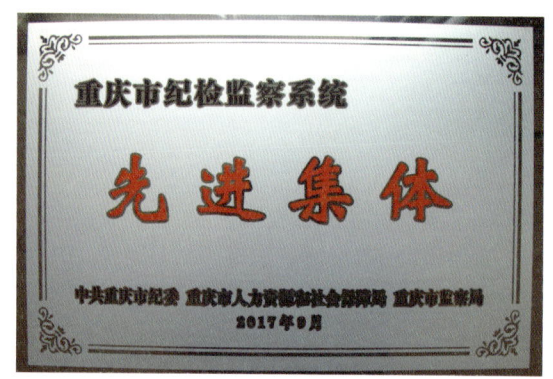

9月25日，学校纪委荣获"重庆市纪检监察系统先进集体"称号

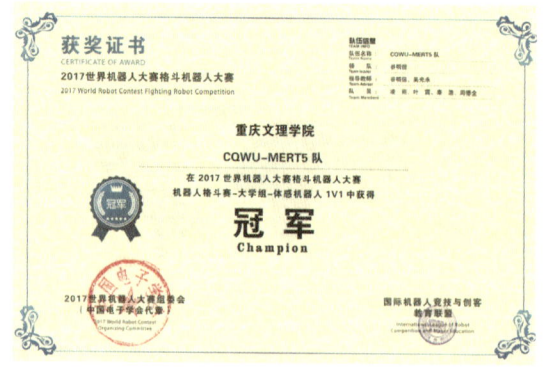

8月23日，学校学生参加2017世界机器人大赛格斗机器人比赛项目获冠军

编辑说明

2017年,重庆文理学院深入学习贯彻习近平新时代中国特色社会主义思想和党的十九大精神,坚持"应用为本、管理创新、开放办学、特色发展"的办学思路,持续推进"两学一做"学习教育,大力推进"顶天立地"发展战略,深入推动应用型深度转型发展,学校综合实力和核心竞争力显著增强,在建设高水平应用型大学进程中迈出了坚实步伐。

《重庆文理学院年鉴(2018)》汇集了2017年学校事业发展及重大活动基本情况,重点反映重庆文理学院在人才培养、科学研究、服务社会、文化传承与创新等方面的重要活动和所取得的经验、成果等,供全校各个部门及校外有关单位了解和研究学校现状与发展情况时参考使用,同时也是重庆文理学院发展概况的历史记载。

《重庆文理学院年鉴(2018)》是资料性文献,根据学校办学特色、高等学校的职能,同时借鉴兄弟院校年鉴编纂的成功经验,在传承学校历年年鉴编纂风格基础上,做了适当调整。全书设置学校概况、特载与专文、审核评估、党建工作、教学工作、学科与科研、学生教育、发展与管理、师资队伍与人事工作、保障与服务、二级学院、大事记、媒体报道等栏目。选材时间为2017年1月1日至2017年12月31日,部分内容依据实际情况略有回溯。年鉴收录的统计数据,由学校相关部门审定、提供。

我们力图全面、系统记载学校2017年在教学、科研、管理等方面的工作和成绩,客观真实反映学校在人才培养、科学研究、服务社会、文化传承与创新等方面的发展状况,但限于我们的能力和水平,虽竭尽全力,仍难免有缺失和疏漏,敬请各位读者批评指正。我们将不断探索改进,进一步提高年鉴的编纂质量,把年鉴的编辑与出版工作做得更好。在此,对为年鉴编纂提供支持和帮助的单位一并表示感谢。

目　录

◆ 学校概况 ·· 001

重庆文理学院简介 ··· 002
重庆文理学院2017年工作综述 ··· 006
学校领导 ·· 017

◆ 特载与专文 ·· 019

抓改革　强内涵　创一流　开启高水平应用型大学建设新征程
　　——在中国共产党重庆文理学院第三次代表大会上的报告（摘要）········ 020
让校训精神伴你远行
　　——在重庆文理学院2017届学生毕业典礼上的讲话 ·························· 036
中共重庆文理学院委员会关于进一步加强和改进基层党组织
　　建设的若干意见 ··· 039
重庆文理学院关于深化创新创业教育改革的实施意见 ··························· 049
重庆文理学院2017年党政工作要点 ··· 057
重庆文理学院大学生创新创业奖学金评选暂行办法 ······························ 065

◆ 审核评估 ·· 069

本科教学工作审核评估工作概述 ··· 070
特色项目 ·· 076
　　特色之一　"六位一体"创新创业教育体系的构建与实践 ················· 076
　　特色之二　推进"五大教学"改革，培养高素质应用型人才 ············· 081

应用为本走新路　转型发展谱新篇
　　——在审核评估汇报时的讲话 ································ 088

◆ 党建工作 ·· 093

组织建设 ·· 094
党风廉政建设 ·· 102
宣传工作 ·· 108
统战工作 ·· 117
离退休工作 ·· 121
工会工作 ·· 123
共青团工作 ·· 126

◆ 教学工作 ·· 131

教学工作概述 ·· 132
重庆文理学院2017年度新工科研究与实践项目立项名单 ············ 142
重庆文理学院首批"合格+"多元人才培养项目立项名单 ············ 143
重庆文理学院第五届教学成果奖名单 ····························· 144

◆ 学科与科研 ·· 147

学科与科研概述 ·· 148
2017年学科科研统计 ·· 157
非物质文化遗产研究中心 ·· 177
新材料技术研究院 ·· 181
创新靶向药物国际研究院 ·· 186
特色植物研究院 ·· 189

◆ 学生教育 ... 197

教育管理 ... 198
招生工作 ... 205
就业工作 ... 207
重庆文理学院2017年度国家奖学金获奖学生名单表 ... 210

◆ 发展与管理 ... 213

合作发展 ... 214
国际交流与合作 ... 224
校务管理 ... 226

◆ 师资队伍与人事工作 ... 233

师资队伍与人事工作概述 ... 234
重庆文理学院二、三级教授名单 ... 239
2016—2017年先进集体和优秀教师、优秀教育工作者名单 ... 241
2017年教龄、教育系统工作满30年的人员名单 ... 242
2017年新进人员 ... 242

◆ 保障与服务 ... 247

基建工作 ... 248
财务管理 ... 253
采购管理 ... 257
资产管理 ... 258
图书情报工作 ... 259
档案工作 ... 263
现代教育信息 ... 266
后勤服务 ... 270

安全稳定工作 ………………………………………………………… 278
医疗医保 ……………………………………………………………… 281

◆ **二级学院** ………………………………………………………… 283

文化与传媒学院 ……………………………………………………… 284
数学与财经学院 ……………………………………………………… 294
材料与化工学院 ……………………………………………………… 299
机器人工程学院/机电工程学院 …………………………………… 304
林学与生命科学学院 ………………………………………………… 310
电子电气工程学院 …………………………………………………… 316
软件工程学院 ………………………………………………………… 320
经济管理学院/建筑工程学院 ……………………………………… 325
旅游学院 ……………………………………………………………… 332
马克思主义学院 ……………………………………………………… 340
公共管理学院 ………………………………………………………… 343
教育学院 ……………………………………………………………… 349
外国语学院 …………………………………………………………… 357
音乐学院 ……………………………………………………………… 360
体育学院 ……………………………………………………………… 367
美术与设计学院 ……………………………………………………… 373
国际学院/文化遗产学院 …………………………………………… 377
继续教育学院/培训学院 …………………………………………… 381

◆ **大事记** …………………………………………………………… 385

◆ **媒体报道** ………………………………………………………… 407

一所应用型本科高校的"创业史"
　　——重庆文理学院转型发展纪实 ………………………………… 408

重庆文理学院探索"高校+市教科院+名优学校"三位一体
　　卓越教师培养模式——打造教师教育"免检产品" ………………414
他在材料领域耕耘半生,年过八旬又华丽转身,竭力办好一所大学
　　——涂铭旌：老兵新传 ……………………………………………417
海归博士4年成功研发世界领先癌症抑制剂 …………………………423
重庆文理学院八大举措帮扶困难学生就业 ……………………………425
重庆文理学院多举措推进科研工作创新发展 …………………………427

学校概况

XUEXIAO GAIKUANG

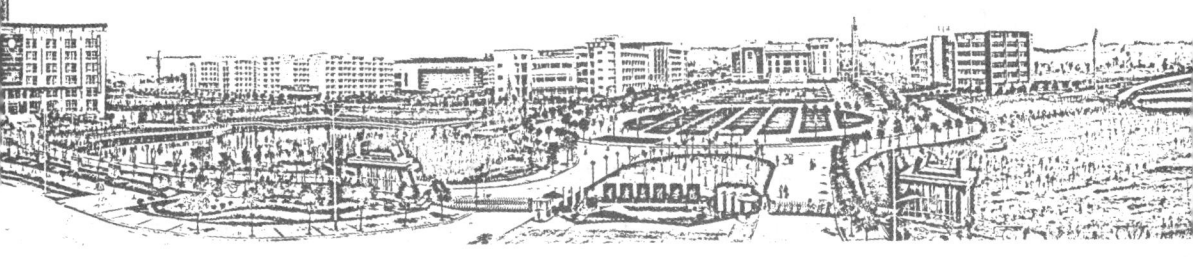

重庆文理学院简介

重庆文理学院是重庆市人民政府主办的全日制普通本科高等学校，其前身重庆师范高等专科学校和渝州教育学院分别创办于 1976 年和 1972 年；2001 年 5 月，两校合并组建为渝西学院；2005 年 4 月，学校更名为重庆文理学院。

学校坐落在重庆市永川区，有红河、星湖两个校区，校园占地面积 117.8 万平方米，校舍建筑面积 71 万平方米，馆藏图书 191 万册，教学仪器设备总值 2.89 亿元；现代教育技术中心和电子阅览室设施齐备，校园网设备先进，教学、科研及生活设施完善；现有教职员工 1 366 人，其中正高级职称人员 150 余人、副高级职称人员 320 余人；具有博士学位教师 220 余人，兼职硕导 70 余人；外籍教师 10 余人，外聘专家 270 余人。

学校现有中国工程院院士 1 名，新世纪百千万人才工程国家级人选 1 人，国家有突出贡献的中青年专家 2 人，国家教学指导委员会专家 3 人，全国优秀教师和优秀教育工作者 4 人，国家级会计领军（后备）人才 1 人，重庆市"百人计划" 3 人，"巴渝学者"特聘教授 2 人，重庆市青年拔尖人才 1 人，重庆市科技创业领军人才 1 人，重庆市有突出贡献中青年专家 1 人，重庆市学术技术带头人后备人选 3 人，重庆高校中青年骨干教师 15 人。

学校坚持管理创新，进行了"大部制""学院制"改革，现设有 10 个大部，16 个二级学院。开设 58 个全日制普通本科专业，专业涵盖文学、理学、工学、管理学、艺术学、教育学、农学、法学等十大学科门类，现有来自全国 20 多个省（区、市）的全日制本科在校生 2 万余人；来自俄罗斯、意大利、马来西亚等国留学生 100 余人；与市内外 10 余所高校合作开展研究生教育，联合培养研究生累计 210 余名。2012—2013 年度，学校被教育部评为"全国毕业生就业典型经验高校 50 强"；2014 年评为重庆市大学生创业示范基地，成为首批重庆市大学生创业示范基地；2016 年，学校荣获首批"全国创新创业典型经验高校 50 强"称号。

2015—2017 年，学校科研项目持续增长，累计获国家自然科学基金、社会科学基金项目 40 余项，并获国家星火计划重大项目和国际科技合作与交流专项；同时，在核心期刊发表学术论文大幅度增加，被 SCI、SSCI 收录 300 余篇，其中一区、二区论文近 100 篇；获得授权专利 300 多项；有 3 个学科进入中国高校学科排名"区域一流"行列。学校设有博士后科研工作站 2 个，建成 3 个市级"2011 协同创新中心"，拥有环境材料与修复技术重庆市重点实验室、中俄澳纳米光电材料技术国际联合研发中心、重庆市人文社会科学重点研究基地等 17 个市级科研平台。学校利用地恩科技、国家科技特派员创业基地及众创空间等科技成果转化平台，积极促进科技成果转化和推广，纳米银技术、抗 ED 和肺动脉高压一类新药、脱毒生姜连作技术、猕猴桃良种脱毒工厂育苗技术等一批新技术成果正在进行转化和推广应用。主办有国内外公开发行的《重庆文理学院学报》《重庆高教研究》等省级学术刊物。

学校围绕"建设应用型学科，开展应用研究，培养应用型人才，创建高水平应用型大学"的办学定位，进行了一系列以应用型人才培养体系构建为核心的教育教学改革，取得了一批标志性成果。"中华民族非物质文化遗产教育传承体系在当代高校的构建与实践"获第六届国家级教学成果一等奖，"高校三标一体教育质量模型的探索与实践"获国家级教学成果二等奖，"师范新升本院校的转型发展与应用型人才培养体系建设"获重庆市教学成果一等奖，《非物质文化遗产概论》获重庆市第八届社会科学优秀成果二等奖，"特色苗木良种选育及现代设施繁育技术体系创建与应用"获得重庆市科技进步二等奖。2 部著作、3 篇论文分获重庆市第六届优秀基础教育著述评选著作类、论文类奖项。园林专业被立项为国家级特色专业建设点，"非物质文化遗产概论"被评为国家级精品课程，"重庆文理学院-重庆渝西园林集团有限公司工程实践教育中心"被立项为国家级大学生校外实践教育基地。学校累计获得国家级教学成果奖 3 项、省级教学成果奖 29 项、教育部产学合作协同育人项目 22 项，市级及以上质量工程项目 48 项、市级高等教育教学改革研究项目 149 项。荣获全国第四届师范生教学技能竞赛一等奖 2 项。

学校坚持开放办学，与美国、俄罗斯、英国、德国、意大利、澳大利亚、马来西亚、新加坡等国高校签订了合作协议，先后同俄罗斯伊万诺沃国立化工大学、俄罗斯国际儿童院、意大利佩鲁贾大学、马来西亚泰莱大学、泰国乌汶皇家大学、越南河内大学等 10 余所国外院校开展了师生互派、"2+2 专升本""3+1+1 本升硕"项目等。与俄罗斯托木斯克理工大学开展"2+2"本科生联合培养项目。

学校与重庆高新区、九龙坡区、永川区、璧山区、大足区等全面建立产学研战略联盟，与重庆京东方有限责任公司、深圳莱宝科技有限公司、武汉华中数控股份有限公司等 200 余家行业企业签订合作协议，共建教学、生产一体化的实验实训平台和实践教学基地，打通校企合作渠道；与凤凰卫视·凤凰数媒、中国外运长航集团重庆长江轮船公司、重庆市教育科学研究院、洲际酒店管理集团等共建 20 余个校企合作实验班，构建校企合作多元人才培养模式；与协信商业地产集团、重庆水务集团、重庆天沛农业科技有限公司等 10 余家企业共建产业研究平台，开启校企深度合作模式。

学校全面贯彻落实国家创新驱动发展战略，2015 年，"重庆文理新药创新团队"凭借具有自主知识产权的"抗 ED 和肺动脉高压一类新药开发"项目代表重庆夺得了全国创新创业大赛总决赛第一名。2016 年，大尺寸柔性触控项目荣获首届全国智能制造创新创业大赛总决赛第一名；柔性触控团队、3D 喷墨印刷电子团队分别获得第五届全国创新创业大赛电子信息行业全国总决赛、先进制造行业全国总决赛第三名；新型环保材料创新团队获得 2015 年度大学生"小平科技创新团队"称号。学校全方位改革、多角度创新、超常规发展的模式被新华社、《中国青年报》等媒体誉为"文理现象"，《中国教育报》（2017 年 1 月 4 日）头版头条专题报道了学校转型发展成绩。

学校先后获得首批教育部依法治校示范校、全国教育网络示范单位、国家级语言文字规范化示范校、全国校园文化先进单位、全国第一批节约型公共机构示范单位、重庆市园林式单位等荣誉称号，并获得重庆市"五一"劳动奖状。近 9 年来，学校领导班子 7 次在重庆市管领导班子年度考核中名列前茅并获得先进集体称号。

历经 40 余年的不懈追求和跨越发展，年轻而蓬勃发展的重庆文理学院正秉承"进德修业、博文达理"的校训,坚持"应用为本、管理创新、开放办学、特色发展"的办学思路,大力实施"顶天立地"发展战略,全面推动应用型深度转型发展,努力将学校建设成为高水平应用型大学!

重庆文理学院 2017 年工作综述

2017 年,在重庆市委教育工委、市教委的正确领导下,学校党政领导班子团结一心,抓改革、强内涵,带领全校师生员工朝着建设高水平应用型大学目标奋勇前行,学校事业蓬勃发展,取得显著成绩。是年,全校有全日制在校学生 20 578 人,比 2016 年减少 1 387 人,减少 6.3%;有教职工 1 366 人,比 2016 年增加 92 人,增加 7.2%。开设 58 个本科专业,比 2016 年增加 2 个,增长 3.5%。全校占地 1 177 676 平方米;校舍建筑面积 694 372 平方米。全校教育经费总收入 53 825 万元,比 2016 年增加 109 万元,增加 0.2%;总支出 59 512 万元,比 2016 年增加 12 984 万元,增加 30%。

表 1　2017 年重庆文理学院基本情况

单位:人、个、万元、平方米、万册、GB、台

项目	数量	项目	数量
在校学生总数	21 303（折合数）	博士授权点数	
其中:普通高等教育硕士生	0	其中:一级学科博士点	
普通高等教育本科生	20 456	二级学科博士点	
普通高等教育专科生	0	硕士授权点数	
成人及其他高等教育学生	1 706	其中:一级学科硕士点	
外国留学生	122	二级学科硕士点	
当年招生数	5 991	本科专业数	58
其中:普通高等教育硕士生	0	专科专业数	0
普通高等教育本科生	5 666	其中:省部级重点专业	10
普通高等教育专科生	0	国家级特色专业	1
成人及其他高等教育学生	284	国家级精品课程	1
外国留学生	41	学校占地面积	1 177 676
当年毕业学生数	8 397	其中:绿化用地面积	269 463
其中:普通高等教育硕士生	0	运动场地面积	142 434
普通高等教育本科生	5 247	校舍建筑面积	694 372

续表

项目	数量	项目	数量
普通高等教育专科生	593	其中：教学及辅助用房	263 833
成人及其他高等教育学生	2 518	图书馆面积	24 078
外国留学生	39	纸质图书	191.09
教职工总数	1 366	数字资源	
其中：专任教师	1 065	其中：电子图书	83
正高级职称教师	142	各类专业实验室	55
副高级职称教师	280	其中：国家重点实验室	0
博士生导师		省部级重点实验室	15
硕士生导师		省部级工程研究（技术）中心	5
享受国务院特殊津贴教师	1	教学用计算机	6 536
国家级突出贡献中青年专家	1	全年教育经费总收入	53 825
教育部新世纪优秀人才		其中：国家财政性教育经费	31 549
重庆市百名海外高层次人才	2	社会捐、集资办学经费	
巴渝学者特聘教授	2	事业收入	18 107
重庆市学术技术带头人	3	全年教育经费总支出	59 512
博士后流动站	2	其中：事业性支出	

注：此表数据来源于重庆文理学院2017—2018学年初高基报表、重庆文理学院2017年度部门决算报表。

1. 宣传贯彻党的十九大精神

2017年，学校深入学习贯彻党的十九大精神，组织师生员工集中观看十九大，组建由全体校领导、部分老领导，部分中层管理干部，教学单位总支书记、院长，部分思政课教师等52名成员组成的"十九大精神宣讲队"，从11月16日—12月14日，宣讲成员作十九大宣讲报告94场，实现师生员工全覆盖。11月29日，举办"学习十九大精神，不忘初心，继续前进跟党走"主题演讲比赛。12月12日，邀请"全国劳模"、重庆市巾帼建功标兵、全国道德模范提名奖获得者到校开展"榜样面对面"党的十九大精神宣讲活动。12月13日，邀请孔繁森同志纪念馆相关专家到校作"不忘初心　牢记使命"孔繁森事迹报告会和孔繁森先进事迹图片展。

是年，党委中心组、二级中心组和教职工理论学习开展十九大精神的专题学习活动50余次，把贯彻十九大精神落实在学校各项工作中。2018年1月10日，组织召开年度精神文明建设总结表彰大会，推进社会主义核心价值观培育与实践。

2．学校第三次党代会

9月27日，学校第三次党代会党代表警示教育会在博文馆101报告厅举行。学校党委书记孙泽平、党委副书记刘灿国，第三次党代会全体党代表参加会议。会议由刘灿国主持。会上，教工部部长周洪亮宣读《严肃换届纪律责任书》。第三次党代会9个党代表小组的正、副组长签订《严肃换届纪律责任书》。会议向全体代表发放《严肃换届纪律告知函》，重申严肃换届纪律"九严禁"的工作要求。会议还组织全体党代表观看《镜鉴》《警钟》专题警示片，深刻体会湖南衡阳破坏选举案、辽宁和四川南充拉票贿选案的巨大危害和惨痛教训。

9月29日—30日，中国共产党重庆文理学院第三次代表大会召开。29日9:00—9:30在恪勤楼304会议室举行预备会，全体党代表参加会议，党委书记孙泽平作第三次党代会筹备工作报告。9:30—11:40举行开幕式，市委教育工委副书记覃正杰、市委督导组成员、全体党代表参加大会。会议由大会执行主席、学校校长许洪斌主持。会上，覃正杰宣读《中共重庆市委教育工作委员会关于召开中国共产党重庆文理学院第三次代表大会的批复》并讲话。孙泽平代表中共重庆文理学院委员会作《抓改革　强内涵　创一流　开启高水平应用型大学建设新征程》工作报告。党委副书记、纪委书记李德全代表中共重庆文理学院纪律检查委员会作《聚焦监督执纪问责　推进全面从严治党　为开启高水平应用型大学建设新征程提供坚强纪律保障》工作报告。学校离任老领导，校领导班子成员（非中共党员），非正式代表的二级单位正处级负责人，科研机构主要负责人，各民主党派负责人，人大代表、政协委员，共青团、学生联合会、学生社团联合会代表列席和应邀出席会议。会议期间，审议并通过了《党委工作报告决议（草案）》和《纪委工作报告决议（草案）》，选举产生了第三届党委委员和新一届纪委委员。9月30日，学校新一届纪律检查委员会在恪勤楼504会议室举行第一次全体会议。会议审议并通过《中共重庆文理学院新一届纪律检查委员会第一次全体会议选举办法（草案）》，选举新一届纪委书记、副书记。9月30日,中共重庆文理学院第三届委员会第一次全体会议在恪勤楼422会议室举行,会议审议并通过《中共重庆文理学院第三届委员会第一次全体会议选举办法(草案)》,选举产生了重庆文理学院第三届党委常委,选举了重庆文理学院第三届党委书记、副书记。通过新一届纪委第一次全体会议选举产生纪委书记、副书记。

3. 党建工作

2017年,全面贯彻落实高校思想政治工作会精神,利用学校党委常委会、校级中心组学习会、二级中心组学习会、各单位的政治理论学习、组织生活会等,专题传达学习全国和重庆市高校思想政治工作会议精神。出台《关于加强和改进新形势下思想政治工作的实施意见》《关于进一步加强辅导员队伍建设的实施意见》等文件,细化落实思想政治工作和辅导员队伍建设的各项举措。开展大学生周末思想政治教育,举办学校(学院)领导与大学生面对面交流,引导大学生将激昂的青春梦融入伟大的中国梦,增强大学生对国家发展的认同感。7月,"基础课贯彻落实《关于进一步把社会主义核心价值观融入法治建设的指导意见》"获教育部示范马克思主义学院和优秀教学科研团队重点项目,10月,李德全主持的"社会主义核心价值观融入高校思想政治课理论课教育教学"工作室获批全市首批高校思政课名师工作室。

2017年,按照市委教育工委有关巡视整改工作会议精神,举一反三,切实加强对中央巡视组"回头看"反馈意见有关教育问题的整改落实,牢固树立"四个意识""四个自信",引导党员干部做讲政治、守纪律、有规矩、敢担当的合格共产党员。组织各二级单位党政负责人签订《意识形态工作责任书》,层层落实意识形态工作责任制。制定并落实《意识形态工作考核办法》《意识形态工作考核指标体系》《意识形态工作责任和工作清单》《意识形态工作定期研判制度和应急处置机制》等文件,构建意识形态工作制度体系,强化校园宣传和意识形态阵地管理。

推进"两学一做"学习教育常态化制度化,充分利用"三会一课""主题党日"、党费收缴、专题讲座、志愿服务等形式,拓展"两学一做"学习教育载体。党委书记和副书记带队,8名常委、5个党务部门参与,深入31个二级党组织开展党建工作专题调研，制定党委1号文件《关于进一步加强和改进基层党组织建设的若干意见》，落实领导干部上讲台、辅导员双线晋升、党务干部待遇兑现、二级学院党政负责人交叉任职等制度，按规定配备辅导员和党建组织员。推进党组织书记和党务干部队伍建设，组织开展党务干部培训，聘任近20名特邀党建组织员，党务干部的年龄、性别、学历、职称等结构进一步优化。充分发挥党校作用，培训学员1 531人。严把关口，高质量发展预备党员502人。

严格落实党风廉政"两个责任"，召开党风廉政建设暨纪检监察工作大会、党风廉政专题报告会，制定并落实党风廉政建设和反腐败工作分工责任制。落实纪委"三转"，纪委书记专司其职，配齐专职纪检干部，建成"走读式"谈话室。有效运用监督执纪"四种形态"，对科级以上干部开展廉政约谈，约谈各级干部311人次。开展"四风"专项整治，加大巡视巡查力度，组织开展44次常规巡视和专项巡视。出台《关于办理、参加婚丧喜庆事宜的规定》和《关于进一步深入落实中央八项规定精神、专项整治"四风"的实施方案》，通过全面清理排查整改，有效遏制了"四风"问题反弹回潮。开展干部人事、工程建设、采购招标、物资验收、招生录取等监督170次，审签经济合同429份、科研项目结题3项。学校纪委获市纪检监察系统"先进集体"称号。

4．师资队伍

2017年，大力引进优秀人才，引进国内知名高校和海外留学博士60余人，聘任陈芬儿、潘复生两名院士，引进国家百千万工程人选任宏教授来校工作。从美国、英国等国家聘请11名海外高水平专家开展科研教学合作。新增新世纪"百千万人才工程"国家级人选、科技部"创新人才推进计划科技创新创业人才"、市高校优秀人才计划人选各1人。学校现有专任教师1 065人，具有博士学位人员220人，占专任教师的20.7%。

调整人事政策，修订出台《人才引进办法》《研究生培养规定》《关于培育拔尖人才的若干意见》《博士后工作站博士后研究人员经费资助与管理办法》，合理调整专技岗、管理岗、工勤岗比例，增加专技岗位数，开展中高级岗位数，实施讲师职称评审改革，试行评聘分离，新增正高17人、副高39人。

加强教师队伍培训，完成"双师型"教师培训170余人，高校教师岗前培训110余人，国内访问学习、高级职称晋升人员岗前培训、会计青年英才培训等80余人。推进教师海外培养计划，特色专业骨干教师海外研修培训、海外访问学习培训20余人。11月，获批"重庆市院士专家工作站"。12月，"光电薄膜与器件重庆市工程实验室"获批重庆市级工程实验室，获"重庆市工程师创新能力培养训练基地"，"海棠人才"行动计划获市优秀人才项目称号。陈中祝获"重庆市先进工作者"荣誉称号。6月29日，学校首届"金果源"学生最喜爱的教师奖现场评选在红河校区博文馆101举行，来自16个学院的160名学生代表参加评选。15个学院的学生代表对各候选教师作演讲推荐，选出10名学生最喜爱的教师。"金果源"学生最喜爱的教师奖由重庆金果源商贸有限公司董事长黄志刚校友、总经理艾中华校友捐资设立，2017年学生最喜爱的教师奖奖励名额为10名，每人奖金10 000元。

5．合作办学

2017年，国际合作不断拓展，与美国加州大学洛杉矶分校、重庆市科委、永川高新技术产业开发区签订谅解备忘录，共建重庆-UCLA智能制造技术研究院。与美国北卡罗来纳大学威尔明顿分校合作办学项目通过教育部评审。11月11日，与俄罗斯托木斯克理工大学联合举办的材料科学与工程（国际班）开班典礼在知津楼D506室举行。与意大利佩鲁贾大学开展联合培养研究生项目及学生交流项目。创新靶向药物国际研究院主办"第二届靶向治疗与分子药物国际研讨会"。由重庆市科学技术协会、重庆文理学院主办的"2017微纳米材料与先进制造国际学术会议"在学校召开。来自俄罗斯、美国、新西兰、波兰等国家的300余名专家学者参加会议，共同探讨了微纳米材料在生物医学、高分子加工、复合材料等领域的新技术和运用成果。学校与国内外多个高校、企业签署实验室共建协议、合作研究协议。

2017年，与俄罗斯托木斯克理工大学签订《联合办学项目合作协议》，制定"2+2"国际班人才培养方案；选派新材料技术研究院金属材料工程（国际班）学生赴俄罗斯伊万诺沃参加暑期夏令营活动。重庆市微纳米光电材料与器件协同创新中心与新西兰奥克兰大学材料及纳米技术研究中心签订《关于建立"微纳米光电材料与器件国际合作联合实验室"的协议》，探索跨国培养与跨境流动的人才培养新机制,培养具有国际视野的高素质、复合型人才,努力成为国际化专业人才的培养基地,集聚国内外优秀人才,突破关键技术。2017年,与阿里巴巴联合成立重庆市首家高校"阿里云大数据学院"。9月,与凤凰卫视集团合作共建的"凤凰数字媒体实验班"正式开班,与重庆红江机械有限责任公司签署战略合作协议。2017年,全面启动与深圳固高科技有限公司、新道科技股份有限公司、网龙网络有限公司、万学教育集团等知名企业合作办学。从俄罗斯、印度尼西亚、哈萨克斯坦等10余个国家招收留学生,在校留学生达到182人。

6. 本科教学工作审核评估

精心准备迎评工作,发布《关于成立迎评工作领导小组及工作机构的通知》(校评建〔2017〕28号),成立迎评工作领导小组、迎评指挥部及11个专项工作组,明确各组织机构的工作职责,各工作组根据分工细化迎评工作方案。5月22—24日,学校组织开展本科教学工作审核预评估,邀请玉林师范学院校长贺祖斌等校外专家9人,根据本科教学工作审核评估的要求,专家组一行在审读学校《自评报告》和《教学状态基本数据分析报告》的基础上,对学校进行实地考察。走访教学单位16个,实地考察管理部门25个,举行12场座谈会,访谈全体在家校领导以及15个非教学单位的负责人、16个学院领导班子共98人次,听课(看课)15门,调阅26个专业的毕业论文494份,调阅22个专业的试卷1341份,同时调阅相关管理文件及其他支撑材料,实现了对教学单位和非教学单位的全覆盖。10月31日—11月3日,本科教学工作审核评估专家组一行14人到学校开展为期4天的审核评估工作。专家组考察了红河、星湖两个校区的硬件设施和条件,深度访谈学校领导、职能部门负责人和教师共129人次。走访学校全部职能部门、教学单位、科研单位;举办教师座谈会15场,学生座谈会6场,涉及教师133名、学生67名。走访重庆渝西园林集团有限公司等校外实践教学基地和就业基地5个,访谈或电话访谈实习基地、就业基地负责人32人,听课(看课)82节,查阅34个专业2036份试卷和23个专业1474份毕业设计(论文),查阅了有关支撑材料。专家组通过四天的实地考察,一致认为:重庆文理学院办学思路清晰,办学定位准确;重视本科教学，人才培养中心地位明确；以生为本，高度重视学生全面发展，构建了完备的创新创业教育体系，取得一批高水平的教学成果。针对评估专家提出的问题和建议，制定本科教学工作审核评估整改方案，以本次审核评估为契机，进一步以评促建、以评促改，不断提升人才培养质量，推动各项工作再上台阶。

7．教学工作

2017年，启动"新工科"建设，获批"重庆市新工科建设试点高校"，出台《新工科建设行动计划》《"新工科"专业建设实施方案》，完善"新工科"专业布局，新申报环境科学与工程、数据科学与大数据技术等2个专业为新工科专业，以新工科建设为主的14个项目获市级教改项目立项，实现市级教改立项新突破。

新申报园艺、环境科学与工程、数据科学与大数据技术、运动训练4个本科专业，"机器人与智能装备特色学科专业群"获市级特色学科专业群立项，获建设经费300万元。金属材料工程、化学工程与工艺、材料成型与控制工程等6个专业立项为校级特色专业建设点。在工程教育、电气工程及其自动化、软件工程专业试点开展专业认证。园林、电子信息科学与技术和环境科学3个市级特色专业通过验收。园林和会展经济与管理2个专业在中国校友会网发布的2017中国大学本科专业排行榜中雄居榜首。电子信息科学与技术、体育教育、电气工程及其自动化、环境科学4个专业跃居重庆市大学本科专业排行榜前三甲。

2017年，获市级教学成果奖8项，其中一等奖1项，二等奖3项，三等奖4项。获2017年第一批教育部产学合作协同育人专业综合改革项目16项，在全国734所立项高校中位列第16位。获中央专项资金1 400万用于实验室建设。材料科学与工程学科和园艺学科获批双一流建设项目，材料物理实验教学中心、供应链虚拟仿真实验教学中心、园林实验教学中心获批实验教学平台建设。23个市级教改项目顺利结项。学校首批"合格+"多元人才培养项目立项17项。开展教师说课程建设与改革汇报交流，36门专业核心课程改革项目结项，35门专业核心课程获课程改革项目立项。4月15—16日，学校与中国教育学刊、重庆市教科院联合主办的"首届全国卓越教师发展论坛"在学校举行，参加首届卓越教师发展论坛的有72所高校（含相关机构）、部分中小学教师代表229人,探讨卓越教师人才培养话题。卓越师范生培养质量提升,在全国第五届高校师范生教学竞赛中,学校学生获1个二等奖,1个三等奖。在重庆市第四届高校师范生教学竞赛中,我校学生共获得一等奖3个,二等奖6个,三等奖3个,获奖总数再次位居全市高校前列。该赛事有来自西南大学、重庆师范大学等9所高校9个学科共112名选手参赛。经过两天激烈角逐,比赛共评出67名获奖者,其中一等奖11名,二等奖21名。

8．学科科研

完善学科建设布局,材料科学与工程、环境科学与工程、园艺学和社会学4个学科获批"十三五"市级重点学科,药学、数学2个学科获批市级重点培育学科。市级重点学科由"十二五"时期的3个增加到"十三五"时期的"4+2"。启动第四轮重点学科建设,制定《第四轮重点学科暨专业硕士学位点建设实施方案》,修订《重庆文理学院学科带头人学科方向带头人和学术骨干选拔与管理办法》《重庆文理学院重点学科建设管理办法》,立项建设材料科学与工程、环境科学与工程、园艺学、社会学、药学、数学等6个优势学科,机械工程、计算机科学与技术、工商管理、马克思主义理论、心理学等5个重点学科,教育学、电气工程、体育学、中国语言文学等4个重点建设学科。

2017年,出台《横向科研项目管理办法》,全面调动教师科研热情,横向项目立项70项,项目经费1100余万元,项目数较去年增长3倍,项目经费增长8倍。获国家自科基金项目8项(含面上项目1项),国家社科基金项目6项,"酵母拮抗菌抗逆机制与剂型制备的研究及应用示范"作为子课题获国家重点研发计划支持,首次进入国家重点研发计划序列。2017年,获省部级项目140余项,其中获教育部人文社科项目3项,国家民委、全国学校共青团等3项部委项目,首次获批重点战略课题项目,首次获批市发改委重点项目1项。

2017年,新增"靶向创新药物协同创新中心""光电薄膜与器件重庆市工程实验室""重庆市高校情绪与心理健康重点实验室""新型储能器件及应用工程研究中心"等4个市级科研平台,市级科研平台19个,新增23个校级科研机构。

9月21日,获科技创新券接券机构资质,发布技术服务80余项,服务科技型企业80余家,获创新券86张,总金额超过162.5万元,协助企业解决了机器人自动化、智能健康管理、生态环境保护等技术问题。创新靶向药物国际研究院自主研发的"抗 ED 和肺动脉高压一类"新药获得美国专利局专利授权；"银纳米线大尺寸柔性触控技术"项目实现不超过 22 寸的柔性触控小批量生产；特色植物种苗团队技术成果"渝姜 1 号"和"渝姜 2 号"在永川、彭水、巫溪等 20 多个区县广泛推广。

9．学生工作

2017 年，录取本科新生 5 033 名，文科、理科分别超二本线 64 分、62 分，四川、云南、贵州等地招生分数均接近当地一本线。组织各类招聘会 300 多场，提供岗位达 1.4 万余个，2017 年毕业生初次就业率 91.58%，较 2016 年提升 0.31%。新增勤工助学岗位近 100 个，发放勤工助学工资 38.59 万元。办理生源地信用助学贷款达 2 626 万元。发放重庆籍建卡户生活补助、就业补助等 321.14 万元。发放奖助学金总额 2 000 余万元。

2017 年，举办"畅想文理"文化艺术节、"科技文化月""社团之光"社团文化艺术节，组织开展"重庆好人""新乡贤"代表走进学校团校课堂活动，开展"青年志愿服务"活动，举办"周末文化广场"活动 614 期，组织近 300 名学生参加暑假社会实践。2017 年学校团校被重庆团市委授予首批"重庆市团校教学基地"。

2017 年，推动创新创业，争取永川区财政资金支持 680 万元，促进微型企业孵化。大学生微型企业孵化园被授予市级创业孵化基地和重庆市十佳微型企业孵化园区，获奖励资金 20 万元。百川兴邦众创空间被科技部评为 2017 年国家备案众创空间。柔性触摸显示项目科研团队成为晋级首届中意创新创业大赛决赛的唯一一支中国队伍，获大赛第二名。举办"创业先锋班" 2 期、GYB 创业培训 12 期，申报大学生创业训练计划国家级项目 7 项、重庆市级项目 24 项。

2017 年，学校获 2017—2018 赛季中国大学生 3×3 篮球联赛总决赛第六名，获重庆市第六届"红丝带杯"冠军，成为重庆市唯一一支赢得 CUBA 直接出线的代表队。获第 36 届重庆市大学生辩论赛决赛本科院校组冠军。在首届全国大学生化工实验大赛、全国大学生旅游创意大赛、全国大学生创业综合模拟大赛、全国移动互联创新大赛、全国师范院校教学技能大赛、全国大学生艺术展示大赛等全国性赛事中，获一等奖 30 余项。

10．保障与服务

2017 年，坚持预算控制，动态分析财务运行情况，提高资金使用效率，修订《财务管理办法》，规范财务管理。修订《国有资产管理办法》，有序推进资产报废，资产总量稳中有升。严格执行政府采购相关制度，按需及时完成采购项目。积极申报亚行贷款项目，主要用于建设新工科大楼和创意产业园大楼，进一步改善办学条件。

搭建智慧校园平台，升级优化教学、人事、财务、后勤、OA 办公系统等专用管理系统，改版校园网主页，及时维护网络运行，保证网络技术安全。建成网上办事大厅，全面集成化的应用服务成效初显，获批重庆市智慧校园示范校试点建设单位。

推进基建工程，严格执行招投标规范，优化招投标流程。合理制定基建规划，完成高新大厦主体建设，人和居 3 号教职工住宅全面进入装修装饰阶段，星湖校区维修改造项目及时推进。强化质量监管，确保后勤服务质量。提高教职工体检标准，提升医疗保障服务水平。

加强文献资源建设，新购图书 4 万册、编目典藏图书 4 万册、报刊 1 200 余种。优化文献资源结构，加强数据库建设，共试用新数据库 25 个，新购数据库 2 个。

全面推进档案数字化，完成学生学籍、学校合同数字化工作。优质高效提供各类档案查询服务工作。正式出版《重庆文理学院志（1976—2016）》《重庆文理学院年鉴（2017）》。

加强物业管理，做好校园保洁绿化工作。及时维修，确保设备设施正常运行。加强学生宿舍管理，打造优良宿舍环境。严控食品安全，质量、价格持续稳定，餐饮服务质量不断提升。强化节能管理，确保水电气稳定供应。

深入推进平安校园建设，做好敏感时段及学校大型活动期间安全工作，组织开展多次消防安全隐患排查整治，及时处置各类报警、求助。开展交通整治，加强校园摩托车管理，确保校园车辆运行安全。开展网络专项检查，加强舆情监控，确保学校网络信息安全。

学校领导

序号	职务	姓名	备注
1	党委书记	孙泽平	
2	校长	许洪斌	2017年4月起任
3	党委副书记	刘灿国	
4	党委副书记、纪委书记	李德全	
5	副校长	兰 刚	
6	副校长	谭 宏	
7	副校长	张 进	2017年4月免任
8	副校长	漆新贵	
9	副校长	万书辉	
10	副校长	王明华	
11	副校长	金 盛	2017年4月起任

特载与专文

TEZAI YU ZHUANWEN

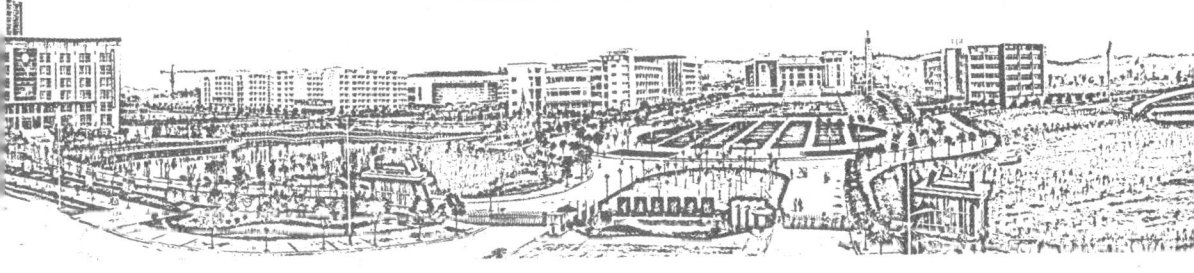

抓改革　强内涵　创一流
开启高水平应用型大学建设新征程
——在中国共产党重庆文理学院第三次代表大会上的报告（摘要）

党委书记　孙泽平

（2017年9月29日）

一、第二次党代会以来的工作回顾

党的建设实现新引领。五年来，学校深入学习贯彻习近平总书记系列重要讲话精神和治国理政新理念新思想新战略，严格落实管党治党责任，推动全面从严治党向纵深发展。扎实开展党的群众路线教育实践活动、"三严三实"专题教育和"两学一做"学习教育，党员干部理想信念更加坚定，纪律规矩意识明显增强。深入贯彻执行中央八项规定精神和市委实施意见，切实加强和规范党内政治生活，强化党内监督，党风政风持续向好。顺利完成两次干部换届工作，推进干部从严管理常态化，各级领导班子和干部队伍凝聚力、战斗力不断增强。持续优化基层党组织设置，按期实施换届工作，配齐配强党务干部，党组织战斗堡垒作用和党员先锋模范作用不断彰显。优化完善组织机构，不断推动管理创新。强化落实党管人才，创新人才发展体制机制和政策措施，人才数量不断增长，人才结构持续优化。抓好中央巡视"回头看"和市委巡视组反馈意见整改落实，进一步提高了政治站位，解决了一批突出问题。严格落实党风廉政建设"两个责任"，认真落实"三转"要求，充实纪检监察队伍，注重日常警示教育和廉政风险防控，实践运用监督执纪"四种形态"，风清气正的政治生态进一步巩固。统战工作和离退休工作进一步加强，群团组织的作用得到更好发挥。

人才培养构建新体系。五年来，学校围绕办学目标和定位，聚焦应用型人才培养核心要素，以转变教育思想观念为先导，以优化专业结构为基础，以提高教师教学能力为关键，持续深入推进"五大"教学改革，重构人才培养方案，强化实践教学，实施"合格+"多元人才培养模式改革，完善政产学研合作机制，初步构建起应用型人才培养体系。专业竞争力进一步增强，市级以上特色专业（群）达到12个，中国校友会网2017年大学本科专业排行榜显示，学校1个专业达到"中国高水平专业"层次，5个专业达到"中国知名、区域一流专业"层次。"学生中心、能力本位、需求导向、分类探索、多元培养"的人才培养理念深入人心，人才培养方案更加符合应用型人才培养要求。20个"合格+"多元人才培养模式改革实验班顺利开班，教学改革成效显著，获得国家级教学成果奖1项，重庆市高等教育教学成果奖16项。实践教学体系和创新创业教育体系不断完善，建成1个国家级大学生校外实践教育基地，获得教育部产学合作协同育人专业综合改革项目22个。学校先后获得"全国毕业生就业典型经验高校"50强和"全国创新创业典型经验高校"50强。

学科科研取得新突破。五年来，学校学科建设思路更加明确，学科定位和方向更加清晰，学科建设取得长足进步。建成市级重点学科4个，新建市级协同创新中心、市级重点实验室、市级工程中心、市级人文社科基地等市级科研平台14个。获得国家自然科学基金、国家社会科学基金等国家级项目87项，省部级项目693项。发表一批高质量学术论文，产出一批高水平科研成果，学术声誉和影响力日益扩大。新材料技术研究院、创新靶向药物国际研究院、特色植物研究院、非物质文化遗产研究中心等不断取得一批高水平成果，科技创新能力不断增强，获得第四届中国创新创业大赛生物医药行业总决赛第一名、2016首届全国智能制造（中国制造2025）创新创业大赛总决赛第一名。

人才队伍汇聚新力量。五年来，学校组织实施了特聘教授聘任、教师队伍国际化、博士研究生培养、"双师双能型"教师培养认定、教职员工转岗转型转课程等重大举措。师资队伍建设成效明显，博士学位教师增加100余人，双师型教师达到300余人，引进海内外高层次人才60余名，选送200余名教师出国（境）研修培训，新世纪百千万人才工程国家级人选、国家有突出贡献的中青年专家、重庆市"百人计划"、"巴渝学者"等市级以上人才称号获得者达到19人。师资力量不断充实，高层次人才不断集聚，人才队伍在学科专业建设和应用型人才培养等方面发挥的作用更加充分。

开放办学呈现新格局。五年来，学校与俄罗斯托木斯克理工大学等多所国外院校开展了多种形式的项目合作。共建国际科研合作平台3个，实质性开展重大项目合作和国际学术交流。来校留学生数量和生源国别不断扩大，继续教育与培训改革深入推进，培训项目不断拓展。与深圳莱宝科技有限公司、重庆高新区等开展产学研战略合作，不断推动科技成果转化。与凤凰数媒、长江航运集团、洲际酒店管理集团等近300家行业企业合作，建成一批集教学、生产为一体的实验实训平台和实践教学基地，开办了20余个校企合作实验班，构建起校企合作多元人才培养模式。

办学条件形成新保障。五年来，学校审时度势，抢抓机遇，通过土地置换，建成占地18万平方米的红河校区B区，拓展了办学空间。加大星湖校区校舍维修改造力度，有序开展红河A区北线整治工程，为教职工争取到5万多平方米的教工住宅建设项目。学校不断加大实验实训条件建设，近3年累计投入1亿多元，教学仪器设备总值达到2.8亿元。学校重视信息化建设，建成校园网运行、维护、管理新模式，加大应用信息系统开发与利用，教学、服务和管理数字化水平显著提升。各类图书资源逐年增长，利用率稳步提升。后勤管理运行机制不断优化，专业化管理和服务能力进一步增强。

五年的改革发展，我们积累的基本经验是：

（一）始终坚持党的领导，和谐发展

学校坚持党委领导下的校长负责制，紧紧将党的建设与学校事业发展结合起来，始终坚持做到党政团结、密切配合、相互支持，形成强大的领导合力，引领和推动学校不断跨越发展。学校坚持以人为本，及时回应师生关切，努力为师生创造良好的工作、学习和生活环境，不断增强师生的认同感和幸福感，凝聚起强大的发展力量，共同推动学校各项事业和谐发展。

（二）始终坚持"顶天立地"，全力转型

学校坚持"顶天立地"发展战略，不断加强学科科研基础能力建设，打造出一批特色优势学科，为"升硕"奠定了基础。学校着力加强专业核心要素和主要教学环节建设，初步构建起应用型人才培养体系。学校坚持应用型转型道路,全面建设应用型学科,开展应用型研究,培养应用型人才,实现了服务面向转变、人才培养模式转变、应用型学科科研转变,推动应用型大学建设不断向前迈进。

(三)始终坚持抢抓机遇,改革创新

学校遵循高等教育发展规律,主动适应经济发展新常态,紧紧抓住国家发展战略,主动对接重庆经济社会发展需求,在转型发展、创新创业等方面乘势而上,敢于作为,为学校发展赢得先机。学校始终坚持以改革为动力,以改革促发展,在教育教学和管理服务各领域全面深化改革,创新管理体制机制,努力破解发展过程中出现的问题和矛盾,为学校事业发展不断注入新的活力。

(四)始终坚持质量为本,人才强校

学校将提高教育质量作为办学的生命线,坚持走以质量提升为核心的内涵式发展道路,稳定办学规模,优化学科专业结构,加强内部质量保障体系建设,集约高效配置各类资源,办学效益不断提升。学校将人才作为事业发展的根本动力,始终坚持人才强校战略,不断加强人才队伍建设,营造出干事创业的良好氛围,人才的集聚效应不断增强,为学校的发展提供了重要支撑。

这四个"始终坚持",是学校五年来建设和发展形成的宝贵经验,是全体教职员工的智慧结晶,是文理学院的精神财富,对学校未来发展具有重要的指导作用,学校将在新的发展时期继续深化运用这些经验,不断推动学校事业再上新台阶。

二、指导思想与战略目标

未来五年是学校深化内涵建设、实现转型发展的加速期,是突破制约瓶颈、获得硕士学位授予单位的决胜期,更是夯实发展基础、推动高水平应用型大学建设的黄金期。

学校未来工作的指导思想是:紧密团结在以习近平同志为核心的党中央周围,高举中国特色社会主义伟大旗帜,以毛泽东思想、邓小平理论、"三个代表"重要思想、科学发展观为指导,全面贯彻党的十九大精神,深入贯彻习近平总书记系列重要讲话精神和治国理政新理念新思想新战略，紧紧围绕统筹推进"五位一体"总体布局和协调推进"四个全面"战略布局，贯彻落实新发展理念，牢固树立"四个意识"，坚持社会主义办学方向，落实立德树人根本任务，深入推进全面从严治党，不断加强和改进思想政治工作，以深化高等教育综合改革为抓手，以强化内涵建设为主线，以"双一流"建设为重点，精准发力，实现应用型深度转型，努力建成高水平应用型大学。

学校未来发展的战略目标是：建成高水平应用型大学。

围绕这一战略目标，对接国家"两个一百年"奋斗目标和学校"十三五"发展规划，学校发展将分"三步走"：到2020年，获得硕士学位授予单位，成为全国应用型转型示范高校；到2030年，面向新技术、新产业、新业态和新模式，建成富有特色的新兴应用型大学；到2050年，全面建成高水平应用型大学。

三、未来五年的主要任务

未来五年，学校发展处在"十三五"和"十四五"的交汇期，学校肩负着转型发展和跨越赶超的双重使命。面对新形势、新目标、新要求，我们必须全面加强党建，全面深化改革，全面提升内涵，全面争创一流，将建设高水平应用型大学的奋斗目标转化为实际行动，全力落实好以下八个方面的主要任务。

（一）完善治理体系，治理能力实现新提升

全面落实党委领导下的校长负责制。坚持党委统一领导学校工作，充分发挥学校党委总揽全局、协调各方的领导核心作用，支持校长依法独立负责地行使职权，保证以人才培养为中心的各项任务完成。健全学校党委与行政议事决策制度，完善统筹协调运行机制，建立健全党委统一领导，党政分工合作、协调运行的工作机制。积极推进教授治学，健全以学术委员会为核心的学术管理体系与组织架构，尊重并支持学术委员会独立行使职权，不断完善"党委领导、校长负责、教授治学、民主管理"的现代大学治理结构。

全面推进依法治校。根据法律法规和学校章程，进一步完善管理制度，优化工作流程，逐步形成以《重庆文理学院章程》为统领、具体规章制度为支撑的规范统一的制度体系。加强制度宣传学习，提升领导干部的法治能力。依法依规开展事前控制、事中监督、事后考核，不断增强制度执行力，实现用制度管权管事管人。依法规范办学行为，进一步推进党务公开、校务公开和信息公开。

全面深化机构改革。按照学科专业布局，遵循学科专业设置规律，科学调整、设置二级学院。深化"放管服"改革，坚持责权利相统一，稳步推进管理重心下移，提升二级学院自主决策能力和治理能力。探索多形式、多元化合作办学模式和管理模式，激发二级学院办学活力。积极探索科研机构改革，激发科研机构活力。优化管理服务机构设置，强化服务意识，提升管理效能，逐步建立职责清晰、目标明确、过程可控、执行有力、高效运转的管理运行机制。

全面加强民主监督管理。发挥好教职工代表大会、工会、民主监督委员会、共青团、学生会等群团组织作用，畅通师生参与学校管理渠道。充分发挥各级党代表、人大代表、政协委员、民主党派和离退休老同志在参与学校民主管理和民主监督中的积极作用。健全师生申诉制度，维护师生合法权益。

（二）强化优势特色，人才培养适应新需求

深化培养模式改革，提高人才培养质量。深化"合格+"卓越类、复合类、创业类、深造类和特长类等多元人才培养模式改革，满足学生多元化发展需求。持续深入推进"五大教学改革"，强化以结果评价为导向的专业核心课程建设与改革。按照新工科、新商科建设和专业认证要求，打破学院和专业限制，基于学习产出的教育理念（OBE），适时重构人才培养方案。推动现代信息技术与教育教学的深度融合，推广以学生为中心的移动学习方式，推进慕课、微课和翻转课堂等新型教学方式改革。深化创新创业教育改革，完善"基础启蒙+知识技能+实践实训+成果孵化"四层次课程体系，构建"创业起航站、创业梦工厂、创业赛训营、创业种子器"递进式教育体系。深化继续教育与培训改革，增强服务地方经济发展和全民终身学习能力。

聚焦专业核心要素，全力建设一流专业。按照"一流专业"建设标准，分类建设重点专业、骨干专业和优势专业。强化学科专业一体化建设，打造材料类、农林类、化工制药类、电子信息类、智能装备类、现代服务业类、文化创意类等学科专业集群。做精做优师范教育，深化卓越教师"三位一体"人才培养模式改革，力争获得国家级卓越教师教育培养计划项目。开展师范教育专业认证试点，强化师范教育专业内涵。加快建立专业指导委员会制度，试点实施专业"双带头人"制度。以课程建设为切入点，大力加强专业导论课程、优质课程、在线开放课程建设，鼓励出版应用型校本教材和自编教材。

构建校企利益共同体，完善实践教学体系。建立校企互惠互利长效机制，建设一批产教融合专业示范基地，立项一批产学合作协同育人专业综合改革项目，协同开发一批高质量的校本教材，培育一批企业支持的学科竞赛品牌。联合建设新商科、新工科公共实训中心和专业融通的实验实训中心。建设一批高标准智慧教室、情境教室、小班教学教室、标准化考场、多功能学习中心。积极探索与技能竞赛相结合、与课程考核相结合、与考取职业资格证书相结合的技能训练与竞赛体系，完善"四层次一体化"实践教学体系。

试点专业大类招生，提升创业就业能力。适应高校招生制度改革趋势，试点开展专业大类招生，部分专业进入一本招生序列。加大招生宣传力度，探索建立多种形式的优质生源基地。逐步落实完全学分制，引导学生在专业大类中根据个人兴趣和未来发展选择专业和课程。分年级确定就业指导服务内容，分群体制定指导服务方式，实现就业指导全覆盖和分阶段、分类别的精准指导。瞄准社会需求，建立就业基地，定向、定点输送人才。完善创新创业工作机制，充分发挥创新创业平台作用，围绕创新创业全链条，提供全方位、专业化、高质量的创新创业服务，提升学生创新创业能力，以创新创业带动就业，提高学生就业创业质量。

（三）转变教育理念，跨界融合建设新工科

对接战略新兴产业，新建一批新工科专业。以"建设新工科、培养新工程师、开展新技术研发"引领并带动专业建设和发展。对接重庆市战略性新兴产业，重点围绕新技术、新产业、新业态和新模式所需人才，加强调研，以互联网和人工智能为核心，以新型材料、智能制造、信息、控制等领域为主干，提前布局引领未来技术和产业发展的数据科学与大数据技术、环境科学与工程、光电信息科学与工程、电气工程与智能控制、数字媒体技术、虚拟现实、自动化等新工科专业。推动现有工科交叉复合，工科与文、理、艺等学科交叉融合，应用理科向工科延伸，孕育形成新兴交叉学科专业。树立新工科理念，着力加强新工科研究，推动多学科交叉的新工科专业探索与实践，逐步实现专业跨界融合。

创新协同育人方式，改造一批传统专业。引入多方资源参与新工科建设，加强学校与行业企业、科研院所、高校、地方政府的合作，构建多方协同育人新模式，打造优势互补、项目共建、成果共享、利益共赢的人才培养共同体。组建跨学科教学科研团队，调整培养目标，重构课程体系，更新教学内容，开设跨学科课程，探索面向复杂工程问题的教学模式，改造一批传统专业。按照工程教育新理念、学科专业新结构、人才培养新模式、教育教学新质量、分类发展新体系的建设要求，推动体制机制创新，建立符合工程教育特点的激励机制和教师与行业人才双向交流机制，探索建设多方参与的产业化学院。

落实工程教育理念，认证一批工科专业。把握新工科人才培养所需的核心知识、核心能力和核心素养，落实以学生为中心的教学理念，扩大学生选择空间，增强师生互动，创新工程实践教学方式，改革考核方式，形成以学习者为中心的工程教育模式。加大资源配置力度，按照创新型、综合化、全周期的工程教育新理念，全面落实"学生中心、成果导向、持续改进"的工程教育认证理念，进一步推广国际实质等效的工程教育专业认证制度，在工程管理、电气工程及其自动化、软件工程等部分重点发展的工科专业开展工程教育认证试点。

促进交叉融合，培养一批新工程师。遵循专业建设规律，坚持分类发展、内涵发展和特色发展，以新工程师培养为目标，以新技术研发和应用为手段，培养应用型、能力强、层次高的现场工程技术人才、工程管理人才和工商融合人才。促进跨界融合，建立跨学科机构，探索文理交叉、理工融合、工管结合、专业+VR、专业+外语等跨学科专业培养方式，建立跨院系、跨学科、跨专业的复合型人才培养机制。建设教育、培训、研发为一体的共享型协同育人实践平台，搭建创新创业实践平台，完善新工科人才创新创业教育体系，提高新工科人才创新创业能力。

（四）着力重点突破，学科科研攀登新高峰

强化学科内涵，打造一流学科。根据国家和重庆"双一流"建设要求，坚持"系统化设计、一体化建设、差异化发展、整体化推进"原则，重点建设材料科学与工程、社会学、园艺学、环境科学与工程、药学等特色优势学科。重视学校传统优势学科建设和发展，加强文学、理学、教育学等基础学科建设，培育新兴交叉学科。按照"扶优扶需扶特扶新"原则，强化学科建设目标管理和学科成员责任制、"动态跟踪管理"和"动态发展调整"双动态机制，建成优势学科、重点学科、重点建设学科三级建设梯队。大力推进"五位一体"的高层次人才队伍、高级别科研创新平台、高层次科研项目、高水准国际交流合作和高水平科研成果的重点学科内涵建设，努力争创一流学科。

加强要素建设，确保申硕成功。按照新增硕士学位授予单位申请基本条件，加大建设力度，确保生师比、博士占比、师均年科研经费、生均经费收入等指标全面达标。列入培育计划的硕士专业学位建设点，重点加强学科带头人和学科方向带头人、校企合作实践基地等研究生培养要素建设。大力培育教学成果奖、科学技术奖等，特别是省部级或一级行业协会科学技术奖，取得一批高水平学术成果和应用成果。按照硕士专业学位点建设要求，在教学要素建设方面向硕士专业学位点倾斜。加大合作力度，建立研究生校企联合培养基地、产业技术创新联盟、国际合作研发基地、研究生合作培养项目等。举全校之力，聚全校之智，确保2020年获得硕士学位授予单位。

研发新兴技术，增强供给能力。瞄准重庆支柱产业、战略性新兴产业和现代农业，跟踪前沿技术，汇聚各类资源，建设产学研融合、军民融合的新技术研究院。围绕新材料、新药、新一代信息技术、智能制造、现代农业等重点领域，充分发挥协同创新平台作用，主动承接国家和地方重大科技项目，抢占未来产业发展的技术制高点，并服务于新工科专业建设和新工程师培养。积极培育和申报国家级科研平台，建设一批对接产业行业的高水平科研平台，取得一批突破性创新成果。加强科研创新团队建设，壮大团队骨干力量，合理配置团队人员，打造人才梯队。出台《哲学社会科学振兴计划》，聚焦区域重大热点、难点问题和地域特色文化开展咨政研究和文化品牌研究，产出一批显示度高的

哲学社会科学成果。落实《横向科研项目管理办法》,五年内力争到账横向科研经费达到到账科研总经费的50%以上。

推进成果转化,提升服务水平。坚持应用导向,加强知识产权保护,构建完善的科技成果转化体系。强化科研立项的市场化导向,坚持面向行业企业的现实技术需求和社会发展的重点热点问题选题立项。鼓励科研院所和科研人员探索实体共建、合作研发、技术转让、技术入股、科技咨询、科技服务等转移转化方式,促进科技成果落地生根,开花结果。打造线上与线下相结合的技术交易网络平台,提供专业化服务。强化激励导向,用好创新创业、科技成果转化和科研奖励政策,建立科研人员年薪制、项目薪酬制、股权制等多样化分配激励机制。

(五)强化队伍建设,转型发展增添新动力

深化人事制度改革。全面完成定编定岗定责,调整优化专任教师、实验实训人员、辅导员、管理及服务人员四支队伍以及各职级岗位的结构比例。设置教学新秀、优秀主讲教师、首席教师、教学名师、终身教学名师等岗位层级,实现教师分层激励。建立健全以能力、贡献和业绩为主导的考核评价制度,实施人才分类考核评价。积极探索专业技术职务评审改革,建立适合我校深度转型发展的专业技术职务评审制度,进一步完善岗位设置与聘用制度。增加绩效工资,优化绩效工资改革方案,提高教职员工收入水平,建立以岗位职责为基础,多劳多得、优劳优酬的分配激励机制,增强教职员工的获得感和幸福感。建立健全师德师风建设长效机制,加强学术道德建设,培养造就"有理想信念、有道德情操、有扎实知识、有仁爱之心"的好老师。

打造拔尖人才团队。坚持内培与外引并举,大师建设与团队建设并重,进一步完善特聘教授制度,设立高层次人才津贴,实施"博士引培计划""拔尖人才建设计划"和"高层次人才集聚计划",加快引进、培育、集聚一批高水平领军人物、高层次学术团队,市级、国家级人才实现新增长。着眼于"双一流"建设,确保高层次人才数量、质量和学术团队满足学科专业建设需要。坚持党管人才,重视人才事业发展,支持优秀人才在管理岗位上成长。加大人才服务力度，做到待遇留人、事业留人、感情留人、环境留人。

稳定骨干教师队伍。实施"海棠英才集聚行动计划"，加快引进和培养中青年骨干教师，形成能支撑"双一流"建设发展的充足后备力量。实施"教师海外培养计划"和"教师培训与能力提升计划"，为骨干教师拓宽视野、提升能力提供良好的发展阶梯和平台。按照重庆"双千双师"交流计划要求，选派优秀教师赴企业担任技师或工程师，聘请行业企业优秀人才来校任教。根据人才贡献，按照期权方式，设立"人才银行"，增强教职员工贡献学校、服务学校的成就感。改善工作生活环境，营造爱校荣校氛围，增强骨干教师对学校的认同感、归宿感和荣誉感。加强岗位竞争激励，建立能上能下、能进能出、有序流动的人事机制。

加强青年教师培养。实施"青年教师培养工程"，建立青年教师职业导师制度，搭建新老传承帮扶平台，为青年教师"量身打造"教师职业发展规划。发挥传帮带作用，鼓励支持青年教师进入教学科研团队，通过资深教授指导、项目牵引、团队互助和新老帮扶的方式，帮助青年教师快速成长。采取专兼职辅导员、班主任等形式，配齐专职辅导员队伍，落实"双线晋升"政策，打造专业化、职业化和专家化的辅导员队伍。关心关爱青年教师，帮助解决青年教师在事业起步阶段面临的生活和工作主要难题，积极创造条件，提供发展空间，营造有利于优秀青年教师脱颖而出的成长环境。

（六）坚持立德树人，文化育人开拓新境界

弘扬社会主义核心价值观。牢牢把握社会主义先进文化的发展方向，以坚定的文化自信和文化自觉，弘扬传承中华传统文化。广泛开展爱国主义、中国特色社会主义和中国梦宣传教育，综合运用教育教学、实践养成、文化熏陶、媒体宣传等方式，使广大师生自觉将社会主义核心价值观内化于心、外化于行。坚持校园文明引领，深入开展师生精神文明创建活动。大力宣传教书育人楷模、优秀学生典型、杰出校友等，形成有利于培育和弘扬学校文化的氛围。

加强人文精神教育。将人文精神教育作为提高育人质量的重要途径，设置人文课程，改进教学方法，增强学生的社会责任感。深入挖掘学校办学历史传统的精神内核，总结凝练文理精神，充分发挥校训、校歌、校史的育人功能，通过师生的身体力行，提升文理人的精气神、自信心和荣誉感。加强区域文化研究，引领区域文化传承与保护，实现区域文化的传承创新。协同社会力量，主办文化品鉴与主题演讲活动，打造博雅敦厚的育人环境。围绕办学历史、杰出师生、代表校友、地方风物等，创作一批原创文化作品，培养文化产品生产制作团队，探索文化产品市场化推广模式，提升学校文化软实力。

完善"三全"育人模式。深化立德树人工作，培育并弘扬优良的校风、教风和学风。整合学校、社会、家庭等资源，拓展育人平台，开展形式多样的主题教育，进一步完善"全员育人、全过程育人、全方位育人"的协同育人机制，提高学生的思想道德素养。落实以学生为中心的教育理念，推动学生管理、服务改革，实现育人由教师中心向学生中心的转变。

打造文化育人环境。整体规划校园人文环境，建设并维护好具有文化内涵、学校特色的校园景观。推进校园文化品牌建设，打造校院两级文化活动品牌，构建文化育人系统工程。大力推进校园网络文化建设，支持和引导学生社团和教工组织开拓文化建设新阵地，培育主题品牌网站。整合传统媒体，积极利用新媒体，拓展学校形象传播途径，建设立体综合的育人平台。

（七）扩大交流合作，教育国际化迈出新步伐

深化办学国际合作。借鉴国际先进高等教育理念与经验，助推学校转型发展，提升学校国际竞争力与影响力。对接国家"一带一路"战略，进一步拓展留学生生源国别，稳步扩大留学生规模，建立和完善多元化的外国留学生奖学金制度。引入国外优质教育资源，积极探索多形式的联合人才培养，进一步提升国际联合办学的层次和规模。更加注重国际合作的项目优化、内涵建设、效益扩大与特色发展，加强双语授课课程建设，加强俄语语言教学中心和意大利语言教学中心建设，加大学生的外语水平培训力度，增强学生出国留学意识。

拓展科研国际合作。围绕重点学科建设和科技成果转化，积极推进与国外高校、科研机构和知名企业的科研合作，着力共建国际联合实验室、联合研究中心，建成国际化程度较高的科研协作平台。联合申报国际合作项目，实质性

开展科研国际合作，提升科研团队的竞争力和国际影响力。大力实施海外引智计划，引进高层次海外专家、留学优秀科技人才与团队，大幅增加外派出国学习、培训、访学的科研人员。

加强师生国际交流。推进教师国际化进程，加强教师出国语言培训，鼓励优秀人才赴国外留学、进修、访学、培训。支持学术骨干参加国际学术交流活动，积极主办或承办有影响力的国际学术会议。提高优秀本科生出国进修、游学的比例，拓展学生海外实习单位，培养具有国际视野、知晓国际规则的国际化人才。加强与国外大学教师互派、学生互换、学分互认、学位互授等相关合作。

（八）改善办学条件，服务保障满足新要求

加强校园基本建设。按照校区一体化建设思路，统筹考虑各校区办学承载能力，合理确定校区功能定位，形成定位清晰、布局合理、功能互补的办学格局。规划利用好星湖校区办学资源，加大星湖校区改造力度。优先保障教学科研所需的功能性用房的建设与改造，做好知津楼、望湖楼、逸夫楼等教学楼加装电梯工程，高质量完成科技大楼和人和居3号教职工住宅建设，高起点规划和建设新学生活动中心。加强校园绿化和景观建设，建成环境优美、功能齐全、内涵丰富、品位高雅的校园环境。

增强经费资产保障能力。树立运营理念，广开门路，探索多渠道资金筹措方式，保证办学经费持续增长。严格预决算管理，加强绩效评估，有效配置和使用资金。坚持"服务中心、保证重点、覆盖全面"，进一步加大资金投入，全力保障教学科研平台和人才队伍建设。加强资产管理，盘活闲置房产资源，提高物资设备利用率，增强资产运营能力。

加强教育信息化建设。加强信息化基础设施建设，集成建设一批信息化应用平台，促进信息技术与教育教学深度融合，打造"以人为本、服务优先"的智慧校园。坚持以学习者为中心，加强学校网络课程资源和在线学习平台建设，满足师生个性化、多样化、差异化的学习和发展需求，推动在线学习、开放学习和终身学习。打通数据壁垒，消除信息孤岛，建立支持学校发展与管理决策的数据系统，提升信息技术应用能力，促进管理的精准化和决策的科学化，以现代信息技术推动学校管理现代化。

提升公共服务水平。加大图书资源建设力度，推进数字化图书馆建设，提高图书资料的利用率。加强档案资源管理和档案安全建设，充分利用档案，发挥档案功能作用。完善"三防"系统建设，提高应急处置能力，确保校园安全稳定。严格招投标管理，提高招投标效率。持续推进后勤管理改革，打造智慧后勤，改善教职员工就餐环境和就餐质量，为教职员工提供更好的后勤服务保障。重视教职工心理健康，关注教职员工身体健康，提高教职员工体检标准，提升教职工住宅区文化品质和服务水平。强化管理服务意识，落实首问责任制、限时办结制、服务承诺制，全面提升服务教学和科研的能力和水平。

四、全面从严治党，引领学校事业科学发展

（一）牢固树立"四个意识"，不断强化政治引领

教育引导广大党员干部提高政治站位，切实增强政治意识、大局意识、核心意识和看齐意识，坚定不移地维护以习近平同志为核心的党中央权威，不折不扣地贯彻落实党中央大政方针和决策部署。牢固树立政治安全观，以高度的政治自觉，维护学校的安全稳定。严明党的纪律特别是政治纪律和政治规矩，坚决纠正、严肃查处上有政策、下有对策，有令不行、有禁不止的行为，营造良好的教书育人政治生态。

（二）切实坚定理想信念，加强思想政治建设

深入学习贯彻习近平总书记系列重要讲话精神和治国理政新理念新思想新战略，进一步增强中国特色社会主义道路自信、理论自信、制度自信和文化自信。扎实推进"两学一做"学习教育常态化、制度化，进一步完善"三级三化"学习制度，引导全体党员学思践悟、学做合一。深入贯彻落实全国、全市高校思想政治工作会议精神，牢牢掌握意识形态工作领导权和主导权，充分发挥思想政治理论课的主渠道作用，创新网络思想政治教育内容和载体。加强思想引导和服务帮扶，引导广大教师争做"四有"好老师，引导广大学生争做"六有"优秀青年。

（三）规范党内政治生活，夯实基层党建根基

科学设置党支部，配齐配强基层党组织书记，推行二级学院党政班子成员"双向进入、交叉任职"制度，探索实施党代表联系党员群众制度。创新基层党组织生活的内容和方式，推进党建精品工程建设。扎实推进服务型党组织建设，不断增强基层党组织的凝聚力和战斗力。完善党员经常性学习教育机制，坚持主题党日活动，探索"互联网+党建"新模式，构建党群服务中心，充分发挥党员先锋模范作用。进一步规范党员发展工作，实施"双培养工程"，提高党员发展质量，提升党员整体素质。强化党内监督，发扬党内民主，加强和规范党内政治生活，认真落实"三会一课"、党员民主评议、领导干部双重组织生活会等制度，加强经常性党性教育、管理和监督，不断提高组织生活质量和效果。探索并实施党务工作人员职务职级"双线"晋升政策，切实加强党建工作队伍建设，全面提高党建工作水平。

（四）加强领导班子建设，锻造高素质干部队伍

认真贯彻党委领导下的校长负责制，不断加强学校领导班子建设，按照政治家、教育家的要求，提高办学治校能力，发挥引领带动作用。坚持正确选人用人导向，按照新时期好干部标准，选好干部、配强班子，提高选人用人公信度。加强青年干部、女干部和党外干部培养。完善干部交流轮岗机制，健全干部教育培训体系，不断提升干部素质和能力。完善干部考核评价机制，建立干部廉政档案制度，加强干部管理监督，严格执行提醒、函询、诫勉、个人有关事项报告等规定。

（五）持续深入改进作风，扎实推进党风廉政建设

健全长效工作机制，驰而不息纠"四风"，加大对违反中央八项规定精神和市委实施意见行为的查处力度，坚决防止不正之风反弹回潮。进一步落实党风廉政建设"两个责任"，加强廉政风险防控管理，强化重点领域和关键环节的监督检查。强化党内监督，全面落实监督责任，形成监督合力。始终把纪律挺在前面，实践好监督执纪"四种形态"。健全反腐倡廉教育机制，提高工作的针对性和有效性，筑牢拒腐防变的思想道德防线，营造风清气正的校园廉洁

文化氛围。切实加强审计工作,提高审计监督实效。

(六)加强统战群团工作,凝聚学校事业发展合力

深入贯彻落实中央关于加强和改进党的群团工作精神,加强和改进党对工会、共青团、学生会等群团组织的领导,提升群团组织联系和服务师生的凝聚力和贡献度。紧紧围绕保持和增强团员青年政治性、先进性、群众性的基本要求,突出制度创新和组织活力提升,建设更加充满活力、更加坚强有力的学校共青团。贯彻落实中央、市委、高校统战工作会议精神,完善工作制度,拓宽建言献策渠道,积极拓展"大统战"工作格局。切实做好离退休工作,真情为老同志服务,发挥"五老"作用,做好关心下一代工作。加强校友工作,增强校友与母校的良性互动,凝聚推动学校改革发展、维护校园和谐稳定的共识和力量。

(七)始终坚持党要管党,落实全面从严治党责任

牢固树立抓好党建是本职、不抓党建是失职、抓不好党建是渎职的理念,强化责任担当,创新工作举措,做到管党有方、治党有力、建党有效。建立并完善党委全面从严治党主体责任、纪委监督责任、党委书记第一责任、班子成员"一岗双责"四责协同、合力运行的责任落实体系。强化压力层层传导、级级担责,重点压实基层党组织书记的党建工作责任。切实加大追责问责力度,推动监督检查、目标考核和责任追究有机结合,以问责常态化促进履职到位。

让校训精神伴你远行
——在重庆文理学院2017届学生毕业典礼上的讲话

校长 许洪斌

（2017年6月22日）

亲爱的同学们、老师们，远道而来的家长们、校友们：

下午好！

今天，我们在这里隆重举行2017届毕业生的毕业典礼，共同见证5 840名同学和来自哈萨克斯坦等7个国家的23名外国留学生的幸福时刻。在此，我谨代表重庆文理学院全校师生员工，向顺利毕业的你们表示最热烈的祝贺，向一路陪伴你们的老师们、亲友们，致以最诚挚的感谢和最崇高的敬意！

刚才，我轻轻拨转你们学士帽上的流苏，这意味着你们在文理学院已学有所成，即将开启新的征程。但是，对我来说，在文理的时光才刚刚开始，今天是我到学校的第69天，我还没有来得及熟悉你们的面孔，倾听你们的声音，分享你们的精彩，就要在这灿烂的夏花中与你们作别，这短暂的一聚一别，你们已注定成为我心中不平常的一届学生。

四年来，你们怀揣梦想，不负韶华。我十分欣喜地得知，在你们当中，有241人成功考研深造，有600余人次获省市级、国家级竞赛奖项，有59人被评为市级优秀毕业生、522人被评为学校优秀毕业生；有连续两次挺进CUBA全国总决赛的男篮主力，有在重庆市大学生辩论赛中舌战群儒的最佳辩手，有在各类学科竞赛斩获全国大奖的优秀选手，有身残志坚、创新创业的自强之星，还有默默无闻排着长队义务献血的同学。

你们是不平凡的一届学生，但你们在成长的过程中，肯定不是一帆风顺的。在文理求学期间，你们也曾经历过彷徨，也曾有过抱怨，甚至想到过放弃。但是你们选择了坚持与执着，体会了责任与担当，懂得了博雅与包容，感受了酸甜苦辣，也收获了欢歌笑语，文理给了你们太多的眷恋和不舍。正如今年一位毕业生写道："多想把整座大学都背走""可是除了行李和回忆，其他的我什么也带不走：带不走食堂，带不走恩师，带不走图书馆，就连陪伴我时光最长的那张床，我都带不走"。是的，这些有形的你们确实带不走。你们能带走什么呢？当我漫步到"学海广场"时，我想到了答案。你们可以带着校训精神去远行！

我们的校训"进德修业，博文达理"，有着深厚悠远的文化内涵——"普进公民应具之德，广修社会所需之业，博学天下美妙之文，通达万物深妙之理"。她体现了文理人"德业兼顾，文理交融，科学与人文并重，自由、博爱与艺术协调发展"的不懈追求，更是学校办学、教师治学、学生求学的基本目标与价值理想。

正是因为有校训精神的支撑，一代代文理人才能自强不息、敢为人先、追求卓越。40多年来，学校办学从星湖拓展到红河，两个校区互为补充，交相辉映，生机勃发；学校发展从五·七大学，到重庆师专、渝州教院，再到今天的文理学院，实现了专科到本科的提升、单科到多科的转型，学校越来越成为一所有影响力的高校。在学校的奋斗历程中，从黄正禄、熊秉衡等一位位老领导，到杨洪锦、涂铭旌等一批批老教师，到老中青一届届校友，"进德修业，博文达理"已经渗透到所有文理人的骨子里了。在学校第三次创业的新征程中，学校4个学科进入中国高校学科排名"区域一流"行列，6个专业跃居重庆市大学本科专业前三甲，获得第四届全国创新创业大赛生物医药行业总决赛第一名、首届全国智能制造创新创业大赛总决赛第一名，成为全国就业50强、全国创新创业50强，这些成就的取得，都离不开校训赋予的精神力量。

正是因为有校训精神的熏陶，文理学子们更加自立自信自强，不断超越自我，实现人生价值。优秀校友、"全国优秀教师""最美乡村教师"胡荣，她只有一个肾，甘愿坚守农村，10多年来，她不断向命运挑战，赢来了更加绚丽的人生；今年毕业的"中国大学生自强之星"杨永亮，一出生就被诊断为"先天性脊柱裂"，但他没有向命运低头，而是不断挑战自我，研制出绿色食物，成为大学生创新创业的典范；全国师范生教学技能竞赛一等奖获得者王梅、吴旭辉，勤学知识，苦练技能，在平凡中超越自己，在追求卓越中成就自己，为自己和学校赢得了荣誉。这些优秀的代表，不胜枚举，他们都用行动诠释了校训。

同学们，校训应是你们宝贵的财富，是你们解决问题的金钥匙！但如何领悟校训，如何应用校训，将是你们一辈子读不完的书。在今后的人生岁月里，我希望校训精神能融入你们的血脉，化作你们行动的力量，去实现你们的人生理想。知识的快速更新、技术的颠覆性突破、行业的急剧变革、职业的残酷竞争，等等，你们会遇到无法预测的挑战，你们可能会始料不及，会感觉到"本领恐慌""力不从心"。面对这些困难和压力，是消极悲观被动接受，还是积极乐观主动作为？我相信你们以校训精神作为行动的指引，一定会做出明智的选择。你们要顺应时代大势，坚守道德正义，习得新技能、求得新真知、做出新创造。这样，你们的生命必将更加丰盈，品质必将更加丰富，人格必将更加丰满。

　　同学们，昨天，你们已经用激情与汗水书写了成长的乐章；今天，你们更需要以行动与奋斗去铸就青春的梦想。愿你们带上我和老师们的祝福与期待，像历代优秀的文理人一样，去创造更加精彩的人生，去成就最优秀的自己！

　　愿文理学院与你同在，让校训精神伴你远行！

　　谢谢大家！

中共重庆文理学院委员会关于进一步加强和改进基层党组织建设的若干意见

重文理委〔2017〕1号

为深入贯彻落实中央、重庆市委关于全面从严治党的新部署、新要求，持续推动全面从严治党向基层延伸，使我校各级基层党组织更好地适应新形势新任务的需要和学校全面深化改革的要求，在建设高水平应用型大学进程中充分发挥政治核心和战斗堡垒作用，根据《中国共产党章程》《中国共产党普通高等学校基层组织工作条例》以及中共中央、国务院《关于加强和改进新形势下高校思想政治工作的意见》，市委组织部、市委教育工委《高校基层党组织工作活动基本规范》等有关精神要求，结合我校党建工作实际，现就进一步加强和改进基层党组织建设提出如下意见。

一、充分把握加强基层组织建设的总体要求、主要原则

1. 明确总体要求。高举中国特色社会主义伟大旗帜，以马克思列宁主义、毛泽东思想、邓小平理论、"三个代表"重要思想、科学发展观为指导，深入学习贯彻习近平总书记系列重要讲话精神，学习贯彻以习近平同志为核心的党中央治国理政新理念新思想新战略，坚持社会主义办学方向，切实加强和改善党对学校的领导，以立德树人为根本任务，以改革创新为强大动力，以群众满意为根本标准，紧密结合学校及各单位实际，围绕中心、服务大局、分类指导、统筹兼顾，不断夯实基层基础，全面落实从严治党责任，全面提升学校基层党建工作水平，为推动学校各项事业发展、建设高水平应用型大学提供坚强的政治、思想和组织保证。

2. 把握主要原则。一是党要管党、从严治党原则。学校各级党组织要牢牢把握党对高校的领导权，要从全面贯彻党的教育方针、坚持社会主义办学方向、办好中国特色社会主义大学、落实立德树人根本任务的战略高度，把学校

基层党建工作摆在更加重要的位置,不断增强管党治党意识,明确责任,强化措施,整合力量,切实加强党的领导。二是围绕中心、服务大局原则。把抓好基层党组织建设放到培养又红又专、德才兼备、全面发展的中国特色社会主义合格建设者和可靠接班人的大局中去谋划,紧扣学校事业发展规划和建设高水平应用型大学的办学定位,坚持围绕中心抓党建、抓好党建促发展,用中心工作的成效衡量和检验基层党组织建设的效果。三是突出重点、整体推进原则。从学校和各单位实际出发,着力完善机制、建强队伍、发挥作用、落实保障,整体推进党的思想建设、组织建设、作风建设、反腐倡廉建设、制度建设,全面提升基层党建工作水平。四是与时俱进、改革创新原则。以改革创新精神研究新情况、解决新问题、总结新经验,创新工作机制,拓宽工作领域,改进工作方法,使我校基层党组织和党员队伍始终充满生机和活力。

二、建立健全基层党组织的工作体制和运行机制

3. 持续加强二级单位领导班子建设。适应高水平应用型大学建设进程,结合学校内设机构和中层干部调整等工作,配齐建强二级单位领导班子。推行二级学院党政班子成员交叉任职,党总支书记原则上应兼任副院长,党员院长原则上应兼任党总支副书记或委员,有条件的二级学院可推行党总支书记、院长"一肩挑";非教学单位党总支、直属支部书记由本单位中层干部担任。以思想政治和作风建设为重点,不断提高二级单位领导班子成员思想政治素质、政策理论水平、办学能力和拒腐防变能力。按照民主集中制原则,以落实学院党政联席会、部(处、馆)务会制度为重点,不断完善领导班子议事决策机制,切实提高二级单位领导班子科学决策水平,努力建设高素质的二级单位领导班子。

4. 不断强化二级党组织政治核心作用。严格依据《中国共产党普通高等学校基层组织工作条例》设置校内二级党组织。条件成熟时,党员人数较多的二级学院党总支可调整设为分党委;适时建立机关分党委,统筹各机关单位党建工作,配备专职书记、组织员。各二级党组织要切实履行管党治党、把关定向的政治责任,保证监督党的路线方针政策及学校党委提出的目标任务在本单

位的贯彻落实，把握好教学科研管理等重大事项中的政治原则、政治立场、政治方向，在干部队伍、教师队伍建设中掌握主导权。要切实履行全面从严治党主体责任，做好党的建设各项工作，加强对下设党支部、群团组织的领导和指导。各单位党组织书记、副书记通过参加党政联席会、部（处、馆）务会等形式，参与讨论和决定本单位重要事项，支持行政负责人在职权范围内开展工作。行政负责人是党外人士的，书记要把好政治关，确保党组织切实发挥政治核心作用。

5. 切实发挥党支部战斗堡垒作用。要本着有利于党组织开展工作，有利于加强党员教育、管理和服务，有利于党建工作全覆盖的原则，主动适应学校办学体制、内部管理体制、组织结构和党员队伍构成的新变化，科学合理设置党支部，尽可能与教学、科研、管理、服务等机构相对应，建成全方位、网络化的组织体系，实现党的组织和党的工作全面覆盖。教师党支部一般按系、教研室、实验室、处（科）室等设置，也可以依据学科专业方向或教学科研团队进行设置；学生党支部可以按专业设置纵向型党支部，也可以按年级、班级设置横向型党支部；鼓励专业教师、辅导员与学生合编党支部；探索在学生公寓、社团组织、实践团队等设置党支部，在外出实习实训等党员中设置网络党支部。适度控制党支部规模，人数较多的要设置党小组。

教师党支部要紧紧围绕教学、科研、学科建设等工作，开展深入细致的思想政治工作，引导教师忠诚党的教育事业，坚持课堂讲授守纪律、公开言论守规矩，做有理想信念、有道德情操、有扎实知识、有仁爱之心的好老师，在教书育人和各项业务工作中做出成绩；管理和后勤服务部门党支部要引导干部职工认真履行职责，切实做到管理育人、服务育人，通过优质服务将广大师生凝聚在党组织周围；离退休党支部要通过组织适合年龄特点的各种活动，引导离退休教职工关心和支持学校改革发展，帮助指导青年教师、青年学生健康成长；学生党支部要围绕优良校风学风建设，把党支部各项工作与成长目标导航、校园文化建设、创新创业、志愿服务、心理健康教育、"四困生"帮扶等结合起来，引导和教育广大青年学生坚定理想信念，在勤学、修德、明辨、笃实上下功夫，在实现中国梦的伟大实践中创造自己的精彩人生。

6. 创新基层党组织的工作和活动方式。按照教育部党组《普通高等学校学生党建工作标准》，重庆市委组织部、重庆市委教育工委《高校基层党组织工作活动基本规范》等要求，深入推进基层党组织规范化建设。在强化规范、坚持标准的基础上，积极推进基层党建工作创新。既要坚持党组织活动的政治性思想性严肃性，防止一般化庸俗化娱乐化，又要贴近党员师生的思想、学习、工作和生活实际，着力在主题创新、载体创新、模式创新上狠下功夫，增强基层党组织工作和活动的开放性、互动性、协同性以及与业务工作的融合度。充分利用互联网等信息平台，探索建立立体化、交互式的基层党组织工作平台，以广大党员师生喜闻乐见的形式开展活动。密切党组织与工会、共青团、学生会、学生社团等群众组织的联系，推广活动共同开展、阵地共建共享等做法，以党组织建设带动其他各类基层组织建设。以开展特色党建项目立项、创新党建案例评选、党建示范点创建等工作为抓手，积极推进党建精品工程建设，努力打造一批拿得出、叫得响、过得硬的党建工作品牌。

三、充分发挥基层党组织的作用

7. 旗帜鲜明讲政治。不断强化党组织的政治功能，按照"四个全面"战略布局和五大发展理念要求，坚持贯穿结合融入，把培育和践行社会主义核心价值观融入教书育人全过程；强化思想引领，牢牢把握学校意识形态工作领导权，不断增强贯彻执行党的路线方针政策的自觉性和坚定性。要严明政治纪律和政治规矩，严格执行重庆市党员干部政治纪律"八严禁"，增强政治警觉性和政治鉴别力，同违反党的纪律行为作坚决斗争。要充分发挥基层党组织的政治优势、组织优势，引导广大党员师生尊法、学法、守法、用法，推动基层工作依法开展，不断提升基层法治化水平，全面推进依法治校、依法治教、依法治学。

8. 务实推进服务型党组织建设。进一步彰显党组织的服务功能，把服务作为基层党组织建设的鲜明主题，不断强化服务理念、健全服务机制、拓展服务阵地、提升服务效能。组织动员、教育引领党员师生理解支持学校改革发展的重大决策部署，凝聚推动改革发展的强大力量。不断深化"教学、科研、管理即服务"的理念,引导广大党员立足岗位创佳绩、比奉献,不断改进工作作风,持续提升工作水平。在窗口服务部门或师生密集地,设立党员示范岗、党员责任区,推出"一站式服务"等项目,开展服务质量满意度测评,真正为师生办好事、让师生好办事。健全党内激励关怀帮扶机制,把党员师生的政治追求、发展成长、情感交流、生活帮助等需求纳入党组织工作范畴,把人文关怀贯穿在服务的全过程,不断增强基层党组织的凝聚力。建立健全"党员领导干部联系高层次人才促发展,老教师联系青年教师促进步,教师党员联系学生党员促成才,党员联系群众促和谐"的"四联四促"长效机制,探索创新新形势下直接联系服务群众的有效途径。结合各单位工作特点和资源优势,积极服务地方经济社会发展。

9. 高质量做好发展党员工作。认真贯彻《中国共产党发展党员工作细则》,按照"控制总量、优化结构、提高质量、发挥作用"的总要求做好发展党员工作。坚持关口前移、做大基数、拉长链条,进一步加强对入党申请人、入党积极分子的教育、培养和考察。始终把政治标准放在首位,加强入党动机教育考察,严格遵循发展党员标准和程序,将"推荐优秀团员作为入党积极分子人选"作为重要渠道,落实好政治审查、票决制、公示制等工作制度。建立发展党员全程纪实制度,如实记载各个环节的主要工作和重要情况,健全党员档案和支部文书档案,全面客观反映发展党员全过程和相关责任主体履职情况。加大教职工,尤其是中青年骨干教师、高层次人才发展党员工作力度,重视发展少数民族学生入党。实施"双培养工程",对优秀人才进行重点培养,条件成熟的,及时吸收入党;根据个体特点,定目标、压担子、提要求,努力把党员培养成业务骨干。通过下达工作任务书等方式,进一步明确细化入党申请人、入党积极分子、发展对象和培养联系人、入党介绍人的各自职责任务。各二级学院党总支要把参与学生党员发展工作情况纳入党员教师岗位职责,根据本学院师生比,量化每名党员教师作为培养联系人、入党介绍人的工作任务,合理核算其工作量。

10. 改进完善党员教育管理模式。坚持用党章党规规范党员行为,用习近平总书记系列重要讲话精神武装头脑、指导实践、推动工作,教育引导广大党员学思践悟、知行合一，不断增强政治意识、大局意识、核心意识、看齐意识，做到政治合格、执行纪律合格、品德合格、发挥作用合格。以推进"两学一做"学习教育常态化制度化为抓手，以落实"三会一课"等党内组织生活制度为载体，建立健全党员经常性学习教育机制。以坚定理想信念、增强党性修养、提高综合素质为重点，拓宽党员教育渠道，增强党员教育实效。健全主题党日活动制度，每月的最后一个星期三确定为"党员活动日"，明确活动主题，组织开展"三会一课"、交纳党费、为民服务等活动。加大党校建设力度，进一步完善党校工作体制机制，改善党校教学条件，进一步完善党校课程体系，打造党校精品课程，强化党校实践教学环节，积极探索建立网上党校，条件成熟时在各二级学院党总支逐步设立分党校，充分发挥党校的阵地和熔炉作用。树立互联网思维，积极探索"互联网+党建"新模式，推动党建工作传统优势与信息技术高度融合，使互联网成为加强党员教育管理的新平台。开设网上党建园地、网上论坛等，运用好共产党员网、七一网以及"共产党员""重庆党员教育"等微信公众号，活用新媒体，传递正能量，传播好声音。充分发挥党员先锋模范作用，积极开展党员"亮身份、强素质、树形象、做表率"活动，倡导党员教师佩戴党徽进课堂，大力推进党员示范岗、示范寝室、志愿服务队等建设，做到一个党支部带好一个专业（年级）、一名党员带好一个寝室。

进一步规范党员组织关系转接程序，建立毕业生党员信息库、流动党员信息库，加强对毕业生党员组织关系转移情况的后续跟踪，严格新转入党员的档案审查和身份认定，把流动党员纳入党组织有效管理。把按时足额收缴党费作为加强党员党性教育的重要手段，定期公示党费收缴使用情况。加强12371党建信息平台建设，确保党组织和党员信息准确完整、更新及时，网上组织关系转接畅通高效，不断提高党务管理信息化水平。及时了解、准确掌握党员日常行为表现，对发现的苗头性、倾向性问题，要及时谈心谈话、提醒帮助。严格依据党内有关规定，及时稳妥处置不合格党员。

11. 严肃党内政治生活。严格落实"三会一课"制度。党支部每月至少召开1次支委会，每季度至少召开1次党员大会，每月至少召开1次党小组会（不设党小组的以党支部为单位），每季度至少上1次党课。落实领导干部上讲台、党组织书记讲党课制度，党委常委带头给党员讲党课，每年不少于1次；党总支书记、副书记，党支部书记讲党课每学期不少于1次。"三会一课"要突出党性锻炼，以政治学习和教育为主，坚决防止表面化、形式化、娱乐化、庸俗化。要针对党员思想工作实际，确定主题和具体方式，做到形式多样、氛围庄重，有计划、有考勤、有记录。严格落实领导班子民主生活会制度，督促党员领导干部用好批评和自我批评武器，坚持党性原则上的团结，提高领导班子发现和解决自身问题的能力。坚持定期组织生活会制度，每年以党支部为单位至少开展1次专题组织生活会，组织全体党员深入查找问题和不足，明确努力方向和整改措施。坚持党员领导干部双重组织生活制度，党员领导干部既要参加领导班子民主生活会，又要以普通党员身份参加所在支部的组织生活会。严格落实民主评议党员、党员党性定期分析等制度，作为激励和处置不合格党员的重要依据。

12. 坚持党管人才原则。大力实施人才强校战略，努力营造尊重劳动、尊重知识、尊重人才、尊重创造的良好氛围。统筹推进各类人才队伍建设，落实好拔尖人才实施意见、特聘教授聘任办法以及青年教师培养工程，加大创新人才培养支持力度，持续推进双师型队伍建设。依托海智工作站、博士后科研工作站等平台，积极引进和用好海内外人才。加快人才发展体制机制改革和政策创新，保证人才工作经费投入，落实党管人才保障措施，健全分类管理考核办法，使人才资源更好地服务于党和学校事业发展。

13. 改进宣传思想工作。全面深入贯彻全国、全市高校思想政治工作会议精神，强化思想理论教育和价值引领，发挥哲学社会科学育人功能，加强对课堂教学和各类思想文化阵地的建设管理，加强教师队伍和专门力量建设，积极推进学校思想政治工作改革创新，全面提升学校思想政治工作水平。加强校内媒介建设，努力提高校内媒介舆论引导力。以中央和市级主流媒介和各级内参为重点，以人才培养、科学研究、社会服务、文化建设等重大选题为着力点，加强对外宣传工作，进一步优化舆论环境，提升学校美誉度。

14. 加强校园文化建设。实施中华文化传承工程，推动中华优秀传统文化融入教育教学。加强革命文化和社会主义先进文化教育，引导党员师生继承革命传统，传承红色基因。充分发挥校训、校歌、校史的育人功能，弘扬"进德修业、博文达理"校训，进一步凝练"文理精神"，持续加强校史馆建设。坚持以优良的党风正校风、促教风、带学风，把课堂、办公室、食堂、学生寝室等作为文化建设的重要场地，努力实现文化建设的全覆盖，形成以德润心、以文化人的良好氛围。充分发挥各类社团的阵地作用，积极开展文化建设活动，力争打造一批文化精品。

15. 推进党内民主建设。建立和完善党内情况通报制度、情况反映制度和重大决策征求意见制度，以落实党员的知情权、参与权、选举权、监督权为重点，完善党员权利保障制度。建立健全党代表工作制度，积极探索党代会闭会期间党代表发挥作用的有效形式，保证党代表履行职责、行使权利、发挥作用。推进党务公开，发展党员、干部选任、评优评先、领导班子民主生活会召开情况以及党费和党建经费使用情况等有关事项均应按照有关规定以适当方式公开，不断增强基层党组织工作的透明度。

四、切实加强对基层党组织建设的领导

16. 压实基层党建工作责任。学校党委定期召开党建工作例会，研究部署党建工作。健全落实党委常委联系党总支、直属支部制度，督促党委常委抓好联系单位和分管领域的党建工作，把党委常委、校级领导深入基层、帮助指导基层解决问题作为加强学校领导班子建设的重要内容。形成学校党委统一领导，校务部、教工部、党群部、纪检部、学工部等有关职能部门各司其职、密切配合，各党总支、支部直接负责、具体实施，一级抓一级、层层抓落实的党建工作格局。各党总支、直属支部书记要强化党建主业意识和围绕中心抓党建的意识，做到既挂帅、又出征，管到位、抓到份，正确处理抓党建与抓发展的关系；各二级学院党总支副书记要切实当好书记助手，重点抓好大学生党建和思想政治工作；各单位班子成员要根据工作分工，落实好"一岗双责"。明确专职组织员、特邀党建组织员、总支委员、党政办主任、支部书记、支部委员等人员各自的职责，督促其认真履职尽责。

17. 抓好党务干部队伍建设。把学校党务工作队伍和思想政治工作队伍建设纳入学校人才队伍建设总体规划,形成一支专职为主、专兼结合、数量充足、素质优良、结构合理的工作力量。进一步充实、统筹、整合职能部门人员配备,为二级学院适时配备专职组织员,选聘一批党性强、威信高、身体好、经验丰富、乐于奉献的离退休干部担任特邀党建组织员。坚持书记抓、抓书记,加强党总支、党支部书记队伍建设,严格选拔、培养、管理、监督和考核。教师党支部书记一般由本单位中层干部、系(教研室)主任或党员教学科研管理带头人担任。注重从优秀辅导员中选拔学生党支部书记,切实发挥辅导员在学生党建工作中的骨干作用。开展教师党支部书记"双带头人"培育工作,注重从党员教学科研管理带头人中遴选教师党支部书记,有计划地把教师党支部书记培育成为教学科研管理带头人。加强党务干部培训提升,实施党组织书记定期轮训和新任党组织书记上岗培训制度,采取以老带新、以会带训、现场交流、定期集中培训等多种方式,不断提升党务干部思想政治素质和业务水平。推动党务干部专业化职业化建设,积极探索与思想政治工作队伍一致的党务工作队伍职务职级"双线"晋升办法和保障激励机制。鼓励和支持专职党务干部在职攻读学位、赴国内外研修、交流任职等,把党支部书记工作经历作为提任党内中层干部的重要条件。

18. 落实基层党建工作保障。及时修订、严格落实《中共重庆文理学院委员会党建经费使用管理办法》,按照"足额、按时、稳增、用好"的要求,为各单位划拨党建专项经费,在严格遵守财经纪律、规范使用审批程序的同时,有效解决专项经费不敢用、不会用等问题,督促指导各单位合理利用专项经费开展工作,切实提升专项经费使用效能。设立党建活动和党建研究专项基金,对基层党组织特色党建活动和党建理论研究提供经费支持,培育基层特色党建品牌。各单位要结合绩效工资二次分配,切实落实党务干部收入待遇。大学生党课纳入课堂教学管理,党课课时计入课堂教学工作量。通过单独建、联合建等方式,加强对党员阅览室、党员活动室、党员专题教育网站、党员干部信息管理系统、党员社会实践基地的建设和投入,配备必要活动设施,不断改善党建工作条件。党组织活动阵地可与群团组织共建共用。

19. 加强基层党建工作研究。充分发挥重庆市中国特色社会主义理论体系研究中心重庆文理学院分中心、重庆文理学院思想政治研究中心作用，加大基层党建工作研究力度，把基层党组织建设的重大问题研究列入校级人文社会科学纵向科研规划。组织专家学者和党务政工干部，瞄准当前基层党组织建设的热点和难点问题，积极开展有针对性的科学研究，形成一批实践成果、理论成果、制度成果，为加强和改进学校基层党组织建设提供理论支持和决策依据，推动学校党建工作跃上新水平。

20.强化基层党建工作考核。健全基层党组织建设考评制度，全面推进党建工作目标责任制，明确工作职责，量化工作目标，强化过程管理，硬化结果运用，切实加强对基层党建工作的考核评估。将基层党组织建设情况纳入部门年度部门指标考核体系，增加考核权重，优化考核方式。建立健全党组织书记年度述职评议考核制度，对评议考核排名靠后、问题较多的党组织书记，要进行约谈，限期整改落实。班子成员落实"一岗双责"，其他党务工作人员履职情况要结合干部职工年度考核、领导班子民主生活会、支部专题组织生活会等方式进行评议考核。完善基层党建工作成效与干部业绩考核、干部选拔任用挂钩制度，建立党建工作巡视督查制度和责任追究制度，通过考核评估、督促检查、严格奖惩，健全激励约束机制，着力增强基层党建工作的内在动力。

重庆文理学院
关于深化创新创业教育改革的实施意见

重文理院〔2017〕1号

为深入贯彻落实《国务院办公厅关于深化高等学校创新创业教育改革的实施意见》《中共重庆市委、重庆市人民政府关于深化改革扩大开放加快实施创新驱动发展战略的意见》《重庆市人民政府办公厅关于深化高等学校创新创业教育改革的通知》等文件精神，深化我校创新创业教育改革，构建具有国家视角、契合重庆战略、富有学校特色的创新创业教育体系，培养具有创新精神、创业意识、创业能力的应用型人才，特制订本实施意见。

一、指导思想

坚持立德树人的价值引领，把深化创新创业教育改革作为学校应用型人才培养的示范阵地，把培养应用创业类人才作为"合格+"多元人才培养模式改革的关键载体，把创新创业教育融入人才培养的全过程作为创新创业教育改革的核心任务，以构建通识教育、系统教育、重点教育、精英教育分层递进的创新创业教育体系为抓手，为地方经济建设发展提供强有力的创新创业人才支撑。

二、总体目标

"十三五"期间，实现筹集800万创业资金、聘请300名创业导师、培育300个创业团队，依托100名校友、携手100家企业、培养100名精英创新创业人才的目标。举办区域性创新创业高峰论坛，打造创新创业品牌，建立创意创业文化精品社团、培育创业示范人物，挖掘创新创业典型案例、遴选创新创业项目，建成具有一定影响力的创新创业教育体系。

三、主要举措

（一）建立创新意识和创业能力并重的理念体系

1. 坚持大众创业、万众创新的创新创业教育理念。支持教师利用科技创新项目指导学生创业，坚持专业教师即创业导师的思路，通过实施创新创业教育、加强创新创业实践、搭建创新创业平台、提供创新创业服务、开展创新创业研究，注重培养学生创新特别是原始创新意识，开展启发式、讨论式、探究式教学；注重增强学生实践能力，培育工匠精神，践行知行合一，提高解决实际问题的能力。创新创业实践做到成长阶梯化、项目训练化、课程模块化、教学赛训化、评价成果化，培养学生创新意识和创业能力，塑造建树独特的创新专才和创业人才。

（二）构建创新创业教育与专业教育深度融合的课程体系

2. 打造分层递进的创新创业课程模式。针对大学一年级所有学生开展创新创业通识教育，主要培养学生的创新创业意识；针对大学二年级有创业意向的学生，开设创业专班，主要培养学生的创新品质和创业潜质；针对大学三年级有创业目标的学生，开展创新创业重点教育，主要培养学生的创业实战能力和孵化水平；针对大学四年级实际创业的学生，开展精英教育，主要开展参与市场竞争的核心能力教育。

3. 搭建"合格+"创业类人才培养载体。通过设立创业文化节、创新创业文化墙、创新创业文化社团、创新创业经典故事汇的方式建设创业文化区，培育创业文化；通过在学生生活区域开设创业亭、参与电商零投资创业经营的方式构筑创业起航站，培育创业意识；通过线下专题化教育和赛训实践的方式打造创业赛训营，培育创业灵感；通过开办创业先锋班的方式开展创业实践训练、建构创业梦工厂，培育创业能力；通过开展创业孵化、进行创业训练的方式铸造创业种子器，培育创业精英。

4. 加强创新创业教育课程群模块化建设。通过与专业机构合作的方式继续建设好"大学生创新创业基础"等必修课程，根据创新创业活动各环节的需要，开发法律类、财务类、营销类、管理类等与创新创业实战密切相关的选修模块课程；运用大数据技术，开发、移植、推广慕课、视频公开课等在线创新创业教育开放课程资源，引导学生利用网络进行自主学习。

5. 线上线下结合实现多样化教学。充分运用线上和线下资源，采用小班化教学方式，邀请行业领域专家、创业导师、杰出校友举办形式多样、内容丰富的专题讲座，讲授各自专业内的前沿科技、发展现状、市场机会、政策解读以及创业历程等内容，扩宽学生视野，为创新创业活动提供可借鉴的经验，为提升学生创新创业动力和能力做好推动和引导工作。

（三）探索以赛促训、创孵一体的实践体系

6. 搭建路演竞赛平台，赛训结合，以赛促训。与相关机构联合打造重庆文理学院周末创业集市暨永川科技一条街、重庆文理学院创新创业大赛、永川区寻找最佳合伙人创业路演活动、区域创新创业峰会。每个学院至少搭建一个学科竞赛平台、一个创业大赛平台、一个讲座沙龙平台。组织好中国创新创业大赛、中国"互联网+"大学生创新创业大赛、"挑战杯"全国大学生课外学术科技作品竞赛、"创青春"全国大学生创业大赛等市级及以上竞赛的参赛工作。继续实施大学生创新创业训练计划。

7. 集中开办创业专班，提档升级创业先锋班，加强"合格+"创业类人才培养。按照信息科技类、文化创意类、电子商务类从低年级选拔200人组建创业专班。加强对创业先锋班的研讨，从课程设计、师资配备、教学方式、实训模式等方面进行全方位改革。每年从接受创新创业系统培训的200名学生中选拔80名有志于创业的学生组成创业先锋班参与集中训练，进行重点培养，"创业先锋班"主要学习"创业能力、创业实务和创业实战"三大模块课程。"创业先锋班"所有学生不涉及学籍和院系调整，除本专业学习外，需修满一定学分的创业课程和实训课程，毕业同时获得创新创业专项结业证书。

8. 举办各种"卓越创业人才"培养实验班。继续举办和强化光电材料与器件卓越工程师实验班、软件园储备干部预备班、卓越教师教育实验班、卓越园林人才实验班，以及各教师教育类专业成立的未来语文名师工作坊、知行苑、名师梦工厂、健行班等特色班。在此基础上，充分利用国际国内资源，开展校企、校地、校所、校校合作以及国际教育合作，联合举办卓越创业经理人、卓越创业营销人、卓越农村创业人才、卓越乡镇管理人才、卓越村官等政企人才实验班，形成完善的卓越创业人才培养机制。

9. 打造专业实践与创业实践相结合的孵化体系。通过各学科的专业实训以及导师项目的科研训练提升学生的创新意识，通过创新毕业设计、毕业创作考核的方式提升学生的创意设计能力，通过参与创新创业大赛的竞赛训练提升学生的创业实战能力。

10. 坚持统筹规划、整合资源的原则建设创业园区。利用学校专项资金、政府扶持基金、社会公益基金，结合地方产业优势、产业布局，依托地方产业园区、开发区、企业集团，以培育创业主体为目标，以完善创业服务为重点，加快大学生创业园建设，强化创业园区的示范和辐射带动作用，为大学生创业者提供良好的创业环境和创业服务。

（四）打造政产学研开放共享的平台体系

11. 校地校企共建共享创新创业学院。由区、校、企合作共建一所综合性、实践性创新创业学院，按照"创客中心、能力本位、需求导向、分类探索、多元培养"的基本要求，贯穿"创新创业教育—创新创业实训—仿真培训—项目孵化—对接投资—导师介入—全链条创业"全过程，功能定位为创业教育执行者、创业就业训练营、创业能力提升场、创业项目孵化厂、创新计划实施端、创业园区运营器、创业实践集成坊。开办企业领导力提升班、创业实践专班，探索建立跨院系、跨学科、跨专业交叉培养创新创业人才的新机制。

12. 建立科研教学平台助推创新创业的培养机制。依托新材料技术研究院、创新靶向药物国际研究院、重庆市特色植物产业协同创新中心、重庆市非物质文化遗产研究中心等特色优势学科团队、工程中心和实验室资源，开展复合型、创新型人才培养，培育一批科技型创新创业团队，孵化一批科技型企业，探索科教结合的人才培养模式。充分发挥专业实验室、虚拟仿真实验室、重点实验室、工程中心、实训中心等现有教学资源平台的作用，加大开放力度，为学生的创新创业实践活动提供条件和便利。

13. 高起点规划、高标准建设创业"五大中心"。引进知名企业联合开展线上通识教育和线下精英教育，打造创业教学中心；携手地方政府和知名企业打造区域性创新创业研究中心；整合人力资源、工商、税务、科技、教育、共青团等部门资源建立一站式服务平台，开发创业APP，打造创业服务中心；整合投融资企业的基金、核心技术、营销渠道与学校的优秀项目进行有效对接，打造创业资源中心；与地方政府、大型企业合作开办校外大学生创业园区，打造创新创业平台中心。

14. 大力加强"1+N"众创空间建设。"1"是指在学校层面建设一个综合性众创空间，"N"是指各学院建立1个学科群创新创业综合平台、校内科研院所各建立1个科技型创业孵化平台，打造校级、市级和国家级三级示范性众创空间，为学生提供分享知识、兴趣、创意和创新思想的自由畅想空间，为创新创业团队和企业家、合伙人、投资人等进行业务洽谈交流提供社交空间，为企业与师生创业者提供对接平台，推动科技成果转化。

（五）搭建校院协同高效快捷的服务体系

15. 完善创新创业激励和考评机制。加大对二级学院创新创业教育工作质量考核力度，提高目标指标考核权重，并把各二级学院创业教育质量作为衡量办学水平、考核学院领导班子的重要参考指标。对创新创业教育工作开展情况较好的二级单位、学院以及对指导学生开展创新创业教育并取得优异成绩的个人实施奖励和表彰。设立创新创业奖金，并在现有相关评优评先项目中安排一定比例用于表彰创新创业成效突出学生。

16. 遴选建设一支实战型创业导师队伍。按照"集中遴选一批、对外聘请一批、选送培训一批"的方式打造一支实践型创业导师队伍。在校内遴选一批专业课教师通过集中培训、挂职锻炼的方式打造专业教学型导师队伍；聘请一批校内外具有创新创业大赛参赛指导经验的教师和专业人士打造竞赛指导型导师队伍；选聘一批国有大中型企业和一定规模的民营企业、商业银行、证券公司、保险公司、信托投资公司、基金管理公司、知名风险投资公司或机构的负责人、管理者、创业者打造孵化育成型导师队伍；面向机关事业单位、行业协会和其他社会组织聘请一批人士打造政策服务型导师队伍。

17. 多渠道、多领域筹集创新创业资金。学校将设立专项资金项目支持创新创业培训、项目孵化和设备购置等，同时通过企业、行业协会、天使投资人、校友会、校企校地合作平台、风投基金等多渠道筹集资金，整合创新创业基金，完善管理体制和市场化运行机制，引导大学生申请各类投资基金，推动创新创业活动的开展和科技成果转化。

18. 注重营造创新创业文化氛围。各学院利用新生入学教育、周末教育举办创业故事汇活动，营造人人创业、主动创业的环境；学校相关部门要遴选经典创业案例制作创业案例集，在校报和广播台开设学生创业专栏的方式传递创业好声音；通过开设创新创业文化墙、打造创新创业文化社团的方式营造"大众创业，万众创新"的氛围；通过创业文化节、创业路演活动、各学院的创业沙龙讲座和创业大赛等各类载体展示创客的创业风采。

（六）健全层次分明接口顺畅的制度体系

19. 完善创新创业学分替代与转换制度。将创新创业课程纳入必修课并计2个学分，制订《创新创业学分认定与转换管理办法》，学生以注册公司、组建工作室、参与课题研究、开展创新实验、参与众创空间等进行创业实践，可以折算为学分，计入学业成绩。

20. 修订促进学生创业的学籍和学生管理制度。修订《学生管理手册》《学生成绩管理办法》等，健全休学创业的弹性学制，放宽学生学习年限，允许学生分段完成学业。新生可以申请保留入学资格开展创新创业实践，入学后也可以申请休学开展创业。创新实践、休学创业的学生，经个人申请学校批准可以转入相关专业学习，降低学生创业的机会成本，让学生在自主创业方面有更大的选择空间。建立创新创业档案，客观记录并量化评价学生开展创新创业活动情况。

21. 出台相关政策鼓励教师创新创业。按照人社部《关于支持和鼓励事业单位专业技术人员创新创业的指导意见》相关文件精神，鼓励离岗创业的教职工主动吸纳并带动学生通过参与项目、企业实习、兼职等方式到科技型企业中开展创新创业实践。

四、保障措施

（一）健全体制机制

学校成立由校长任主任的创新创业工作委员会，负责创新创业教育改革的研究、督促和推进落实。各学院要把深化学校创新创业教育改革作为应用型人才培养的重要任务摆在突出位置。各学院要落实创新创业教育主体责任，把创新创业教育纳入改革发展重要议事日程，成立创新创业教育工作领导小组，负责统筹落实学院的创新创业工作。

（二）明确工作职责

创新创业办公室负责上级有关创新创业相关政策的落实，会同相关部门制定学校深化创新创业教育改革实施方案并组织实施，指导创新创业课程体系改革，协助相关部门做好学生创业教育与导师库建设，加强学校"众创空间"和学生创业孵化园的规划建设，牵头筹建创新创业学院。

教学部负责学生创新创业教育课程规划、编制、教学质量监控及人才培养模式改革，负责修订和实施大学生创新创业的有关学籍制度，负责"互联网+"创新创业大赛具体宣传、组织、培训、选拔与作品培育工作以及大学生创新创业训练计划的具体实施，协助创新创业办公室开展创业先锋班相关工作。

学工部负责"挑战杯""创青春"创新创业大赛的具体宣传、组织、培训、选拔与作品培育、指导和参赛组织工作，指导扶持创新创业类学生社团，多渠道、多途径培养学生的创新意识和创业能力，统领各二级学院周末思想教育创新创业课程的组织与实施。

科技部负责全校研究生创新创业项目的发掘和培育工作，负责科技评价制度、科技人员和科研项目管理改革，各级各类科研平台开放共享与服务，协助创新创业办公室开展众创空间的建设以及创新专家库建设。

教工部负责落实国家和重庆市在职称评聘、评优评先、绩效分配、离岗创业等支持创新创业的有关政策。

资产部负责落实国家和重庆市在科研经费报账、税收等支持创新创业的有关政策，负责学校创新创业工作经费预算的编制、下达；负责学校创新创业工作及创新创业教育设施、设备的采购与调拨。

党群部负责创新创业教育氛围的营造，创新创业文化建设，以及宣传舆论的引导。

校务部负责将创新创业教育改革工作纳入年度目标，并组织制定考核评价标准，协助相关职能部门对工作推进情况进行监督。

总务部负责大学生创业园区的加层改造和基础建设，参与和配合学校打造大学生科技创业一条街。

重庆地恩科技开发有限责任公司负责大学生微型企业孵化园区的日常管理、运营和考核，负责"百川兴邦"众创空间企业的孵化、运营和管理；负责学校科技类项目的孵化和成果转化。

二级学院和科研机构负责结合本单位学科专业特点，落实创新创业教育改革各项具体工作，制定本学院的创新创业教育改革实施方案，实现改革目标，并接受职能部门对工作目标完成情况的监督和考核。

（三）细化实施方案

各学院和相关部门要结合实际制定深化本部门本学院创新创业教育改革的实施方案，明确责任分工，制定年度工作计划。

（四）强化督导落实

工作考核部门要把创新创业教育质量、创新创业教育改革落实情况作为衡量办学水平、考核领导班子的重要指标，作为重要目标纳入学校目标指标体系。

（五）加强宣传引导

加强对国家和重庆市创新创业相关文件的解读和宣传，帮助学生了解政府的大学生创新创业扶持政策，鼓励和引导大学生创新创业。通过会议动员、政策宣传、创新创业成功案例分析（享）等多种方式，宣传创新创业教育工作，营造尊重创新、勇于创造、善于创业的校园文化氛围，激发广大师生的创造潜能。

重庆文理学院 2017 年党政工作要点

一、重点工作

1. 深入贯彻落实党的十八届六中全会、党的十九大和全国高校思想政治工作会议精神以及习近平总书记系列重要讲话精神，持续推动"两学一做"深入开展。

2. 精心组织并顺利召开学校第三次党代会。

3. 组织开展好本科教学工作审核评估预评估和正式评估。

4. 对照相关条件要求，做好 2017 年新增硕士学位授予单位审核的申报工作。

5. 按照市教委"双一流"工作要求，做好"十三五"市级重点学科和特色专业（群）的建设和申报工作。

6. 深入贯彻落实中央、重庆市委、市委教育工委关于意识形态工作的要求，切实加强我校意识形态工作。

二、主要工作

（一）党建和思想政治工作

1. 深入贯彻落实全国和全市高校思想政治工作会议精神，不断提高我校师生思想政治工作的针对性和实效性。

2. 抓好学校党建工作调研，出台关于进一步加强基层组织建设的党委 1 号文件，进一步提高二级单位党建工作的凝聚力和感召力。

3. 认真落实全面从严治党，坚持层层传递压力，从严从实推进党的建设，健全党建工作考核机制和激励机制。

4. 贯彻落实全国党校工作会议精神，进一步完善我校党校工作机制和平台建设，进一步加大干部教育培训力度。

5. 强化人文社科类论坛、讲座、报告会、互联网等意识形态阵地监管，进一步落实校院两级意识形态工作责任制和网络意识形态工作责任制。

6. 大力开展社会主义核心价值观教育活动，充分发挥党委理论宣讲团作用，积极营造富有正能量的校园氛围。

7. 加强对领导干部的管理、监督与考核，重点抓好处级领导干部个人有关事项报告、因私出国（境）审批、民主生活会、双重组织生活会和年度考核等工作。

8. 认真落实年度党员发展计划，严格党员发展工作程序，开展入党积极分子培训，切实做好党员发展工作。

9. 进一步贯彻落实党风廉洁建设和反腐败工作分工包项责任，认真落实中央八项规定和市委实施意见精神，加大对"三重一大"相关制度执行情况的监督检查。

10. 坚持以"无禁区、全覆盖、零容忍"态度持续惩治腐败，严格落实全面从严治党责任，以严肃问责促进履职尽责。

11. 深入贯彻落实中央统战工作会议精神，切实加强党对宗教工作的领导，坚持"双月座谈会"制度，组织和引导各民主党派、团体加强自身建设。

12. 探索开展"互联网+工会"活动，组织好青年教师教学基本功竞赛活动，打造劳模创新工作室；进一步完善教代会工会制度，发挥民主职能。

13. 做好关工委工作；加强离退休人员思想政治建设和党支部建设；创新活动形式和载体，积极引导离退休人员发挥正能量。

（二）教学工作

14. 组织开展专业评估和工程教育专业认证试点，做好市级特色学科专业群、特色专业申报工作及首批市级特色专业验收工作。

15. 深化"合格+"多元人才培养模式改革，扎实推进卓越类、复合类、深造类、创业类、特长类立项项目建设和人才培养工作。

16. 完善二级学院教学业绩评价体系，健全同行评价、督导评价、学生评价、自我评价"四位一体"的课堂教学质量评价机制。

17. 开展中学教材研修室、小学教材研修室、幼儿绘本研修室"三室"建设，改建教师沙龙室，新建"教师发展资源中心"，优化教师教学能力训练中心功能。

18. 组织申报中央财政支持地方高校发展专项资金项目,开展市级、国家级教学成果奖和市级教改项目的培育和申报工作。

19. 组织开展课程教学改革典型经验交流与成果展示,深入推进专业核心课程教学改革。

20. 抓好暑期学生专业技能训练,固化暑期技能训练周模式,加大实验室开放力度,完善实践教学体系。

21. 完成凤凰数字媒体产业人才实训基地和项目孵化基地建设,与凤凰数媒集团、万学教育集团合作开展复合型和创业型人才培养。

22. 组织开展学校第三届师范生教学技能比赛和非师范专业学生专业技能比赛;拓展省部级、国家级学科竞赛项目,实现参赛人数和获奖成绩新突破。

23. 进一步完善卓越教师校院协同培养方案和培养机制,做好召开"全国首届卓越教师发展论坛"相关工作。

24. 积极申报和组织实施2017年"国培计划"项目,做好2017年重庆市教育管理干部培训工作,进一步拓展横向培训项目。

(三)学科科研工作

25. 进一步做好市级科研平台培育,启动第二轮校级科研平台立项建设工作;加强已有市级、校级科研平台的标准化建设与规范化管理,强化科研平台内涵建设,确保完成预期任务,达到建设、验收和评估目标。

26. 启动第四轮校级重点学科和专业学位点建设工作,组织召开第四轮校级重点学科和专业学位点建设工作推进会。

27. 组织开展好2017年各级各类科研项目的申报工作。

28. 加强科研成果管理,按照新科研成果奖励与计分办法,做好2016年度教职工科研成果的奖励工作,完成市级科研成果奖的组织与申报工作。

29. 加强校学术委员会建设,加强学术风气建设,营造良好学术氛围。

30. 提高科研管理质量和效率,提升科研服务水平,做好科研数据的统计与报送工作。

31. 加强科研二级管理，做好科研项目申报的组织、科研经费的使用与管理、科研项目的结题等工作的督查工作。

32. 做好2017级硕士研究生的招生录取以及研究生教育教学管理等工作。

33. 积极打造《重庆高教研究》的专题研究特色栏目和《重庆文理学院学报》的非遗特色栏目，提高期刊质量；完成《重庆文理学院学报》（社会科学版）编委会委员的调整。

34. 稳步推进校属独立科研机构改革试点，探索"人事—任务—绩效"管理新模式。

35. 组织召开关于落实重庆市委市政府对涂铭旌院士大力开展光电材料与器件研究建议批示的总结汇报会。

（四）学生工作

36. 科学合理编制2017年学校分省分专业分科类招生计划，完成2017年招生宣传、咨询、录取等相关工作。

37. 充分利用"互联网+就业"新模式，推进就业信息化建设工作，深化"就业指导"课程教学改革，加强招聘岗位、就业政策、就业指导推送力度，做好毕业生就业工作。

38. 结合全国和全市高校思想政治工作会议精神，进一步发挥大学生周末思想教育、党员活动室、网络思政等平台的作用，开展中华传统优秀文化系列教育活动，不断提高大学生思想政治教育的针对性和实效性。

39. 继续充实辅导员队伍数量，采取交流培训、现场观摩、科研指导等措施，提高学生工作队伍建设质量。

40. 进一步加强协同育人工作，修订和完善学生管理相关制度，推进辅导员"名师工作室"建设、"一院一品牌"工作，强化学习及表现预警管理，创建优良学风。

41. 继续完善学生成长目标导航软件功能，有针对性地扩大覆盖面，发挥人生导师指导作用，强化学生自我承诺和行动记录，进一步增强目标导航的实施效果。

42. 理顺大学生心理咨询工作体制，完善工作机制和保障措施，做好大学生心理健康工作，办好大学生"心理成长论坛"等相关活动。

43. 推进"四困生"和建卡贫困生帮扶工作，拓展社会资源，多渠道设立社会奖学金和勤工助学岗位，推进贫困生就业帮扶工作，确保帮扶工作取得实效。

44. 加强共青团组织建设，深入实施高校基层团支部"活力提升"工程，推进"网上共青团"建设，拓展共青团思想引领平台，成立大学生"思想引领中心""网络宣传中心""写作培训中心"，打造学生宣讲队伍、网络宣传队伍、精英撰稿队伍。

45. 继续巩固团校、青年马克思主义者培训学校、社团骨干培训班等干部培训形式，加强学生骨干队伍建设，加强大学生的理想信念教育。

46. 组织大学生参加"挑战杯"等各级各类科技竞赛、科技文化活动和大学生社会实践活动，进一步巩固和深化23个"市民学校"的创建成果，努力打造学校志愿服务工作品牌。

（五）创新创业、成果转化和对外合作工作

47. 修订完善学校科技成果转移转化相关实施办法和制度，进一步理顺科技成果转化机制。

48. 做好各类成果推介、科技成果信息交流与发布，银纳米线透明导电薄膜柔性触摸屏转化工作取得实质性进展。

49. 进一步完善创新创业教育顶层设计，正式组建创新创业学院。

50. 与安博教育集团合作组建"互联网创新学院"，并实质性运行。

51. 修订校地合作相关制度，积极与区县、园区开展战略合作。

52. 做好各类创新创业大赛的项目遴选、参赛指导工作，开展创新创业奖学金评选工作。

53. 加强地方校友会组织建设，举办校友文化节，筹备成立教育发展基金会。

54. 做好院校研究所更名调整工作，大力开展智库项目建设。

55. 加强国际合作与交流，继续推进已有中外合作办学项目和教师国际化工程；做好中外合作办学"3+1"项目申报工作。

56. 拓展来华留学生生源国，逐步扩大留学生规模，改善来华留学生生源结构，加强留学生教育和管理。

57. 实质性启动俄语语言文化教学中心和中俄青少年发展研究中心工作。

58. 落实精准扶贫战略，做好教育扶贫和对口帮扶工作。

（六）师资队伍建设工作

59. 制定《重庆文理学院第四次教师岗位设置与聘用实施细则》《重庆文理学院第四次其他专业技术岗位设置与聘用实施细则》。

60. 拓展渠道，进一步加大人才引进的力度。

61. 做好高层次人才项目的培育和推荐，重点抓好海外高层次人才引进，进一步提高人才管理与服务水平。

62. 开展绩效工资运行情况调研，结合上级有关要求，制定新的绩效工资分配方案；适时启动我校教职工养老保险并轨相关工作。

63. 加强教师发展中心建设，按照教师发展需求，分层分类开展教师培训，做好"双师双能型"教师培养、认定与认证工作，构建教师发展与培训新体系。

64. 探索建立"教学新秀""主讲教师""首席教师""教学名师""终身教学名师"的教师分层培育与激励机制，进一步完善教学激励长效机制。

65. 开展富有特色的师德师风建设活动，认真做好"优秀教师""优秀教育工作者"的推荐表彰和新进教师岗前培训工作。

（七）校务管理工作

66. 做好"十三五"规划任务分解和落实工作，完成"十三五"专项子规划的编制工作。

67. 落实《重庆文理学院深化教育综合改革实施方案》2017年任务。

68. 严格执行中央八项规定精神和市委七条实施意见，进一步规范公务接待审批、公务接待报账程序，精简会议活动。

69. 加大党委常委会、校长办公会重要决策事项的督查督办力度，增强工作执行力。

70. 优化目标指标体系，加大党建工作考核力度，改进满意度测评，发挥目标考核导向作用。

71. 做好星湖校区综合管理与服务工作。

72. 科学编制学校2017年度财务预算并及时发布，完成2016年度财务决算并按规定上报相关材料。

73. 修订《重庆文理学院财务管理办法》，完成财务系统与资产系统信息整合共享；进一步完善投递式报账系统、经费查询系统、网络缴费平台、校园卡充值系统。

74. 根据政府采购工作法规制度，做好货物和服务，特别是中央财政支持地方高校发展专项资金项目设备或服务的采购工作。

75. 修订《重庆文理学院国有资产管理办法》《重庆文理学院固定资产管理办法》，调研存货管理模式，加强教学和科研材料管理，加快待报废资产的实物和账务处置。

76. 做好中央专项资金、协同创新中心账务管理和校内自查工作。

77. 做好第三轮学科科研经费审计、预算执行情况审计、教学经费绩效审计、国培项目经费审计等工作。

78. 启动智慧校园建设工作，开展IT架构治理和智慧校园平台建设，打造服务型智慧校园门户，初步实现"一站式"服务。

79. 建设大数据分析平台，初步建成大数据分析中心，初步实现决策支持。

80. 开展信息安全体系建设，全面开展信息系统的准入控制和数据的安全管理。

81. 做好学校主站的全面改版工作，有序推进二级网站改版工作。

82. 加大教学管理信息化建设力度，建成教学管理系统，实现各类教学环节的在线管理。

83. 加大档案信息化建设力度，有序推进数字档案馆建设，实现电子档案的自动归档。

84. 加强图书资源建设，不断提高各类图书资源的利用率。

（八）后勤保障工作

85. 完成人和居3号楼教工住宅工程施工，进入工程验收整改阶段。

86. 完成红河校区A区综合实训楼（材料科技楼）主体工程。

87. 完成建筑工程学院结构实验室工程及星湖校区格物楼装修改造工程招标工作并开工建设。

88. 完成红河校区A区学生宿舍消防整改设计以及星湖校区消防栓系统设计、工程施工招标工作。

89. 启动大学生微型企业孵化园改造工程。

90. 完成星湖校区女生公寓改造工作，完成女三舍改造设计及施工招标工作。

91. 完成星湖校区雨污管网及生化池的设计及施工招标工作。

92. 严格执行后勤服务质量监管办法，做好食品卫生安全管理工作。

93. 做好红河校区医院（兴龙湖社区医院）的正式运营监管协调工作，推动星湖校医院的改革工作，提高师生医疗医保工作水平。

94. 深入推进后勤信息化建设，进一步完善核定保洁、绿化、宿舍管理、食堂管理、维修管理、安保巡逻守护等相关标准数据；利用网络信息平台加强信息数据收集、分析和指挥、管理，进一步提高服务水平。

95. 做好星湖校区直饮水设备的安装工作。

96. 完成学校视频监控系统的升级扩容和维保招标工作。

97. 继续完善"三防"系统建设，强化安全信息日常管理，提升应急处置能力。

重庆文理学院大学生创新创业奖学金评选暂行办法

重文理学〔2017〕32号

第一章 总 则

第一条 为深化高等学校创新创业教育改革，营造大众创业、万众创新的浓厚氛围，激励广大学生积极投身各类创新创业实践，特设立重庆文理学院"大学生创新创业奖学金"（以下简称"奖学金"），并制定本办法。

第二条 评定对象为学籍注册在我校并在创新创业方面表现突出的大学生（含毕业两年内的优秀创业学生）。

第二章 奖学金设置

第三条 学校每年在财务预算中设立100万元创新创业专项资金用于奖学金评定和其他创新创业项目资助。

第四条 奖学金分为三个等级，其中一等奖学金10 000元，二等奖学金5 000元，三等奖学金3 000元。

第五条 学校评定的各个等级奖学金名额根据当年申报情况确定。如当年申请者达不到相关等级的申报条件，该奖项可以空缺。

第三章 奖学金申报条件

第六条 基本申报条件：

（一）热爱祖国，拥护中国共产党的领导；

（二）勤奋学习、善于思考、积极实践、勇于创新；

（三）遵守宪法和法律，遵守学校规章制度，严于自律、诚实守信，积极投身创新创业实践；

（四）本学年内未受过任何处分；

（五）具有创新创业精神与较强的市场开拓能力和经营管理水平，具有较好的社会声誉。

第七条 实践业绩条件：

（一）凡具备以下条件之一者，可申请一等奖学金：

1. 注册成立企业取得工商营业执照并由本人担任法人代表，自成立之日起至申报之日止营业额达到100万元（以银行业务流水为准）；

2. 参加由国家相关部委组织的创新创业大赛全国总决赛获得三等奖及以上者；

3. 参加由省级政府相关部门组织的创新创业大赛及国家相关部委组织的创新创业大赛省级选拔赛获得一等奖者；

4. 以团队形式创业，申请者须是团队负责人，且自团队组建之日起至申报之日止营业额达到100万元者（以签订的业务合同为准）；

5. 以第一作者身份撰写调研报告（或决策咨询报告）被区县及以上政府采纳应用者（须出示采用证明材料）；

6. 获得发明专利者（排名第一）；

7. 创新创业事迹被省级及以上的媒体或刊物专题报道，对学校创新创业起引领示范作用者；

8. 被省级及以上相关政府主管部门授予创新创业类相关称号者。

（二）凡具备以下条件之一者，可申请二等奖学金：

1. 注册成立企业取得工商营业执照并由本人担任法人代表，自成立之日起到申报之日止营业额达到50万元（以银行业务流水为准）；

2. 参加由国家相关部委牵头组织的各类创新创业大赛全国总决赛获奖者；

3. 参加由国家级协会、学会等牵头组织的全国创新创业大赛总决赛获得特等奖或一等奖者；

4. 参加由省级政府相关部门组织的创新创业大赛及国家相关部委组织的创新创业大赛省级选拔赛获得二等奖及以上者；

5. 以团队形式创业，申请人须是团队负责人，自团队组建之日起到申报之日止营业额达到50万元者（以签订的业务合同为准）；

6. 以第二作者身份撰写调研报告（或决策咨询报告）被区县级政府采纳应用者（须出示采用证明材料）；

7. 获得实用新型专利、外观设计专利（排名第一）且实现转化者（需提交转化证明材料）；

8. 创新创业事迹被区县级及以上的媒体或刊物专题报道，对学校创新创业起引领示范作用者；

9. 被区县级及以上相关政府主管部门授予创新创业相关称号者。

（三）凡具备以下条件之一者，可申请三等奖学金：

1. 注册成立企业取得工商营业执照并由本人担任法人代表且已正式开展经营活动；

2. 参加由国家级协会、学会等牵头组织的全国创新创业大赛总决赛获得二等奖者；

3. 参加由省级政府相关部门组织的创新创业大赛及国家相关部委组织的创新创业大赛省级选拔赛获得三等奖者；

4. 以团队形式创业，自团队组建之日起到申报之日止营业额达到 20 万元者（以签订的业务合同为准）；

5. 获得实用新型专利、外观设计专利（排名第一）；

6. 创新创业事迹被各类媒体或刊物专题报道，对学校创新创业起引领示范作用者。

（四）其他在创新创业方面做出突出贡献的实践业绩条件经评委会认定后可以申请。

（五）上述业绩条件为申请相应等级奖学金的基本条件，是否授予奖学金由评审委员会评定。

第四章　奖学金申请和评审

第八条　奖学金按照自然年度进行申请和评审，每年第二季度评选上一年度的奖学金。

第九条　凡是符合条件的大学生均由个人向所在学院提交申请。

第十条　奖学金评审坚持公开、公平、公正、择优的原则，坚决杜绝弄虚作假，主要评审程序如下：

（一）各学院根据学生个人申请材料进行初审，并将合格的申请材料提交至评审委员会办公室（设在创新创业办公室）；

（二）由创新创业工作委员会相关成员单位及校外专家组成评审委员会进行评审，提出当年奖学金获奖建议名单，经公示后报学校审定。

第五章　奖学金发放和表彰

第十一条　学校公布年度获奖者名单，并适时召开表彰大会对获奖个人予以表彰和奖励。

第十二条　学校将奖学金一次性发放给获奖学生或团队，并颁发奖励证书。

第六章　附　则

第十三条　大学生每年只能根据条件申请其中一个等级奖学金。

第十四条　凡同一实践业绩成果不能重复申报。如同一成果获得不同等级的业绩时，按照"就高不就低"原则予以评选。团队取得的业绩成果只能以团队名义申请相应等级奖学金且只能申请一次。

第十五条　本办法自发布之日起实行。

第十六条　本办法由创新创业办公室负责解释。

审核评估

SHENHE PINGGU

本科教学工作审核评估工作概述

1. 精心做好各项迎评准备工作

发布《关于成立迎评工作领导小组及工作机构的通知》（校评建〔2017〕28号），成立迎评工作领导小组、迎评指挥部及11个专项工作组，明确了各组织机构的工作职责，各工作组根据分工细化迎评工作方案。多次召开工作组协调会，讨论迎评工作准备情况；孙泽平书记、王明华副校长及有经验的教师分别就学校概况及接待礼仪等方面内容对联络员开展多次专题培训，提升联络员接待服务水平。

2. 科学组织专家现场考察阶段工作

10月31日—11月3日，本科教学工作审核评估专家组一行14人到学校开展了为期4天的审核评估工作。专家组考察了红河、星湖两个校区的硬件设施和条件；深度访谈学校领导、职能部门负责人和教师共129人次；走访学校全部职能部门、教学单位、科研单位；举办教师座谈会15场，学生座谈会6场，涉及教师133名、学生67名；走访重庆渝西园林集团有限公司等校外实践教学基地和就业基地5个；访谈或电话访谈实习基地、就业基地负责人32人；听课看课82节；查阅34个专业2 036份试卷和23个专业1 474份毕业设计（论文），查阅有关支撑材料。

3. 专家充分肯定成绩，指出存在的问题与不足

专家组通过4天的实地考察，一致认为学校高度重视本次审核评估工作，研究评估方案，贯彻评估精神，积极开展自评自建工作，不回避矛盾与困难，"以评促建"效果明显，学生、用人单位满意度较高。具体表现在：一是学校办学思路清晰，顶层设计明确，办学定位适应区域经济社会发展要求；二是学校重视本科教学，人才培养中心地位不断得到强化；三是本科教学、人才培养质量保障体系较为完备，运行效果良好；四是面向重庆经济社会发展，积极推进学校转型，高水平团队引进力度大，作用显著；五是学校坚持"以生为本"理念，重视学生培养与发展；六是学校形成了特色鲜明的"六位一体"的创新创业教育。同时，各位评估专家结合自己的任务分工，分别指出了学校本科教

学工作中存在的问题与不足，提出了改进意见和建议。

4．制定本科教学工作审核评估整改方案

针对评估专家提出的问题和建议，学校制定并发布《关于制定本科教学工作审核评估整改方案的通知》（校评建〔2017〕33号），要求各单位深入研讨问题，初步制定整改方案，牵头单位在内部充分研讨、与协助单位充分沟通的基础上，填写《本科教学工作审核评估问题整改一览表》，充分搜集问题整改措施，认真组织研讨，制定学校本科教学工作审核评估整改方案。以本次审核评估为契机，进一步以评促建、以评促改，不断提升人才培养质量，推动各项工作再上新台阶。

5．反复研讨修改自评报告

在2016年完成的《本科教学校内诊断自评报告》基础上，经多次广泛征求校领导、各二级单位的建议，依据自评报告撰写进度表，自评报告起草组按照"理念到位、数据真实、事实支撑、文字精准、成绩客观、问题透彻、结论自证"的撰写要求，认真组织研讨和分散修改。暑假组织起草组成员开展了为期一周的封闭式专题研讨和集中修改。广泛的意见收集、多次的专题研究、反复的斟酌修改，最终形成客观、全面、系统的自评报告，共计7万余字。

6．按时完成本科教学基本状态数据库的填报上传

6月27日，学校召开数据填报工作培训会，对全校各单位填报人员进行培训，会上对数据填报工作进行细化分工，明确责任。孙泽平对2017年数据填报工作提出明确要求。会后评估中心实时监控填报进程，及时答疑填报中遇到的实际问题，催促相关部门按时完成填报工作。同时积极与教育部评估中心相关人员联系，解答数据填报中的疑问，完成了数据的审核、修改、核实、分析，按时将所有数据上传到教育部国家数据平台，为本科教学工作审核评估提供数据支撑。

7．全面准备各类支撑材料及专家案头材料

制定发布《关于做好本科教学审核评估支撑材料收集、整理和建档工作的通知》（校评建〔2017〕5号）和《关于进一步完善本科教学审核评估支撑材料的通知》（校评建〔2017〕25号），成立了审核评估支撑材料收集、整理和

建档工作领导小组,负责此项工作的组织和领导。制定了《本科教学工作审核评估支撑材料目录及分工一览表》《本科教学工作审核评估案头材料目录及分工一览表》,明确两类材料的具体提供内容、准备部门及相关责任人,制定材料准备工作进度表,并按期组织了材料专项检查,针对发现的问题及时进行了整改。

8．开展评估集中汇报演练

在各二级单位撰写提交部门自评报告基础上,分别于上半年、下半年组织各教学单位、教工部、学工部、合作发展部、资产部进行了两轮现场集中汇报演练,校领导亲临现场听取汇报、亲自把关。汇报演练活动促使各二级部门深入挖掘办学亮点、工作特色,全面梳理近几年的部门成绩及不足,为迎评做足思想准备。

9．圆满完成审核评估预评估

编制《本科教学工作审核评估预评估工作手册》,为开展预评估提供具体行动指南。5月22日至24日,学校邀请玉林师范学院校长贺祖斌等9名专家,对我校开展了为期3天的本科教学工作审核预评估。专家组在审读学校《自评报告》和《教学状态基本数据分析报告》的基础上,通过查阅资料、实地考察、听课看课等形式对我校进行了实地考察。专家组对照审核评估要素梳理了学校本科教学工作存在的主要问题,并提出了针对性建议。评建办公室对预评估中发现的问题进行了汇编,发布教学督导简报(专刊)一期,将问题整改措施逐一落实到了相关责任领导及部门,为迎接正式评估做好充分的准备。

10．再次召开评估动员大会

10月11日,学校再次召开审核评估动员大会,学校全体教职工1 000余人参会。会上校长许洪斌作了题为"坚定信心 凝心聚力 真抓实干 全面做好迎评冲刺阶段的各项工作"的主题报告。党委书记孙泽平作了总结讲话。大会召开为广大师生调整状态、提振精神、坚定信心迎接评估提供了重要保障。

11．组织开展两轮试卷复查

分两轮对全校2016—2017学年期末试卷进行全面检查。其中上半年由学校评建工作专项检查与协调组牵头,各二级学院组织教学骨干具体实施,学校派部分专家和联络员全程参与并进行指导。下半年则由学校评建办公室牵头与教学部一道组织督导办相关专家、各二级学院领导和教学骨干进行了抽查和集中审阅。形成专项报告两份。

12．组织毕业论文（设计）专项检查

发布《关于开展2017届本科毕业论文（设计）抽查评审的通知》，根据文件要求，各二级学院先进行拉网式自查，暑期学校评建办公室牵头与教学部一道组织督导办相关专家、各二级学院领导和教学骨干进行抽查和集中审阅。形成专项报告一份。

13．组织实验实训室开放利用情况专项检查

对全校所有教学实验实训室（中心）的建设和开放利用情况，采取现场查看和访谈的方式进行了专项检查，并撰写了检查情况报告。

14．组织开展两次半期教学检查

5月和12月，分别牵头组织教学部、学工部、校级督导委员对各教学单位进行两次半期教学工作检查。形成检查报告两份，以教学督导简报形式发放至各二级学院。其中下半年的半期教学检查除常规审核内容外，检查组还对上学期半期教检的问题整改情况进行了集中验收，涉及16个学院的45个整改问题中，已有43个问题完成整改，另有两个问题正在按计划持续整改。

15．组织开展其他专项检查

开展《听课制度》落实情况的专项检查两次，二级教学督导工作检查和指导两次，专项巡教督导活动5次。

16．完成2017—2018学年初教育事业统计报表

完成了2017—2018学年初教育事业统计报表的数据采集、核实、上报以及后期的数据核查工作；对增减幅度较大的数据逐一核实，上报核查说明；积极开展数据分析和预测，为学校决策提供参考。

17．完成《2016—2017学年本科教学质量报告》

从多个方面对学校本科教学工作进行总结和分析，落实相关数据，做到与状态数据库一致，对涉及教学质量的核心数据进行了客观反映，按时报送上级主管部门，及时在学校网页发布，公开接受社会监督。

18．顺利完成2017年学生满意度调查

2017年6月2日至20日开展了大三学生满意度调查工作，调查采取随机抽样方法，调查有效专业62个（不含专升本），参与学生2 845人。借鉴教育

部《新建本科院校学生满意度调查问卷》的题目和答案类型,对学校满意度调查问卷进行了修订,强化了调查内容的针对性;与现技中心及时沟通,对满意度系统进行优化;对调查实施过程进行全程监控,对分析数据采集进行了细化,确保调查结果的有效性。报告以教学督导简报形式发布。通过对比分析,我校学生满意度调查结果(4.30)高于全国新建本科院校平均数(4.13),高出4.1%。

19. 完善制度建设,管理有章可循

修订和发布了《课堂教学质量评价管理办法》《听课制度》《学生信息员管理办法》等制度文件。构建了同行评价、督导评价、学生评价和自我评价"3+1"课堂教学质量评价体系,完善了课堂教学质量评价机制。

20. 完成首轮专业评估,实现质量监控闭环

依据《重庆文理学院2017年专业评估方案》,制定了专业评估工作方案。组织校内外专家21人对机械电子工程、微电子科学与工程等12个专业进行了评估。评估分为先期评估和现场评估两个阶段。专业评估报告以工作质量简报形式发布。至此,学校完成了54个专业评估。为了解专业建设与专业评估问题整改情况,实现专业评估闭环管理,组织24名专家对全校54个专业整改情况进行验收,形成整改验收报告一份。

21. 开展课堂教学质量四方评价工作

一是督导评价。组织校级督导委员开展教师课堂教学质量评价共计90余人次。督导听课评课达700多节次。通过沟通交流,帮助教师改进教学方法,提高教学能力。二是同行评价。督导办牵头二级学院组织实施,完成了同行评价工作,同行评教客观公正,达到预期目的。三是学生评价。全校所有学生对他们学习的每一门课程的授课教师,根据课堂教学质量评价管理办法的要求完成了两学期的课堂教学质量学生评价工作,做到学生、教师全覆盖。四是自我评价。本年度承担有教学任务的所有教师进行了教学自我评价,通过教师对自己教学工作的审视和反思,找出教学中的不足,明确教学改革和提升自己教学能力的短板,不断提高自己的教学能力。

22. 强化教学规范巡查工作

为配合审核评估,保证教学状态良好,加大了日常教学巡查力度。组织督

导委员开展了课堂教学规范、公选课上课情况、大四学生上课出勤情况、周末上课情况、大学英语分散考试、期末考风考纪等专项巡教巡考工作，巡教巡考达1 200余节次。通过专项巡查，进一步强化了教师课堂教学规范意识，严格考试组织程序，营造了良好的学习氛围，确保评估期间良好的教学状态。

23．对教学信息积极处理并反馈

本年度共发布教学督导简报11期，处理教学事故8起、学生信息员报送的教学信息20余件、学生投诉的教学问题3件。及时总结分析教学督导工作存在的问题和不足，持续改进工作方法，不断提高教学督导质量。

24．工作特色和亮点

质量保障体系较为完备，运行效果良好。学校内部质量保障体系及运行得到审核评估专家肯定。建立了具有自身特色的全面质量管理体系、"四个三"本科教学质量监控体系、全覆盖的目标管理体系，不断完善质量标准、管理制度和两级管理三级监控管理模式，学校教学稳定运行，效果良好。

对照进度表，按时完成自评自建工作。严格按照《本科教学工作审核评估工作方案》（重文理院〔2016〕7号）文件要求，依据进度安排，评建办以专业评估、课堂教学评价为重要抓手，扎实开展试卷复查、毕业论文（设计）、实验实训、"三风"等各种专项检查，查找问题与不足，督促相关单位整改，组织专家完成问题整改验收，切实完成自评自查、自纠自建工作，为接受审核评估保驾护航。

攻坚克难，牵头完成两大重要报告。自评报告和本科教学基本状态数据分析报告是专家认识文理、熟悉文理的两张重要"名片"。为高质量完成这两大重要报告，评建办克服人员少、任务重的困难，牺牲了周末和寒暑假。为高标准完成自评报告，评建办组建了一支熟悉校情、责任意识强的精干队伍，多次组织起草组成员开会研讨，对所有材料细节集聚全校之智反复讨论；为按时完成基本状态数据填报，评建办人员保证联系电话、QQ等多种联络方式24小时畅通，节假日不休，及时答疑解惑，力保进度；为确保数据填报准确，多次组织召开数据审定会议，一个数据一个数据地仔细审核。

特色项目
特色之一 "六位一体"创新创业教育体系的构建与实践

当前国家加快实施创新驱动发展战略,进一步推进大众创业、万众创新深入发展。学校深刻认识到创新创业教育是学校综合改革、特色发展的必由之路,也是提升应用型人才培养质量、建设高水平应用型大学的必然选择。为此,学校高度重视创新创业教育工作,始终将创新创业教育作为深化综合改革和内涵发展的关键环节和重点领域,逐步构建了"体制、课程、实践、师资、制度、服务""六位一体"创新创业教育体系,取得了显著成效。学校先后获得"全国毕业生就业典型经验高校"、首批"全国创新创业典型经验高校"两个50强殊荣,对应用型本科院校创新创业教育产生了积极的示范引领作用。

一、建立统分结合的创新创业教育管理体制

2015年,学校成立创新创业工作委员会,由校长任委员会主任,直接分管创新创业工作。委员会下设创新创业办公室,统筹教学、学工、科研、财务等部门,协同推进创新创业教育工作,由此建立起"一部统管、职能部门分工负责、二级学院分类探索"的统分结合管理运行机制,使创新创业工作在管理层面能够"横向到边",在执行层面能够"纵向到底",从根本上解决了资源分散、职能交叉等问题。

二、构建分层分类的创新创业教育课程体系

学校遵循"通识教育、系统教育、重点教育、精英教育"分层递进的创新创业教育规律,构建起了"基础启蒙+知识技能+实践实训+成果孵化"课程体系。

一是开设基础启蒙课程,构筑创业起航站。为大学一年级学生开设了通识教育必修课"大学生创新创业基础",通识选修课"创造发明学导论""创新思维训练""素质拓展与团队精神""成功心理学"等20余门;引进尔雅在线课程"大学生创业基础""大学生职业生涯规划"等;组织编写《大学生创业就业指导》《大学生微型企业创业简明读本》《创业，痛并快乐着——重庆文理学院校友风采·创业篇》《创业进行时——重庆市大学生创业典型案例集》等教材读物，为学生提供了实用性较强的校本教材。仅 2017 年上半年，修读基础启蒙课程就达到 5 000 余人次。同时，在学生生活区域开设创业亭、参与电商零投资创业经营等方式构筑创业起航站，启蒙了学生的创新精神和创业意识。

二是开设知识技能课程，打造创业梦工厂。将有创业意识的学生选拔进入创业先锋班，构筑创业梦工厂，实施系统教育，开设了"中小企业创业管理""商务谈判"等 30 余门与专业教育相融合的创新创业类实务必修课程。目前，"创业先锋班"已成功举办 9 期，培养学生 840 余人。知识技能课程的开设和创业梦工厂的打造，培养了学生应有的专业技术、经营管理、社会沟通、创业风险承担等创新创业能力，使学生具备了必要的市场洞察力、决策力以及一定的协调组织与领导力等各项创新创业素质。

三是开设创业实践实训课程，打造创业赛训营。将有创业动机与潜质的学生，选拔进入创业赛训营，实施重点教育，开设了"物流仿真实训""BIM 沙盘""市场调研与分析实训"等 10 余门操作性强的实训课程。同时，学校还组织开展创新创业讲座、沙龙、模拟训练等系列活动，组织学生申报大学生创新创业训练计划项目，参加中国创新创业大赛、中国"互联网+"大学生创新创业大赛、"挑战杯"全国大学生课外学术科技作品竞赛、"创青春"全国大学生创业大赛等，培养学生的创新思维和创业实践能力。

四是开设成果孵化课程，打造创业种子器。将拟创业的学生，选拔进入孵化园，实施精英教育，开设了"电子商务与网络营销应用""公司纳税实务""生产计划与控制实务"等 10 余门实战化课程；引入万学教育集团"智能矩阵网上学习系统"，开通了包含"商业模式设计""核心团队组建""创业项目融资"等 16 个教学模块的在线创新创业课程。同时，引导学生借助孵化平台转化科技创新成果，提升了学生进行实战的创业能力。

三、搭建"一校两园"的创新创业教育实践训练平台

学校搭建了"校内实验科研平台、大学生微型企业孵化园（众创空间）、

地方产业园"的"一校两园"实践训练平台,协同推进创新创业教育实践训练。

校内实验科研平台推动创新创业赛训一体化。一是将"综合企业仿真实训室"等22个建制实验实训室向参与创新创业的学生全面开放。近5年,学生参加国家、市级创新创业实践训练项目人数达2 500余人次,在市级及以上学科竞赛和创新创业竞赛中获奖共4 000余人次。其中,我校学生团队荣获2015年"小平科技创新团队"(重庆仅2个,全国共50个)。二是依托微纳米光电材料与器件、特色植物产业、靶向创新药物等市级科研平台,在柔性触控、脱毒生姜、新药创制等方面开展了创新创业教育实践,实现了创新创业教育赛训一体化。2015年,由5名教师和20余名在校学生共同组建的"重庆文理新药创制团队"参加第四届中国创新创业大赛,获生物医药行业全国总决赛团队组第一名。2016年9月,3D喷墨印刷电子创新团队以半决赛总分第一名的成绩获先进制造行业全国总决赛(团队组)第三名;大尺寸柔性触控创新团队获首届全国智能制造(中国制造2025)创新创业大赛总决赛创新赛第一名。

大学生微型企业孵化园(众创空间)孕育孵化初创公司。目前,已建成面积9 450平方米的大学生创业孵化基地,入驻大学生微型企业达90余家,注册资金1 000余万元。大学生微型企业孵化园先后被评为"市级创业孵化基地""重庆市微型企业孵化园""重庆市首批大学生创业示范基地"。建成"百川兴邦众创空间""e创星空""机电创客""水族空间"等市级众创空间,为参与创新创业的学生提供了工作空间、网络空间和资源共享空间,有效促进了创新与创业相结合、线上与线下相结合、孵化与运营相结合,助推了初创公司成长。

地方产业园培育小微企业。与永川区大学科技园、软件服务外包园、重庆高新区孵化园等高新园区建立深度合作关系,进一步培育初创公司,使其从孵化园走向社会,涌现了入选国家"万人计划"科技创业领军人才的重庆天沛特色植物公司李洪海董事长,荣获"重庆市十佳微型企业"称号的郝华、在广州青创板成功挂牌的全国"小平科技创新团队"获得者陈冬玲、在永川软件服务外包园崭露头角的树獭数字媒体公司胡强等一批优秀创业人才。

四、打造长于实战的创新创业教育师资团队

一是打造四类协同育人导师团队，即专业教学型导师、竞赛指导型导师、政策服务型导师和孵化育成型导师。按照"跨界交叉融合"的建设思路，充分利用校内外人才资源，组建了100余名专兼职创业指导教师团队。校内专职教师以"双师双能型"教师为主，主要承担创新创业课程讲授及创新创业大赛指导。政策服务型导师和孵化育成型导师以兼职导师为主。来自工商、人社、税务等政府职能部门的政策服务型导师，主要开展政策宣讲、政策咨询、财务知识、法律咨询、知识产权保护指导等。来自行业企业领域的孵化育成型导师，主要负责到校开设创新创业讲座或沙龙，担任创新创业大赛评委，指导项目论证、技能培训指导、融资服务、企业管理等创新创业实践活动。

二是打造创新创业管理与服务团队。组建了创新创业管理与服务团队，成员达19人。同时加强了团队的培训与能力提升，选派创新创业指导教师和管理人员到北京大学、清华大学、中国人民大学等知名大学、园区参加培训，参加教育部、重庆市教委组织的"中级创业导师认证培训""高级创业导师认证培训""SYB师资认证"等资格认证培训与学习，培训人数达100余人次。

五、构建系统的创新创业教育制度体系

学校制定了《关于深化创新创业教育改革的实施意见》《学生科技成果奖励办法》《大学生创校创新创业奖学金评选办法》，修订了《学生成绩管理办法》《学生学籍管理规定》等系列文件，设立创新创业学分，实施弹性学制、学分替代制、创新创业奖励制等，支持学生开展创新创业，形成了系统的创新创业教育制度体系。

六、构建完善的创新创业教育服务体系

一是建立了"学校扶持+企业资助+政府补贴"的资金投入机制。学校投入130余万元建设众创空间，每年安排200余万元专项经费支持学生参加创新创业大赛，设立100万元"创新创业奖学金"，奖励优秀创新创业学生；提供50万元的种子引导基金，重点扶持成长性好的创新型公司；建立100万元企业家

校友"大学生创新创业基金",每年评选"创新之星""创业之星";获得政府财政专项补贴资金170余万元,等等。

二是构建完善的公共服务平台。学校为学生创办企业免费提供办公场所、水电和网络,配备项目洽谈室、集中办公区、创业沙龙和创业培训室等场地和设施。同时,还为孵化企业提供创业咨询、财务代理、法律咨询、物业管理等综合服务。

三是实施"1+1+1"的帮扶指导制度。给每个大学生创业企业(团队)聘请1名企业界人士、1名政府部门工作人员和1名校内指导教师作为顾问,实施一对一帮扶服务,为学生创业提供创业指导、法律援助以及政策咨询,帮助解决其在创业过程中涉及的各种困难和问题。学校卓有成效的创新创业服务工作得到了各方高度认可,3次获得重庆市"普通高校毕业生创业指导服务奖"。

经过近10年的探索与实践,学校已经构建起了富有特色的"六位一体"创新创业教育体系,主动回应了经济新常态背景下对创新创业人才的迫切需求。学校将继续加大创新创业教育改革力度,把创新创业教育融入人才培养全过程并作为应用型人才培养的核心内容,着力培养具有创新精神、创业意识、创业能力的高素质应用型专门人才,为地方经济建设发展提供强有力的人才支撑。

特色之二 推进"五大教学"改革,培养高素质应用型人才

什么样的教育是好教育?我们的回答是"适合学生的教育就是好教育"。学校坚持"以生为本"理念,开展了"合格+"多元人才培养模式改革、"五大教学改革"等一系列改革,努力为学生提供适合其成长发展需求的教育服务。自 2010 年以来,学校在全校范围内持之以恒地推行以"教学内容改革、教学方式改革、考核评价方式改革、公共课教学改革、毕业论文(设计)改革"为内容的"五大教学改革",取得了显著成效。

一、教学内容改革

传统的学术型人才培养强调严密的学科逻辑知识体系,而应用型人才培养则需要构建能力为本的教学内容体系,为此,要坚决打破"教师讲空话,学生读旧书,一本教材教十年"的局面,学校选择以教学内容改革作为"五大教学改革"的突破口。

一是按照"先进、有用、有效"的原则进行课程教学内容改革。"先进"即将反映本学科领域的最新成果,以及行业和产业发展形成的新知识、新技术、新方法、新标准引入教学内容;"有用"即突出知识的应用价值,不求知识的全面系统,而是要求理论知识与实践能力的最佳结合,能够熟练运用知识与技术解决生产实际问题;"有效"即强调需掌握的知识、技术以及所形成的实践能力和职业素养能满足职业岗位的需要。

园林专业在人才培养过程中创建了实用技能型课程体系。以园林行业三大岗位标准为基准,设置三大基础模块,围绕单项岗位技能开设专业课程,植入职业资格证书课程,实现课程体系与生产过程的无缝对接。软件工程学院遵循"聚焦工程知识,关注技术趋势,注重行业规范"的原则,校企共同制定了贴近软件行业需求、符合工程师岗位要求的课程内容体系,综合设置工程知识模块、工程能力模块和工程素养模块,强化知识的综合性和实践性。

二是采用"删减并留增"方法,加大教学内容革新力度。删除陈旧和脱离

行业企业需求的知识内容，精简对实现人才培养目标贡献率低的内容和过于繁难的内容，突出职业能力培养；对课程教学内容进行整合，适度保留基本理论知识和有利于学生能力发展的传统教材内容，增加适应就业需要的内容和国内外学术研究的最新成果以及教师个人研究成果。

近10年来，学校开展了三次人才培养方案修订，削减四分之一的理论课（主要减少纯理论类课程和史学类课程），把减下来的课时增加到培养学生实践动手能力的课程里。如体育类专业"健美操"课程，针对"中小学体育教师需求少而社会健身房对私人教练的需求量很大""竞技健美操受众面小而健身健美操更适应社会需求""学生能力培养不足"等现实问题，大幅度减少竞技健美操课时与内容，增加风格健身操内容，增强了课程教学内容的实用性。

三是固化教学内容改革成果。教师在教学内容改革中不断将改革成果固化在教学大纲、讲义、教案和实验（实训）指导书中；不断将科研成果转化为优质教学内容；不断将企业文化、技术、标准纳入教学内容，创设、开发自己的课程、教材、讲义，真正解决应该教什么、教到什么程度的问题。

食品科学与工程专业"食品分析"课程，围绕应用型人才培养目标，根据用人单位对食品检验检测岗位工作任务及职业标准，以工作过程为导向，以具体检测项目为载体，对课程教学内容进行了模块化重构，编写了应用型本科"十二五"规划教材《农产品安全检测技术》。该教材注重植入行业标准，引进企业真实项目，内容涵盖了食品检验检测工作岗位所要求的基本理论知识和操作技能。电子电气工程学院采用"行业嵌入式"培养模式，教师根据应用型人才培养要求编写了系列实验实训指导书，将行业标准"植入"课程标准，将职业要求"植入"课程体系，将岗位能力"植入"课程实践，将行业企业的人才需求要素"植入"培养过程，注重岗位能力的融入，大大提升了学生创新创业的能力，解决了高校人才培养与企业需求脱节的问题。

二、教学方式改革

传统课堂"教师一讲到底、学生被动听记"，这种教学方式极不利于应用型人才培养。因此，学校大力倡导教师进行教学方式改革。教师根据课程教学目标、教学内容的性质和特点，选择适合学生学习的教学方式，广泛采用启发教学、任务驱动、项目导向、问题教学、案例教学、做中学等多样化教学方式，形成了生动活泼的课堂教学氛围，突出了学生的主体地位和实践能力培养。

在学校的大力推动下，开展教学方式改革蔚然成风。旅游学院鼓励教师大胆创新，采用"任务驱动五步教学法"，即课程教学以项目为载体，以"典型工作任务"为引领，按照"任务准备—学生展示—活动开展—提升训练—总结提高"五步来组织教学，实现了职业技术技能与学习情境相符，教学内容与实际工作任务紧密结合。美术与设计学院按照"出作品、出成果、出人才"的人才培养理念，强调课堂教学的"示范性、操作性和制作性"，课堂作业的"创作化、作品化、成果化"，培养"手绘性、制作性、创意性"强的艺术类应用型人才。园林专业"园林工程实训"课程经过三年的改革实践，现已打造成为实战项目导入、模拟岗位训练、工程现场教学的高技能培养课程平台。由传统的章节式教学转变成为以一个完整的、典型的工程项目引领展开实战训练，有效推动了学生的团队协作、专业思维、实践技能等多项能力的提升。

三、考核评价方式改革

"考试是个指挥棒，怎么考决定怎么教、怎么学。"传统闭卷考试，就是检测学生的知识记忆水平，忽略了对知识应用能力的考核；传统闭卷考试讲的是单打独斗，忽视了团队合作意识的考核。因此，课程考核评价方式改革要变末端考试为过程监控、变知识考试为能力考核、变个体竞争为多元协作。经过近10年的实践探索，教师创立并广泛采用了操作考核、项目设计、汇报展演、调查报告、口试等课程考核方式，建立了一套符合应用型人才培养要求的考核评价体系。

林学与生命科学学院努力探索多种形式的课程考核方式，大力推行实验操作、工艺设计、现场模拟/仿真、方案汇报、工作成果/作品展示、项目设计、工程制图等课程考核方式。实验技能操作主要考查学生对该课程基本操作技术的掌握及熟练运用；方案汇报、工艺设计或项目设计等形式以激发学生的全方位思维，增强学生解决实际问题的能力，提高学生对理论知识的综合应用能力为目标；现场考查意在引导学生联系实际、学会自己思考、总结相关问题，加强学生系统、科学的分析能力。公共管理学院推行开卷考试、团队合作考试、小组调查报告、案例分析、情景模拟等多样化考核方式。比如法学专业的"刑法"课程考试，将考场搬到模拟法庭，把学生分成组，每一个组设被告、原告、律师、法官等。学生为了扮演好角色，主动去走访律师、法官，并把他们请到现场来指导。这种考试极大提升了学生的法律意识和实践能力，让学生终生受益。电子电气工程学院采取半开卷考试，允许学生带一张A4纸进考场。学生为了准备好考试，主动复习、查阅资料、准备考试内容，这比简单的复习、死记硬背更能促进学生的学习。

四、公共课教学改革

为激发学生对公共课程的学习兴趣，学校对思想政治理论课（以下简称思政课）、大学英语、大学体育、大学计算机、大学数学等公共课程进行了大刀阔斧的改革。

一是思政课专题化教学改革。

确立了思政课改革目标："让学生真心喜欢、终生受益、教师有尊严。"

实行专题教学改革，变"教材体系"为"教学体系"。根据课程的知识框架，通过提炼重点和难点形成不同的专题。在专题教学模式下，教师讲课的思路、资料的取舍、切入的角度等方面都富有创意，不仅大大增强了课程的灵活性和有效性，而且引起了学生强烈的心灵体验和情感共鸣。如今，专题教学改革已经覆盖四门思政必修课程。"现在上思政专题课就是一种享受，想逃课都难。"这是专题教学改革后学生最真切的感受。

创立"一二三四"教学模式，变"要我学"为"我要学"。"一"即依托一个载体。以国家统编教材为纲，对每门课程的教学内容进行优化整合，凝练出14~16个专题，每个专题由6~8名教师组成专题组。"二"即把握两种关系。对教师而言，把握好教学与研究的关系；对学生而言，把握好知与行的关系。"三"即统揽三个环节。在教师方面，注重统揽好教学内容、教学方式、考核方式"三个环节"；在学生方面，注重统揽好课前、课中、课后"三个环节"。

"四"即提升四种能力。注重对教师讲（课堂讲授）、评（评价学生表现）、导（课堂内外的思想引导）、管（管理学生课内外的学习）的能力的提升，注重对学生听（听讲）、说（课堂发言）、读（课外阅读）、写（写案例分析报告、读书报告等）的能力的提升，最终让老师讲得精、评得准、导得巧、管得住，让学生听得进、说得出、读得多、写得好。

思政课改革成效显著。一系列卓有成效的变革，使教师真信、真懂、真教，打破了从理论到理论、从讲授到讲授、从书本到试卷的传统模式，打造了系列"精品专题"；让学生真学、会用、认同，变"要我学"为"我要学"，思政课的魅力正在逐渐凸现。

二是大学英语"1+X"课程教学改革。

为满足学生多元化发展需求，提高学生英语综合应用能力，实行"1+X"课程教学改革。"1"是指在大学第一学年开设普修性的大学英语课程，"X"是指第二学年由学生根据自身发展需求和英语水平，选择相应的大学英语菜单课程，即出国英语、考研英语、等级考试英语、英语口语、普通大学英语、专业英语以及小语种等多种菜单课程。

三是大学体育俱乐部制教学改革。

为让学生熟练掌握1~2项基本运动技能，养成终身体育锻炼习惯，大学体育开展俱乐部制教学改革，设置篮球、足球、排球、羽毛球、乒乓球、拳击、瑜伽、武术、健美操等13个俱乐部。学生一进校即按兴趣自主选择1~2个俱乐部项目，按项目重组班级进行个性化教学。在一年级学习基本运动技能，二年级在俱乐部内部进行分组对抗比赛，全年安排篮球联赛、"劲松杯"足球赛、排球联赛、乒乓球团体比赛、羽毛球学院杯赛、田径运动会等竞赛。此项改革极大提高了学生的体育兴趣，帮助学生掌握了至少一项终身受用的体育技能，养成了终身体育锻炼的习惯。

四是大学计算机"MOOC+翻转课堂"混合式教学改革。

2014年秋季开始对大一新生全面实施了"MOOC+翻转课堂+实验操作"的混合式教学改革，充分运用玩课网郭艳华老师主讲的"大学计算机基础"MOOC教学资源，三个学习阶段有明确的要求与任务，即课前阶段：任课教师提前一周向学生布置 MOOC 学习任务，学生在上课之前、规定的时间段完成观看玩课网指定的理论知识和实验操作的 MOOC 视频，完成相应章节的在线闯关测试；课堂阶段：按操作演示、相互研讨、项目实作的程序进行；课后阶段：完成作业或相关章节的闯关测试等任务。此项改革转变了师生角色，形成"教师引导、学生自主"的教学新模式，得到学生的认同和支持，支持率达 94%，学生计算机知识和技能提升明显。

五、毕业论文（设计）改革

毕业论文（设计）改革以有利于培养学生综合实践能力和应用创新能力为目标，突破单一的学术论文写作模式，进行多样化的改革。鼓励二级学院根据自身学科专业特点，大胆探索毕业论文（设计）改革，形成了毕业设计、毕业论文、作品创作、艺术展演、调查报告、论文替代等多种形式。

音乐学院根据专业特点，设置了声乐、钢琴、器乐、舞蹈、合唱指挥、播音主持和综合节目方案设计等 7 个毕业设计项目，选择毕业设计的学生除撰写毕业设计计划书外，还必须进行舞台技能展示，让学生扬长避短，充分展现个人实际能力。数学与财经学院将毕业论文（设计）和学生科研项目、全国大学生数学建模竞赛、"挑战杯"全国大学生课外学术科技作品竞赛、"挑战杯"中国大学生创业计划竞赛、实习项目开发等有机地结合起来，实行替代制，大大激发了学生参与课外实践的积极性和主动性，显著提高了学生的综合实践能力。电子电气工程学院将学生的"实习—毕业设计—就业"统筹安排，在开展毕业设计前进行意向调查，根据调查结果有针对性地选择毕业设计题目；在实习过程中将毕业设计与企业真实项目挂钩，做到"真题真做"；同时，实行"双导师制"，即学院教师和企业相应的具有中级职称以上的人员作为毕业设计指导教师。

"五大教学改革"直面高校教学改革的核心难题，改变了"教师中心、知识本位"的知识灌输式教学模式，形成了"学生中心、能力本位"的应用型教学模式，学生的实践创新能力不断增强。学校在挑战杯、数学建模、电子设计、机械设计、化工设计、大学生艺术展演等竞赛中屡获佳绩。仅 2016—2017 学年，学生获得国家级奖 243 人次、省部级奖 1 049 人次。以"五大教学改革"为核心内容的"师范新升本院校的转型发展与应用型人才培养体系建设"获 2013 年重庆市高等教育教学成果一等奖，对同类院校起到了引领示范作用，近五年共有 100 余所高校专程来校考察学习。重庆市教委围绕"大力开展教学改革，加快应用型人才培养体系建设"印发 3 期简报推广我校"五大教学改革"的典型经验和做法。时任教育部党组成员、部长助理陈舜来渝调研时，高度评价我校的教学改革："重庆文理学院在应用型转型发展中，形成了完备的应用型人才培养体系，各项教学改革已经深入核心地带。"

应用为本走新路　　转型发展谱新篇
——在审核评估汇报时的讲话

校长　许洪斌

（2017年10月31日）

尊敬的各位专家、同志们：

大家上午好！

春华秋实，夏长冬藏。在这满载收获、孕育希望的美好季节，我们非常荣幸地迎来了各位专家。在此，我代表学校党政以及全校两万余名师生员工，向各位专家表示热烈的欢迎和真诚的感谢！

近年来，学校坚持"以评促建、以评促改、以评促管、评建结合、重在建设"的评建方针，紧紧围绕"建设高水平应用型大学"的发展目标，坚持转型发展、内涵发展、创新发展、特色发展，巩固人才培养中心地位，完善教学质量保障体系，不断推动学校应用型转型发展。

一、艰苦创业打基础

学校办学经历了三次创业。在专科办学阶段，70年代初，第一代创业者凭借着"干坡上也要拉过船"的"黄瓜山"精神，白手起家、自强兴校，将学校建成了全国优秀师范专科学校和重庆市优秀教育学院。在建设合格本科阶段，学校围绕本科办学的核心要素，全方位开展建设，实现了"一年起好步，三年强基础，五年大发展"的奋斗目标。2007年，学校以良好等级顺利通过教育部本科教学工作水平评估。在转型发展阶段，学校不跟随、不模仿，坚定不移走应用型转型发展道路。2008年，学校第一次党代会确立了"建设应用型学科、开展应用型研究、培养应用型人才、创建应用型大学"的办学定位和以特色优势学科建设、应用型人才培养为内容的"顶天立地"的发展战略，开启了学校转型发展征程。

三次创业,文理人秉承团结爱校、艰苦奋斗的创业精神,恪尽职守、爱岗敬业的奉献精神,勇于改革、敢为人先的创新精神,推动学校不断跨越发展,为建设高水平应用型大学奠定了坚实基础。

——高效建成红河校区A区、B区,校区面积由2001年的767亩,增加到1 767亩。

——学校总收入从2002年的近7 000万元,增加到2016年的5亿多元;生均仪器设备值由2007年5 700元,增加到13 800元。

——专业数量由2007年的29个,增加到58个,专业结构进一步优化;本科在校生数由2007年的9 790人,增加到20 456人。

——专任教师中,博士由2007年17人,增加到216人,正高职称教师由2007年67人,增加到136人,"双师型"教师达到312人。

二、应用转型上水平

十年来,学校全面落实应用型办学定位,坚定不移地实施"顶天立地"发展战略,取得显著成效。

(一)顶层设计引领转型方向。一是固化办学定位。"应用型"办学定位已写入学校章程,成为全校共识。二是确立办学思路。即"应用为本,管理创新,开放办学,特色发展"。三是确定发展目标。即建成高水平应用型大学。四是明确培养目标定位。培养德智体美全面发展,具有实践能力、创新创业意识和职业素养的高素质应用型专门人才。

(二)专业结构适应转型需求。学校对接重庆市支柱产业、战略性新兴产业和现代服务业、现代农业,适应产业结构调整和升级需求变化,重点发展材料类、电子信息类、智能装备类、农林类、化工制药类、现代服务业类、文化创意类等七大学科专业集群,七大集群在校生占到了60%左右;教师教育类专业在校生由2008年5 585人下降到2017年的4 976人,学生占比则由51%下降到23%;工管类专业在校学生数由2 400人增加到10 000余人,学生占比由22%增加到50%。

(三)培养模式筑牢转型根基。围绕培养高素质应用型人才目标,三次修订人才培养方案，构建了面向职业需求、以实践应用能力和职业素养培养为核心的课程体系。整合实验、实训、实习、证书培训、毕业论文（设计）、毕业实践等主要环节，构建"基础训练—专业技能训练—生产实践训练—科技创新训练"四层次、一体化、开放式的实验与实践教学体系。与 10 余个区县建立了校企校地合作伙伴关系，建成校外实践教育基地 200 余个。相继开办卓越教师实验班、卓越工程师实验班、卓越农林人才实验班等 17 个实验班，"合格"+多元人才培养模式初步构建。

（四）教学改革推动转型深化。持续推动教学内容、教学方式、考核评价方式、公共课教学、毕业论文（设计）五大教学改革。时任教育部部长助理陈舜评价说："重庆文理学院形成了完备的应用型人才培养体系，各项教学改革已经深入核心地带。"

（五）创新创业教育丰富转型内涵。学校构建了"体制、课程、实践、师资、制度、服务"有机结合的"六位一体"创新创业教育体系，开办了 9 期创业先锋班、20 个创业合作培养班，建成大学生微型企业孵化园，被评为"重庆市创业孵化基地"，学校获得第四届中国创新创业大赛生物医药行业全国总决赛第一名、首届全国智能制造（中国制造 2025）创新创业总决赛第一名和全国大学生"小平科技创新团队"称号。

（六）科教融合提升转型质量。

学校目前已建有 17 个市级科研平台（其中市级协同创新中心 3 个、市级重点实验室 7 个、市级工程中心 5 个、1 个市级国际科技合作基地——中俄澳纳米光电技术国际联合研发中心、市级人文社科重点研究基地 1 个）、2 个博士后科研工作站（重庆文理学院新材料技术研究院重庆市博士后科研工作站、重庆文理学院创新靶向药物国际研究院博士后科研工作站）。

近 5 年，学校获省部级以上科研项目 594 项，特别是主持了国家星火计划项目——重庆现代设施农业关键技术集成与产业示范、国家国际科技合作专项——新一代透明导电材料技术及应用的联合研发；获省级及以上科研奖励 15 项；SCI、SSCI 收录论文 517 篇，获授权专利 407 项。

学校高水平科研团队和科研成果，反哺教学、服务社会的作用不断彰显。

依托新材料技术研究院，建成材料科学与工程、机械工程、机器人工程等专业构成的智能装备类学科专业集群；面向全国高校和企业开办了7期优秀材料工程师高级研修班，培训专业技术人员400余人；举办"3+1"优秀材料工程师实验室3届，培养复合型人才45人；与俄罗斯托木斯克理工大学联合开办了"2+2"材料科学与工程（国际班），培养学生32人。

依托非物质文化遗产研究中心，学校建成全国第二个、西南地区唯一的文化遗产专业；"非物质文化遗产概论"被评为国家级精品课程成果；"中华民族非物质文化遗产教育传承体系在当代高校的构建与实践"荣获国家级教学成果一等奖；与意大利佩鲁贾大学开展本科生交换、联合培养硕士生16人。

主要成果：学校先后获得省级以上教学成果奖共29项，其中国家级一等奖1项，二等奖2项；学校被教育部评为"全国毕业生就业典型经验高校50强"和"全国创新创业典型经验高校50强"；在武书连关于普通本科院校的综合排名中，我校由2012年454位，上升到2017年340位。《中国教育报》先后刊发《创新应用型人才培养模式，探索育人新路径》和《一所应用型本科高校的"创业史"》，全面报道我校应用型转型发展的经验和成绩。

三、内涵发展创特色

今年9月，学校召开第三次党代会，确立了"三步走"战略目标，下一步学校将重点围绕第二步战略目标：到2030年，面向新技术、新产业、新业态和新模式，建成富有特色的新兴应用型大学，主动谋划，推动学校内涵发展、特色发展。

（一）深化专业内涵建设，提升竞争力。一是在校生规模保持在2万人，每年招生的本科专业保持在55个左右。二是分类推进"一流专业"建设，开展工科类、师范类专业认证。三是试点开展专业大类招生。四是引入国外优质教育资源，提升国际合作办学的水平和层次。五是大力加强"新工科"建设。近期，学校将出台《新工科建设行动计划》《新工科专业建设实施方案》《教师跨界研修计划》等文件，根据产业转型升级发展要求，引领未来技术发展，建设一批产业急需的新工科专业；在新材料、新型药物等领域建设若干新技术研发平台及服务中小企业的技术中心；培养一批高素质复合型工程技术人才和工程管理人才。

（二）强化学生发展服务，提高满意度。一是进一步完善大学生成长目标导航计划，加强就业指导与服务。二是加强创新创业指导与帮助，让更多的学生参加创新创业实践项目。三是大力推动跨界融合的"双专业""主辅修"，培养更多的复合型人才。四是完善资助帮扶体系，实施精准帮扶。五是定期进行满意度调查，委托第三方进行毕业生跟踪调查和用人单位调查，不断提升学生、用人单位及社会的满意度。

（三）深化体制机制改革，增强办学活力。一是优化机构设置，落实"放管服"改革，增强学校办学活力。二是深化人事制度改革，激发各类人员的积极性（实施"海棠英才集聚行动计划""教师培训与能力提升计划"，设立"人才银行"，完善特聘教授制度）。三是拓宽融资渠道，改善办学条件。积极争取亚行贷款，建设新工科大楼、学生活动中心和智慧教育平台，在新工科专业建设和新技术研发方面加大投入和建设力度。

本次审核评估，既是对我校办学水平和综合实力的一次总结、检阅与诊断，更是对我校未来建设与发展思路的一次研判、论证与指导。因此，希望各位专家在评估工作中真诚帮助我们查找短板、诊断问题，提出指导意见，学校将以本次评估为契机，进一步以评促建、以评促改，不断提高人才培养质量，努力建设高水平应用型大学。

谢谢各位专家！

党建工作

DANGJIAN GONGZUO

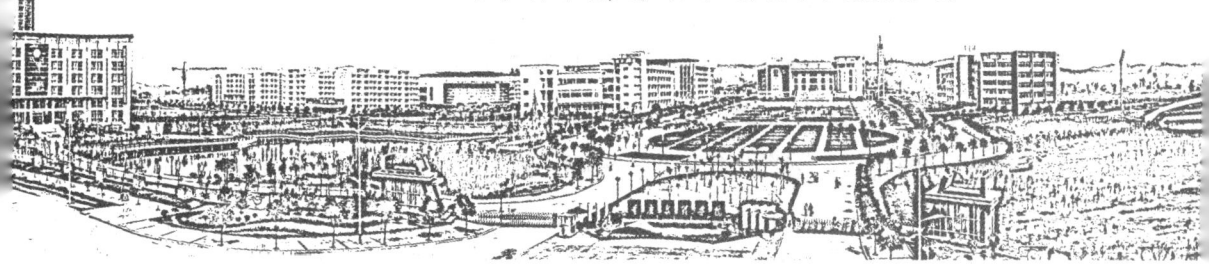

组织建设

1. 领导班子建设

坚决贯彻中央、重庆市委决策部署,牢固树立"四个意识",坚定不移维护以习近平同志为核心的党中央权威和集中统一领导,坚决贯彻落实党中央和市委各项决策部署。把全面深入学习贯彻党的十九大精神和习近平新时代中国特色社会主义思想作为当前最重要的政治任务来抓,在全校迅速掀起深学笃用党的十九大精神和习近平新时代中国特色社会主义思想的高潮。深入落实全国、全市高校思想政治工作会议精神,根据中央、市委文件精神,出台学校党委《关于加强和改进新形势下思想政治工作的实施意见》,制定任务分解表,协调推进各项工作。高度重视中央巡视"回头看"反馈意见整改落实工作,召开几次党委常委会专题研究,组建整改工作领导小组,制定整改方案,定期检查整改工作推进情况,并根据工作进度及时调整整改方案。

2017年,学校行政主要负责人到位,1名正处级干部提任校级领导班子成员。经过精心筹备,学校于9月29—30日召开第三次党代会,完成学校党委、纪委"两委"班子换届选举工作,组织部长、宣传统战部长入选党委常委,班子结构进一步优化,整体功能进一步增强。学校领导班子及时调整分工,充分发挥每个成员的积极性和创造性。坚持谈心谈话,注重班子成员之间的信息沟通和情感交流,尤其是"三重一大"事项上会之前,坚持充分酝酿、积极沟通、交换意见,班子成员相互尊重、相互信任、相互理解、相互支持,配合默契,决策民主,执行有力,做到了集体领导、民主决策、分工负责,形成了团结、务实、民主的良好氛围,领导班子的整体合力得到充分发挥,形成了一支团结协作、敢想敢干、干事创业的领导班子。

2. 干部选拔任用

从严开展干部选任工作,严格依据《干部选拔任用工作条例》和《事业单位领导人员管理暂行规定》及有关政策规定,坚持民主、公开、竞争、择优选任干部。进一步规范完善了动议、推荐、考察、任前谈话等环节,拓展了选人用人视野。建立校级领导班子成员在动议环节实名推荐制度,实行"谁推荐,谁负责",把严干部选任第一道关口;在全校范围内民主推荐党总支书记和团委书记,二级学院学工办主任、团总支书记等学工系统的科级岗位,由学工部统一组织竞聘考核。坚持干部人事档案"凡提必审"、个人有关事项报告"凡提必核"。在6月开展的科岗选任工作中,即有1名同志因人事档案材料不齐全而被暂缓提拔,9月缺失材料补齐后,方重新提交党委常委会研究。二级学院党政负责人交叉任职全面落实。符合条件的7名党员院长、9名党总支书记被任命(聘任)为党总支副书记、副院长,另有1名同志为院长、书记"一肩挑",二级学院党政分工协作机制更加健全。干部队伍年龄、性别、民族、学历、职称等结构进一步优化。加强党外干部、少数民族干部、女干部和优秀年轻干部的培养,全年共提任党外干部4名(其中提任正处级1名、副处级1名、科级2名)、少数民族干部2名(其中正处级1名、科级1名)、女干部6名(其中正处级2名、科级4名);新提任的14名科级干部全部具有硕士以上学位,6名同志具有副高级以上职称。2017年,学校共提任正处级干部9名、副处级干部10名、科级干部14名,投诉率为0。同时,学校还积极支持、配合市委组织部完成4名市管干部的推荐、考察、选任工作(其中2名在我校任职,2名到高职院校任职),向重庆城市职业学院推荐1名同志作为监察处处长,选派7名干部到市级部门、区县、兄弟院校挂职锻炼。

持续加强干部管理监督,全面贯彻落实领导干部谈话制度、请假制度、出入境审批制度、重大事项报告制度、民主生活会制度和述职述廉述学述责制度等,强化对领导干部的日常管理监督。对2017年新提任的33名干部全部进行任前谈话;年底,分层次对全校10名校级领导干部、116名处级干部和157名科级干部及部分重要岗位工作人员进行全覆盖约谈。及时组织开展对《领导干部报告个人有关事项规定》等2项法规的学习宣讲,完成属于填报范围的67名干部个人事项集中报告、信息录入、随机抽查工作;对拟提任对象、"两委"委员候选人预备人选等22名同志个人事项进行了重点抽查。购置专用保险柜存放领导干部出入境证件,确定专人保管,督促处级干部新办理证件及新提任处级干部证件全部上交;严格执行出入境审批制度,根据干部岗位变动情况,及时完成30人次的信息报备工作。根据市委组织部统一部署,对全体在职、离退休市管干部和处级干部在社会团体兼职情况进行全面清理,进一步明确细化了我校领导干部兼职的有关政策规定,按照干部管理权限,9名市管干部兼职全部按程序及时报批,所有处级干部兼职全部执行校内审批。

3. 干部教育培训

统筹协调,做好了校级领导干部教育培训各项工作。2017年,组织10名校领导参加暑期读书班学习活动和2017年全市干部网络在线学习培训,实现网络培训全覆盖;组织推荐了2名校级副职参加了市委组织部组织的市属高校领导干部培训,1名校级副职参加了中组部组织的高校负责人党性教育专题培训。在"两学一做"学习教育中,全体校领导都通过参加中心组学习、集体研讨、分散自学等方式学习了中央和市委规定的一系列讲话精神、文件精神和必读书目,特别加强了对十九大精神、习近平新时代中国特色社会主义思想、新《党章》以及《中国共产党廉洁自律准则》等党内法规政策的学习,进一步增强管党治党意识和从严治党责任,提升了政治思想素质和政策理论水平。

制定并严格落实重庆文理学院2017年度党员、干部培训工作计划,加强了对党员、干部的教育培训。本年度分别组织开展了党风廉政建设警示教育专题培训4场,十九大精神专题培训10余场,承办了重庆市第九期高校基层党组织书记全覆盖培训,开展了基层党务实务工作培训会,分别选送了市委教育工委组织的高校处级干部任职培训6名、全国高校基层党支部书记网络培训7名、高校党务干部骨干研修培训4名等。通过培训,进一步提高了干部队伍的能力和素质,转变了工作作风。

4. 压实压紧党建工作责任制

深入落实学校党委《关于进一步推进全面从严治党的实施意见》和《关于落实从严治党责任加强二级单位监管工作的实施意见》,进一步压实压紧党建工作责任。

学校党委切实发挥领导核心作用。及时调整学校党建工作领导小组,领导班子成员重新调整分工,进一步明确并以身作则落实"一岗双责";多次召开党委全委会、常委会、书记办公会以及部际联动会、党总支(直属支部)书记会议，建立健全党建工作例会制度，定期进行阶段性总结，分析研判党建形势，研究部署有关工作。今年3—4月，学校党委书记和2名副书记带队，党委5个职能部门负责人参与，深入16个二级学院开展党建工作专题调研，全面摸清了我校基层党建工作现状。在此基础上，经过几上几下征求意见，数易其稿，出台了2017年学校党委1号文件《关于进一步加强和改进基层党组织建设的若干意见》，围绕加强基层党组织建设的总体要求、主要原则、工作体制机制、作用发挥、强化领导等方面，系统性地提出了20条建设意见，对学校一个较长时期的基层党建工作起到指导性、规范性、彰显性作用。

全面从严治党压力向基层传导到位。年初即印发各单位2017年主要工作目标，在以往学校目标指标考核体系中增加党建工作考核指标数量和权重。注重过程监管，通过基层党建专题调研，既摸清现状，又传导压力；现场实时督查二级单位党建工作，特别是在党员发展、主题党日、"两学一做""三会一课"和党建工作规范等方面予以指导。坚持党组织书记述职评议考核制度，党总支书记由学校统一组织述职，点对点回应上一年度领导点评问题整改情况，汇报本年度落实全面从严治党责任情况；把抓党建"一岗双责"作为领导干部年度考核、民主生活会对照检查的重要内容；严格规范开展民主评议党员工作，把党员履职尽责、发挥作用情况作为教职工年度考核、专题组织生活会对照检查的重要内容，努力把从严治党压力传导到支部、到党员。

5．推进"两学一做"学习教育常态化制度化

加强统筹，协调推进各项工作。将"两学一做"学习教育常态化制度化列为2017年学校党政重点工作，与学习贯彻党的十九大精神和习近平新时代中国特色社会主义思想、全国及全市高校思想政治工作会议精神、重庆市第五次党代会精神结合起来，与落实中央巡视整改意见，推行"主题党日"，坚持"三会一课"等党内政治生活制度结合起来，紧密对接教育教学、学科科研、人才培养等中心工作，党政同向发力，加强统筹协调，做到同谋划、同部署、同推进、同落实。

创新载体，拓展丰富内容形式。早在上半年出台党委1号文件时，即在全市高校率先推出"主题党日"制度，确定每个月的最后一个星期三为"主题党日"，开展"三会一课"、党费收缴、专题讲座、志愿服务等工作，通过"统一

时间、统一主题、统一要求",为学习教育提供有效载体。组织申报"研究阐释党的十九大精神"国家及市级专项社科基金,举办专题讲座、演讲比赛、知识竞赛、"榜样面对面"、孔繁森事迹巡展等活动,学习教育形式更加多样化;组织开展学习涂铭旌院士"科教报国、大爱无疆"精神系列活动,评比表彰"三育人"和"金果源·学生最喜爱的教师",通过学习宣传先进典型,以"润物细无声"的方式,让广大党员在潜移默化中自觉成为合格党员。

强化督查,推动学习教育落地。把常态化制度化工作纳入2017年度各部门主要工作目标,督促各单位定期报送"三会一课"等开展情况,通过实地检查、座谈交流、查阅资料等方式,加强过程督查。每月"主题党日"前夕,要求各单位提前报送活动主题、时间地点等信息,组织部派出专人,现场检查验收,及时反馈问题,督促抓好整改,有力保证了活动质量。

6．严格执行"三会一课"等党内政治生活制度

坚持"三会一课"制度。认真落实党组织书记讲党课制度、领导干部上讲台制度,年初即对全年党员组织生活、教职工政治学习、党风廉政教育作出统筹安排;把"三会一课"作为"两学一做"学习教育的基本载体,通过推行"主题党日"进一步规范落实"三会一课"。党委常委、党组织书记率先垂范,带头为全校党员、入党积极分子讲党课,为全校师生宣讲党的十九大精神。11名党委常委全年累计讲党课66次,全校党总支、支部书记讲党课303次。

坚持领导干部民主生活会制度。召开专题民主生活会,严格落实市委组织部有关年度民主生活会有关要求。会前广泛听取意见、深入谈心交心,会上认真查摆问题、深刻剖析根源、明确整改方向,用好了批评和自我批评的武器,确保了民主生活会的好氛围、高质量。全校36个二级单位领导班子相应召开了年度民主生活会。

坚持支部组织生活会制度。对组织生活做出量化要求,突出党性锻炼,既坚决防止表面化、形式化、娱乐化、庸俗化,又注重创新形式、丰富载体,让组织生活活起来。党员领导干部坚持双重组织生活会制度,11名党委常委都能以普通党员身份参加所在支部组织生活会。全校94个党支部认真召开和严格落实年度专题组织生活会。

7. 持续推进党组织书记和党务干部队伍建设

着力打造高素质专业化党务干部队伍。把党务干部队伍建设纳入学校人才队伍建设总体规划，借助重庆市引进海内外英才"鸿雁计划"、校内"海棠英才"计划等平台，结合干部选任、基层组织换届选举等工作，着力打造一支专兼结合、数量充足、素质优良的工作力量，党总支、支部书记队伍配齐配强，二级学院党政主要负责人均实行交叉任职，已聘任近20名特邀党建组织员，党务干部的年龄、性别、学历、职称等结构进一步优化。

持续加大党务干部教育培训力度。通过组织参加专题培训班、选派党务干部参加研修培训、举办专题讲座、召开工作交流会等方式，加强党务干部教育培训。按照市委、市委教育工委统一部署，6月初，重庆市高校基层党组织书记第9期全覆盖培训在我校举办，来自渝西片区9所高校的党组织书记参加。我校全体党总支、支部书记参加培训，较好地解决了理论上的困惑、能力上的短板、方法上的欠缺，思想认识和履职能力均得到较大提升。

建立健全党务干部激励机制。对全校基层党务干部工作津贴进行统一核算，支部书记参照教研室主任津贴，合理确定数额，并在年底予以发放。辅导员"双线"晋升在近期的职称评审、管理岗位聘任等工作中得到兑现，党务干部"双线"晋升正积极探索，成长发展空间进一步拓展。

不断加强党务干部监督考核。结合组织生活会、民主评议党员、教职工年度考核等工作，加强监督考核，推动责任落实，使党务干部的责、权、利更加匹配。各党总支、支部书记2016年度述职点评问题得到有效整改，全校31个党总支（直属支部）书记参加了学校统一组织的2017年度述职评议考核工作，90个党支部书记参加了本单位的述职评议考核工作。党组织书记述职评议考核制度更加健全，要求更高，程序更规范，查找问题更准确，压力传导更到位。

8. 坚持党员教育培养与发展并重，促进党员先锋模范作用的发挥

认真抓好制度建设，促进党员发展更加规范。进一步完善发展党员系列工作手册，为全校各党支部发放并张贴发展党员工作流程图；进一步明确支部书记、特邀党建组织员的工作职责；完善推荐制、票决制、谈话制、公示制、综合考核、定期汇报等一系列制度，建立健全特邀党建组织员制度等，进一步使

我校党员发展程序、发展材料更加规范化，发展质量得以保证。本年度共举办两期入党积极分子培训班，培训学员1531人；共发展502名预备党员，批准453名预备党员转正。

注重党员教育培养，提高党员队伍素质。坚持教育培养与发展并重，始终把教育培养贯穿党员发展全过程，着意提前培养和后续教育。从递交入党申请书到列为入党积极分子、吸收为预备党员、预备期满转正、转正后续教育培养，通过开展定期谈话、定期汇报，落实坚持"三会一课"制度，定期开展民主评议、加强毕业生党员教育等措施，对党员进行经常性教育。本年度除了学校党委统一安排的组织生活、政治学习外，还为全校党员干部征订了《当代党员》《党员文摘》《党课参考》等，约计4560册，发放《党建研究》《党建研究内参》60册，丰富了党员的精神生活，提高了党员队伍素质。

9．加强党建工作日常管理，提高服务水平

一是持续完善党员组织关系管理办法，通过召开毕业生党员专题组织生活会、下发《组织关系转移告知书》、督促寄回介绍信回执联等措施，加强党员组织关系转移后续跟踪管理，着力构建防止产生新的失联党员的长效机制。二是以党组织和党员信息集中采集、年度党内统计工作为抓手，对全校党组织和党员队伍进行集中排查，核实党员身份，审查党员档案，校核党员基本信息，加强12371党建信息平台建设，不断提升党员管理信息化水平。三是坚持民主评议党员制度，94个党支部召开专题组织生活会，督促党员严格对照党章，联系岗位实际，开展党性分析、思想体检和民主评议。外出学习工作的党员，运用新媒体手段参加评议活动。

10．规范党费收缴、管理和使用

根据中央组织部、市委组织部最新文件精神，进一步明确了党费收缴基数的计算范围。把收缴党费作为加强党员教育管理监督的有效手段，坚持按月收缴，坚持在"主题党日"定时定点收缴，增强收缴党费的仪式感；针对外出学习工作等党员实际情况，积极探索网上交纳党费办法，广大党员按时主动交纳党费逐渐成为一种自觉、一种习惯。

按照比例及时返还党费，将中组部下拨支部活动经费46500元全部下拨给各支部；按照二级学院党总支 5 万元/年、服务部门党组织 1 万元/年，教职工党员 200 元/年/人、学生党员 50 元/年/人的标准划拨党建专项经费，为党组织开展工作提供了充足的经费保障。

进一步细化了党费使用项目，参照党费使用管理办法，进一步完善了党建专项经费使用管理办法，在严格遵守财经纪律，加强经费管理监督的同时，及时消除了政策上的疑虑，更便于各级党组织大胆开展工作，提高了学校留存党费、划拨基层的党费返还费及党建专项经费的使用效能。按照中央关于集中资金办好几件大事实事的精神，学校拟于 2018 年利用留存党费及市委教育工委下拨活动经费，设立党建特色项目专项经费，建设党校专用教室、党群服务中心、党员活动室，为党员教育培训、党组织活动开展提供规范化工作阵地。

11．工作特色与亮点

高度重视党建工作，专题调研，增加党建工作考核权重。学校党委成立调研组深入 16 个二级学院开展为期 1 个月的党建专题调研，制定《关于进一步加强和改进基层党组织建设的若干意见》，对学校今后的党建工作起到指导性作用。在学校目标指标考核体系中增加党建考核指标数量和权重，及时调整党建工作领导小组，全面落实二级学院党政负责人交叉任职，推行党组织书记述职评议考核制度，全面从严治党压力向基层传递更加到位。

全面推行支部主题党日，统一时间，统一内容，加强督察，全面落实。把主题党日内容与组织生活、党员学习教育管理结合起来，在主题党日组织党员学习习总书记系列重要讲话、学习党章党规，开展"三会一课"，收缴党费，研究支部工作等，突出主题党日的政治教育和党性锻炼。

认真探索党员活动阵地建设。2018 年党建经费预算中增加设立党建特色项目专项经费，建设党校专用教室、党群服务中心、党员活动室，为党员教育培训、党组织活动开展提供规范化工作阵地。

党风廉政建设

1. 坚守责任担当，认真落实监督责任

组织召开7次纪委全委会，结合党风廉政建设新形势新部署新要求，研究制定学校每个阶段的纪检监察任务和具体工作内容，明确党风廉政建设和反腐败工作任务，出台2017年学校党风廉政建设工作要点。2017年3月6日，组织全体校领导和二级单位负责人，参加全市教育系统2017年党风廉政建设暨纪检监察工作网络视频会。3月9日，向党委常委会专题报告学校党风廉政建设和反腐败工作。3月14日，组织召开学校2017年党风廉政建设暨纪检监察工作大会，部署工作任务，传达有关会议精神，对参会的全校科级以上干部及重点领域关键岗位工作人员提出廉政要求。

深入开展党风廉政建设宣传教育，年初，制定党风廉政建设教育任务，与教职工全年政治理论学习同安排、同部署。建立"重文理纪检"微信公众账号，向全校党员干部及时推送党风廉政建设有关内容，用身边的案例警示身边的人，重要节点进行作风提醒等。6月19日，邀请市纪委驻市教委纪检组组长时琳琳同志为全校科级以上干部以及关键岗位工作人员作党风廉政建设专题辅导报告。分别在5月、10月组织召开党风廉政建设专题会议，贯彻落实全市纪检系统领导干部专题培训和市属公办高校纪委书记座谈会精神，督促各二级单位党组织认真履行党风廉政建设主体责任，要求全校纪检干部认真履行监督责任。组织全校党员干部集中收看《打铁还需自身硬》《巡视利剑》《重庆市违纪违法党员干部忏悔警示录》等警示教育片，用真实案例警示全校党员干部，做到廉洁从政、遵纪守法。积极营造良好廉洁文化氛围，在全校范围内组织开展廉洁文化作品征集活动，本次活动共征集廉洁文化作品40余件，通过评审，遴选出部分优秀作品并给予奖励。每月定期制作反腐倡廉宣传橱窗；在大学生形势与政策课中推行反腐倡廉教育专题。

建立并落实党风廉政建设工作责任，认真贯彻落实关于实行党风廉政建设责任制的要求，按照学校领导班子分工，牵头制定学校《2017年党风廉政建设和反腐败工作分工责任制》，指导并督促各二级单位修订了本单位党风廉政建设和反腐败工作分工责任制，进一步巩固学校各级党组织负责人负总责，分管领导各施其职、各负其责的工作格局。同时，学校纪委组织纪委委员对各二级单位落实党风廉政建设责任情况进行了专项监督检查，督促各单位分工包项责任制有效落实。

加强对重点领域和关键环节的监督检查，全面梳理学校纪检监察审计监督事项，依据相关规定，修订学校过程监督、招标监督、物资验收监督、基建维修改造验收监督等记录表，做到监督内容明确、依据充分。开展了对校内招收高水平运动员、专升本录取、研究生入学考试、普通高考招生录取等工作的监督，确保"阳光招生"政策的落实。对学校研究生招聘考试过程进行监督，重点监督资格审查、笔试和面试等环节。全面参与学校各类物资设备采购和验收监督，督促认真履行工作职责，严格执行学校采购管理规定，防止违法违纪行为发生，本年度，参与干部人事监督11次，工程建设监督65次，采购招标监督50余批次，物资验收监督38次，招生录取监督7次，有效保障了相关工作符合政策规定和纪律要求。

2．坚决纠正"四风"，严格落实中央八项规定精神

坚持抓常、抓细、抓长，作风建设永远在路上，紧盯每个重要节点，净化节日风气，在每个重要节假日，专门制发通知、召开专题会议，给每位处级以上领导干部发廉洁短信提醒，强调纪律要求，加强作风建设。出台学校党员干部《关于办理、参加婚丧喜庆事宜的规定》，规范全校党员干部以及工作人员参加、办理婚丧喜庆事宜，严格审批程序，强化监督管理。按照学校纪委巡视工作办法要求，加大巡视巡查力度，组织纪委委员和专职纪检监察干部，在每周、每个重要节点，对照重庆市党员干部"八严禁""十二不准"等规定，开展校内外巡视巡查，2017年共组织开展44次常规巡视和专项巡视。

开展专项"四风"整治，组织开展学校专项整治"四风"问题以及群众身边的不正之风和腐败问题专项整治行动，进一步深入落实中央八项规定精神。制定学校《关于进一步深入落实中央八项规定精神、专项整治"四风"的实施方案》，召开专题会议，部署工作任务，全面清理排查学校违规吃喝、收送"红

包"礼金、违规发放津补贴、公款购买消费高档白酒等问题,深入开展群众身边的不正之风和腐败问题专项整治行动,严肃整治学校民生资金使用、教育乱收费等问题,通过全面清理排查,有效遏制了"四风"问题。

3．推进审计常态化,充分发挥审计监督职能

财务收支审计常态化,根据学校安排,常态化开展了2016年教学经费绩效审计、2016年国培项目经费审计、第三轮校级重点(培育)学科审计和学校2016年预算执行情况的专项审计。充分发挥了内审工作服务与监督职能,使我校内审工作在维护财经纪律、完善内部管理、提高经济效益等方面发挥了积极作用。工程监督规范化,2017年,以规范工程过程管理、落实质量责任、严把工程结算关为重任,继续加强对建设工程的立项论证、招标管理、合同签订、变更签证、竣工验收、项目结算等环节的过程监督,做到实施事前项目审查、事中监督管理和事后造价控制的系统化工程审计模式。

4．运用"四种形态",营造良好政治生态

健全监督执纪工作制度,按照《重庆市运用监督执纪"四种形态"办法》的规定,根据学校实际,制定学校《运用监督执纪"四种形态"实施办法》,明确每一种形态适用内容,严格管理权限,规范处置程序。根据《中国共产党纪律检查机关监督执纪工作规则(试行)》以及重庆市实施办法,梳理形成学校信访举报和问题线索发现及受理、问题线索管理及处置、谈话函询、初步核实、立案审查、审理工作等6个流程和22个文书样式并向全校发布实施,自觉接受各级党组织和师生员工的监督。强化执纪审查安全,出台学校纪委《"走读式"谈话室管理使用办法》,严格审批程序,加强审查安全。

有效运用监督执纪"四种形态",加强信访举报渠道管理,安排专人每个工作日查看举报邮箱,每周查看各校区举报信箱,严格按照要求受理来信、来电、来访,规范信访举报发现及受理流程,收到信访举报提出处置建议及时上报纪委书记,按照签批意见进行处置。在问题线索处置时,严格进行分类处置,对反映的一般性问题都要求与本人见面,坚持运用监督执纪"四种形态"。

着力维护良好政治生态,坚持当好政治生态"护林员"。加大对校内各级党组织贯彻落实党的路线方针政策、中央决策部署的监督检查,严格执行意识

形态工作责任制，监督检查学校相关单位落实中央巡视"回头看"反馈意见有关问题整改情况，确保全校上下在思想上政治上行动上同以习近平同志为核心的党中央保持高度一致。加强对权力运行的监督检查，坚持列席党委常委会、校长办公会，对决策"三重一大"事项进行监督，加大对二级单位落实党政联席会议制度、民主决策等情况的监督检查。严把干部的政治关、廉洁关，主动听取群众意见，对每位拟任干部作出廉政考察结论，2017年，回复党员干部党风廉政意见52人次。严肃换届纪律，在学校第三次党代会召开期间，两次发布《严肃学校第三次党代会筹备及召开期间相关纪律的通知》，要求全校各级党组织和全体党员严格遵守"九个严禁、九个一律"纪律要求，对165名党代表出具廉政意见，用辽宁、南充贿选惨痛案例警示每位代表，并与每位党代表签订严守换届纪律责任书，确保换届工作风清气正。建立干部廉政档案，紧紧抓住党员领导干部这一"关键少数"，从班子建设、干事创业、廉洁自律、群众评价、民主生活会帮扶意见、问题线索反映等方面探索并建立校处两级干部廉政档案制度，切实掌握全校主要干部队伍的政治生态，全面把握"森林"与"树木"的关系。

逐级开展廉政约谈。为深入推进学校全面从严治党向纵深发展，进一步加强党风廉政建设，深入落实党风廉政建设"两个责任"，实践运用监督执纪"四种形态"，深化校内各级领导干部和相关人员监督，按照上级有关要求，牵头制定学校《关于开展2017年党风廉政建设约谈工作方案》，约谈对象从学校校级领导干部、中层领导干部再到科级干部及一般工作人员，约谈内容包含履行党风廉政建设责任制、落实中央巡视"回头看"反馈意见有关问题整改、落实意识形态工作责任制、廉政风险防控等内容，同时，对每位约谈对象提出廉政要求和遵守相关纪律的告诫，层层传导好压力。

5．加强队伍建设，进一步提升履职能力

不断加强自身建设，严格执行监督执纪工作规则及我市实施办法，把监督执纪问责的权利关进制度笼子，规范工作权限，严格工作规程，在重大问题上严格请示报告，自觉接受党内监督、社会监督和群众监督，确保权力受到约束。聚焦纪检主业，深化"三转"，在学校新一轮议事机构调整中，进一步明确了纪检监察部门主要参与学校全面从严治党和党风廉政建设有关的工作机构 15 项。为适应党风廉政建设和反腐败工作新形势新要求，校内调剂 1 人充实到纪检监察队伍。出台学校纪委权利清单、责任清单、负面清单，强化自我刚性约束，不断探索问题线索发现、线索处置、执纪审查、案件审理各环节相互协调、相互制约机制，严防"灯下黑"。

切实提高履职能力，通过内部学习和外出培训相结合的方式，切实提高纪检监察审计业务能力。本年度，组织纪检监察干部参加中纪委、市纪委、市纪委驻市教委纪检组各类专题培训 10 人次，审计人员参加各类专项审计培训 7 人次。组织召开全校各单位纪检委员专题培训，新一届学校纪委委员产生后，及时调整学校纪委委员联系二级单位制度，有效整合学校纪委委员和二级单位纪检委员力量，充分发挥全校纪检干部在各领域、各单位开展廉政工作的系统优势，形成监督执纪工作合力，进一步提升监督执纪履职能力。

6．工作特色和亮点

落实党风廉政建设"两个责任"：学校党委关于落实党风廉政建设"两个责任"实施意见，明确了党委主体责任、纪委监督责任主要内容，构建了"党委统一领导、纪委组织协调，党委书记是第一责任人、班子成员对分管范围内的党风廉政建设责任负责，主控部门对主控范围内的党风廉政建设责任负责，二级单位对本单位的党风廉政建设责任负责"的责任体系。每年年初，牵头制定并发布学校党风廉政建设和反腐败工作分工责任制，督促各二级单位修订了本单位党风廉政建设和反腐败工作分工责任制，明确分工、责任到人，形成各施其职、各负其责的工作格局。

重点领域监督全面覆盖：认真履行监督责任，重点领域监督实现全覆盖。加大对校内各级党组织贯彻落实党的路线方针政策、中央决策部署的监督，坚持对党委常委会、校长办公会决策"三重一大"事项进行监督，加强对二级单位落实党政联席会议（部务会）制度、民主决策等情况的监督。根据学校工作需要，纪检监察审计全面加强对学校干部人事、基建工程、物资采购、财务管理、科研经费、资产管理、招生录取、学术风气等领域的监督检查，发现问题及时处置，确保学校各项工作符合政策规定和纪律要求。

监督执纪工作进一步规范：全面梳理监督事项，依据相关规定，修订学校过程监督、招标监督、物资验收监督、基建维修改造验收监督等记录表，做到监督内容明确、依据充分。按照《中国共产党纪律检查机关监督执纪工作规则（试行）》以及重庆市实施办法要求，制定了《〈信访举报和问题线索发现及受理流程图〉等的通知》（重文理纪〔2017〕8号）文件。在监督执纪过程中，严肃工作程序，严格请示汇报，进一步落实监督执纪工作规范。

党风廉政建设工作约谈逐级开展：为深入推进学校全面从严治党向纵深发展，进一步加强党风廉政建设，深入落实党风廉政建设"两个责任"，实践运用监督执纪"四种形态"，深化校内各级领导干部和相关人员监督，按照上级有关要求，年底，在全校范围内开展党风廉政建设工作约谈，约谈对象从学校校级领导干部、中层领导干部再到科级干部全覆盖，约谈内容包含履行党风廉政建设责任制、落实中央巡视"回头看"反馈意见有关问题整改、落实意识形态工作责任制、廉政风险防控等，同时，对每位约谈对象提出廉政要求和遵守相关纪律的告诫，层层传导好压力。

宣传工作

1. 中心组学习

深入开展2017年全国"两会"、习近平总书记系列重要讲话、重庆市第五次党代会精神学习贯彻活动，根据中共中央、重庆市委、市委教育工委以及学校2017年工作要点的要求，从校级中心组、二级中心组、教职工层面对2017年"两会"、习近平总书记7·26重要讲话、市第五次党代会精神进行了学习宣传贯彻，制作宣传橱窗，进一步掀起学习贯彻热潮。

深入学习贯彻十八届六中全会精神。根据教育部、市委教育工委、市教委等的安排和《中共重庆文理学院委员会关于认真学习宣传党的十八届六中全会精神的通知》（重文理宣〔2016〕10号）要求，组织校级中心组、二级中心组、教职工层面的学习和贯彻，对十八届六中全会精神作深入解读，进一步提高全校师生员工的思想认识。

坚持校级中心组理论学习制度。根据中共中央、重庆市委、市委教育工委相关文件的要求和学校2017年工作要点，下发《中共重庆文理学院委员会关于2017年校级中心组理论学习安排的通知》（重文理宣〔2017〕4号），对本年度的校级中心组理论学习进行合理安排和专题部署。为确保学习活动真正取得实效，党委中心组继续实行学习签到制度。因故不能参加者，事先要请假，事后要补课。学习结束后对缺席请假者进行统计和补学，并将学习考勤情况纳入领导干部的年度述学述廉中加以考核运用，这样保证了中心组成员集中学习的时间远远大于3天，每次参学率不低于95%。本年度开展9次校级中心组学习，保质保量地完成校级中心组学习任务。

深入推进了二级中心组理论学习。为切实提高二级中心组理论学习的实效性，下发《中共重庆文理学院委员会关于2017年二级中心组理论学习安排的通知》（重文理宣〔2017〕5号），对2017年的二级中心组学习进行了整体统筹安排。各二级单位中心组理论继续实行"片区制"，由学校组建的党委理论宣讲团成员进行宣讲。本年度举行4次二级中心组学习，学习原则上不请假，因故不能参加者，事先要请假，事后进行了补课。

2．贯彻落实中央和市委决策部署

认真贯彻落实全国、全市高校思想政治工作会议精神。制定下发《中共重庆文理学院委员会重庆文理学院关于加强和改进新形势下思想政治工作的实施意见》（重文理委〔2017〕42号），统筹整个会议精神的学习贯彻。

利用学校党委常委会、校级中心组学习会、二级中心组学习会，以及各单位的政治理论学习、组织生活会等，专门传达学习和宣传解读习近平总书记重要讲话精神和全国、全市高校思想政治工作会议精神。总结并形成《中共重庆文理学院委员会重庆文理学院关于贯彻落实全国和全市高校思想政治工作会议精神自查报告》和《多措并举，深入开展学习贯彻活动——重庆文理学院贯彻落实全市高校思想政治工作会议精神情况报告》并上报市委教育工委。

深入宣传贯彻党的十九大精神。组织广大师生员工集中及时收听收看十九大开幕式、闭幕式直播，组织师生召开座谈会。印发《党的十九大精神宣讲活动工作方案》（重文理宣〔2017〕18号），组建校园"十九大精神宣讲队"，由全体校领导、部分老领导，部分中层管理干部，教学单位总支书记、院长，部分思政课教师等52名成员组成。从11月16日至12月14日，宣讲队成员奔赴全校各二级单位开展宣讲，共作宣讲报告94场，受教师生覆盖率达到100%。

创新形式开展党的十九大精神宣讲活动，掀起学习宣传贯彻党的十九大精神活动的热潮：举办"学习十九大精神，不忘初心，继续前进跟党走"主题演讲比赛；邀请"全国劳模"、重庆市巾帼建功标兵、全国道德模范提名奖获得者到校开展"榜样面对面"党的十九大精神宣讲活动；邀请孔繁森同志纪念馆相关专家到校作孔繁森事迹报告会，举办孔繁森先进事迹图片展。

3．严格落实意识形态工作责任制

层层落实意识形态工作责任制。每月召开了意识形态工作联席会，学校党委和各二级单位党政负责人签订《意识形态工作责任书》，督促各单位利用每周党政联席会或部务会议对意识形态工作予以研判和部署，层层落实了意识形态工作责任制。

构建意识形态工作长效机制。制定出台了《中共重庆文理学院委员会重庆文理学院关于加强和改进新形势下思想政治工作的实施意见》（重文理委〔2017〕42号），制定《重庆文理学院意识形态工作责任和工作清单》《重庆文理学院意识形态工作考核指标体系》《重庆文理学院意识形态工作定期研判制度和应急处置机制》等附件，构建意识形态工作长效机制。

强化意识形态工作督查。对《中共重庆文理学院委员会关于进一步加强统一战线工作的实施意见》（重文理宣〔2016〕8号）、《中共重庆文理学院委员会关于贯彻落实高校意识形态工作有关要求的通知》（重文理宣〔2016〕9号）及民族宗教工作落实情况进行过程抽查。

4．加强意识形态阵地管理

严格执行哲社类报告会等"一会一报"制度。2017年共审批哲学与社会科学类讲座116个，其中审批通过110个，及时报市教委宣教处审批7个，未通过6个。进一步规范校园宣传物管理。2017年共布置更新八期宣传橱窗，更新橱窗544块；举办迎接第三次党代会、迎接本科教学审核评估、孔繁森先进事迹巡展、精神文明先进事迹展等四次大型展览，制作展板213块；共审批全校性的标语495条，海报1692张。加强对政治理论类学生社团的管理。加强对学校10个政治理论性社团活动开展的指导和监管，对学生社团每期出刊的刊物严格审查，强化学生社团活动的思想政治导向，共审核《星湖报》《渝西青年报》《清风》《校友之家》等校内刊物17期。

5．稳步推进思想政治工作

全面加强教职工思想政治工作。将教职工政治理论学习、组织生活、党风廉政教育进行统筹安排，下发《中共重庆文理学院委员会关于2017年教职工政治理论学习、党组织生活、党风廉政教育统筹安排的通知》（重文理宣〔2017〕6号）。各单位高度重视严格执行学习考勤制度和汇报制度，对各类学习的考勤、开展情况进行了分类记录，做到了时间、内容、人员三落实。其次，根据学校要求，我们开展学校教职工思想状况网上调查，及时了解广大青年教师的思想动态，进一步畅通了学校与广大教师特别是青年教师之间的交流和沟通渠道，为学校的深度转型发展统一思想，凝聚力量。

推进市中特中心重庆文理学院分中心理论研究工作。组建重庆市中国特色社会主义理论体系研究中心重庆文理学院分中心，成立由党委副书记领衔、专家教授组成的研究团队，召开两次分中心工作会议，针对十八届六中全会精神、党的十九大精神的研究阐释工作进行具体部署，并对十八届六中全会、党的十九大精神相关问题进行深入研究。目前已经上报研究成果9篇，其中在《重庆日报》《重庆学习论坛》各发表一篇。

开展教职工思想政治状况调研工作。利用意识形态工作联席会和双月座谈会进行局部调研，收集相关意见和建议；配合教育部的专项心理健康调查在学校开展了不同层面的教职工心理状况调研，初步了解教职工思想状况；设计制作《重庆文理学院教职工思想政治状况调查问卷》并进行网上调研，形成了《重庆文理学院教职工思想政治状况调查报告》并上报校领导，供领导决策参考。

6．开展精神文明建设工作

召开专题工作会统筹推进。根据学校精神文明建设委员会的整体部署，于2月28日召开2017年精神文明建设工作会议，制定《重庆文理学院2017年精神文明建设实施方案》，积极开展"文明礼仪我先行"活动，撰写"文明礼仪我先行"倡议书、悬挂文明礼仪宣传标语，并在教育广播台上连续广播文明礼仪的相关内容，浓郁了文明礼仪活动的宣传氛围；联合公共管理学院、易仲青年法学会等社团开展法制宣传教育活动，联合学工部、校团委开展"学雷锋树新风"活动及"三下乡"社会实践活动，精神文明建设工作取得良好成效。

精选先进典型总结表彰。在全校范围内开展精神文明建设先进集体和先进个人评选活动，经各单位推荐、学校精神文明建设委员会初评、学校第34次党委常委会审定，评选出先进集体5个、先进个人35人（教职工15人、学生20人），于2018年1月召开2016—2017年度精神文明建设总结和表彰会，进一步展示学校精神文明创建活动的丰硕成果，充分发挥先进的榜样示范作用。

7．强化网络舆情管理

多渠道了解和掌握教师、学生的思想动态，密切关注网络信息。24小时监测校园网及各二级单位网站、校外网站、论坛、贴吧、QQ群、博客等，及时、妥善地处理有关学校的负面报道和师生不稳定情绪倾向。在"两会"、党的十九大、学校党代会、审核评估、国家级考试、毕业季、"两节三夜"等关键时间节点,增派值班力量,加强网络信息安全的监管。2017年共编发《舆情信息》10期,编制舆情分析报告4期,供领导决策参考。

8．网络安全

全面贯彻落实《中华人民共和国网络安全法》,开展专项检查,确保学校网络信息安全。全面贯彻落实《中华人民共和国网络安全法》和《全国人民代表大会常务委员会关于加强网络信息保护的决定》,通过海报、竞赛、广播、网站等媒介对《中华人民共和国网络安全法》和《全国人民代表大会常务委员会关于加强网络信息保护的决定》进行广泛宣传和普及,并全面梳理贯彻落实情况,完成了《重庆文理学院贯彻执行网络安全法情况的报告》《关于加强网络信息保护的决定情况总结》等材料的撰写与报送。

召开网络信息员专题工作会,对QQ、微信、微博、贴吧等群组管理员强调了信息发布的纪律和要求。开展互联网信息发布管理的自查整改工作,对各单位在网站、QQ群、微信群等网络载体上的信息安全工作进行了全面的排查和梳理,对发现的问题及时进行整改,消除安全隐患。学校全年未发生重大网络安全事故。组织开展网络安全宣传周活动,通过悬挂横幅、发放宣传册、开设网络专栏、开展专题讲座、组织开展网络知识竞赛等多种形式,大力倡导依法、安全、文明上网行为,提高师生的网络安全意识,筑牢网络安全思想防线。组织学生参加重庆市教育系统网络安全知识竞赛并获三等奖。学校被市教委和市委网信办评为重庆市教育系统2017年网络安全宣传周活动"优秀组织奖"。

定期进行二级网络检查,提高网络运行质量。6月上旬和12月下旬,分别对各二级单位网站的栏目信息更新、链接等情况进行两次全面检查,并督促各单位进行了相应整改;6月下旬和10月下旬,督促各单位主要针对招生相关信息、审核评估相关信息进行了检查整改,为学校招生工作和审核评估做好准备。通过检查与整改,提高网络运行质量。

9．外宣工作

在《中国教育报》《重庆晨报》《重庆日报》《永川日报》、新华网、华龙网、等媒体上策划外宣稿件32篇,如《一所应用型本科高校的"创业史"——重庆文理学院转型发展纪实》《首届全国卓越教师发展论坛在渝举行》《海归博士

4 年成功研发世界领先癌症抑制剂》等。其中，国家级 10 篇，提升了学校的美誉度和知名度。

围绕学校重点工作，创新宣传方式和手段，精心组织并策划本科教学审核评估专题片《转型之路》、招生宣传片《师哥师姐带你逛校园》、学校第三次党代会《党代表话党代会》、涂铭旌院士专题片《大爱无疆》，以及二级学院院长访谈等系列展示学校形象和各方面成就的专题视频，较好地宣传展示了学校的形象，提高了学校的社会知名度和美誉度。

6 月 15 日，新版主页上线。为保障学校新版网页的顺畅运行，下发《关于印发〈学校主页栏目建设任务表〉的通知》(重文理宣〔2017〕13 号)，进一步明确各单位在主页栏目建设上的职责。12 月 20 日已启动二级单位网站改版工作。

10．内宣工作

围绕学校中心工作和各单位重要工作，做好日常的摄影和摄像工作，并对采集的影像数据进行了编辑和存档。2017 年，完成新闻拍摄任务 300 余次，完成党的十九大精神宣讲、学校第三次党代会、微纳米材料与先进材料制造学术会议、本科教学审核评估等活动的全程拍摄及制作任务。同时对 2016 年发布的所有校园网主页新闻文字稿、665 条图片新闻的 2 000 余张照片进行归档。

落实校园网主页新闻发布"三审制"，突出重点地合理分类、整合，保证了新闻发布的及时、准确、规范。在广泛调研的基础上，制定下发《关于印发〈进一步规范学校网站新闻发布暂行规定〉的通知》(重文理宣〔2017〕11 号)，进一步规范校园网新闻写作、审核、发布相关事宜。2017 年，发布校园网主页新闻 689 条。另外，选取在教学、科研、校内典型等方面具有代表性的新闻 30 余条向重庆市教委新闻中心报送并被采用。

出版发行《重庆文理学院报》第 584～602 期共 19 期，38 万余字，全面报道了学校教育教学工作，营造了良好的舆论氛围。

2017 年，教广台在学校党政的正确领导和亲切关怀下，完成文明礼仪我先行、春季和秋季运动会、迎新等诸多活动的校园播音工作，并不断加强自身建设，围绕学校中心工作开展卓有成效的宣传报道，为学校的改革发展和稳定做出了积极贡献；峻德馆全年共接待参观52场，参观人数达2 000余人，充分发挥了校史馆在校情校史教育中的积极作用，进一步扩大了学校的影响。

11. 校园文化建设

开展春节氛围营造活动。为庆祝2017年新春佳节，进一步营造安定、祥和、喜庆的校园节日氛围，经撰写标书、招标等环节，在红河校区人和居区域、办公楼、揽月湖，学校1、2、3、5、6、7号门以及星湖校区大门等处悬挂了红灯笼等春节灯饰，为全校师生营造了浓郁的2017年春节氛围。

开展金牌校训评选活动。配合开展了永川区大中专院校金牌校训评选活动，并被永川区评为"金牌校训"，充分展示我校的教育理念、办学特色、历史传统和思想文化。组织参加"测一测，2017年政府工作报告知多少"在线学习答题活动。按照市委教育工委的活动要求，专门下发了《关于组织参加中国政府网、国务院客户端"测一测，2017年政府工作报告知多少"在线学习答题活动的通知》，共组织了1 862名学生通过关注中国政府网微信、下载国务院客户端，学习了"2017年政府工作报告解读"专题并参与答题，从而进一步深化了政务信息公开以及对政府工作报告的学习贯彻，对大学生了解大政方针、提升政治理论素养有极好的促进作用。

推进校园文化景观改造。根据学校的总体安排，完成红河校区A区农行附近的6块宣传橱窗和知津楼后门厅处2块宣传栏的改造工作，进一步提高了校园文化品味。完成全国文明校园创建的材料上报。根据中宣部、中央文明办、市文明办的通知要求，总结了我校文明校园创建的特色和亮点，形成《重庆文理学院文明校园创建报告》并上报市文明办，进一步推动学校文明校园创建的深入开展。

开展孔繁森先进事迹巡展等活动。邀请"全国劳模"、重庆市巾帼建功标兵、全国道德模范提名奖获得者到校开展"榜样面对面"党的十九大精神宣讲活动；邀请孔繁森同志纪念馆相关专家到校作孔繁森事迹报告会，制作孔繁森事迹图片展，号召全校广大师生员工积极向一心为民、无私奉献、两袖清风的好公仆——孔繁森同志学习，全面贯彻落实党的十九大精神。

12．法制宣传教育

联合永川区消协、工商局、质监局、物价局、卫生局、法院等20余家单位组织开展了主题为"倡导诚实守信共筑消费安全"的"3·15消法知识竞赛"活动和"消法在我心，维权伴我行"消费者权益宣传教育以及"12·4"宪法日宣传活动等，承办了永川区"关爱明天，普法行动"青少年普法教育辩论赛决赛、"关爱明天，普法先行"青少年普法教育观摩体验活动等。全年共进行了法制宣传2场、法律知识竞赛2场、法制讲座3场，发放普法宣传资料3 000余份，参与普法活动的学生数量1 000余人，被媒体报道3次。通过深入扎实的法制宣传教育和法治实践，提高了全校师生的法律意识和法律素质，提高学校依法治教、依法治校的水平与能力，推动形成自觉学法、守法、用法的教育环境。2017年，全校教职员工无违反国家计划生育等政策和法律的情况。

13．工作特色和亮点

深入宣传贯彻了党的十九大精神：组织广大师生员工集中及时收听收看十九大开幕式、闭幕式直播，组织师生召开了座谈会。制定并印发了《党的十九大精神宣讲活动工作方案》（重文理宣〔2017〕18号），组建了校园"十九大精神宣讲队"，由全体校领导、部分老领导，部分中层管理干部，教学单位总支书记、院长，部分思政课教师等52名成员组成。从11月16日至12月14日，宣讲队成员奔赴全校各二级单位开展宣讲，共作宣讲报告94场，受教师生覆盖率达到100%。创新形式开展党的十九大精神宣讲活动，掀起学习宣传贯彻党的十九大精神活动的热潮，举办"学习十九大精神，不忘初心，继续前进跟党走"主题演讲比赛；邀请"全国劳模"、重庆市巾帼建功标兵、全国道德模范提名奖获得者到校开展"榜样面对面"党的十九大精神宣讲活动；邀请孔繁森同志纪念馆相关专家到校作孔繁森事迹报告会，举办孔繁森先进事迹图片展。

积极开展了精神文明建设工作：召开2017年精神文明建设工作会议，制定《重庆文理学院2017年精神文明建设实施方案》，积极开展"文明礼仪我先行"活动，撰写"文明礼仪我先行"倡议书、悬挂文明礼仪宣传标语，并在教育广播台上连续广播文明礼仪的相关内容，浓郁了文明礼仪活动的宣传氛围；

联合公共管理学院、易仲青年法学会等社团开展法制宣传教育活动，联合学工部、校团委开展"学雷锋树新风"活动及"三下乡"社会实践活动，精神文明建设工作取得良好成效。在全校范围内开展精神文明建设先进集体和先进个人评选活动，经各单位推荐、学校精神文明建设委员会初评、学校第 34 次党委常委会审定，共评选出先进集体 5 个、先进个人 35 人（教职工 15 人、学生 20 人）。

2017 年，获中国高校校报好新闻一等奖 1 项、二等奖 2 项、三等奖 2 项，在重庆十多所高校中获奖数量和质量名列第一。美术与设计学院司桂松老师的《榜样》获全国高校网络宣传思想教育优秀微作品二等奖，文化与传媒学院学生苟维的纪录片《对岸》获微电影类一等奖，李勤东、龚宇洋的动画短片《生活在何处》获动漫类三等奖，宋海平的平面广告作品《手机危机》获公益广告类三等奖。组织学生参加重庆市教育系统网络安全知识竞赛并获三等奖。学校被市教委和市委网信办评为重庆市教育系统 2017 年网络安全宣传周活动"优秀组织奖"。

统战工作

1. 抓平台创新,在履职尽责上见成效

把履职平台创新作为激发党外代表人士发挥作用的突破口,紧贴学校实际,重点搭建三个平台。搭建民主党派、无党派人士参政议政平台。为充分发挥各级人大代表、政协委员、民主党派和统战群团、无党派代表人士在学校改革发展和区域经济社会建设中的积极作用,党委统战部向全校师生广泛征集提案线索,对收到的线索进行归类整理,并从中凝练出主题,以课题调研的方式,组织党外代表人士重点对社会经济发展以及学校学科建设、人才培养、专业带头人制度、五大教学改革、信息化建设、绩效工资改革以及实验实训建设等方面进行调查研究,充分发挥党外代表人士参政议政的积极性。

搭建党外建言"直通车"平台。积极发挥党委统战部了解情况、统筹协调的基本职能,鼓励支持党外人士为学校发展建设建言献策,凡党外人士所提意见建议,经党委统战部审核后,直接报送分管校领导签批,承办单位认真落实。如九三学社周卫平《关于借助校外条件提高学生几个专项康复技能的建议》、民进邹永康《关于学校所有教室及实验室挂手机袋的建议》、侨台留联谊会李忠彬《关于环境工程应用项目研究成果示范场地的相关问题》等10余条建言均一一反馈落实。

搭建留学归国人员作用发挥平台。注重在政治上关心,重点培育和推选一批政协委员、人大代表,直接参与重大问题的研究、决策和监督。注重在发展上支持。针对留学归国人员的特点,分类施策,发挥所长,热情关怀。组建学校侨台留联谊会的同时,帮助他们增进对国情的认知,推荐一些优秀海归人才到有关组织和团体任职,协助永川区委考察永川区欧美同学会领导班子人选,搭建交流平台,提供展示舞台,充分激发归国留学人员的创新活力、创业热情。

2. 抓考核评价,在日常管理上求突破

积极探索、创新对党外代表人士服务、管理的模式,力求全面了解掌握党外代表人士的政治表现、思想状况、履行职责等情况,特别是在重大原则问题上的政治立场和态度，促使他们将外在的监督管理内化为自觉自律。

重点抓好民族宗教工作，健全有效运转的统战工作协调机制。2017年建立永川区统战工作领导小组领导的，由统战部门及有关部门、单位参加的民族宗教工作联席会议制度，定期召开相关成员单位会议，研究、交流工作情况，制定具体工作措施，协调解决各种问题，有效地促进了我校宗教工作的开展。组织开展民族宗教工作专项督查。分别于3月、4月、10月开展专项民族宗教人员排查工作，建立少数民族学生动态信息库，有针对性地帮助少数民族学生解决在学习和生活中遇到的困难；建立了宗教人员信息档案库，一对一地开展宗教信仰教育工作，有力地杜绝非法传教事件的发生。

积极做好党外干部培养、选拔、使用工作。与组织部、人事处等部门密切配合，统筹规划党外后备干部队伍建设工作，增加党外干部学习培训的机会，建立党外后备干部队伍和党外代表人士动态数据库。密切关注学校新引进的高级人才，积极在"双高"教师中发现、物色后备干部人选，较好地完成了党外人士培养和实职推荐、安排工作。

开展统战理论研究工作。围绕群众关心、政府重视的问题，积极开展相关课题研究，学校下发了统战理论研究的文件通知，出台课题调研相关办法。认真组织各单位、全校师生员工积极开展统战理论研究专项课题申报工作，2017年，向重庆市委统战部共推荐上报4篇优秀统战理论研究成果。

进一步强化统战宣传工作。设立统战工作信息员，制定统战信息工作考核办法和目标指标任务，充分运用网络、报纸等媒体，加强了对统战政策和统战工作情况的宣传，及时反映党外人士的思想动态和意见要求，不断扩大统一战线的影响。截至目前，党委统战部采用各民主党派、统战群团信息15条，二级单位被采用信息1条，学校被市委统战部采用信息7条。

组织形式多样的凝心聚力活动。从思想上、情感上尊重和关心统一战线成员，2017年，我们精心组织双月座谈会、中秋慰问座谈会、学习考察会等会议，学校领导和相关职能部门负责人和统战群团的同志们欢聚一堂，共抒佳节思情，共谋学校发展大计。组织开展第四届"重庆文理学院同心杯气排球联谊赛"，促进校级领导、党委委员和党外人士的联系交流，夯实团结奋斗的牢固基础，共同营造了积极向上的工作氛围。

3．注重统战队伍建设和党外代表人士培养、选拔、安排、使用

根据《中共重庆文理学院委员会关于进一步加强统一战线的实施意见》（重文理宣〔2016〕8号）文件精神，成立以党委书记为组长的统战工作领导小组和民族宗教工作领导小组，建立统战理论宣讲团以及各单位统战委员、信息员队伍，明确各基层党组织关于统一战线工作的责任和任务。

注重党外代表人士培养、选拔、安排、使用。学校有校级党外干部1人，中层干部15人，科级干部23人，市级知联会理事1人、欧美同学会理事3人，党外挂职干部1人。其中吴强、岳彩镇两位同志担任副主委，冯利朋担任民进区委委员，蒋巧担任民建区委委员，兰觉明担任区知联会副会长，实现我校党外人士任职新突破。

4．重视民主党派、统战团体建设和政治引领，团结引导出国和归国留学人员

抓教育培训，在思想引领上下功夫。以提升统战干部素养和统战工作能力以及增强党外代表人士共识教育为培训重点，旗帜鲜明地抓好思想引领工作。下发2017年校级、二级中心组、教职工政治理论学习计划，组织统战理论宣讲团开展统战理论知识宣讲工作，邀请市委统战部领导专题开展统战知识培训1次，区委统战部作民族宗教工作培训1次，组织开展习近平总书记系列重要讲话精神以及中央、市委统战工作会议精神，专题开展十九大精神学习宣传会5次，组织推荐党外代表人士培训12人次。开展统战理论进党校、进课堂、进教材、进头脑活动，促进了统战理论宣传基层全覆盖，切实加强学校统一战线成员的教育引领。

抓共识提升，在协商民主上做文章。通过联谊交友、谈心谈话等多种形式，积极引导党外代表人士在政治共识上与中国共产党保持一致，在行动目标上与中国共产党同心同向，为学校建设成高水平应用型大学献计献力。修订完善《关于调整部分党委常委联系统战对象的通知》，进一步深化联谊交友名单，每位校领导（党委常委）分别对接一个民主党派或统战群团，建立各基层党组织（部门负责人）与党外代表人士联系交友制度，各级党政领导干部与统一战线代表

人士诚挚交友,联系恳谈,深入沟通思想,及时化解矛盾,广泛听取意见,共谋发展良策,巩固了统一战线团结奋斗的共同思想基础。

团结引导出国和归国留学人员。搭建留学归国人员作用发挥平台。注重在政治上关心,重点培育和推选一批政协委员、人大代表,直接参与重大问题的研究、决策和监督。注重在发展上支持。针对留学归国人员的特点,分类施策,发挥所长,热情关怀。组建学校侨台留联谊会的同时,帮助他们增进对国情的认知,推荐一些优秀海归人才到有关组织和团体任职,协助永川区委考察永川区欧美同学会领导班子人选,搭建交流平台,提供展示舞台,充分激发归国留学人员的创新活力、创业热情。

离退休工作

1. 建好组织,夯实基础"记身份"

加强排查,摸清情况。对全校离退休党员进行了清理排查,摸清了各支部党员的基本情况,理顺了党员组织关系,使每名离退休党员离岗不离党。加强思想教育。推进"两学一做"学习教育常态化制度,深入学习十九大精神,强化党章党规学习,坚持不懈用习近平总书记系列重要讲话精神武装头脑、指导实践、推动工作、规范行为。抓住"关键少数",抓实支部建设。重点从总支委员、支部书记、老党员骨干抓起,抓到支部,落到实处。加强领导,规范支部建设。加强对离退休党支部组织建设、日常管理等工作的指导,不断规范支部管理,强化支部建设,离退休党支部的战斗力和凝聚力得到增强。

2. 抓好学习,强化思想"葆本色"

突出政治学习的引领作用。把学习教育内容融入老同志走访慰问、情况通报、参观考察等政治生活和日常工作中,坚持"学""做"结合和"四讲四有"标准,提高思想政治觉悟。突出支部学习的主导作用。把党支部作为"两学一做"的主阵地,组织引导离退休党支部每月组织一次党员活动、配备一名党课宣讲员、组织为行动不便的离退休干部党员送学上门。利用重大事件抓好重点学习。十九大召开期间,组织全体在永的离退休老同志集中收看十九大开、闭幕会直播;邀请学校党委书记孙泽平为全体离退休老同志作十九大精神专题辅导报告;召开多次学习十九大精神座谈会;组织党员开展学习十九大精神知识竞赛、征文比赛和演讲比赛等形式多样的各类学习活动;组织老党员专题收看《榜样》纪录片。

3. 发挥正能量,老有所为"添光彩"

开展"畅谈十八大以来变化,展望十九大胜利召开"为主题的座谈会和征文活动。组织老同志骨干开展了"体验美好生活,我为祖国喝彩"考察学习活动,参观了绵阳"两弹一星"科技馆,考察了5·12地震后北川建设。开展"师德师风建设暨文明礼仪我带头"专项活动。开展"心连心"帮扶活动。离退休党总支协同教工部支部到永川区五间镇盛水小学开展"心连心"帮扶活动。组织退休党员、退休干部等骨干力量为学校发展奉献智慧和力量，在学校广泛开展了"督学、督教、督导"活动。开展"不忘初心，牢记使命"演讲比赛，并荣获全校演讲比赛二等奖。

4．优化服务管理，落实"两项待遇"

政治上关心老同志。为全体离退休老同志落实书报订阅和学习活动费用共计17万元；召开5次校情通报会，及时向老同志通报学校改革发展情况；召开全体大会、总支会、老协会30余次，主动征求老同志对学校建设和发展的意见和建议。生活上关怀老同志。认真贯彻执行离休干部养老保障机制，确保老干部离休费和各项补贴按时足额发放；协助发放高龄补贴和满十生日慰问金16万余元，报销离休干部医护费用80多万元，开展走访慰问330余人次，组织100多位老同志与社区医院签订家庭医生协议，为老同志举办3场养生医疗和心理健康调适方面专题讲座。

5．特色与亮点

离退休工作"四心服务"和"四必访"工作成效显著。"四心服务"即对老同志定期不定期登门拜访的"暖心服务"，节日走访慰问的"贴心服务"，及时帮扶有困难老同志的"舒心服务"，尽力协助处理去世老同志后事的"放心服务"。"四必访"即重大节日必访，生病住院必访，长期生病卧床在家必访，家中有重大变故必访。学校关工委被评为重庆市教育系统先进集体；在市老干部乒乓球邀请赛中获全市第六名。

工会工作

1. 深入学习贯彻落实习近平总书记系列重要讲话、党的十九大精神，筑牢工会工作正确政治方向

学习贯彻党的十九大精神系列活动。校工会与党委组织部、党委宣传部、党委统战部共同承办了我校"学习十九大精神，不忘初心、继续前进跟党走"主题演讲比赛，来自全校各级党组织、工会的33名教职工选手参加了此次比赛。学校选派2名优秀选手代表学校参加永川区总工会举办的"不忘初心，继续前进跟党走"演讲比赛。各基层工会纷纷以实际行动学习贯彻党的十九大精神，比如特色植物研究院工会与党支部一起到黔江区开展"宣扬十九大精神，扶贫送温暖"活动，到水市乡杨柳村和茶园村两所小学为贫困村儿童发放了儿童减负书包和文具用品，同时在水市乡、杨柳村和茶园村深入烤烟、水稻、蔬菜和茶园种植地，开展科技扶贫活动，针对农民所关切的精准施肥、病虫害防控和市场营销等问题，提出了具体的应对措施，真正达到了"走田坎，跨门坎，进心坎"的效果；组织全校工会会员积极参加市总工会企业民主管理知识网上竞答活动。

2. 民主管理工作切实有效

召开教代会执委会议，讨论《重庆文理学院关于调整职称外语和计算机考试要求的建议》，讨论4名患大病职工补助申请，确定了对4名职工的补助金额，并由工会办公室依据学校相关文件规定进行办理；定期召开部门工会主席会议，及时学习宣传贯彻上级工会的会议精神和相关政策。

3. 加大教职工帮扶力度，继续坚持开展"面对面、心贴心、实打实服务教职工"活动

积极开展帮扶捐助工作。连续三年为全校职工办理了在职职工重大疾病互助保障，今年为7名患病职工办理了保障金理赔；对困难职工、患病和遭受意外事故的职工给予慰问帮扶，帮扶人数14人；春节期间对困难职工、劳模进行走访慰问，寒、暑假时为仍坚守在工作岗位上的一线员工送去诚挚的慰问。

有序开展"互联网+工会服务"工作。根据重庆市总工会《关于深入推进

"互联网+工会服务"进基层系列活动的通知》,我校工会于3月份正式启动"互联网+工会服务",开启工会工作新模式,具体如下。

开展全校二级工会干部专题培训,宣传"互联网+工会服务"活动的目的和意义,培养工会干部的"学网、懂网、用网"能力;开设网络平台,让职工能够通过渝工娘家人APP,及时了解工会动态、参加工会活动、更高效便捷地享受便利优惠服务。

打造劳模工作室。发挥劳模工作室的示范作用,打造劳模工作室的优秀团队,大力开展科研工作。2017年3月,学校"刘奕清劳模创新工作室"获重庆市教科文卫体工会首批"劳模创新工作室"命名,在校内产生了积极的示范与引领作用,有效激发广大教职工的创新热情和创造活力。

认真组织教职工体检。组织全校1 300余名在编在岗教职工在重庆医科大学附属永川医院进行健康体检。

举办庆祝"三八节"活动,为女教职工举办"现代职业女性压力调适策略"心理健康专题讲座和"皮肤保健美容观"知识讲座,开展形式多样、健康有益的庆祝活动;走访慰问了困难和患病女教职工;完成学校教工之家的改造,为教职工提供了舒适的活动场所。

4. 开展丰富多彩的文体活动,营造健康和谐的校园文化氛围

组织钓鱼协会、乒乓球协会和羽毛球协会开展比赛活动;举办一年一度全校教职工环校园健身跑、教职工综合运动会、气排球比赛。

参加重庆市教委主办的"2017年重庆市大学生马拉松接力赛",获教师组第二名;参加重庆市教科文卫体工会系统"健康舞动·跃出精彩"广播体操比赛,获三等奖;参加永川区第六届"五一杯"气排球比赛,获男子组二等奖;参加永川区职工篮球赛,获男子组第四名。

开设运动项目兴趣班。学校工会今年继续开设运动项目兴趣班,262名教职工成为兴趣班第二期成员,参加了网球、乒乓球、羽毛球、健身气功及瑜伽五个项目的学习。

在第22个世界读书日,学校图书馆工会组织了一场别开生面的业务技能竞赛——"上书"活动,提高图书馆员的专业知识和业务技能,推进图书馆的

文化建设，更好地为读者服务。

5．工作特色和亮点

"刘奕清劳模创新工作室"获重庆市教科文卫体工会首批"劳模创新工作室"命名；创新靶向药物国际研究院负责人陈中祝同志被评为重庆市第五届先进工作者；重庆文理学院工会获 2016 年度重庆市高校工会工作综合竞赛特等奖；重庆文理学院工会获重庆市总工会财务工作先进单位；工会财务人员冉红的文章《工会福利品阳光采购及发放模式探讨》获 2017 年重庆市教科文卫体工会基层单位优秀调研报告与论文一等奖；校工会组织我校教师参加永川区总工会举办的"不忘初心，继续前进跟党走"演讲比赛，获得一等奖一个、三等奖一个。

共青团工作

1. 推进共青团改革

积极响应共青团中央、团市委关于加强高校共青团改革工作要求,持续纵深推进共青团改革。印发《共青团重庆文理学院委员会改革实施方案》(重文理委〔2017〕49号)、《重庆文理学院学生组织机构及职责》(校团字〔2017〕14号)文件。依照共青团"凝聚青年、服务大局、当好桥梁、从严治团"的工作格局,积极适应共青团深化改革新形势、高等教育综合改革新发展和青年学生新特点,坚持立德树人,坚持服务学生成长成才,坚持以体制机制改革激发活力,着力推进组织创新和工作创新。河南新乡学院、成都师范学院、华北科技学院、宁夏师范学院、重庆交通大学、重庆工商大学等10多所市内外高校到校学习交流共青团改革工作,团学工作影响力不断扩大,我校团委荣获2016年度重庆市共青团工作先进集体。

2. 各项赛事成绩喜人

2017年,学校团校被命名为首批"重庆市团校教学基地";获第36届"校园之春"活动"优秀组织奖"、第15届"挑战杯"活动重庆市"优秀组织奖"、重庆市第五届大学生艺术展演"优秀组织奖"、2017年重庆市大中专学生志愿者暑期文卫生"三下乡"社会实践"优秀单位";我校青年志愿者协会获得"2017年重庆市五四红旗团支部";获"重庆市高校青年领跑防艾E时代"公益创投奖。

在第15届"挑战杯"中获全国三等奖1项,重庆市特等奖2项、一等奖4项、二等奖6项、三等奖3项;在第36届"校园之春"活动中获一等奖3项、二等奖3项、三等奖5项;在第五届大学生艺术展演活动中我校两个作品推送全国比赛,市级比赛获校长风采奖4个、一等奖20个、二等奖23个、三等奖17个;在全国第二届网络文化艺术节活动中获全国奖项2项、市级奖项30余项。

3. 学生思想引领

开展主题教育活动。精心策划开展"一学一做"专题报告会,"学习十九大精神"宣讲会及主题团日活动、"不忘初心跟党走"专题网络团组织生活、"入学第一课"培训班,"辉煌与梦想""我的青春我的梦"主题征文活动,"青年五四为年轻发声""我与网络强国""青春建功新时代不忘初心跟党走"等主题路讲。

加强思想引领队伍建设。坚持立德树人,始终把握思想政治引领这一核心任务,倾力打造大学生理论宣讲队伍、网络宣传队伍、精英撰稿队伍。于今年3月6日成立大学生"思想引领中心""网络宣传中心""写作培训中心",进一步拓展共青团思想引领平台,突出政治性和先进性要求,突出发挥对广大团员青年的示范引领作用。以"学习理论走在前、立足岗位干在前、急难险重冲在前"为基本标准,在全校范围内选拔优秀青年团员,建立了一批"团员先锋岗",持续开展校园文明监督、学风督查活动,成为团员发挥生力军和突击队作用的旗帜。

4. 深化校院两级团校改革

全面推进重庆市团校基层教学点的建设,2017年我校团校被重庆团市委授予首批"重庆市团校教学基地"。以此为契机,全面推进校级、二级学院团校改革,修订并完善了《重庆文理学院团校管理办法》(校团字〔2017〕10号),制定并出台了《重庆文理学院二级学院团校管理办法》(校团字〔2017〕11号),根据管理办法,合理设置两级团校课程,2017年顺利开展了4期校级团校、20余期二级团校。建立以党政领导干部、思政课老师、辅导员、专职团干部、学校老领导、特邀党律员为主要授课教师的专业教师团队。开设了"社会主义核心价值观与大学生""炎黄文化与华夏文明"等多门课程,对党的十九大、重庆市第五次团代会精神进行了学习宣传贯彻,与永川区委宣传部、文明办合作,积极开展"重庆好人"、重庆市第五届道德模范姜新云,第三届全国道德模范提名奖获得者、重庆市诚实守信道德模范赵明财等多名"新乡贤"代表走进学校团校课堂活动,人民网、《重庆晨报》等媒体相继进行了报道,产生了广泛的社会影响。呈现出顶层设计系统化、课程设置模块化、参加对象多元化、经费保障精准化、结果运用规范化、考核管理科学化、培训形式多样化、师资建设专业化、培训效果优质化的"九化"特色。

5. 加强学生干部队伍建设

开展"智慧团建""1+100"团干部联系青年"团日活动纪实""团支部书记述职""团支部书记'背靠背'测评""主题团日活动""网上共青团建设"等活动，建立452个网上团支部，开展了"做文明学子，展文理风采""习大大对我影响最深的一句话"等网上大讨论，切实加强了学生干部队伍建设。

6. 加强共青团宣传工作

2017年，积极加强新媒体建设，按照"系统化、品牌化、产品化、数字化、专业化"的思路，注重学习宣传党的理论和路线方针政策、服务大学生成长、传播主流价值，运用文字、图片、音乐、视频、动漫等多种形式开发贴近大学生特点、传播力强的优质新媒体产品。截至2017年年底，学校共青团微信群总数量达到300余个、微博500余个。广泛建设"网上团支部"，培养了一批"网络评论员""网络宣传员""网络文明志愿者"，有效加强了对大学生的思想引领。本年度QQ直播平台直播次数58，粉丝数量2 000，点赞量100 000，观看量50 000，发布动态228条，平均每条动态浏览量1 000；微博平台，粉丝人数4 005，总点赞量2 255，总动态量202；团委微信公众平台——"重文理小团团"共发表文章400余篇，总阅读量60 000余次，总点赞量20 000余次，在重庆高校团委新媒体每月的排行榜上跻身前十。同时，开通"渝西青年社""青年志愿者协会"等社团的微信公众号，我校"青年之声"连续获得学校系统排名第一位。

7. 工作特色和亮点

周末文化广场搭建青春炫酷舞台：截至2017年，已举办"周末文化广场"活动614期。在600期之际，举办"学习总书记讲话共筑辉煌梦想"活动，修订"周末文化广场考核制度"。在这个平台上，同学们展示了才华、锻炼了能力，培养了一大批优秀的学生和学生干部。

"畅想文理"文化艺术节丰富校园文化生活：第十六届"畅想文理"文化艺术节以"礼敬中华传统文化，共铸文理辉煌梦想"为主题，开展了"敬一丹读书会"、"金话筒"主持人大赛、辩论赛、校园十佳歌手赛、模拟职场招聘大赛、模特大赛、"辉煌与梦想"主题征文演讲比赛等8个子活动，全方位、多视角地满足了学生的文化生活需求,形成了积极向上、朝气蓬勃的校园文化氛围。

"科技文化月"着力提升学生科技创新意识:第十七届"科技文化月"系列活动,以"科技创造未来创新成就梦想"为主题,开展了微电影大赛、PPT制作大赛、志愿服务产品设计大赛、视频检测技术创新大赛等13个子活动,提高了学生的科技创新能力。在第十五届"挑战杯"中,我校学生获全国三等奖1项,重庆市特等奖2项、一等奖4项、二等奖6项、三等奖3项的好成绩,较去年获奖数量增加6%。

"社团之光"社团文化艺术节展现学子青春魅力:第十六届"社团之光"社团文化艺术节,充分吸收了各学生社团的力量,共开展了23项子活动,同时通过"社团骨干培训班""社长沙龙"等形式让学生社团"活"起来、"动"起来。

"学生科研立项"增强学生学术科研能力:2017年学生科研立项共立项188项,数量和质量较以前均有所提高。2015年学生科研立项结题111项,结题率88.8%,通过学生科研立项,极大地提高了我校大学生的科研水平及创新创业能力。

"青年志愿服务"展现文理大爱情怀:2017年,我校组织志愿者奔赴四川邻水、宜宾,湖南郴州,以及重庆云阳、万盛、綦江、丰都等地广泛开展了主题为"喜迎十九大青春建新功"的暑期社会实践活动,进一步发挥了社会实践在加强和改进大学生思想政治教育中的积极作用。定期组织志愿者到永川区十三人民医院、永川敬老院、卧龙凼社区、朱沱镇等23所市民学校开展义务支教、政策宣讲、法律援助、社区帮扶等志愿服务活动,获得广大市民的好评。我校荣获2017年重庆市大中专学生志愿者暑期文卫生"三下乡"社会实践活动优秀单位,我校青年志愿者协会获得2017年重庆市"五四红旗团组织""重庆市高校青年领跑防艾E时代"公益创投奖。

教学工作

JIAOXUE GONGZUO

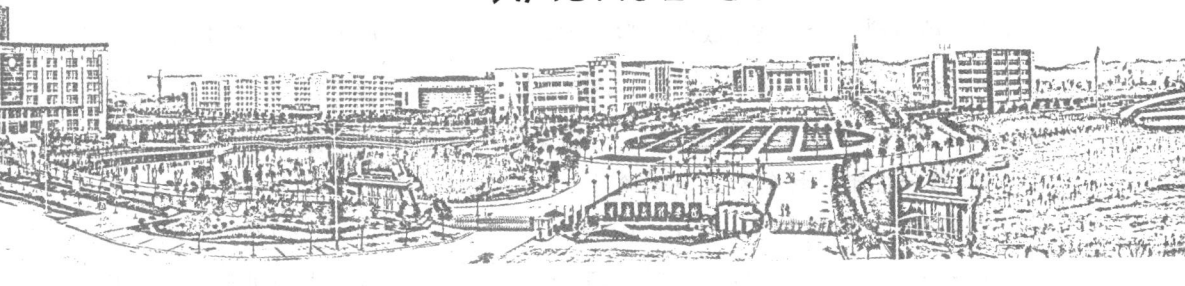

教学工作概述

1. 获重庆市新工科建设试点高校

选派管理人员和骨干教师共 50 余人次参加了全国有关"建设新工科赋能新人才"等专题培训，让广大教师深入理解"新工科"的内涵和要求。按照上级部门和学校的统一部署，在学校领导的指导下，完成了新工科建设行动计划和实施方案撰写工作。其中，《重庆文理学院新工科建设行动计划》《重庆文理学院新工科专业建设实施方案》得到了市教委的肯定批示，为我校新工科建设试点高校奠定了基础。组织编制"新工科"建设相关学习资料，进一步强化全校教师对新工科的理解和认识。

2. 2017 年新专业申报调整工作完成

按照上级主管部门的要求，结合学校学科专业发展规划以及"新工科"专业布局和区域产业发展需求，顺利完成了 2017 年新专业申报工作，其中新申报园艺、环境科学与工程、数据科学与大数据技术、运动训练等 4 个本科专业，其中环境科学与工程、数据科学与大数据技术等 2 个专业为新工科专业；调整学位授予类别 1 个（运动康复专业）；撤销本科专业 1 个（林学）。

3. 第一批市级特色专业通过验收

根据重庆市教委的统一安排和部署，2017 年 4 月 12 日，市教委、市财政局对我校园林、电子信息科学与技术和环境科学 3 个特色专业进行了现场验收。经过专家严格审核，我校 3 个市级"三特行动计划"特色专业全部顺利通过专家组验收，建设成效不仅受到了验收专家组的高度评价，而且获得市教委、市财政局的点名表扬。

4. 2017 年市级特色学科专业群获立项并获 300 万元经费投入

根据《重庆市教育委员会、重庆市财政局关于开展 2017 年高等学校特色学科专业群申报工作的通知》精神，教学部对照申报条件，全面统筹，在校内进行了初步遴选，拟推荐"机器人与智能装备特色学科专业群""电子信息类特色学科专业群"等 2 个学科专业群参加 2017 年重庆市高等学校特色学科专业群评选。经过严格评审,其中"机器人与智能装备特色学科专业群"获市级立项建设,并获建设经费 300 万元。

5. 校级特色专业建设遴选与培育有序开展

组织开展重庆文理学院第四批特色专业建设点申报、评选工作。经过二级学院积极申报,专家严格评审,最终确定了金属材料工程、化学工程与工艺、材料成型与控制工程等 6 个专业作为第四批校级特色专业建设点予以立项建设,为打造市级特色专业和特色学科专业群奠定了基础。

6. 专业竞争力排名持续提升

根据艾瑞深中国校友会网《2017 中国大学评价研究报告》发布的 2017 中国大学本科专业排行榜和 2017 中国各地区大学本科专业排行榜等榜单,我校园林和会展经济与管理 2 个专业地区排名雄居榜首,电子信息科学与技术、体育教育、电气工程及其自动化、环境科学 4 个专业跃居重庆市大学本科专业排行榜前三甲,专业层次达到了"中国知名、区域一流专业"。其中,园林专业跃升至"中国高水平专业"的专业层次,专业星级为四星级。

7. 专业认证工作顺利启动

学校重视专业认证,积极推进工程教育认证和师范类专业认证工作,在校内遴选工程教育、电气工程及其自动化、软件工程作为首批试点认证专业,并给予了经费资助。组织 70 余名管理人员和骨干教师参加校外相关培训学习,组织 200 余专任教师参加河南工业大学邓淼磊教授主讲的工程专业认证校内培训。深入了解认证标准和实施过程,为持续推进专业认证工作奠定了基础。强化师范类专业自查和研讨。校领导到文化与传媒学院调研师范专业认证工作推进相关情况,重点对照汉语言文学专业中学教育认证标准和核心指标展开了解剖麻雀式的讨论。对照相关标准,教学部积极开展了师范类专业自查工作。

8. 教育部产学合作协同育人专业综合改革项目立项数量创新高

根据教育部的统一部署,教学部积极组织和动员二级学院结合学科专业特点,加强与企业的产学合作,取得显著成效。在已公布的 2017 年第一批教育部产学合作协同育人专业综合改革项目中(教高司函〔2017〕37 号),学校获项目 16 项,立项数在全国 734 所立项高校中位列第 16 位。

9. "合格+"多元人才培养模式改革项目落实

经二级学院积极申报、教学部组织初审、指导修改和严格的终审,最终确定 17 项作为学校首批"合格+"多元人才培养项目予以立项。为了保证项目的有效落实,学校对资助经费的使用管理进行了明确,对项目实施提出了要求,二级学院的实验班按照文件要求完成了学生遴选、开班和教学运行,并对实施情况进行了经验总结,对学校第二批项目的开展具有重要的指导意义。

10. 中职与本科对口贯通"3+4"人才培养模式试点工作扎实推进

在学校和合作中职学校的共同努力下,获批 2017 年中职与本科对口贯通"3+4"分段人才培养改革试点项目,机械工程、学前教育分别对接渝北职业教育中心、重庆市农业机械化学校、重庆育才职业教育中心和重庆工商学校 4 个中职学校。按照市教委的统一部署,已完成"3+4"项目七年一贯制人才培养方案的编制工作,学生的培养与考核工作正按计划持续推进。

11. 学士学位授予权申报

完成 2017 年学士学位授权申报工作,学校软件工程、机械电子工程、风景园林 3 个专业获学士学位授予权。

12. 学籍异动,有章可循,处理及时

2017 年,在进行学籍清理中,因患病、停学实践(求职)、学习成绩不好、未按时到校报到注册等原因,根据《重庆文理学院学生学籍管理规定》,按照工作程序,对相关学生进行了休学、退学处理。因符合转学要求,有 1 名学生转入其他高校学习;因休学期满,经审核符合复学资格的共有 50 人。为校友返校办理毕业证明书、学位证明书共计 71 人次;补办学生证 612 人次;火车票优惠卡办理平均 293 人次;毕业生电子信息采集 5 786 人次;毕业生信息认证 13 人次;实时监控学籍证明、档案成绩打印系统,及时排除可能存在的故障。

13. 2017 年"专升本"工作

"专升本"工作策划周密,考试组织有序,形成了考试组织规范、预录取宣传到位、录取程序透明、录取通知书邮寄无差错。录取"专升本"学生 915 人,实际报到 906 人。

14. 2017 届毕业资格、学位授予资格审核

学校 2017 届共计 5 840 名有正式学籍的学生,其中 5 635 名学生在学校规

定学习年限内,完成专业人才培养方案中规定的全部课程的学习并取得相应学分,思想品德经鉴定符合要求,根据《重庆文理学院学生学籍管理规定》《重庆文理学院学分制管理细则》以及各专业人才培养方案,经各学院毕业资格审核工作小组审核,学校毕业资格审核领导小组办公室复核,已达到学校规定的毕业条件。首次毕业率为96.49%。

2017届有本科生毕业生5 074人,138名本科学生被授予法学学士学位,1 734名本科学生被授予工学学士学位,838名本科学生被授予管理学学士学位,473名本科学生被授予教育学学士学位,42名本科学生被授予经济学学士学位,378名本科学生被授予理学学士学位,239名本科学生被授予农学学士学位,476名本科学生被授予文学学士学位,4 991人授位。首次授位率为95.12%。

15. 高等教育教学改革研究项目立项再获丰收

2017年,"'新工科'背景下应用型高校机器人工程专业人才培养模式的创新与实践"等14个项目(其中委托项目2项)获重庆市高等教育教学改革研究项目立项。65项获2017年校级教改项目立项。

16. 高等教育教学改革研究项目结项工作完成

在市级项目方面,2017年,按照市教委的统一部署,学校完成2013年及以前立项的市级教改项目的清理工作,并进行分类处理。经过督促和指导,23个市级项目提交结项验收申请,经市教委专家组的现场验收,所有项目顺利结项,其中重大项目1项,重点项目9项,一般项目13项。在校级项目方面,36项结项,其中校级教改项目34项,特色教学项目2项。

17. 市级教学成果奖成绩喜人

学校推荐的12项教学成果中有8项获奖,其中一等奖1项,二等奖3项,三等奖4项。同时,经过认真遴选和评审,评出校级教学成果奖30项。

18. 学校教师说课程建设与改革汇报交流活动成功举办

校领导、二级学院班子成员、教学办主任、相关专业教师以及2017年新进教师360余人参加学校教师说课程建设与改革汇报交流活动。根据现场专家打分情况,各小组分别评出一等奖2名,二等奖2名,三等奖若干名。

19. 专业核心课程建设与改革持续开展

一是组织开展了 2017 年专业核心课程结项工作。针对已进行改革立项的专业核心课程，安排督导委员深入教师课堂对照结题验收指标进行过程验证，并查看教师改革材料进行结果评价，深入推进专业核心课程的整体改革和全程实现。经过严格评审，36 门专业核心课程结项。二是专业核心课程建设与改革项目立项工作。经二级学院积极申报，学校集中评审，35 门专业核心课程获立项。

20. 在线开放课程培育与建设稳步推进

2017 年，学校在重庆市在线开放课程平台上线课程 15 门，其中平面设计、纪录片创作、电路分析等 6 门课程通过校级遴选，已申报市级精品在线开放课程。在推进在线开放课程建设的同时，学校还与超星集团合作，购买网络教学资源平台并投入使用，积极支持和鼓励教师自建网络课程，并进行培育和指导，建设质量达到要求，可以推荐申报国家级或市级精品在线开放课程，进入市级平台，供全市高校学生选用。从而进一步提升我校课程建设质量和影响力。

21. 教材建设提质增效

首批 12 本教材已顺利出版，其中北京师范大学出版社 7 本，科学出版社 5 本。20 本教材获立项资助，19 本校本教材（讲义）结项，其中教材 14 本，讲义 5 本。

22. 分层分类培养的教师发展模式

根据学校应用型本科教育的定位，结合校内外教育教学资源，实行分层次的教师培训。将老师送出培训，尤其是优秀教师，如教师说课程教改课比赛获奖教师开展国内送出培训，全年分六批次送出 61 位参加国内各种教师教学能力提升培训。针对新教师教学能力不足、中青年教师的成长困难以及优秀教师的发展需求，邀请海内外专家分三批次开展教学工作坊，参与人数计 200 余人。邀请超星公司专业讲师，针对全校专业教师教学信息化水平提升开展网络教学平台培训，参与教师 600 余人。邀请专家开展微课制作专题培训，参与人数 30 余人。邀请专家开展新商科建设和人才培养专题讲座和新工科建设与发展培训，参与人数近 500 人。

针对应用型专业发展对"双师双能型"教师的迫切需求，开展"双师双能型"教师培训，有 45 人达到认定要求。开展新进教师教学技能培训和新进教师预演课验收，严把新进教师的教学能力关，新学期开学初开展新进专任教师"教学预演课"检查验收工作，参加检查验收的教师共 52 名，其中 4 人获"优秀"，31 人达到"良好"。

23．实践教学体系

提升实践教学的地位与比重，在新修订的人才培养方案中，实践教学环节学分占总学分比例平均为 31.4%，相继推出毕业实习、毕业论文（设计）、实验实训等教学质量标准。构建"四层次一体化"实践教学体系，根据专业人才培养目标的特点和要求，整合现有的实验、实训、实习、课程设计、毕业论文（设计）、证书培训、生产实践、创新创业等实践教学环节，设计适合本专业特点的实践教学形式，着力构建基础技能训练—专业技能训练—生产实践训练—科技创新训练四层次一体化的实践教学体系。整合设计四年一贯的实践教学环节，坚持实践教学四年不断线，将四个训练模块的实践教学活动逐层递进安排，贯穿到整个学习过程。在这四个能力层次中，基础技能和专业技能的管理单位主要为二级学院，毕业实习、毕业论文（设计）、学科竞赛、创新创业等板块实行校院统筹，各方管理比较到位，取得的成绩也比较明显。

2017 年，学校高质量的学科竞赛获奖有所突破，如在 2017 年全国数学建模竞赛中获 4 个全国二等奖，13 个重庆市一等奖，15 个重庆市二等奖；组织实施第三届"互联网+"大赛（校级）选拔赛工作，获重庆金奖 1 项、银奖 2 项、铜奖 4 项、优秀奖 9 项，被重庆市教委授予"优秀组织单位"；在第七届程序设计大赛中获二等奖 1 项、三等奖 5 项；在工信部主办的第三届全国移动互联创新大赛中获高校组一等奖，并被 CCTV 采访报道等。

2017 年申报大学生创业训练计划国家级项目 7 项、重庆市级项目 24 项，结题项目 24 项。组织开展了为期 10 天的暑期专业技能训练，训练项目和参与的学生人数较 2016 年大幅增加。

24．实验室建设与管理

积极组织各二级单位申报 2017 年中央财政支持地方高校发展资金项目，

获批 2 个双一流建设项目（材料科学与工程学科和园艺学科）、3 个实验教学平台建设项目（材料物理实验教学中心、供应链虚拟仿真实验教学中心、园林实验教学中心）和 2 个科研平台建设项目（光电器件研发平台、情绪与心理健康实验室），投入资金 2 300 万元，项目建成后，将进一步推进学科建设，完善应用科研平台建设，增强学校核心竞争力，同时也有力地支撑了我校应用型人才培养。

凤凰数字媒体班已于 9 月正式开班，实训室的基础装修部分已完成，设备采购已经在重庆市政府采购网公开挂网，校企合作项目已经初见成效。另外，凤凰国际时尚孵化中心建设已完成前期论证工作。

阿里巴巴、万学教育集团、新道科技股份有限公司、HTC、华渔网龙科技公司等知名企业已纷纷与我校洽谈校企合作，共建实验实训室。

结合围绕评估所需要的各项指标要求，顺利完成设备的维修、实验室环境改造等工作。这些工作包括建工学院文化墙建设，机电学院文化墙建设，知行楼教学楼窗帘安装，部分考研教室的窗帘安装及空调安装等。另外，初步尝试了智慧教室的建设。预计在下一年度，将结合亚行贷款大力推进智慧云平台教育建设和新工科实训楼建设。

多媒体教室建设方面，2017 年共计投入 60 余万元资金，试点支持国际学院智慧教室的建设，为主要教学楼宇新购了投影机、微型计算机、投影仪灯泡、投影仪幕布、功放、音箱等设备，改造了部分教室的中控面板等，以上措施有效保障了教学工作的顺利开展。

实验室建设方面，为进一步完善教学实验（实训）室（中心）平台建设，满足学科专业发展和实验（实训）室（中心）教学改革需要，提高应用型人才培养质量，学校在 2017 年投入总计 650 万元加强教学实验（实训）室（中心）建设。全校 4 个实验（实训）室（中心）分别获得立项建设，目前已完成了 95% 的建设任务。

25．教务管理

开课课程 2 154 门，上课班级 5 880 个，行课教师 1 065 人。建设通识教育选修课精品类 19 门、普通类 68 门，网络类及讲座类 15 门，网络类课程可作为普通类课程的补充。敦促教学任务超过 3 门课程、公共课必修课合班上课人数超过 150 人、专业课合班上课人数超过 80 人、同一半天内超过 3 学时、每天上课超过 6 节等违规排课的老师进行清理并限期整改。

2017 年，等级考试规模大、人数多，18 506 人次参考。完成 1.8 万多条报名数据的整理及报名费的清理，组织学生电子摄像 1.8 万多人次。教材征订 1 543 种，其中，应用型教材 1 248 种，占选用教材总数的 80.88%；优秀教材 607 种，占选用教材总数的 39.34%；推荐教材 271 种，占选用教材总数的 17.56%；外文原版教材 2 种，占选用教材总数的 0.13%；近三年出版的新教材 651 种，占选用教材总数的 42.19%；校本教材（含自编教材）29 种，占选用教材总数的 1.88%。完成 2017 年师范类专业应届毕业生教师资格认定，申请认定 1 554 人，合格 1 541 人，合格率 99.16%。

26．工作特色与亮点

成功主办"首届全国卓越教师发展论坛"。4 月 15—16 日，学校与中国教育学刊、重庆市教科院联合主办的"首届全国卓越教师发展论坛"在我校成功举行。来自教育行政部门、全国相关高校、科研机构、中小学等单位的领导、专家、教师等齐聚一堂，探讨卓越教师人才培养话题。参加首届卓越教师发展论坛的共有 72 所高校（含相关机构）、部分中小学教师代表共计 229 人，论坛还邀请了来自教育部、中国教育学会、中国教育学刊、首都师范大学、重庆市教育学会、浙江师范大学、东北师范大学、西南大学等单位的专家学者 13 人。收到会议论文 34 篇。教育部教师工作司在致论坛的贺信中，对我校卓越教师培养及成效给予了高度评价。论坛的组织接待工作受到与会专家及代表的高度赞扬。央视网、中国教育报、重庆日报、重庆卫视等多家新闻媒体予以报道。

加强教师分层分类培训。开展对第五届和历届个别获奖教师的六次送出培训共计 61 人次；三批次邀请海内外专家开展教学工作坊，参与人数计 200 余人。一次覆盖全校教师的在线网络教学平台用户使用培训，参与教师 600 余人；一次新教师教学能力提升工作坊，共 60 余人次；一次进阶教师教学能力提升工作坊，共 40 余人次。针对学校新工科、新商科建设与发展的需要，邀请专家开展新商科建设和人才培养专题讲座和新工科建设与发展培训，参与人数近

500 人。

质量保障体系较为完备，运行效果良好。学校内部质量保障体系及运行得到审核评估专家的肯定。建立了具有自身特色的全面质量管理体系、"四个三"本科教学质量监控体系、全覆盖的目标管理体系，不断完善质量标准、管理制度和两级管理三级监控管理模式，学校教学稳定运行，效果良好。

对照进度表，按时完成自评自建工作。严格按照《本科教学工作审核评估工作方案》（重文理院〔2016〕7 号）文件要求，依据进度安排，评建办以专业评估、课堂教学评价为重要抓手，扎实开展试卷复查、毕业论文（设计）、实验实训、"三风"等各种专项检查，查找问题与不足，督促相关单位整改，组织专家完成问题整改验收，切实完成自评自查、自纠自建工作，为接受审核评估保驾护航。

攻坚克难，完成两大重要报告。自评报告和本科教学基本状态数据分析报告是专家认识文理、熟悉文理的两张重要"名片"。为高质量完成这两大重要报告，评建办克服人员少、任务重的困难，牺牲了周末和寒暑假。为高标准完成自评报告，评建办组建了一支熟悉校情、责任意识强的精干队伍，多次组织起草组成员开会研讨，对所有材料细节集聚全校之智反复讨论；为按时完成基本状态数据填报，评建办人员保障联系电话、QQ 等多种联络方式 24 小时畅通，节假日不休，及时答疑解惑，力保进度；为确保数据填报准确，多次组织召开数据审定会议，一个数据一个数据地仔细审核。

实习管控系统研发。开发新的高联实习监管系统，得到同行和上级主管部门高度认可。目前该系统有南昌航空大学、长江师范学院等 18 所高校正式使用，受教育部西南师资中心、重庆市教委邀请到重庆、成都、厦门、海口等地介绍实习有效过程管理及整体解决方案。

卓越师范生培养成绩斐然。在全国第五届高校师范生教学竞赛中，我校学生获得二等奖 1 个、三等奖 1 个的好成绩。该赛事有来自华东师范大学、华南师范大学、华中师范大学等在内的全国 123 所高校的 372 名选手同台竞技。大赛共分语文、数学、英语、物理、化学、生物六个专业组，我校参赛学科为化学和物理，两名选手均获奖。

在重庆市第四届高校师范生教学竞赛中,我校学生获一等奖3个、二等奖6个、三等奖3个的好成绩,获奖总数再次位居全市高校前列。该赛事有来自西南大学、重庆师范大学等9所高校、9个学科共112名选手参赛。经过两天激烈角逐,比赛共评出67名获奖者,其中一等奖11名,二等奖21名。

重庆文理学院2017年度新工科研究与实践项目立项名单

序号	项目编号	项目名称	项目负责人	项目负责单位	项目类别
1	171001	地方高校多主体协同培育虚拟现实新工科人才的探索与实践	漆新贵	校务部	重大
2	171002	构建电气工程专业"多维立体"协同育人模式的探索与实践	杨守良	电子电气工程学院	重大
3	171003	地方应用型院校机械类新工科专业工程实践教育体系构建研究	赵华君	机电工程学院	重大
4	171004	地方高校IT类专业个性化人才培养模式研究与实践	杨志刚	软件工程学院	重大
5	171005	多学科交融的材料科学与工程人才培养模式探索与实践	韩涛	新材料技术研究院	重大
6	171006	中美环境科学与工程新工科建设比较研究	王书敏	材料与化工学院	重大
7	171101	"新工科"背景下大学生创新创业能力培养的探索与实践	秦福建	软件工程学院	重点
8	171102	基于虚拟仿真技术的土建类实验教学平台构建的探索与实践	任宏	经济管理学院/建筑工程学院	重点
9	171103	面向建筑产业新态势的土木工程"现场工程师"培养路径改造升级探索与实践	陈远川	经济管理学院/建筑工程学院	重点
10	171104	以"能力输出"为导向的机械工程协同育人模式改革与探索	杨艳	机电工程学院	重点
11	171105	地方高校面向区域汽车产业升级产生的新经济对工科人才需求分析	丁明德	材料与化工学院	重点
12	171106	多学科交叉融合的环境科学与工程人才培养模式探索与实践	杨俊	材料与化工学院	重点
13	171107	新工科人才的创新创业能力培养探索	丁戈	材料与化工学院	重点
14	171108	新工科专业"微机电系统工程"建设探索	唐可	电子电气工程学院	重点

重庆文理学院首批"合格+"多元人才培养项目立项名单

序号	学院名称	依托专业	项目名称	项目负责人	建设周期	项目类型
1	林学与生命科学学院	生物技术	生命探索实验班	谢吉容	4年	深造类
2	林学与生命科学学院	园林	园林实用技能型卓越农林人才培养实验班	杨帆	4年	卓越类
3	软件工程学院	IT类专业（软件、计科、网络、信工）	"互联网+"精英班	王月浩	4年	复合类
4	建筑工程学院	土木工程	工程项目经理实验班	张海龙 陈远川 赵毅	4年	卓越类
5	旅游学院	会展经济与管理	会展职业经理人实验班	周健华	3年	卓越类
6	音乐学院	舞蹈学（师范）	舞·音复合实验班	黎丙松	3年	复合类
7	体育学院	体育教育、社会体育、运动康复	卓越"运动防护师"培养实验班	杨艳	4年	卓越类
8	教育学院	应用心理学	心灵空间探索实验班	王蕾	3年	深造类
9	公共管理学院	法学	"一带一路"法律人护梦计划	张纬武	3年	复合类
10	公共管理学院	行政管理	高端谈判人才实验班	赵斌	3年	特长类
11	数学与财经学院	财务管理	"企业好会计"精英班	郑立	4年	卓越类
12	美术与设计学院	动画	新型特长动画师实验班	任龙泉	3年	特长类
13	文学与传媒学院	汉语言文学	未来人文学者实验班	傅钱余	4年	深造类
14	材料与化工学院	环境科学	水环境监测特色班	徐强	3年	复合类
15	外国语学院	商务英语	跨境电商实验班	谢廷智	2年	卓越类
16	机电工程学院	机械类	机器人卓越工程师人才培养实验班	王勇	3年	卓越类
17	电子电气工程学院	电气工程及其自动化	卓越智能电网人才培养实验班	杨守良	4年	卓越类

重庆文理学院第五届教学成果奖名单

序号	推荐成果名称	成果完成人	所属学科	获奖等级
1	卓越教师"三位一体"培养模式的构建与实践	孙泽平 徐辉 漆新贵 何华敏 谢应宽 任华	教育学	一等奖
2	"实用技能型"卓越园林人才培养的探索与实践	杨帆 娄娟 庞敏 王大平 刘奕清 熊运海	农学	一等奖
3	回归工程实践的应用型软件人才培养创新与实践	罗代忠 罗万成 王月浩 高峰 杨志刚 王先平 秦福建 殷娇 左永艳	工学	一等奖
4	大学生思想政治理论课专题化教学改革的探索与实践	李德全 孙泽平 邓多文 杨全海 徐园媛 周文东 胡守敏 张莉 石加友 黄齐	法学	一等奖
5	探索政产学研结合新机制,构建应用型人才培养新模式	漆新贵 何万国 杨正强 王东强 杜孝田	其他	二等奖
6	会展专业应用型人才"2333"培养模式探索与实践	陈天培 周健华 曹勇 陈云妮	管理学	二等奖
7	应用型高校"五大教学改革"模式探索与实践	何华敏 漆新贵 王东强 陈本炎 阮吉 何万国	教育学	二等奖
8	科教结合、多元协同,培养材料类应用创新型人才的探索与实践	张进 刘玉荣 韩涛 石东平 唐英	工学	二等奖
9	"工匠精神"理念下的环境设计专业人才培养模式探索与实践	吴彪 高小勇 周丁 万彧吉 张丹萍 黄艺 阚伎 周鲁然	艺术学	二等奖
10	高校转型发展过程中创新创业教育体系的构建与实践	刘灿国 李景国 金盛 陈盛兴 刘仲全 刘元勇 李莉 周道林	其他	二等奖
11	推进"四个一体化"建设,培养环境与化工类应用型人才	徐强 王书敏 丁武孝 朱江 李云成 廖文利 何家洪 夏红霞 谢云洪	工学	二等奖

续表

序号	推荐成果名称	成果完成人	所属学科	获奖等级
12	成长目标导航——大学生学习管理模式的创新与实践	万书辉 蒋礼文 皮锋	其他	二等奖
13	体育类专业"教、训、赛、创四位一体"应用型人才培养模式的构建与实践	唐建忠 赵健 彭蕾	教育学	二等奖
14	应用型本科院校建筑工程"现场工程师"人才培养体系的构建与实践	王明华 漆新贵 刘仲全 陈远川 沈中友 冉令刚 兰洁 赵毅	工学	三等奖
15	品牌引领供需结构升级作用下传统工商管理专业改造的探索与实践	谭宏 张锐 王红君 刘进平 徐浩然 肖艳 周丽永 刘仲全 蒋先平 刘传富	管理学	三等奖
16	"职业能力导向、项目模拟实践、团队合作学习"的《管理学》教学改革与实践	蒋先平 王红君 肖艳 林锐	管理学	三等奖
17	强化工程实践与创新创业能力培养的金工实训课程教学综合改革与实践	赵华君 谭修修 张涛 李文江 陈绪林	工学	三等奖
18	旅游管理类本科专业"三化三结合"技能训练模式的开发与实践	王东强 王爱忠 陈天培 王东 王志华 周健华 倪中江	管理学	三等奖
19	工程招投标与合同管理(教材)开发与应用	沈中友 周燕 冉令刚 徐新瑞 康承虹	教育学	三等奖
20	电子信息类专业应用型人才"行业嵌入式"培养模式的探索与实践	廖长荣 程正富 石东平 蔡宗模 曾令刚	工学	三等奖
21	工业机器人应用型人才"一基双能、四维一体"培养模式的探索与实践	王勇 赵华君 胡旭 伍国果 杨艳 沈海鸣	工学	三等奖

续表

序号	推荐成果名称	成果完成人	所属学科	获奖等级
22	现代高等教育视阈下大学生软能力培养研究与实践	李才俊 漆新贵 魏良福 何腊生 董刚	其他	三等奖
23	"模块化、层次化、立体化"的经济法课程教学模式改革与实践	李喜燕 吴安新 李小鲁 张磊 邓江凌	法学	三等奖
24	质量管理统计技术类课程教学改革探索与实践	王陶 范晓 谷继建	管理学	三等奖
25	学前教育专业美术课程"以情移情"教学改革与实践	王蕾 袁菁巍 胡春梅 陆宇润 黄容	教育学	三等奖
26	"亲近产业"的物流类专业人才培养体系的探索与实践	石国强 刘仲全 殷朝华 冯利利 赵晓飞	管理学	三等奖
27	基于项目化课程改革的园林专业综合技能"4333"集成化培养模式探索与实践	熊运海 王大平 刘奕清 娄娟	农学	三等奖
28	应用心理学专业学生心理健康教育教学能力培养改革实践	胡春梅 何华敏 吴雪梅 向晋辉	教育学	三等奖
29	法学专业模拟审判考试方式的创新与实践	张纬武	法学	三等奖
30	学科竞赛激活学生活力之统计学专业探索实践	路小琴 户成武 杨树成 邹吉波	其他	三等奖

学科与科研

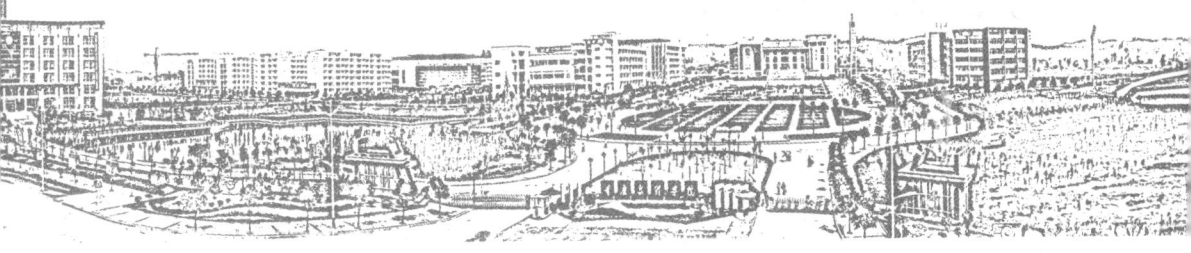

学科与科研概述

1. 学科建设

在市级重点学科严控增量的情况下，学校获"4+2"个重点学科：材料科学与工程、环境科学与工程、园艺学和社会学四个学科立项市级重点学科，药学、数学获批市级重点培育学科。成功启动第四轮重点学科建设，按照"扶优、扶需、扶特、扶新"原则，挖掘学科增长点，经学校学科建设领导小组审核、学术委员会评审、校长办公会审议，立项材料科学与工程等6个优势学科、机械工程等5个重点学科、教育学等4个重点建设学科，形成合理的学科布局。

认真总结第三轮校级重点学科建设经验和成绩，广泛开展调研，结合教育部第四次学科评价指标体系、国务院硕士学位授权相关指标要求，制定《第四轮重点学科暨专业硕士学位点建设实施方案》，明确了第四轮重点学科建设的思路、目标、任务和建设经费，实现重点学科和硕士学位点一体化建设，为学校办学层次提升提供有力支持。

结合国家"一流学科"战略和《重庆市统筹推进一流大学和一流学科建设的实施方案》，广泛征求意见，修订完善了《重庆文理学院学科带头人学科方向带头人和学术骨干选拔与管理办法》《重庆文理学院重点学科建设管理办法》。

学校专门召开"第四轮重点学科建设推进会"，进一步强化学科意识，向各学科下达学科建设任务书，并与各学科带头人、学科负责人签订责任书，明晰了学科建设的集体责任和个人责任，落实了指标任务，明确了发展方向，使学校重点学科建设得以继往开来，开启学校学科建设的新篇章。

对接重庆产业升级发展需求，优化重点学科布局，主动对接重庆及永川地方产业发展需求，依托院士团队和材料科学与工程重点学科，继续打造光电材料与器件协同创新中心，为重庆新材料、电子信息产业提供支撑；深入推进以"园艺学"重点学科为主的特色植物产业协同创新中心建设，为重庆市特色效益农业发展提供支撑；积极发展药学学科，依托新药创新团队，对重庆市医学健康事业发展提供支撑；依托环境科学与工程学科，针对长江上游地区的"白色污染"、固废污染和水体污染等问题开展研究，为环保装备战略性新兴产业发展服务；依托社会学重点学科，积极打造非物质文化遗产研究团队，为重庆市非物质文化遗产传承与保护提供支撑；对接重庆智能制造、人工智能等新产业、新业态，增设了机械工程、计算机科学与技术等校级重点学科；为加强基础文理学科建设，增设中国语言文学和教育学等校级重点学科。

点面结合，扎实开展硕士专业学位申报与建设。认真学习文件精神，凝练办学特色、专业特色，确定硕士学位申报类型、类别（领域），完成面上和点上申报条件数据统计表，形成2017年申硕工作方案。

突出发展意识，牵头制定《重庆文理学院硕士学位授予单位建设工作方案》《重庆文理学院学位点建设目标责任书》，将未来三年硕士学位点建设任务加以明确并落实到人，加强统筹，加强条件建设，形成申硕工作务实、高效、科学、可持续的良好局面。

精心准备，高质量完成2017年硕士学位授予单位及学位授权点申报工作。组织多部门、学院（中心），经过数十次研讨，出台《重庆文理学院2017年硕士学位授予单位和授权点申报工作方案》（重文理科〔2017〕5号）；结合教育部、华南理工大学、中国农业大学等知名专家意见，组织校内外专家指导各项申报材料撰写，形成《重庆文理学院新增硕士学位授予单位申请报告》《重庆文理学院新增硕士学位授予单位需求论证报告》《申请新增博士硕士学位授予单位简况表》等申硕材料，并于7月7日按时报送至市教委。许洪斌校长亲自进行申硕汇报，获得全场一致好评。我校成为重庆市新增硕士学位授予单位中排名第一的建设单位，为三年后我校继续申报硕士学位点打下坚实的基础。

保持力度，持续夯实专业硕士学位点申报条件建设。召开学校申硕工作领导小组全体会议，与各申硕工作组签订"责任书"，明确申硕工作任务指标，并将任务指标落实到各工作组，各工作组落实到人，形成任务落实到人、人人明确任务的工作局面。各工作组在博士引进、高层次人才引进、办学经费提升、工程技术类项目拓展、高级别纵向项目增长、硕导队伍建设等方面多管齐下，取得新进博士60余名，新增科研经费近5 000万元，获教学成果奖8项，新增具备硕士研究生导师资格教师19名等成绩，不断夯实学校成功申报硕士学位授予单位条件建设。

2. 研究生教育管理

预先启动，有力宣传，新增独立培养硕士研究生 13 名。

与西南大学、重庆工商大学、重庆三峡学院、昆明理工大学、四川理工学院等协调沟通，新增专业硕士研究生导师 19 名，壮大导师队伍，有力强化联合培养研究生教育质量。

在学生思想教育方面，部院（中心）通力配合，学生思想政治工作有效开展，学生教学秩序、宿舍秩序进一步规范，学生思想稳定，积极上进，全年学生人身安全零事故。

在教学质量管理上，通过开学检查、常规巡视、学生座谈等方式，一线督导研究生教学过程，检查研究生研究、实验等专业进展，通过导师指导手册等形式检查导师指导过程，并以座谈、电话、留言等形式征集研究生的评教意见和建议，全方位、多途径控制研究生教学质量。

在研究生科学研究上，修订《重庆文理学院研究生科研项目管理办法》，支持研究生开展应用型研究。对 2015、2016 年度材料工程、艺术学（非物质文化遗产）专业研究生科研立项进行结题验收，结题合格率 100%，取得 SCI 二区期刊、发明专利在内的多项成果。在下半年，完成 2017 年度研究生科研项目立项评审工作，以应用型科研为导向，成功立项 25 项，有力调动研究生们的科研热情，应用型科研氛围更加浓郁。

人才培养质量在各项措施的高力度持续催化下，在 2017 届材料工程毕业生那里得到充分展现：他们的毕业论文在协议高校重庆理工大学、西南大学材料学院、四川美术学院众多毕业论文评审中脱颖而出，再次获得高度评价，充分展现我校联合培养硕士研究生过硬的质量。

组织新材料技术研究院等单位承担研究生培养任务，成功与京东方（重庆）、声光电集团、重庆新材料研究院有限公司等大型企业签订合作协议，并聘任 8 名高级工程师为我校联合培养研究生校外导师，通过将基地与人才培养、师资队伍锻炼、成果转化等统筹建设，切实保障基地有效运作，对提升研究生教育质量起到实质作用。

发放《重庆文理学院研究生离校程序单》,2017届独立培养研究生毕业离校工作有序进行,做到了文明离校。组织学生到重庆理工大学等联合培养单位参加授位仪式、领取毕业证书、办理联合培养单位的离校手续等,为毕业生离校提供政策保障、信息保障和条件保障。

3．科研与创新

科研经费投入稳步增长,全年度科研经费总投入达到1.67亿元。全年获得各类科研项目经费,重庆市发改委、市教委、市科委、永川区工商局、永川区科委等部门科研经费共计4 900余万元。获得上级政策与资金支持的同时,学校也积极筹措资金,加大对科学研究、科研平台的经费投入力度,全年学校投入科研经费达到1.2亿元。

强化申报质量,科研项目持续增长。国家级项目取得新突破,获得国家自科基金项目8项,其中面上项目1项;国家社科基金项目6项,创历史最好成绩。"酵母拮抗菌抗逆机制与剂型制备的研究及应用示范"作为子课题获国家重点研发计划支持,标志着我校首次进入国家重点研发计划序列。

省部级项目持续增长。累计获得省部级项目140余项,其中获得教育部人文社科项目3项;国家民委、全国学校共青团等3项部委项目;首次获批重点战略课题项目;首次获批市发改委重点项目1项,资助经费18万元;市科委项目在数量和质量上都取得历史最好成绩:首次获得技术预见与制度创新重点项目1项,基础前沿（重点）项目2项,市民生项目12项,每项获批经费20万元,市前沿与应用基础研究等项目21项;市社科规划项目8项;市教委科技项目30项,市教委社科项目19项,市教科规划项目17项,市体育局和文化委项目3项,永川区科委项目12项。

横向科研经费快速增长。出台横向科研项目管理办法,打通免税途径,横向科研项目和经费快速增长。截至2017年12月,横向项目立项70项,项目经费达到1 100余万元,项目数较去年增长了3倍,项目经费增长了8倍。

项目质量大幅提升。本年获批项目质量有明显提升,多类项目是我校首次获得。获得教育部人文社科专项"高校示范马克思主义学院和优秀教学科研团队建设项目"重点项目,资助经费40万元;获得2017年度全国学校共青团研究战略课题；获得国家民委事务委员会项目；获得重庆市社会科学规划重点项目；获批重庆市高校思想政治理论课教学科研示范团队项目；获批重庆市发展与改革委员会项目，资助经费18万。

抓好布局与提档升级，平台建设上新台阶。2011微纳米光电材料与器件协同创新中心通过中期评估，2017年"靶向创新药物协同创新中心"被认定为第四批协同中心，"光电薄膜与器件重庆市工程实验室"成功获得重庆市发改委立项建设，"重庆市高校情绪与心理健康重点实验室""新型储能器件及应用工程研究中心"获得重庆市教委立项建设；2007—2016年共获得15个市级平台，加上2017年新增的4个市级科研平台，平台总数达到19个。完成国家国际合作基地和教育部国际联合实验室申报工作，国家级平台有望实现零的突破。

引凤与内培结合，打造有竞争力的创新团队。聘请陈芬儿、潘复生两名院士，刘奕清入选国家"万人计划"创业领军人才。新增23个校级科研机构，科研机构总量达到66个，科研基层组织建设与学科建设紧密对接，建设规模和质量跃上新台阶，有效提升了创新单元的体量和活力。另外，整合全校优势资源，成立"教育创新研究院"，积极促进我校学科交叉融合，培育科研新的增长点。

创新券工作取得突破。一是进一步梳理大型科研仪器设备基础数据，完善了重庆市科技资源共享平台中的共享资源，为我校科研仪器设备进一步开放共享和技术服务奠定了基础。二是积极推进学校科技资源对外开放服务，大力推进重庆市科委科技创新券服务。我校于2017年9月21日获得科技创新券接券机构资质，发布技术服务80余项，服务科技型企业80余家，获得创新券86张，总金额达到162.5万元，协助企业解决了机器人自动化、智能健康管理、生态环境保护等技术问题。

4．科研成果培育措施有力

成果库建设取得新成效。修订校级科研项目管理办法和重庆文理学院重大科研项目培育办法，加强对科研成果的培育，积极开展成果库的建设。

论文成果稳步发展。2016年B类及以上论文208篇。其中被SCI、SSCI收录149篇，与2015年持平；在SCI、SSCI一区期刊上发表论文10篇；在SCI、SSCI二区期刊上发表论文40篇；2016年获得授权专利122项，其中发明专利 26 项。

科研获奖获丰收。2017 年我校的《无机光电功能纳米材料的结构调控、特性及相关机理研究》获得重庆市科学技术奖自然科学奖三等奖（全市自然科学领域仅有 13 个项目获奖）；获得重庆市第二届教育综合改革试点成果三等奖 1 项、全国学校共青团优秀研究成果二等奖 1 项；获得 2017 年自科科学学术论文奖 2 项。

5．科研合作取得新成效

聚焦"一带一路"战略，主办 2017 微纳米光电材料与先进制造学术会议、第二届靶向治疗与分子药物国际研讨会等国际会议及双边会议近 10 次，汇聚国内外知名专家学者近 200 名，增进共识，促进学术交流、孕育创新合作。与俄罗斯托木斯克理工大学达成战略合作，共建国际科技合作示范基地，推动双方优势技术成果的双向研发和转化。与美国加州大学洛杉矶分校工学院先进技术研究院（UCLA-ITA）、重庆市科委、永川高新区管委会在渝签订谅解备忘录，共建重庆-UCLA 智能制造技术研究院，依托 UCLA-ITA 的人才及技术资源，以智能制造、新材料、信息技术、生物传感和医疗技术等领域为主打造高端研发平台。

与重庆固高科技长江研究院、网龙网络控股有限公司、重庆红江机械有限责任公司等高技术企业，在教育机器人、智能制造、人工智能、虚拟现实等方面，形成人才互聘、联合研发、成果共享的合作模式。

申请加入中国兵工学会，承办军民融合发展论坛，积极推进军工资质认证工作。与西南兵工局、中国兵器工业集团五九所在新材料、机器人及智能装备、人工智能等领域深度合作，与中国兵工集团五九所共建 X 短波金属无损检分析联合实验室，搭建一流的金属检测技术平台，切实推动军民融合创新和资源成果双向转化。

6．科研管理

深化科研制度改革，激发创新活力，修订完善《重庆文理学院纵向科研项目管理办法》《重庆文理学院科研和学科类经费使用报销办法》《重庆文理学院科研项目间接费用管理办法》等系列管理办法，出台《重庆文理学院横向科研项目管理办法》《重庆文理学院科技成果转化管理办法》等文件，切实有效地推进科研经费使用和管理方式改革创新，优化了创新的机制氛围，激发了创新活力，促进了全校广大科研人员积极性和创造性的提升。同时，正在制定《重庆文理学院科技创新改革试点方案》《重庆文理学院人文社会科学振兴行动计划》，已反复征求各方面意见，即将发布并实施，这必将进一步推动科研再上一个新台阶。

进一步加强我校科研管理工作，提高课题承担者按计划高质量完成研究任务的责任感和紧迫感，严格执行重大项目开题评审制度，积极参与项目中期检查，加强项目结题管理。对各级各类在研项目进行过程监控，及时清理结题情况，对于应结题项目提前预警，每年年初清理当年应结题项目，并按应结题项目清单通知项目负责人做好结题准备工作，切实提高项目结题率，发布《关于严格执行各级各类科研项目按期结题的通知》；同时，对逾期未结题的科研项目采取一系列严格处理措施，如将科研项目的结题率纳入二级学院目标指标，适当限制项目负责人后期项目的申报，同时对到期申请结题的项目进行严格审核和把关，以确保项目完成质量。

深入各个二级单位开展调研指导，要求重大科研项目的申报应动员到人头，对项目申报工作打好提前量，提早完成申报书的撰写，并提请该领域相关专家指导修改，在二级单位内部可预先开展科研项目的申报研讨。多方面开拓项目申报渠道，拓展项目申报种类，积极组织各类人员进行申报。为保证项目申报质量，切实提高项目立项率，拓展视野，要求各类专家进行申报指导。针对国家社科基金项目申报，邀请国家社科基金项目通讯评审专家刘智勇教授组织专题培训；针对国家自科基金申报书撰写，邀请国家自然科学基金委会审专家重庆大学张根保教授、国家杰出青年基金获得者东华大学刘天西教授等进行辅导报告。同时要求各二级单位根据学科专业特点，邀请各自领域的专家学者进行培训指导，以此提升重大项目申报质量，提高项目申报命中率。

7. 学术风气建设

组织系列学风专题报告，对学术风气建设工作进行总体部署，计划翔实，任务明确，开展及时。转发相关学术道德规范文件并组织学习，将各二级单位学习工作情况纳入部门目标指标考核。精心组织现场收看 2017 年全国科学道德和学风建设宣讲教育报告会,通过李晓红、邱勇、周琪三位院士的宣讲教育对学术规范进行更为深入的宣传,推进我校学术道德规范建设。从科学精神的真谛和加强科学道德与学风建设的重要意义等方面引导广大科技工作者和学子遵守学术规范、坚守学术诚信、完善学术人格、维护学术尊严,努力成为优良学术道德的践行者和良好学术风气的维护者。使广大科技工作者、青年学生深入理解科学精神,恪守学术道德准则,自觉摒弃不端学术行为,进一步营造风清气正的学术氛围。

根据《重庆文理学院学术委员会章程》,学校第四届学术委员会是学校学术事务的咨询、评定、审议和决策机构。按照学校各个方面重大学术事务提请审议决策安排,及时召开学术委员全体会议,本年度先后召开了三次学术委员全体会议。审议学校专业硕士学位点申报推荐、第四轮校级重点学科及专业学位点建设、校级科研项目评审和学术专著出版资助审定等重大事务,在科研和学术事务管理中发挥主体作用,行使职能,决策重大事项,促进学校科学发展。

2017 年学校举办各级各类学术讲座 130 余场次,其中高水平(博导及博导以上)学术讲座 90 余次;另有我校教师外出参办学术讲座 100 余场次。2017 年我校举办的国际国内学术会议 10 场次,参加人数 950 人次,其中境外 20 人次;我校教师在国内外重要学术会议上报告情况 60 余场次。

8. 学术阵地建设

《重庆高教研究》综合质量大幅提升,广受业界好评。影响因子持续提升,据中国知网《中国学术期刊影响因子年报(2017 版)》显示,2017 年《重庆高教研究》复合影响因子已达 0.892,对比分析,在全国共 70 家教育类北大核心和南大核心期刊中排名第 36 位,比 2016 年提前了 10 位;综合影响因子已达 0.614,在全国 70 家教育类北大核心和南大核心期刊中排名第 37 位,比 2016 年提高了 4 位。在 18 种高等教育 CSSCI 来源刊中,排名第 13 位,比 2016 年提高了 3 位;在 15 种高等教育 2014 版北大核心中排名第 12 位,比 2016 年提高了 2 位。据《2017 年版中国科技期刊引证报告》显示,《重庆高教研究》扩展影响因子已达 1.191,期刊发展势头良好。转引频次大幅增长,截至 2017 年

11月，已被《新华文摘》论点摘编6篇，篇目辑录2篇；人大复印报刊资料《高等教育》转载2篇，《教育学文摘》转载3篇；《高等学校文科学术文摘》论点摘编2篇；"国研网"转载17篇，"中国社会科学网"转载70篇。在当前文摘转载总量减少的情况下，《重庆高教研究》能持续得到权威媒体的关注，在业界广受好评。

《西部高教论坛》栏目荣获重庆市出版专项资金资助，刊物成为唯一获得政府出版资助的非核心期刊。重庆出版专项资金资助项目申报严格，竞争激烈，在重庆市130多家期刊中只有25种期刊获得资助，其中学术期刊仅13种。同时，《西部高教论坛》栏目在重庆市第十七届期刊好作品评选中荣获"优秀栏目奖"。成立"西部高教研究中心"，在刊物质量提升平台建设上取得突破。

《重庆高教研究》编辑部在全国理工农医院校社科学报"四优"评比中荣获"优秀编辑部奖"，一名编辑荣获"优秀编辑奖"。在重庆市第二届期刊十佳青年编辑评选中，本刊编辑部一名编辑被评为"十佳青年编辑"。在12月9日召开的重庆高等教育学会2017年学术年会上，《重庆高教研究》编辑部承编的会议论文集得到市高教学会相关领导高度赞扬，重庆市高等教育学会特致感谢信到重庆文理学院，对我校及《重庆高教研究》编辑部表示感谢。万维期刊点评网（http://www.eshukan.com/）上对《重庆高教研究》给予高度评价："编辑认真细心，让我第一次感受到投稿如此快乐。全程网络平台审稿、修稿，过程透明，信息反馈及时，而且审稿费版面费一律不收，个人认为是国内期刊界的一股清流。"

2017年，根据出版的相关规章制度，学报重新按照《重庆文理学院学报》（社会科学版）原刊名进行出版，停办自然科学版，出版内容全部改为社会科学。重新设计封面、版式等，出版日期调整为单月28日。"非遗"特色栏目建设持续跟进，《重庆文理学院学报》（社会科学版）继续与重庆市文化委员会合作共建"非物质文化遗产"特色项目。应用"2016非遗与中国文化"学术研讨会的成果，全年栏目发文量增大到30篇，每期都有一篇专家稿件。完成"非物质文化遗产研究"特色栏目申报"教育部名栏培育项目"材料上报工作。"非物质文化遗产研究"栏目荣获重庆市第十七届期刊好作品"优秀栏目奖"。

2017 年学科科研统计

1．高等学校"十三五"市级重点（培育）学科

序号	学科	所属单位	学科带头人	学科方向	方向带头人
1	园艺学	林学与生命科学学院/特色植物研究院	刘奕清	园艺植物种质资源创新与利用	刘奕清
				种苗工程理论与技术	陈泽雄
				逆境生理与调控技术	唐建民
				采后利用与质量安全	刘嘉
2	材料科学与工程	新材料技术研究院	李璐	柔性电子材料与器件	李璐
				无机光功能材料及应用	韩涛
				纳米功能材料与器件	张艳华
				先进合金材料及近净成形	许洪斌
3	环境科学与工程	材料与化工学院	李强	固体废物处理与资源化	徐强
				废水深度处理与资源化	谢志刚
				城镇水环境生态修复	李强
4	社会学	文化遗产学院	谭宏	地方文化生态与社会发展研究	谭宏
				人类学与文化遗产研究	刘壮
				西南民艺与教育传承研究	陈龙国
				民俗学与非物质文化遗产研究	韩同春
5	数学（培育学科）	数学与财经学院	卢成武	图像处理建模理论与算法	卢成武
				群与图的理论及应用	马纪成
				金融建模理论及应用	易文德
				不确定性问题优化与决策	兰尧尧
6	药学（培育学科）	创新靶向药物国际研究院	陈中祝	药物靶标研究	唐典勇
				药物设计与合成	徐志刚
				药物筛选与评价	陈中祝

2. 校级优势学科

序号	一级学科	硕士学位点	所属单位	学科带头人	学科负责人	学科方向名称	方向带头人
1	材料科学与工程	工程硕士（材料工程）	新材料技术研究院	李璐	雷宇	柔性电子材料与器件	李璐
						无机光功能材料及应用	韩涛
						纳米敏感材料与器件	张艳华
						先进合金材料与近净成形	伍太宾
2	园艺学	农业硕士（农艺与种业）	林学与生命科学学院/特色植物研究院	刘奕清	杨帆	园艺植物种质资源创新与利用	刘奕清
						种苗工程理论与技术	陈泽雄
						逆境生理与调控技术	唐建民
						采后利用与质量安全	刘嘉
3	环境科学与工程	工程硕士（环境工程）	材料与化工学院	李强	徐强	环境材料研发	李强
						固体废物处理与资源化	朱江
						废水深度处理与资源化	关伟
						城镇水环境生态修复	王书敏
4	社会学	文物与博物馆硕士	重庆文化遗产学院	谭宏	刘壮	地方文化生态与社会发展研究	谭宏
						人类学与文化遗产研究	刘壮
						西南民艺与教育传承研究	陈龙国
						民俗学与非物质文化遗产研究	韩同春
5	数学		数学与财经学院	马纪成	卢成武	群与图的理论及应用	李金宝
						图像处理建模理论与算法	卢成武
						金融建模理论及应用	邹吉波
						优化与决策理论及应用	兰尧尧
6	药学	药学硕士	创新靶向药物国际研究院	陈中祝	陈中祝	药物筛选与评价	陈中祝
						药物设计与合成	徐志刚
						药物靶标研究	唐典勇

3．校级重点学科

序号	一级学科	硕士学位点	所属单位	学科带头人	学科负责人	学科方向名称	方向带头人
1	工商管理		经济与管理学院	谷继建	谷继建	西部经济与决策管理	谷继建
						服务运作科学与管理	赵晓飞
						资本运营与公司治理	田书芹
						营销工程与品牌管理	张锐
2	马克思主义理论		马克思主义学院	李德全	何腊生 邓多文	思想政治教育原理与方法研究	李德全
						中国共产党党建与治国理政思想研究	邓多文
						马克思主义现代化理论与社会发展研究	杨全海
						网络思政与意识形态安全研究	李才俊
3	心理学	应用心理硕士	教育学院	罗文波	王蕾	认知神经科学	罗文波
						社会心理与人机交互	葛缨
						心理健康与教育	肖前国
4	机械工程	工程硕士（机械工程）	机电工程学院	许洪斌	曹勇	机电控制技术与智能系统	许洪斌
						智能制造系统集成技术	吕程
						智能装备制造及信息化技术	唐大勇
						先进成型加工技术与装备	杨浩邈
5	计算机科学与技术	工程硕士（软件工程）	软件工程学院	朱红兵	罗万成	智能计算及应用	朱红兵
						大数据与可视化	马新强
						多维感知与识别	陈蕾

4. 校级重点建设学科

序号	一级学科	硕士学位点	所属单位	学科带头人	学科负责人	学科方向名称	方向带头人
1	电气工程	工程硕士（电气工程）	电子电气工程学院	夏继宏	石东平	电力系统智能故障诊断与检测技术	杨守良
						新型电工材料的制备和性能研究	夏继宏
						新型储能器件及控制策略研究	杨文耀
2	中国语言文学		文化与传媒学院	杨忠谦	李天福	古代地域文学与文化研究	杨忠谦
						现当代多民族文学与文化研究	傅钱余
						巴渝文献与语言文化研究	黄贤忠
3	体育学	体育硕士	体育学院	孔庆波	唐建忠	体育公共管理	孔庆波
						民族传统体育发展与变迁	徐泉森
4	教育学	教育硕士	教育学院	贺能坤	肖宇窗	小学教育	袁丹
						脑科学与儿童发展	吕晓
						新技术与教育	蔡宗模
						大数据与教育	贺能坤

5. 市级重点实验室

实验室名称	负责人	依托单位	审批部门	批准时间
重庆市高校微纳米材料工程与技术重点实验室	涂铭旌	新材料技术研究院	市教委	2010年
环境材料与修复技术重庆市重点实验室	张进	材料与化工学院	市科委	2014年
重庆高校群与图的理论及应用重点实验室	卢成武	数学与财经学院	市教委	2014年
激酶类创新药物重庆市重点实验室	陈中祝	创新靶向药物国际研究院	市科委	2015年
创新靶向药物重庆市工程实验室	陈中祝	创新靶向药物国际研究院	市发改委	2015年
经济植物生物技术重庆市重点实验室	刘嘉	特色植物研究院	市科委	2016年
重庆市高校情绪与心理健康重点实验室	罗文波	教育学院	市教委	2017年
光电薄膜与器件重庆市工程实验室	王明华	新材料技术研究院	市发改委	2017年

6. 市级工程中心

工程中心名称	负责人	依托单位	审批部门	批准时间
重庆高校园林花卉工程研究中心	刘奕清	林学与生命科学学院	市教委	2007年
重庆特色植物种苗工程技术研究中心	刘奕清	林学与生命科学学院	市科委	2010年
重庆市光电材料与器件工程技术研究中心	涂铭旌	新材料技术研究院	市科委	2013年
重庆光电材料与器件协同创新研究院	涂铭旌	新材料技术研究院	市科委	2013年
中俄澳纳米光电材料技术国际联合研发中心	张 进	新材料技术研究院	市科委	2015年
新型储能器件及应用工程研究中心	杨守良	电子电气工程学院	市教委	2017年

7. 市级人文社科重点研究基地

人文社科基地名称	负责人	依托单位	审批部门	批准年度
重庆市非物质文化遗产研究中心	谭 宏	文化与传媒学院	重庆市人民政府	2013年

8. 市级创新团队

创新团队名称	负责人	依托单位	审批部门	批准年度
特色植物种苗工程	刘奕清	林学与生命科学学院	市教委	2010年
新材料开发及应用研究（培育）	张 进	新材料技术研究院	市教委	2010年
群与图的结构理论及其在信息与决策中的应用	易文德	数学与财经学院	市教委	2013年
靶向小分子药物研发创新团队	唐典勇	创新靶向药物国际研究	市教委	2016年
环境材料与修复技术创新团队	李 强	材料与化工学院	市教委	2016年
重庆文理新药创新团队	陈中祝	创新靶向药物国际研究院	市教委	2017年

9. 市级协同创新中心

协同创新中心名称	负责人	依托单位	审批部门	批准年度
微纳米光电材料与器件协同创新中心	涂铭旌	新材料技术研究院	市教委	2013年
特色植物产业协同创新中心	刘奕清	林学与生命科学学院	市教委	2015年
靶向创新药物协同创新中心	陈中祝	创新靶向药物国际研究	市教委	2017年

10. 市级社科普及基地

社科普及基地名称	负责人	依托单位	主管部门	批准年度
重庆市品牌学会	张 锐	经济管理学院	市社科联	2015年

11. 校级重点实验室

重点实验室名称	负责人	依托单位	批准年度
重庆文理学院机器视觉与智能信息系统重点实验室	王瑞明	软件工程学院	2012年
重庆文理学院认知与心理健康重点实验室	罗文波	教育学院	2012年
重庆文理学院数据分析与图像处理重点实验室	马纪成	数学与财经学院	2012年
重庆文理学院水环境修复重点实验室	宋力	材料与化工学院	2012年
重庆文理学院特色林木种质资源创新重点实验室	陈泽雄	林学与生命科学学院	2012年

12. 校级工程中心

工程中心名称	负责人	依托单位	批准年度
重庆文理学院电子信息技术与应用工程中心	程正富	电子电气工程学院	2012年

13. 国家级项目

序号	批准单位	项目名称	主持人	年度	类别	承担单位
1	国家自科基金	有限单群的广义置换子群和数量性质	李金宝	2015	青年	数学与财经学院
2	国家自科基金	测量误差数据下部分线性模型有约束统计推断理论	邹吉波	2015	青年	数学与财经学院
3	国家自科基金	新型桥联有机小分子/过渡金属配体双功能催化剂的设计、合成及不对称催化反应研究	崔海磊	2015	青年	新药创制中心
4	国家自科基金	配合物硫酸根自由基高级氧化体系的构建及去除有机微污染物研究	安继斌	2015	青年	材料与化工学院
5	国家自科基金	金纳米团簇/氧化物上炔烃活化的表界面调控性理论研究	唐典勇	2015	面上	新材料技术研究院

续表

序号	批准单位	项目名称	主持人	年度	类别	承担单位
6	国家自科基金委	土壤高湿度下生姜对青枯菌应答转录组分析及内源激素信号通路关键基因功能鉴定	姜玉松	2015	青年	林学与生命科学学院
7	国家自科基金委	南荻耐淹机理研究及其耐淹基因发掘	刁英	2015	面上	林学与生命科学学院
8	国家自科基金委	基于锌空位调控的N掺杂p型ZnO导电特性及稳定性研究	阮海波	2015	青年	新材料科技术研究院
9	国家社科规划办	生态美学视野下的侗族河歌研究	胡牧	2015	西部	文化与传媒学院
10	国家社科规划办	沪港通背景下沪港股市相依结构研究	黄爱华	2015	西部	数学与财经学院
11	国家社科规划办	"一带一路"战略体系下七个少数民族产权制度的静态比较动态变迁研究	谷继建	2015	西部	经济管理学院
12	全国教育规划办	西南民族地区农村留守儿童成长与社会支持研究	袁丹	2015	一般	教育学院
13	国家自科基金委	线性群轨结构与有限群的算术性质	杨勇	2016	面上项目	数财学院
14	国家自科基金委	猕猴桃果实采后应答灰霉病发生的关键基因筛选和功能解析	刘奕清	2016	面上项目	特色植物研究院
15	国家自科基金委	基于模糊集理论的离散动力系统动力学研究	兰尧尧	2016	青年项目	数财学院
16	国家自科基金委	聚合物光伏器件中电荷高效传输通道的构筑与机理研究	胡来	2016	青年项目	新材料科技术研究院
17	国家自科基金委	执行功能在社会排斥引发攻击行为中的作用机制研究	王婷	2016	青年项目	教育学院
18	国家自科基金委	梯度纳米金属Ni的组织稳定性及其内在机理研究	倪海涛	2016	青年项目	材料与化工学院
19	国家自科基金委	Pd修饰g-C3N4阴极光电催化还原水中次磷酸盐回收单质磷的机制研究	关伟	2016	青年项目	材料与化工学院

续表

序号	批准单位	项目名称	主持人	年度	类别	承担单位
20	国家自科基金委	基于MOCVD技术的自组装绿光InGaN量子点发光机理研究	刘 特	2016	青年项目	电子电气工程学院
21	国家自科基金委	参数优化问题解射的Lipschitz性质和广义可微性研究	李明华	2016	青年项目	数财学院
22	国家社科规划办	非利他性慈善捐赠的立法支持与限制研究	李喜燕	2016	一般项目	旅游学院
23	国家社科规划办	长江经济带新型农业经营主体引导农业供给侧结构性调整研究	彭万勇	2016	青年项目	经管学院
24	国家社科规划办	四类集中连片特困地区农村人口空心化治理体系研究	王东强	2016	青年项目	教学部
25	国家社科规划办	少数民族武术文化影像志	徐东森	2016	青年项目	体育学院
26	国家社科规划办	同质化背景下人文社会科学学术期刊品牌建设水平诊断及提升路径研究	王红君	2016	西部项目	经管学院
27	国家自科基金委	LmMYB15转录因子调控灰毡毛忍冬绿原酸生物合成的分子机制	陈泽雄	2017	面上项目	特色植物研究院
28	国家自科基金委	亚波长结构硅基板修饰对有机电致发光器件耦合出光效率的影响	杨 鑫	2017	青年项目	新材料技术研究院
29	国家自科基金委	基于受阻酚悬挂链的超分子网络阻尼材料结构构筑及阻尼机理研究	徐康茗	2017	青年项目	材料与化工学院
30	国家自科基金委	基于铕硅酸盐微分相析出与弥散调控对铝硅酸盐复相荧光粉光谱宽化机制的研究	赵 聪	2017	青年项目	新材料技术研究院
31	国家自科基金委	茉莉酸木质素调控生姜脆嫩品质的关键基因筛选及功能解析	吴 林	2017	青年项目	特色植物研究院

续表

序号	批准单位	项目名称	主持人	年度	类别	承担单位
32	国家自科基金委	竹根姜HCT基因在根茎木质素生物合成中的功能解析	唐宁	2017	青年项目	特色植物研究院
33	国家自科基金委	常绿阔叶林下植物根系生长对凋落物分解的促进作用及其机制	王微	2017	青年项目	林学与生命科学学院
34	国家自科基金委	MOFs材料"多功能一体化"电化学信号探针的制备及其对抗生素污染物检测的应用研究	谢顺碧	2017	青年项目	材料与化工学院
35	国家自科基金委	酵母拮抗菌细胞形态转变的分子调控机制	刘嘉	2014	青年项目	林学与生命科学学院
36	国家自科基金委	MADS-box转录因子Rlm调控拮抗酵母菌抗逆性和生防效力的分子机制	隋媛	2015	青年项目	特色植物研究院
37	国家自科基金委	豆科植物虞水平的生命之树及其时空演化	李洪雷	2015	青年项目	特色植物研究院
38	国家社科规划办	新型城镇化进程中武陵民族地区公共空间建设研究	向轼	2017	一般项目	非物质文化遗产研究中心
39	国家社科规划办	基于能力贫困与农技外包协同优化的集中连片特困地区农技精准扶贫研究	林锐	2017	一般项目	经济管理学院
40	国家社科规划办	我国农村公共体育服务供需矛盾与供给结构性改革研究	张玲燕	2017	青年项目	体育学院
41	国家社科规划办	接受史视域下的胡适形象研究	林建刚	2017	西部项目	文化与传媒学院
42	国家社科规划办	分段教育架构下青少年文化自信生成机理及培育研究	杨启莲	2017	西部项目	马克思主义学院
43	国家社科规划办	我国校园足球布局城市竞赛体系构建研究	高慧林	2017	西部项目	体育学院

14. 部级项目

序号	批准单位	项目名称	主持人	年度	类别	承担单位
1	教育部	对称亚循环覆盖图的分类研究	马纪成	2015	留学基金	数学与财经学院
2	全国教科规划办	大学生价值观"他者"评价与"自我"评价的虚假同感偏差研究	赵锋	2015	重点项目	公共管理学院
3	教育部	基于联合理论的双语言多属性决策方法研究及其应用	王红君	2015	西部规划	经济管理学院
4	教育部	我国能源投资风险管理及多能源政策效果的实证研究	熊学文	2015	规划基金	经济管理学院
5	教育部	社会组织在协商民主中的作用及实现路径研究	张建红	2015	青年基金	公共管理学院
6	教育部	互动语言学视野下的引述回应类构式研究	王长武	2015	青年基金	文化与传媒学院
7	教育部	巴蜀石刻书法研究	陈龙国	2015	规划基金	美术与设计学院
8	教育部	巴渝历史文化名村的景观语境变迁与设计研究	吴彪	2015	西部规划	美术与设计学院
9	教育部	健全农业保险市场运行机制研究	黄正军	2015	规划基金	经济管理学院
10	教育部	新型城镇化视角下的农村劳动力形成与发展研究	马雁	2015	青年基金	档案馆
11	教育部	小学生几何直观能力的形成与发展研究	唐平	2015	规划基金	数学与财经学院
12	教育部	我国高校分类发展对策研究	何万国	2015	青年基金	教育学院
13	教育部	俱乐部培养运动员风险的计量体系构建与防范机制研究	张沁	2015	青年基金	体育学院
14	教育部	基于多值中智集和证据理论的新创小型企业同接融资的信用风险评价方法研究及其应用	沈藏洁	2015	青年基金	经济管理学院
15	教育部	传统"劝善"文化视域下的社会主义核心价值观生活化研究	胡骄键	2015	思政二类	马克思主义学院
16	民政部	退役士兵教育培训与就业促进研究	田书芹	2015		经济管理学院

续表

序号	批准单位	项目名称	主持人	年度	类别	承担单位
17	民政部	职业经理人制度在我国慈善事业发展中的实现机制研究	王东强	2015		旅游学院
18	团中央	高校共青团工作可视性评价研究	刘明明	2015	一般项目	公共管理学院
19	团中央	大学生思想引领分层一体化的理论与实证研究——以大学生成长目标导航为视角	张铁红	2015	一般项目	外国语学院
20	教育部	数学文化对小学生数学核心素养的影响研究	付天贵	2016	规划项目	数学与财经学院
21	教育部	旅游扶贫视阈下四川少数民族乡寨社区获益研究	王进	2016	青年项目	旅游学院
22	教育部	消费者生成品牌故事对品牌绩效的影响及调节机制研究	刘菲菲	2016	青年项目	品牌科学研究所
23	教育部	大学生柔性管理"六步进阶"运行机制构建研究	胡在东	2016	青年项目	经济管理学院
24	教育部	基于软集合理论的二维不确定语言信息多属性决策方法研究及其应用	徐新瑞	2016	青年项目	经济管理学院
25	教育部	专题式教学背景下高校思想政治理论课教学效果提升研究	余年苹	2016	示范优秀教学科研团队建设项目	马克思主义学院
26	教育部	社会主义核心价值观分段教育认同研究——基于青少年成长过程视域	杨启莲	2016	高校思想政治工作专项	马克思主义学院
27	国家艺术基金	妹儿要出嫁	颜聪	2016	青年艺术创作人才资助项目	音乐学院
28	全国教科规划办	从教育生态学理论审视中国校园足球的改革与发展	刘年伟	2016	全国教科规划教育部青年项目	体育学院
29	全国学校共青团	创新驱动发展战略视域下"挑战杯"全国大学生课外学术科技作品竞赛改革研究	明守敏	2016	重点项目	公共管理学院

续表

序号	批准单位	项目名称	主持人	年度	类别	承担单位
30	民政部	社科类社团竞争力评价与提升策略研究	周丽永	2016	中国社会组织建设与管理	品牌科学研究所
31	民政部	慈善信托受托人管理费和监察人报酬研究	卢登琴	2016		教学与财经学院
32	民政部	集中连片特困地区农村留守妇女关爱服务模式及实现机制研究	田书芹	2016	中国社会组织建设与管理	经济管理学院
33	教育部	失地农民城市融入的社会风险化解机制创新研究	文晓波	2017	规划项目	公共管理学院
34	教育部	正念冥想促进青少年道德认同的干预研究	肖前国	2017	青年项目	教育学院
35	教育部	"基础"课贯彻落实《关于进一步把社会主义核心价值观融入法治建设的指导意见》研究	邓多文	2017	示范团队建设项目重点选题	马克思主义学院
36	团中央	多需求视域下的青年大学生志愿服务"四位一体"模型构建研究	刘友洪	2017		文化与传媒学院
37	团中央	高校共青团工作评价体系研究	李德全	2017	战略课题	学校领导
38	国家民委	民族乡精准扶贫与跨越发展对策研究	向轼	2017	自筹经费课题	非物质文化遗产研究中心

15. 科研成果奖

序号	主要完成人	成果名称	成果奖类别	等级	颁奖部门	获得年度
1	曹成刚	青少年学生心理健康认识现况及原因探析	重庆市第四次社会科学优秀成果奖	三等奖	重庆市人民政府	2005
2	牟延林等	教育权利与素质教育关系的法理研究	重庆市第五次社会科学优秀成果奖	三等奖	重庆市人民政府	2006

续表

序号	主要完成人	成果名称	成果奖类别	等级	颁奖部门	获得年度
3	曹成刚	毕生发展心理纲要	重庆市第五次社会科学优秀成果奖	三等奖	重庆市人民政府	2006
4	张锐等	品牌学——理论基础与学科发展	重庆市第六次社会科学优秀成果奖	三等奖	重庆市人民政府	2008
5	李德全等	新时期我国学校德育工作的新走向	高校德育创新发展研究成果	二等奖	教育部高等学校社会科学发展研究中心	2012
6	刘奕清等	桉树新品种工厂化育苗技术转化与示范	科技进步奖	三等奖	重庆市人民政府	2012
7	刘奕清等	生姜病原分子检测及无病原种苗繁育体系关键技术研究与应用	科技项目研发奖	二等奖	永川区人民政府	2012
8	涂铭旌等	LED荧光粉及灯具	科技项目研发奖	一等奖	永川区人民政府	2012
9	刘玉荣	介孔碳材料的合成及应用	科技著作奖	二等奖	永川区人民政府	2012
11	张铁军等	机械工程材料	科技著作奖	三等奖	永川区人民政府	2012
12	刘奕清等	观赏植物学	科技著作奖	三等奖	永川区人民政府	2012
13	曹成刚	学与教的心理学	教科学奖	三等奖	永川区人民政府	2012
14	田书芹等	生态人力资源管理研究	教育科研奖	一等奖	重庆市教委	2012
15	于洪卫等	实践教学模型的探索与实践	教育科研奖	二等奖	重庆市教委	2012
16	兰觉明等	建构教学课程中质性学生评价体系的研究与实践	教育科研奖	三等奖	重庆市教委	2012
17	李喜燕等	西部地区义务教育资源公平分享法律问题研究	教育科研奖	三等奖	重庆市教委	2012
18	罗代忠等	应用型本科院校软件人才培养模式改革与实践	教育科研奖	三等奖	重庆市教委	2012

续表

序号	主要完成人	成果名称	成果奖类别	等级	颁奖部门	获得年度
19	何万国等	中小学教师教育思想观念形成与培训研究	重庆市高等院校优秀教育科研成果	三等奖	重庆市教委	2012
20	易文德	基于Copula理论的金融风险相依结构模型构建及应用	科技进步奖	三等奖	重庆市人民政府	2013
21	韩涛等	白光LED荧光粉的研制及LED灯具开发	科技进步奖	三等奖	重庆市人民政府	2013
22	赵华君等	基于微纳结构的模式耦合理论及偏振调控特性	自然科学奖	三等奖	重庆市人民政府	2013
23	王先胜	重庆文理学院文化遗产研究书系（第一辑）10本	社科优秀成果奖	一等奖	永川区人民政府	2013
24	兰刚	科学发展观对唯物史观的创新发展	社科优秀成果奖	二等奖	永川区人民政府	2013
25	周文东	我市基层宣传文化干部创新能力调查报告	社科优秀成果奖	三等奖	永川区人民政府	2013
26	曹成刚	大学生心理健康教育	社科优秀成果奖	三等奖	永川区人民政府	2013
27	谭宏	后移民时代非物质文化遗产保护的对策和建议	社科优秀成果奖	三等奖	永川区人民政府	2013
28	夏明宇	现代民间文学研究视域下的渝西民间故事	社科优秀成果奖	三等奖	永川区人民政府	2013
29	杨忠谦	政教对立与文化融合——金代中期诗坛研究	社科优秀成果奖	优秀奖	永川区人民政府	2013
30	杨钊	杨慎研究——以文学为中心	社科优秀成果奖	优秀奖	永川区人民政府	2013
31	杨全海	马克思主义大众化的价值探析	社科优秀成果奖	优秀奖	永川区人民政府	2013
32	任龙泉	Flash动画设计	社科优秀成果奖	优秀奖	永川区人民政府	2013
33	吴安新 谷继建	守望乡村——新农村建设路径探索	社科优秀成果奖	优秀奖	永川区人民政府	2013

续表

序号	主要完成人	成果名称	成果奖类别	等级	颁奖部门	获得年度
34	刘奕清等	特色苗木良种选育及现代设施繁育技术体系创建与应用	科技进步奖	二等奖	重庆市人民政府	2014
35	李强等	长江泥沙型水体中水湿生植被的生长恢复研究	自然科学奖	三等奖	重庆市人民政府	2014
36	罗文波等	注意影响面孔加工的认知神经机制模型	自然科学奖	三等奖	重庆市人民政府	2014
37	牟延林等	非物质文化遗产概论	重庆市第八次社会科学优秀成果奖	二等奖	重庆市人民政府	2014
38	何万国等	大学生实践能力的形成与培养机制	重庆市第八次社会科学优秀成果奖	三等奖	重庆市人民政府	2014
39	张锐等	企业利益相关者行为特征及调控机制研究	重庆市第八次社会科学优秀成果奖	三等奖	重庆市人民政府	2014
40	张黎等	高校与利益相关者互动发展的组织创新与行为调适研究	重庆市第八次社会科学优秀成果奖	三等奖	重庆市人民政府	2014
41	马新强等	基于逻辑程序的可信访问控制机理研究及应用	科技项目研发奖	一等奖	永川区人民政府	2014
42	王书敏等	山地城市面污源生态浮床净化技术	科技项目研发奖	二等奖	永川区人民政府	2014
43	朱启红等	冬季观赏植物生态浮床净化畜禽废水的机制及其应用研究	科技项目研发奖	二等奖	永川区人民政府	2014
44	涂铭旌等	机械设计与材料设计	科技著作奖	三等奖	永川区人民政府	2014
45	李强等	沉水植物生长恢复研究	科技著作奖	三等奖	永川区人民政府	2014
46	袁丹	有效教学的生命向度	重庆市第六届优秀基础教育著述奖	二等奖	重庆市教育委员会	2015

续表

序号	主要完成人	成果名称	成果奖类别	等级	颁奖部门	获得年度
47	裴跃进	教学名家卓越智慧	重庆市第六届优秀基础教育著述奖	二等奖	重庆市教育委员会	2015
48	何万国 杨正强	重庆市城乡初中教育一体化指标体系研究	重庆市第六届优秀基础教育著述奖	二等奖	重庆市教育委员会	2015
49	杨正强	教学方式生态化的内涵及特征	重庆市第六届优秀基础教育著述奖	三等奖	重庆市教育委员会	2015
50	涂铭旌等	重庆市科技协同创新战略联盟构建研究	重庆市政府发展研究奖	三等奖	重庆市人民政府	2015
51	段昌平	语文课堂教学艺术	重庆市第六届优秀基础教育著述奖	三等奖	重庆市教育委员会	2015
52	李会会等	有机无缓控释多素分肥料研制与应用	中华农业科技奖	二等奖	神农中华农业科技奖奖励委员会	2015
53	刘玉荣等	无机光电功能纳米材料的结构调控、特性及相关机理研究	自然科学奖	三等奖	重庆市人民政府	2017

16. 市级新产品、新品种、标准

序号	产品、品种名称	获得单位	认定部门	备注	获得年度
1	T8 LED 日光灯	新材料科技研究院	重庆市科学技术委员会	新产品	2012
2	白光交流 LED 用黄色荧光粉 /DEACY-535 型	新材料科技研究院	重庆市科学技术委员会	优秀重点新产品	2014
3	纳米金属陶瓷刀	新材料科技研究院	重庆市科学技术委员会	新产品	2012
4	三合一内墙健康漆	新材料科技研究院	重庆市科学技术委员会	新产品	2012
5	巨尾桉 DH3229	林学与生命科学学院	重庆市林业局	良种	2007

续表

序号	产品、品种名称	获得单位	认定部门	备注	获得年度
6	巨桉无性系 WLEG-17	林学与生命科学学院	重庆市林业局	良种	2009
7	邓恩桉	林学与生命科学学院	重庆市林业局	良种	2011
8	渝姜1号	林学与生命科学学院	重庆市农委	新品种	2015
9	渝姜2号	特色植物研究院	重庆市农委	新品种	2017
10	竹根姜三级繁育规程	特色植物研究院	重庆市质量技术监督局	新标准	2017
11	竹根姜无菌种苗生产技术规程	特色植物研究院	重庆市质量技术监督局	新标准	2017

17. 产学研合作机构与联盟

年份	名称	依托单位	主要合作单位
2013年	重庆光电产业技术协同创新战略联盟	新材料技术研究院	重庆市雪之伦科技有限责任公司 重庆苏试广博环境可靠性技术有限公司 重庆星河光电科技股份有限公司 重庆平伟实业股份有限公司 重庆华师照明器材有限公司 重庆市民营企业家联合会 重庆地恩普科技开发有限责任公司
2017年	微纳米光电材料与器件国际合作联合实	新材料技术研究院	新西兰奥克兰大学
2017年	微纳米光电材料与器件国际合作联合实	新材料技术研究院	俄罗斯托木斯克理工大学
2017年	重庆-UCLA（ITA）智能制造技术研究院	新材料技术研究院	美国加州大学洛杉矶分校 重庆科学技术委员会 重庆永川区高新区

18. 技术转让项目一览表

序号	项目	合同金额（万元）	转让年度	经济效益	备注
1	琴叶榕叶片的组织培养基及离体再生方法 ZL 201310534804.5	3	2017	专利转让收益3万元	
2	茶树组培苗生根培养的方法 ZL 201310534765.9	3	2017	专利转让收益3万元	
3	大学生软能力培养	7	2017	7万元	技术培训
4	LED灯	94.7	2017	94.7万元	
5	纳米涂料	53.7	2017	94.7万元	
6	注射成型	15.4	2017	94.7万元	
7	优质果蔬用LED精准补光技术转化与示范	20	2017	20万元	永川国家农业科技园区成果转化项目
8	植保机械用被动盈近净锻造成形	100.00	2017	100万元	

19. 承担的国际合作项目一览表

年度	项目名称	承担单位	项目经费	完成时间
2014年	新一代透明导电材料技术及应用的联合研发	新材料技术研究院	333万元	2017年

20. 举办的国际国内学术会议一览表

序号	会议名称	主办单位	主办或承办时间	参加人数 总人数	参加人员 境外人员数
1	第三届中国稀土发光青年学术沙龙	新材料技术研究院	2017.10.26—29	40	0
2	2017微纳米材料与先进制造学术会议	新材料技术研究院	2017.11.12—13	50	10
3	人文与科技融合：新工科发展之道座谈会	非遗中心/文化遗产学院	2017.10.20	20	0
4	2nd International Symposium on Targeted Therapeutics and Molecular Medicine: Structural Biology (ISTTMM 2017)	创新靶向药物国际研究院	2017.07.09—10	100	10
5	中国计算机学会（CCF）会议	软件工程学院	2017.10.11	300	0
6	2017年重庆市园艺学会会员代表大会暨学术研讨会	重庆市园艺学会主办 重庆文理学院林生学院协办	2017.08.16—17	120	0
7	重庆市人社局特色农作物高效安全生产技术推广培训班	重庆市人社局主办 重庆文理学院承办	2017.09.13—18	70	0
8	重庆心理学年会	第三军医大学 重庆心理教育学院协办	2017.04.29	2 000	0
9	第二十届中国心理学年会	中国心理学会主办 西南大学、重庆文理学院协办	2017.11.04	300	0

21. 决策咨询报告类

报告题目	完成人	采纳单位/批示领导	提交/批示时间	级别
开县、云阳、大足、长寿、北碚、铜梁、奉节等7个中国语言资源保护工程重庆汉语方言调查课题	王长武 王宏梅 吴立友 喻洁 朱坤林 钟丰新 叶静	重庆市语委办	2017年1月16日	厅局级
中国语言资源保护工程重庆汉语方言调查之南岸方言调查项目	王长武	重庆市南岸区语言文字工作委员会	2017年8月29日	厅局级
建议统一西藏的翻译标准用语为"XIZANG"	刘壮	《中国社会科学院要报中办供信息》2017年第378期被国家级领导人批示	2017年4月	国家级
推动"弱国治藏"向"强国治藏"转变	刘壮	《中国社会科学院要报中办供信息》2017年458期	2017年5月	国家级
警惕海归教师和留学生成为意识形态工作的短板	冯利朋	中共中央办公厅内参采用	2017年7月	国家级采用，省部级领导批示
建议高速公路隧道出入口增设隧道外天气与路况提示屏	冯利朋	重庆市交委和重庆市统战部采用	2017年8月	省部级采用，省部级领导批示

非物质文化遗产研究中心

1. 概况

2017年非遗中心以平台为依托,全面推进学科建设,完善人才培养体系,加深国际化合作,做好学位点建设,为学位点申报做好相应准备和支撑。

学科方向进一步凝练。抓住成功申报"十三五"市级重点学科的契机,进一步优化学科整体架构。全面整合社会学一级学科、人类学二级学科、人文社科重点研究基地、协同创新中心等不同建设内容的研究方向,使其聚合在社会学一级学科之下,形成以人类学、民俗学为主干,以文化遗产(含非物质文化遗产)为研究对象,以应用研究为主要范式的学科格局。

学科团队进一步充实。通过大力引进高水平研究人员、吸纳校内方向相近并具备一定科研能力的学术骨干及特聘校内外知名专家,以凝练的学科方向为参照打造校内专职、校内兼职、校外兼职三个层次的学科队伍。学科带头人谭宏教授荣登中国哲学社会科学最有影响力学者排行榜,入选文化研究领域最有影响力学者,全国排名第69位。本年度组织高水平引进人才面试8次,从制度保障和经费上为学科组成员学术研究与交流提供便利,鼓励外出深造,目前高水平的学科队伍建设初具规模。

人才培养体系进一步完善。2017年成功开办"文化遗产"本科专业并顺利完成首届招生,与意大利佩鲁贾大学本硕联合培养协议正在积极协商中。

国际化合作进一步加深。双方按照协议要求积极进行相互交流和访问、本科生与研究生互换、持续开办意大利语教师与学生培训班。佩鲁贾大学 Daniele Parbuono 教授作为特聘教授来我校进行教学和科研工作,主题围绕意大利以及欧洲的人类学、民族志理论和非物质文化遗产保护传统、现状、理论、方法等一系列知识和信息的最新动态。中心刘壮博士于11月赴意大利进行为期一月的学术交流和讲学,对我国非遗研究和保护现状进行了介绍和交流。目前学校与中心正就我校与佩鲁贾大学间合作协议的续签等事宜进行积极的工作并就本科学生联合培养工作进行协商讨论,为推进新一轮合作做准备。中心研究生张晟于今年8月前往意大利进行交换学习。

研究水平进一步提高。2017年，中心研究人员获重大科研项目立项达3项。多篇外文论文在海外权威期刊发表和被外文学术著作收录，标志性成果在数量和影响力上有了更大突破。获国家级奖项两项。中心研究人员受邀参加国内国际重要学术会议达13人次并作大会报告，国际会议参会比例明显增加。中心2名研究人员申报重庆市政府发展奖和第九届重庆市优秀社科成果奖各一项且均已入围，评奖结果待公布。

学术交流进一步活跃。本年度非遗中心多方邀请相关学科领域专家并成功举办多场讲座及读书会，增进学科骨干和中心研究人员对学术研究前沿动态的了解并开展研究实践及重大项目申报的指导，营造了良好的学术氛围。积极申请出国交流考察，鼓励中心研究人员走出去。由非遗中心及文化遗产学院承办的主题为"人文与科技的融合：新工科发展之道"专题座谈会在10月召开，为新工科建设提供了新思路。

展厅建设工作进一步提升。2017年，非物质文化遗产陈列馆举办了2017年"匠作·天成"重庆非物质文化遗产工艺特展。此次展览精选艺术性与工艺性兼具、极富民族特色的非遗项目及具有代表性的重庆地区国家级非遗项目，通过工艺展示与技艺展演来再现传统手工技艺，获得了参观专家的高度评价。

研究生教育进一步推进。本年度中心完成了2014级研究生毕业答辩、2015级研究生开题工作。组织研究生科研项目申报、田野调查、参加学术讲座和会议。

2. 新增项目和人才情况

2017年，新增各级科研项目5项，其中国家社科基金项目1项、省部级项目3项、校级项目1项。向轼博士的"新型城镇化进程中武陵民族地区公共空间建设研究"获立国家社科基金一般项目，校级重大项目培育成效凸显。文晓波博士的"失地农民城市融入的社会风险化解机制创新研究"获立教育部人文社科规划基金项目。向轼博士的"民族乡精准扶贫与跨越式发展对策研究"获立国家民委项目。罗秋雨博士的"文化生态保护试验区建设背景下的渝东南民族特色饮食文化研究"获立四川省川菜研究中心开放课题。新进博士谭斯颖的"汶川地震汉羌两族文化遗产保护的比较研究"获校级引进人才项目立项。

新增博士一名，自7月入校工作以来，谭斯颖博士一直积极开展科研及教学工作。暑假期间开展4次田野调查。多次参加国家社科基金项目申报培训会及相关讲座，持续跟进重大项目申报准备工作。积极做好专著出版准备工作，目前已签订出版合同，预计明年正式出版。多次参加国内国际学术会议并作大会发言，通过交流了解和掌握相关领域最新研究成果和学界动态并有机地融入教学，此外，还承担专业课程"人类学民族学通论"教学工作。

3．研究成果情况

持续推动成果发表和出版。本学年中心人员出版国家级专著2部。肖强所著《重庆市森林生态工程绩效评估研究》由科学出版社出版；任杰慧所著《中国式在家上学：R学堂的教育人类学研究》由社会科学文献出版社出版。

论文发表。本年度中心研究人员发表学术论文11篇，其中SCI期刊论文1篇，国际学术专著收录或海外期刊发表论文3篇，双核心期刊1篇。

研究报告。由刘壮撰写的2篇研究报告在《中国社会科学院要报·中办专供信息》发表并受到国家级领导人批示。

项目结题。本年度非遗中心研究人员共结题3项。市级人文社科重点研究基地开放课题结题工作持续推进中，6名课题负责人已提交结题申请。

4．重点科研领域进展情况

刘壮与Daniele Parbuono合著的 *Un dialogo sul di "intangile cultrual heritage" in Cina. Comparazioni e interpretazioni* 被遗产人类学书系 *Costruzione Di Patrimoni* 第一卷收录。肖强的 *Monitoring Vegetation Cover in Chongqing between 2001 and 2010 using remote sensing data* 9月发表在SCI JCR三区 *Environ Monit Assess*。任杰慧的 *Use of acupuncture in the USA: changes over a decade*（2002-2012）今年1月发表在 *Acupuncture in medicine: journal of the British Medical Acupuncture Society.*

刘壮撰写的研究报告《建议统一西藏的翻译标准用语为Xi zang》发表于《中国社会科学院要报·中办专供信息》2017年第378期，被国家领导人批示后，由中宣部组织统战部、外交部、国家民委、民政部等部门召开了专题落实会议（2017年5月召开）。《推动'弱国治藏'向'强国治藏'转变》被《中国社会科学院要报·中办专供信息》2017年第458期采用。这是中心研究人员研究报告首次获得国家级领导人批示。

刘壮受中国社会科学院《要报》采纳的《高度警惕和防范达赖集团非暴力不合作的对抗方式》及《应高度关注新时期涉藏工作面临的挑战》分获中国社科院优秀对策研究奖二等奖。这是继获得市级优秀社科成果奖之后中心研究人员首次获得国家级奖项。

向轼获国家社科基金一般项目及国家民委项目，为我校实现了民委项目零的突破，重大项目培育成效显著。

5．科教融合的情况

继多次指导市级、校级学生科研项目成功立项、全国大学生创业大赛获奖（铜奖）以来，中心研究人员持续将科研成果融入教学。2017年，向轼、韩同春结合本专业领域指导学生毕业论文选题、论证并完成论文。向轼、韩同春、谭斯颖、王先胜多次带领文化遗产专业本科新生外出田野调查，开展专业课程实训，通过理论学习与实地调查相结合的方式，学生们增进了对田野调查理论知识的了解，积累了实践经验。中心研究人员本年度多次参加各类学术会议、讲座、培训，了解学术前沿动态并提升自身研究水平，为教学注入新活力。

新材料技术研究院

1. 概况

2017年，新材料技术研究院深入学习创新驱动发展战略，全面贯彻实施学校"十三五"发展规划，坚持创新发展理念，一直秉承"大爱无疆、科教报国"的院训，始终以"植根永川、服务重庆、面向全国"为办院理念，坚持"振兴+实干，改革+管理"的总体工作思路，通过跨学科交叉研究和政、产、学、研、资、用协同创新，在新材料技术领域内探索成果产品化、商品化、示范产业化、规模效益化一体化路线，逐渐构筑起较完整的优秀材料工程师培养体系，力争为学校实现"转型、升硕、建大"的宏伟目标，建设成为特色的高水平应用型大学起到重要支撑作用。

2. 2017年完成工作

成功获批科技部"微纳米光电材料与器件国际科技合作基地"，成为重庆市2017年唯一获批的国家级国际科技合作基地。成功获批重庆市发改委"光电薄膜与器件重庆市工程实验室"、重庆市人社局首批"重庆市工程师创新能力培养训练基地"、重庆市科协"院士工作站"；成功获批"材料科学与工程"重庆市级重点学科。

立项自然科学基金青年项目2项；重庆市科委重点项目1项，市发改委项目1项，院士专项1项，一般项目6项；重庆市高校优秀成果转化资助项目1项，高等学校青年骨干教师资助计划1项，重庆市教委一般项目7项；永川区科委应用研究项目2项。经费共计465万元。新增纵向项目18项，经费365万元；横向项目25项（其中创新券20项），经费100余万元。发表科研论文75篇，其中SCI收录论文66篇（二区以上37篇）。申请国家发明专利54项，实用新型专利41项，授权国家发明专利49项，实用新型专利15项。出版教材/专著5部。

响应"一带一路"倡议，积极申报教育部微纳米材料与先进制造国际合作联合实验室，与俄罗斯托木斯克理工大学、波兰科学院物理研究所、乌兹别克斯坦塔什干国立工业大学、美国加州大学洛杉矶分校共建"微纳米光电材料与器件国际合作联合实验室",正在等待现场评估。

承办第三届中国稀土发光青年学术沙龙,来自全国 15 个省市、32 个单位的 40 多位"长江学者""杰青"等国内稀土发光领域专家学者参加会议;成功举办 2017 微纳米光电材料与先进制造学术会议,来自俄罗斯、美国、波兰、意大利等 8 个国家的知名学者包括 6 名院士在内的 50 余人齐聚文理,围绕微纳米材料与先进制造领域的研究进展及相关产业发展现状展开研讨交流。

先后邀请中国科学院院士、中国科学技术大学化学与材料科学与工程学院教授谢毅,电子科技大学教授于军胜,波兰科学院物理所学术委员会负责人 Andrzej Suchocki 教授,新西兰奥克兰大学工学院副院长高唯教授等 10 余人到研究院作学术报告。研究院科研人员本年度参加国际国内各类学术会议共计 40 余人次,李璐、韩涛、程江等人作邀请报告 10 次。

为服务重庆传统制造业加速走向智能制造,提升重庆工业核心竞争力,积极推进与加州大学洛杉矶分校先进研究院 UCLA(ITA)联合共建重庆-UCLA(ITA)智能制造技术研究院。目前已签订谅解备忘录,重庆-UCLA(ITA)智能制造技术研究院成立后,每年将提供不少于 150 万元的经费到研究院,用于项目合作及技术开发。

为推进军民融合深度发展,深入贯彻落实"军民融合"发展战略,研究院目前有柔性触摸屏技术、智能电磁防护用轻质、大面积高效导电薄膜、航空用钛合金表纳米复合硬质涂层等 19 项参与军民融合"民参军"科技成果项目研究,目前各项目已顺利完成中期检查,后续将进一步推进,积极为 2018 年 6 月 21—24 日第十三届重庆高新技术交易会暨第九届中国国际军民两用技术博览会做准备。"大功率无线充电桩""超高强度铝合金薄壁壳体近净锻造成形技术"和"大尺度柔性触控屏技术"等项目的科技成果参展由重庆市科学技术委员会主办"军民两用技术成果双向转化重庆对接会",参展产品获得参会专家和企业的广泛关注与热烈反响。

3. 新增项目

自然科学基金青年项目 2 项;重庆市科委重点项目 1 项,院士专项 1 项,市发改委项目1项,一般项目6项;重庆市高校优秀成果转化资助项目1项,高等学校青年骨干教师资助计划1项,重庆市教委一般项目7项;永川区科委应用研究项目2项。

4. 人才情况

立足自身特色和优势,找准科学定位,持续推进高水平人才引进与团队建设工作,创新人才引进、流动和培养模式,强化激励机制,人员职称结构进一步优化,高层次人才队伍建设得到加强。高职称人员已达27人,新增副教授4人,正高级工程师1人;张艳华教授从新西兰奥克兰大学访学顺利归来;刘兵副教授作为访问学者在澳大利亚皇家墨尔本理工大学进修;陈巧旺攻读博士学位顺利毕业。鼓励教师进企业及科技管理单位等进行挂职锻炼,加强"双师型"队伍建设,拟报"双师型"教师5人,在实践中提高科研创新能力,以科研创新推动企业与地方经济发展。2017年研究院新增教职工10人,其中博士研究生6人,硕士研究生4人。拥有美国、英国、日本的海外留学经历4人。协同单位之间人员双聘、互聘12人。

5. 研究成果情况

发表科研论文75篇,其中SCI收录论文66篇(二区以上37篇)。申请国家发明专利54项,实用新型专利41项,授权国家发明专利49项,实用新型专利15项。柔性触摸显示团队荣获首届中意创新创业大赛复赛(深圳站)第一名,首届中意创新创业大赛第二名。

6. 纳米银线透明导电薄膜柔性触摸屏研究进展

完成柔性触控器件实验生产线的安装调试工作,可实现22寸以内的柔性触控小批量生产;银纳米线项目团队积极推进银纳米线项目的产业化进程,与下游应用端客户广泛接洽,与招商资本旗下的招科高智合作创办了东莞银柔智能科技有限公司,获得融资500万元,主要开展银纳米线透明导电薄膜在智能可穿戴设备上的应用。与重庆合益光电科技有限公司及松录科技有限公司开展银纳米线透明导电薄膜在中大尺寸触控器件方面的应用,试制了21寸触控器件样品,并与合益光电签订了合作协议,联合成功立项了重庆市科委及南岸区科委的成果转化项目,同时获得合益光电500万元订单;与九龙坡高新区洽谈了项目落地合作,并初步完成了项目落地手续,公司工商注册工作正在进行中;团队参加首届中意创新创业大赛获得第二名。

7. LED 植物栽培精准补光研究进展

LED 植物栽培精准补光项目已获得永川国家农业科技园区 2017 年科技成果转化专项重点项目,项目经费拨款 20 万元。目前,已完成生菜、上海青和空心菜等蔬菜的实验室理论研究,发表学术论文 1 篇,正在撰写学术论文 2 篇,申请发明专利 3 个;在西南大学柑桔研究所的柑桔补光结果,表明经过补光柑桔的甜度可提高 15% 左右。

8. 金属注射成型技术研究进展

在研究金属粉末注射成型技术过程中,提出了金属粉末注射成型技术的全套解决方案,先后自主开发出了注射成型技术中的高性能低成本的喂料制备技术、精密注射成型技术、高效率脱脂技术和精细化高致密性烧结技术等关键技术。自制喂料装载量达到 60%,产品致密度超过 98%,尺寸精度在 0.3% 以内。开发的产品包括不锈钢、铁基合金、铜基合金、钛合金等,产品性能达到部分甚至超过了行业水平。而本项目开发的技术极大地降低了材料制造成本,具有较大的市场竞争力。目前已经申报了 4 项国家发明专利和 2 项实用新型专利。本技术获得中国第六届创新创业大赛重庆赛区先进制造组三等奖。

9. 涂料、纳米超硬涂层研究进展

与重庆澳富保温材料有限公司签订了关于外墙保温板的涂料增值服务协议,结合澳富公司在保温板市场方面的优势和研究院在涂料方面的优势共同推进技术转化。纳米超硬涂层研究一是以金属材料为基体,通过纳米多层设计、Si、C、Mo 元素添加,改善 TiN、TiAlN 基硬质涂层的摩擦学性能,将单层 TiN、TiAlN 涂层的摩擦系数由 0.8~0.9 降低至 0.2~0.6,在保证涂层硬度的情况下,进一步提高了涂层应用过程中的稳定性。二是以 PI 柔性有机薄膜及光学玻璃为基体,进行了表面硬质防划涂层的设计,在 PI 基体表面成功获得透光率超过 80% 的硬质 TiN 薄膜。申请实用新型专利 2 项;授权国家发明专利 2 项、实用新型专利 1 项。与红江机械厂就柱塞表面硬质涂层的工作展开了洽谈,通过了试样制备,目前正在进行临时供货商资质办理工作,有望在 2018 年初与红江厂正式开展涂层生产业务。

10. 科教融合

为深入推进高校创新创业教育改革，引导大学生在创新创业中增长智慧才干，积极营造创新创业氛围，激发创业创新活力，培养具有创新精神、创业意识和创新创业能力的青年人才，助力经济社会发展，研究院老师刘碧桃组织李晨、李泽坤、向敏等学生参加了"农商行·加上创业贷"重庆市第六届大学生创新创业大赛；为了丰富我市大学生的课外科技活动，培养学生对物理学的兴趣，更好地应用现代物理知识解决实际问题，提高学生创新实践能力，推动高校大学物理和大学物理实验教学改革，提高大学物理教学质量，研究院老师田亮亮、蒲勇、陈美静等组织学生参加了市教委举办的第三届重庆市大学生物理创新竞赛。

创新靶向药物国际研究院

1. 概况

创新靶向药物国际研究院 2017 年以来，在新药研发、平台建设、人才队伍和学科建设等方面取得了一系列显著成果：

新药研发成果突出：（1）拥有国际自主知识产权的"抗 ED 一类新药"，已拿到中国 CFDA 临床申请受理通知书（受理号：CXHL1700073、CXHL1700074、CXHL1700075），美国 FDA 临床申请正在提交中；（2）与美国合作研发的 1 个治疗甲状腺癌、乳腺癌的 RET 抑制剂，与临床药物相比，其体外活性增加了 1 000 倍以上，目前已进入临床前评价工作。

新增科研经费 860 万元，发表 SCI 论文 12 篇，申请国际核心专利 8 项，其中台湾地区已授权，申请国家发明专利 10 余项。

平台建设成果显著：重庆文理新药创新团队被市科委获准为 2017 年重庆市创新创业示范团队培育计划；靶向创新药物协同创新中心获批重庆市第四批 2011 协同创新中心；2017 年 6 月，创新靶向药物国际研究院当选为中国侨联新侨创新创业联盟理事单位，陈中祝博士当选为中国侨联新侨创新创业联盟理事；完成了 500 平米 SPF 级转基因动物房的建设、设备采购等工作。

人才队伍建设成效显著：2017 年引进博士 4 人，硕士 2 人，培养毕业博士研究生 1 人，在读博士研究生 2 人。新增重庆市先进工作者 1 人，新增永川区优秀科技工作者 1 人。2017 年双聘中国工程院院士、复旦大学陈芬儿教授 1 人。

学科建设取得阶段性成功：药学学科获批重庆市高等学校市级重点培育学科。同时，药学学科作为我校优势学科，进行重点建设。

2. 新增项目

创新靶向药物国际研究院 2017 年度新增科研项目 6 项，其中省部级项目 2 项，科研费用 860 万元。重庆文理学院靶向药物产学研联盟建设，重庆市发改委 2017 创新驱动专项资金投资计划，共 800 万元。抗 ED 和肺动脉高压一类新药，2017 年度重庆高校优秀成果转化资助项目（项目编号：KJZH17129），共 60 万元。

3．人才情况

创新靶向药物国际研究院现有在编科研人员 16 人，其中行政人员 2 人；外聘科研人员 7 人；2017 年双聘中国工程院院士、复旦大学陈芬儿教授 1 人；与中国科学院成都有机所联合培养在读博士研究生 2 人；团队中高级职称 4 人，博士 10 人，硕士 13 人，具有国外留学经历的科研人员 3 人，"重庆市百人计划"获得者 1 人，重庆市先进工作者 1 人，永川区优秀科技工作者 1 人，另以首席科学家方式聘有海外药物研发知名专家 6 人。与美国阿肯色大学药学院签订了药学学科博士研究生联合培养协议，联合培养药学博士研究生。

4．研究成果

拥有国际自主知识产权的"抗 ED 一类新药"，已拿到中国 CFDA 临床申请受理通知书（CXHL1700073、CXHL1700074、CXHL1700075），美国 FDA 临床申请正在提交中。

与美国合作研发的 1 个治疗甲状腺癌、乳腺癌的 RET 抑制剂，与临床药物相比，其体外活性增加了 1 000 倍以上，目前已进入临床前安全评价工作。

发表 SCI 论文 12 篇，申请国际核心专利 8 项，其中台湾地区已授权，申请国家发明专利 10 项。

主办第二届靶向治疗与分子药物国际研讨会（2nd International Symposium on Targeted Therapeutics and Molecular Medicine：Structural Biology，ISTTMM 2017）。大会由我校副校长王明华教授主持，党委书记孙泽平教授出席会议，本次大会主席、我校校长许洪斌教授向与会专家、学者致欢迎辞。中国工程院院士陈芬儿致开幕词并宣布大会开幕。本次国际研讨会吸引了来自美国、意大利、英国等国内外著名专家、学者约 100 余人参加。大会就结构生物学在当前靶向药物研究中的应用、未来靶向药物发展方向和人类疾病治疗等问题进行深入交流和探讨，为探寻新的靶向药物和新靶标分子奠定基础。

大会分别邀请到了美国科学院院士、加州大学伯克利分校 John Kuriyan 教授，中国工程院院士陈芬儿教授，美国阿肯色大学医学院教授、国际著名药学家 Hong-yu Li 博士，美国维克森林大学教授、世界著名癌症学专家 Hui-Kuan Lin

博士，华盛顿大学药学院 Ning Zheng 教授，意大利那不勒斯费德里克二世大学分子医学和医药生物技术教授、国际知名的激酶研究专家 Massimo Santoro 博士，美国加州大学旧金山分校教授、血液科临床医生 Neil P. Shah 博士，意大利那不勒斯费德里克二世大学生物学教授、国际知名分子肿瘤学专家 Francesca Carlomagno 博士，伦敦大学结构性肿瘤生物学教授、国际著名结构性肿瘤专家 Neil Q. McDonald 博士等专家、学者作了大会报告。

5. 重点科研领域进展

拥有国际自主知识产权的"抗ED一类新药"，已拿到中国CFDA临床申请受理通知书（CXHL1700073、CXHL1700074、CXHL1700075），美国FDA临床申请正在提交中。

与美国合作研发的1个治疗甲状腺癌、乳腺癌的RET抑制剂，与临床药物相比，其体外活性增加了1 000倍以上，目前已进入临床前安全评价工作，预估2018年底可完成临床前安全评价工作，届时力争向中国CFDA提交临床申请。

设计开发了一系列针对乳腺癌、结肠癌、肺癌、胰腺癌等癌症靶标的新抑制剂，并在体外进行了一系列生物活性测试，取得了重要结论，这些有前景的新的抑制剂有望进一步进行体内抗肿瘤活性研究，为针对这些抗肿瘤新药开发提供了重要的前期理论基础和实验数据。

6. 科教融合

创新靶向药物国际研究院近年来高度重视科教融合，与中国科学院成都有机所、西南大学等单位联合培养博士研究生和硕士研究生，目前已培养毕业博士研究生1人、硕士研究生4人、在读博士研究生2人、在读硕士研究生2人。与美国阿肯色大学药学院签订了药学学科博士研究生联合培养协议，联合培养药学博士研究生。面向药学相关专业开设"药物研发精英班"，为本科生提供科研、实习、实作科研平台，取得了较好的效果。

特色植物研究院

1. 概况

重庆文理学院特色植物研究院成立于 2016 年，目前拥有"重庆特色植物种苗工程技术研究中心""重庆市高校园林花卉工程技术中心""特色植物产业·重庆 2011 协同创新中心""经济植物生物技术与资源利用重点实验室""重庆高校特色植物种苗工程创新团队"等 5 个省部级科研平台（团队），围绕"申硕创大""顶天立地"的发展战略，以特色应用型大学建设为目标，确立了"建设应用型学科，开展应用型研究，培养应用型人才，创建应用型研究院"的发展思路，深入推进"园艺学"重点学科、特色植物产业协同创新中心和园艺学硕士专业学位点条件建设。一年来，研究院秉持"一个导向、三重服务、五项融合"的理念，形成了"种质资源创新与利用""种苗工程理论与技术""逆境生理与调控技术""采后利用与质量安全" 4 个稳定的研究方向，在人才、平台、科研等方面取得了卓越的成绩，引领了重庆市特色植物产业的持续发展。

2. 新增项目

2017 年，研究院新增科研项目 21 项，其中国家级项目 3 项，省部级项目 11 项，到账总经费 285.5 万元。

科研项目

序号	项目名称	项目级别	项目来源	经费（万元）	主持人
1	LmMYB15 转录因子调控灰毡毛忍冬绿原酸生物合成的分子机制（31770338）	国家	基金委	60	陈泽雄
2	竹根姜 HCT 基因在根茎木质素生物合成中的功能解析（31701912）	国家	基金委	25	唐宁
3	采后失水胁迫调控生姜脆嫩品质的关键基因筛选及功能解析（31701972）	国家	基金委	25	吴林
4	LmMYB15 转录因子基因调控灰毡毛忍冬绿原酸生物合成的分子机制研（cstc2017jcyjBX0026）	市级	市科委	20	陈泽雄

续表

序号	项目名称	项目级别	项目来源	经费（万元）	主持人
5	荣昌无刺花椒新品种脱毒种苗工厂化繁育关键技术研发与示范（cstc2017shms-xdny80022）	市级	市科委	20	陈泽雄
6	科技团队忠县驻村扶贫模式创新示范（cstc2017shms-kjfp80016）	市级	市科委	20	刘奕清
7	黔江猕猴桃低产园改造技术集成与扶贫示范（cstc2017shms-kjfp80037）	市级	市科委	20	唐建民
8	无公害葛根高效栽培技术示范与推广（cstc2017shms-kjfp0221）	市级	市科委	20	李会合
9	拮抗酵母菌诱导猕猴桃果实抗病应答的机制研究（cstc2017jcyjAX0401）	市级	市科委	5	隋 媛
10	竹根姜根茎木质素合成关键MYB转录因子的筛选与功能解析（cstc2017jcyjAX0449）	市级	市科委	2.5	唐 宁
11	猕猴桃果实响应灰霉菌侵染的分子机制（KJ1711275）	市级	市教委	3	隋 媛
12	基于转录组学的竹根姜根茎粗纤维积累的激素调控研究（KJ1711270）	市级	市教委	3	唐 宁
13	生姜采后失水胁迫应答关键转录调节基因的筛选与功能解析（cstc2017jcyjAX0233）	市级	市科委	5	吴 林
14	细胞分裂素调控猕猴桃果实发育的关键基因功能解析（KJ1711276）	市级	市教委	3	吴 林
15	生姜规模化种植关键技术集成与示范（Ycstc,2017cb1008）	区级	区科委	6	廖钦洪
16	生姜根茎特性对水分胁迫的应答机制（2017RTZ18）	校级	重庆文理学院	8	李 强
17	生姜突变资源的创制与评价（2017RTZ19）	校级	重庆文理学院	8	任 云
18	豆科植物共生固氮形成机制的转录组研究（2017RTZ21）	校级	重庆文理学院	8	李洪雷
19	生姜6-姜酚生物合成关键调控酶基因的克隆与功能分析（2017RTZ22）	校级	重庆文理学院	8	李哲馨
20	竹根姜试管微型种球诱导及其形成的相关基因挖掘（2017RTZ23）	校级	重庆文理学院	8	刘 霞
21	基于生姜秸秆纳米活性炭的研制与应用（2017RTZ20）	校级	重庆文理学院	8	张文林

3. 人才情况

2017年研究院新增毕业于中科院、中国林业大学等博士6人。

序号	姓名	性别	毕业院校	专业	学位分类
1	李洪雷	男	中国科学院大学	植物学	理学博士
2	李 强	男	四川农业大学	作物栽培学与耕作学	农学博士
3	李哲馨	女	中国林业科学研究院	林木遗传育种	农学博士
4	任 云	女	四川农业大学	作物遗传育种	农学博士
5	刘 霞	女	中国林业科学研究院	森林培育	农学博士
6	张文林	男	西南大学	果树学	农学博士

4. 研究成果

2017年研究院发表论文24篇，其中SCI收录论文16篇，授权专利6项，论文数量和质量创历史新高。

科研论文：

[1] Liu Y Q, Wu L, Wu X W, et al. Analysis of microbial diversity in soil under ginger cultivation[J]. Scientifica, 2017, 1-5.

[2] Chen Z X, Lou J. Identification and expression of the trehalose-6-phosphate synthase gene family members in tomato exposed to different light spectra[J]. Arch Biol Sci, 2017, 69(1): 93-100.

[3] Chen Z X, Liu G H, Liu Y Q, et al. Overexpression of the LmHQT1 gene increases chlorogenic acid production in Lonicera macranthoides Hand-Mazz[J]. Acta Physiol Plant, 2017, 39(27): 3-10.

[4] Jiang Y S, Fan W Q, Xu J M. De novo transcriptome analysis and antimicrobial peptides screening in skin of Paa boulengeri[J]. Genes & Genomics, 2017, 39(6): 653-665.

[5] Fan W Q[+], Jiang Y S[+], Zhang M X, et al., Comparative transcriptome analyses reveal the genetic basis underlying the function and adaption of amphibian skin[J]. Plos One, 2017 (并列第一作者, Accept)

[6] Jiang Y S, Liao Q H, Li H L, et al. Ginger: response to pathogen-related

diseases[J]. Physiological and Molecular Plant Pathology, 2018(102): 88-94.

[7] Jiang Y S,Liao Q H,Zou Yong, et al. Transcriptome analysis reveals the genetic basis underlying the biosynthesis of volatile oil,gingerols, and diarylheptanoids in ginger (Zingiber officinale Rosc.)[J]. Botanical Studies, 2017, 58(1): 41.

[8] Li H L,Huang M J,Tan D Q, et al. Effects of Soil Moisture Content on the Growth and Physiological Status of Ginger (Zingiber officinale Roscoe), Acta Physiol Plant, 2017. (通讯作者, Major revise)

[9] Liu J,Li G,Sui Y*. Optimization of culture medium enhances viable biomass production and biocontrol efficacy of the antagonistic yeast, Candida diversa[J]. Frontiers in Microbiology, DOI: 10.3389/fmicb.2017.02021.

[10] Liu J,Sui Y*,Xie Z, et al. Transcriptome profiling reveals differential gene expression associated with changes in the morphology and stress tolerance of the biocontrol yeast, pichia cecembensis[J]. Biological Control, http://dx.doi.org/10.1016/j.biocontrol. 2017.05.010.

[11] Liu J,Sui Y*,Wisniewski M,et al. The impact of the postharvest environment on the viability and virulence of decay fungi[J]. Critical Reviews in Food Science and Nutrition,2017,31(1-7): DOI: 10.1080/10408398.2017.1279122.

[12] Liao Q H, Ran L, Li H H*. Study on the effect of soil beneficial microorganisms on the growth of kiwifruit[J]. Biomedical Research, 2017, S200-S207.

[13] Li Q, Wu Y W, Chen W, et al. Cultivar differences in root nitrogen uptake ability of maize hybrids[J]. Frontiers in Plant Science, 2017(8): 1060.

[14] Zhang W L,Zhou Z Q,et al. Citrus Pectin-derived carbon microspheres with superior adsorption ability for methylene blue[J]. Nanomaterials, 2017, 7(7): 161.

[15] Li N, Huang B, Tang N, et al. The MADS-Box gene SlMBP21 regulates sepal size mediated by ethylene and auxin in tomato[J]. Plant Cell Physiol, 2017,

58(12):2241-2256.

[16] Zou J, Chen J, Tang N, et al. Transcriptome analysis of aroma volatile metabolism change in tomato (Solanum lycopersicum) fruit under different storage temperatures and 1-MCP treatment. Postharvest Biology and Technology, 2018(135): 57-67.

[17] 黄科,庞敏,王立梅,等. KNO_3对猕猴桃组培苗形态及生理特性的影响[J]. 经济林研究, 2017, 35（1）: 49-53.

[18] 廖钦洪,姜玉松,李会合*,唐博峰. 乙醇提取生姜姜辣素的工艺优化[J]. 食品工业科技, 2017, 38（21）: 162-166.

[19] 廖钦洪, 李会合*, 张琴. 生姜叶片氮含量的高光谱遥感估算模型研究[J]. 农业现代化研究, 2017, 38（2）: 315-321.

[20] 李强, 马晓君, 豆攀, 等. 不同生态条件下氮肥对玉米氮素吸收利用及产量的影响[J]. 华北农学报, 2017（1）: 1-8.

[21] 马晓君, 李强, 王兴龙, 等. 供氮水平对不同氮效率玉米物质积累及产量的影响[J]. 中国土壤与肥料, 2017（2）: 63-68.

[22] 吴雅薇, 李强, 豆攀, 等. 低氮胁迫对不同耐低氮性玉米品种苗期生长、伤流性状及根系活力的影响. 植物营养与肥料学报, 2017（23）: 278-288.

[23] 吴雅薇, 李强, 豆攀, 等. 氮肥对不同耐低氮性玉米品种生育后期叶绿素含量和氮代谢酶活性的影响[J]. 草业学报, 2017（26）: 188-197.

[24] 廖钦洪, 邹勇, 李洪雷, 姜玉松+, 基于RNA-seq数据的生姜NAC转录因子家族鉴定及分析, 中国中药杂志, 2017.（通讯作者, 录用）

授权专利：

[1] 姜玉松, 邹勇, 姚昱岑. 一种光照可调式植物培育架, 实用新型专利, 授权.

[2] 姜玉松, 邹勇, 姚昱岑. 一种智能植物培育装置, 实用新型专利, 授权.

[3] 姜玉松, 邹勇, 姚昱岑. 一种多功能植物培育生长柜, 实用新型专利, 授权.

[4] 廖钦洪, 李会合, 刘奕清. 一种生姜起垄开沟机, 实用新型专利, 授权.

[5] 邹勇. 连接配件（土地栅板）, 外观设计专利, 授权.

[6] 邹勇. 种植容器（可拆卸式）, 外观设计专利, 授权.

5. 灰毡毛忍冬研究进展

围绕灰毡毛忍冬核心次生代谢成分绿原酸和木犀草苷，系统开展了相关功能基因和转录因子的调控机理研究。依托1个国家自然科学基金面上项目和1个重庆市基础与前沿重点项目，已获得与绿原酸合成的核心转录组数据和与木犀草苷合成的核心转录组数据，在此基础上，分别对绿原酸和木犀草苷合成相关的重要基因进行了初筛，获得了12个相关功能基因和转录因子。目前，已克隆了该12个基因的全长序列，其中已构建到超表达载体的基因有8个，干扰载体的有5个，转化烟草的研究工作正在进行中。

6. 荣昌无刺花椒研究进展

依托重庆市科委民生项目支持，进行了荣昌无刺花椒种苗研发与示范研究，全年共采样12次，接种外植体数目超过2 000个，从取材时间、前期预处理、二次消毒、抗生素添加等途径系统进行了无菌体系建立研究，基本确立了抑制荣昌无刺花椒内生真菌的方案。在此基础上进行了再生体系建立研究，已获得初代培养优化配方，有望在2018年实现量的突破。

7. 猕猴桃研究进展

猕猴桃灰霉病是猕猴桃果实采后贮藏过程中影响其产量和品质的重要病害。研究猕猴桃果实对灰霉菌侵染的响应机理，为更好地开发抗性品种奠定基础。通过研究猕猴桃接种灰霉菌后，猕猴桃组织的细胞结构变化并进行蛋白质组学分析，发现并鉴定出了328个差异表达蛋白（DEPs），其中227个上调，101个下调。这些差异表达蛋白主要调控渗透位点重组、细胞壁降解、MAPK级联、活性氧ROS信号转导及病程相关蛋白。通过VIGS沉默基因myso10（真菌侵染后调控寄主的渗透抗性）后，猕猴桃寄主的发病率明显提高。通过改善猕猴桃果实的遗传特性，以期获得高抗品种。

8. 生姜研究进展

利用RNA-seq比较了高湿度健康生姜、高湿度染病生姜、低湿度健康生姜、低湿度染病生姜根茎的转录表达差异，获得了一个较为完整的生姜转录组数据库，而且通过4个处理样本之间转录水平差异的比较及富集分析，发现CESA、CPY、WAK、XET等细胞壁代谢相关基因、ABF4、PR-2、AOS等激素信号转导相关基因、NAC 转录因子基因显著响应了对青枯菌的应答,并对 ABF4、CESA 等基因在烟草中进行了功能验证。

9. 科教融合

2017 年,研究院科研人员承担了"园林植物遗传育种""细胞生物学实验""人与自然""细胞生物""生态学""花卉学"等多门课程,同时,结合科研人员的科研项目及研究方向,指导 2015 级园林、2014 级生物科学、2014 级食品科学与工程专业毕业生 56 名,指导学生申报校级科研项目 6 项,全面提升了学生的科研、创新能力。

学生教育

XUESHENG JIAOYU

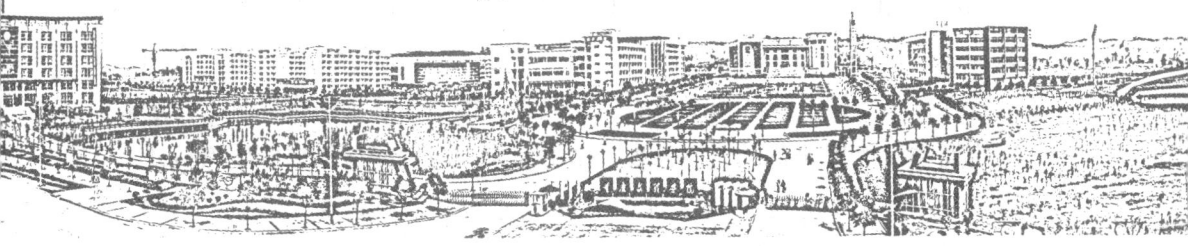

教育管理

1. 大学生思想政治工作

创新思政工作方式，推动思政工作品牌建设，扩大"学在重文理"微信公众号影响力。该平台坚持"以生为本"，时时、事事、处处关注学生的成长与发展，内容包括早起打卡、重要资讯、学风建设、思想引领、心灵驿站、实践育人、一见钟寝、学工调研等14个主题。推文800余篇，吸引28 000余人，已成为学校开展网络思政工作的重要平台。

推动"一院一品"学生品牌活动建设。对2016年立项建设的8个"一院一品"学生品牌活动进行中期检查和验收，各项目能够按照申报内容和计划积极开展学生品牌活动。教育学院立项的"成长大本营——提升当前师范生就业能力路径研究"取得较好反响。

开展辅导员工作网文大赛。组织开展第五届辅导员工作网文大赛活动，比赛收到网文60篇，内容涉及思想理论、党团工作、形势教育、就业成长、社会实践、心灵导航、学习辅导和生活指导等大学生关心的话题，引起了校内师生、校外校友、社会人士和家长的高度关注，推动了学校网络思政工作建设。

定期关注思想动态，牢把思政工作主动权。通过网络了解学生思想动态。重点依托"学在重文理""重文理小团团"、思想政治教育专题网站——明德网等网络平台了解学生思想动态，解决学生关注的社会热点、难点和学校教学与管理服务方面的问题。

开展大学生思想政治状况网络问卷调查。调查问卷为自编问卷，共计54题，内容涉及人生观与人生追求、价值观与价值选择、政治观与政治行为、道德观与道德行为、文化观与文化素养等五个维度，7 882人参与了调查。结果显示学校大学生思想政治状况总体积极健康，呈现向上向好的发展态势，但存在部分学生校园生活适应不良、个人追求和价值存在一定的偏差、道德意愿受社会不良风气影响较大等问题。

开展学生代表座谈会。组织了新生代表座谈会、毕业生代表座谈会、少数民族学生代表座谈会、家庭经济困难学生代表座谈会等 10 余次。通过座谈会拉近学校领导和学生之间的距离，倾听学生对自身成长的困惑、对学校教育教学工作建议等。为及时解决学生反映的问题，对问题进行整理归类并反馈至相关单位进行及时整改。

务实开展周教专题教学，保持思政课程实效性。辅导员利用周末为学生讲授"大学生周末思想教育"课。该课包括思想政治教育、学习指导、就业指导、素质拓展、心理健康教育、安全教育等与学生学习生活息息相关的六大主题，有统一授课教学大纲、教案和课件供任课教师参考，每个主题有相应的业务指导科室。在教学方式方面有所创新，由单一的辅导员课堂教学逐步向多元的教学方式进行转变，各学院通过不定期邀请校内外专家、专业人士、优秀学生、友好合作单位来校深入周末教育课堂，开展就业创业、思想政治教育、学习指导、心理健康教育、艾滋病防治等方面教育。根据课程内容性质，部分学院还依托周末文化广场、专业展示课程、素质拓展课程等平台，开展周末思想教育。组织开展优秀教案评比活动和辅导员听课、评课活动。课程满意度网络问卷调查结果显示，与上次相比，学生对授课内容的满意度由 61% 上升至 86%，对授课方式的满意度由 58% 上升至 85%，对授课教师的满意度由 75% 上升至 92%，对课程的总体评价由 63% 上升至 89%。

2．思想政治工作队伍建设

完善制度建立长效机制。制定《重庆文理学院关于进一步加强辅导员队伍建设的实施意见》(重文理委〔2017〕57 号)，进一步明确辅导员工作职责与要求、配备与选聘、培训与培养、职务评聘、管理与考评、条件与保障等内容，打通辅导员职级评审和职务晋升的通道，完善了辅导员队伍建设的长效机制。严格按照文件精神落实辅导员"双线晋升"政策，在专业技术职务评聘方面，设立辅导员专业技术职务评聘学科组，实行辅导员专业技术职务评聘单列指标、单设标准、单独评审政策，其指标比例不低于同职级专任教师的指标比例。在职级晋升方面，将辅导员管理岗纳入全校职员剩余指标统筹考虑，实行辅导员职级晋升单列指标、单设标准、单独评审政策，保证其指标比例不低于其他系列职员评定指标比例。职称评聘和职级晋升考评着重考察工作实绩。

多元选拔确保队伍数量。严格按照《重庆文理学院专职辅导员招聘实施办法》，公开公平公正选聘一批优秀的青年教师担任辅导员。2017年通过面向社会公开招聘的形式，最终选拔辅导员15人，实际到岗14人。在专兼职辅导员到岗之前，选拔了38名优秀的专业教师担任学生班主任，帮助辅导员分担工作任务。截至2017年底，已经报名并参加了考察应聘辅导员的博士研究生5人。

多种途径提升职业能力。通过校内外培训相结合的方式，积极推动辅导员队伍的业务水平提升。2017年组织13名新进辅导员参加市教委、校级岗前培训；组织58人次参加教育部、市教委、团市委、学会等各级培训；组织20名辅导员观摩重庆市辅导员职业能力大赛。邀请重庆大学、西南大学、重庆师范大学等校外专家、优秀辅导员等围绕网络思想、心理健康教育、就业工作、新高考制度、辅导员职业技能大赛等主题来校讲学、交流，共计5场；组织开展辅导员座谈交流会1次；承办学习宣传贯彻党的十九大精神——重庆高校优秀辅导员"校园巡讲"和"网络巡礼"。组织开展第五届辅导员职业能力大赛，通过基础知识测试及网文写作、主题演讲、案例分析、谈心谈话四个环节，参赛辅导员中1人获一等奖、2人获二等奖、3人获三等奖、4人获优秀奖。在全市辅导员职业能力大赛中学校1名辅导员获优秀奖。在校级科研课题中，专门设置大学生思想政治教育专项，通过积极动员、主动申报、专家指导等，最终有30余名辅导员参与项目申报，有21人获立项。积极组织、评审推荐重庆市辅导员择优资助计划项目，并立项1个；组织评审推荐全国高校辅导员工作优秀论文1篇；大力建设青年发展研究中心校级科研平台，开展学术交流活动；推动校级"辅导员名师工作室"建设。2017年，学工人员获市级以上课题立项12项，发表论文14篇。组织学工人员规章制度考试。举行"践行十九大提升新技能实现新作为——学工人员《学生管理相关规章制度》"考试，70余名学工人员参与，提升学工人员业务能力。

3. 学生日常管理

坚持开展"两早一晚"。提前做好工作策划，安排好"两早一晚"场地和内容，在日常运行过程中严格考勤和纪律管理。逐渐形成了浓郁的学习、活动氛围，绝大多数学生都能够积极参与体育锻炼，专心致志学习。2017年，早操、早晚自习平均出勤率均达到95%以上。

坚持开展学生管理制度的学习宣传。为深入贯彻落实《普通高等学校学生管理规定》（教育部令41号）文件精神，进一步修订重庆文理学院学生管理规定、学生学籍管理规定、学生违纪处分办法、学生日常行为教育管理规定、学生申诉管理办法和校内其他学生相关的管理制度。为做好新版学生管理制度的执行工作，印发《重庆文理学院学生管理相关规章制度》汇编，通过周末思想教育课、网络宣传、校内展板、组织考试等形式，多种方式、多种途径向学生进行宣传，引导学生自觉遵守学校的纪律。同时，也保障了学生的合法权益，为学生提供了良好的学习和生活环境，维护了学校正常的教育教学和生活秩序，有效地推动了学风建设。

坚持开展学生寝室文化建设活动。2017年，由学校依托宿舍团总支和学生公寓自育自律管理委员会等学生组织，开展秀出舍彩、寝室之星、军训优秀内务寝室、"学霸"寝室等多个宿舍文化建设活动。通过活动锻炼学生的自立意识和文明生活意识，增强学生的集体主义观念和组织纪律性，推动思想政治教育进宿舍，营造了文明、健康、和谐的宿舍环境。2017年度对学生宿舍文化建设活动进行校级总结、表彰，评选出优秀内务寝室一等奖20个，二等奖30个，三等奖50个，发放奖金2万余元。

坚持开展学生各类评奖评优活动。2017年，开展国家（励志）奖学金，市级先进个人（或集体）及标兵、市级优秀毕业生，校级"五四"评优、优秀优良毕业生等评选表彰活动，共评选出国家奖学金40人、国家励志奖学金621人，市级各类先进个人及标兵134人、各类先进集体及标兵27个、市级优秀毕业生60人，校级先进班集体28个、文明寝室117个、三好学生338人、优秀学生干部365人、各类先进个人473人，以及校级优秀毕业生522人、校级优良毕业生411人。

坚持做好毕业典礼和毕业生文明离校工作。完成2017届毕业生毕业典礼和学位授予仪式。组织学工人员不定期深入学生寝室、教室等学习生活场所，通过组织召开座谈会、校风巡视以及坚持值班等方式及时掌握毕业生的思想动态，做好毕业生心理健康、感恩诚信、安全法制和廉洁教育，全力保证毕业生的思想稳定。通过部门联动，主动增强服务意识，热情为毕业生服务，帮助毕业生顺利完成离校手续，实现毕业生离校"零事故"的工作目标。

坚持开展学生网贷清理排查。为杜绝校园安全隐患，本年度针对学生中的不良网贷情况，进行全面清查和梳理。为加强不良网贷的宣传教育，通过班级QQ群、班级微信群、学校"学在重文理"微信公众平台、校园橱窗等多渠道，主题班会、专题讲座、周末教育、观看宣传片等多形式，面向全校普及金融知识、网络安全知识，有效遏制了学生不良网贷情况的继续发生，帮助学生回归正常学习生活轨道，切实增强学生风险防范能力和对网贷业务的甄别、抵制能力。

坚持开展带薪实习实践活动。2017年，按照重庆市教委有关要求和工作方案，学校组织开展学生暑期带薪实习社会实践活动。通过高度重视，及时动员、积极组织、精心安排与用人单位主动对接、协调等，尽量帮助家庭经济困难学生找到合适的岗位，服务学生锻炼成才。2017年选拔近300名学生参加暑假带薪实习社会实践活动。

扎实开展校风巡视。积极组织和督促二级学院、学生宿舍团总支和学生公寓自育自律管理委员会学生干部开展校园不良现象、违章违纪、安全隐患大检查，重点抓好校园文明建设、学生宿舍安全和寝室内务。不定期开展学生晚归、不归和校外住宿学生的专项清理督查和巡视工作，加强学生住宿管理。在校院二级管理和师生的共同努力下，创造了文明、安全的校园环境和高雅、舒适的宿舍环境。

4. 特殊困难学生帮扶资助

建立健全学生资助政策。重新修订《重庆文理学院家庭经济困难学生资助管理办法》《国家奖学金管理办法》《国家励志奖学金管理办法》《国家助学金管理办法》《学生奖励办法》。

完善学生资助体系。建立起以生源地助学贷款为主，以"奖、勤、助、补、减"和"绿色通道"为辅的家庭经济困难学生资助体系。具体包括国家助学贷款（主要是生源地贷款）、国家奖助学金（包括国家奖学金、国家励志奖学金、国家助学金）、学校奖学金（综合奖学金、创新创业奖学金、学科竞赛以及其他活动奖励等）、勤工助学、临时困难补助、学费减免，以及新生入学绿色通道。

做好家庭经济困难学生认定工作。学校现有全日制学生 20 456 人，根据学校家庭经济困难学生认定的办法，本学年认定为困难学生的有 8 598 人，占在校生的 42.02%，其中特别困难 1 788 人，占在校生的 8.74%。

通过新增助管岗增加固定勤工助学岗位近 100 个，为校设岗位勤工助学岗位学生 2 212 人次发放勤工助学工资 38.59 万元，为送水队勤工助学岗 367 人次发放勤工助学工资 23.91 万元，为洗衣房勤工助学岗 139 人次发放勤工助学工资 4.64 万元。

评选国家助学金 5 986 人，国家励志奖学金 621 人，国家奖学金 40 人，发放奖助学金总额 2 000 余万元。

做好全科教师生活补助发放工作。为 2 755 人次发放全科教师生活补助 233.04 万元。

做好生源地贷款回执办理和缴费工作，为 3 781 名学生办理了生源地信用助学贷款，贷款金额达 2 626 万元。

做好重庆市建卡户学生资助工作，为 1 000 余人发放重庆籍建卡户生活补助、就业补助等 321.14 万元。

为 50 名学生发放入伍补偿 70.31 万元，为特殊困难、家庭遭遇重大自然灾害等导致临时困难的学生 905 人次发放困难补助 24.21 万元。节假日为特困学生、考研学生等 4 000 余人次发放月饼、粽子、牛奶等慰问品 13.2 万元。

5．心理健康教育

完善大学生心理咨询工作机制。3 月，成立蔚蓝心理健康教育与咨询中心。中心挂靠教育学院，设专岗专人负责，学工部一名副部长兼任中心副主任，学工部思政科科长负责配合协调中心工作。中心现拥有专兼职心理咨询师 20 人，其中含学工人员 5 人。

举办心理健康活动。承办重庆市第八届大学生成长论坛永川片区论坛并获一等奖 6 项、二等奖 8 项、三等奖 1 项。组织开展主题为"汇聚成长智慧，共创出彩人生" 5·25 大学生心理健康教育活动。开展心理危机排查工作，并完成心理危机学生的心理咨询、跟踪和协调工作。每周持续推进心理健康时空车广播栏目，在"学在重文理"中开设"心灵驿站"并每周定期更新。务实开展大学生防艾教育，邀请永川血站专业人士深入"大学生周末思想教育"课堂向大一学生讲授防艾知识，该项工作已于 2014 年启动，二、三、四年级已宣传讲解完毕，实现了防艾宣传全覆盖。

6．大学生成长目标导航计划

扎实开展学生成长目标导航工作，学生适用范围覆盖一至三年级全体学生。坚持执行大学生学习承诺和学习警示制度，指导学院做好大学生成长导师团队的选拔与考核，确保学生指导实效，激发学生学习动力。通过成长目标导航工作的开展，学生的主体地位得以确立。"计划"实施中，学生不再是简单的教育或管理对象，必须主动思考、规划和行动，老师不再大包大揽；学生的成长目标更加明确。由于不断强化人生目标、职业目标和阶段目标的规划，学生的目标感逐渐清晰；学风建设更加扎实。目标清晰后，学生须承诺、践诺，加上预警机制，学生不会再迷茫、消极，有力地促进了优良学风、校风建设。

实施"目标导航"，进一步完善成长目标导航软件，新增学生家长注册查询功能，积极构建"内外联动"的家校互动模式，合力联动营造和谐的育人环境。以此项工作为依托的成长目标导航——大学生学习管理模式的创新与实践获得学校教学成果一等奖。

招生工作

1. 编制招生计划，完成招生任务

完成27个省（自治区、直辖市）分省分专业分科类招生计划编制，对音乐学（音乐表演）、信息与计算科学两个专业暂停招生，增加文化遗产、机器人工程、材料科学与工程三个新专业。2017年学校公布招生计划4 950名，实际录取新生5 033名，学校总录取率达到原计划的101.7%。

多渠道开展招生宣传，注重线上线下招生咨询，在《2017艺术报考指南》《2017招生计划汇编》（文理科）、《高考——重庆特刊》《2017填报志愿指南》等各类传统刊物中刊载学校招生宣传资料。

设计制作招生简册、招生简章、新生手册、各专业招生简介等宣传资料，印制发放总量达到40 000余份。

在高考志愿填报期间开展校园开放日、高校志愿填报讲座、校园参观等活动。

运用微信公众号、微视频（师兄师姐带你逛校园）等新媒体形式开展宣传。在教育科研网、新华网、华龙网、阳光高考网等主流网络媒体中开展招生专题宣传。

参加重庆市大型现场招生咨询会。走进四川、重庆共计46个区县，近100所中学进校宣传、宣讲、资料发放及重庆60所重点中学展板宣传。

在学校官网招生留言板接受2 000余人次招生咨询，通过招生热线电话接受4 000余人次电话咨询。

2. 招生情况和生源质量

通过招生信息网和阳光高考平台对招生政策、招生资格、招生章程、招生计划、考生资格、录取程序、录取结果、咨询及申诉渠道、重大违规事件及处理结果、录取新生复查结果等十个方面进行了逐一公开。加强高水平运动队（篮球）专项测试合格名单的公开，并对录取优惠政策进行具体描述，使得特殊招生类型各环节更加透明、规范。

2017年重庆市教委下达的本科招生计划5 033人，招生类别包括普通文史理工类、艺术类、体育类、对口高职本科类、高水平运动员（篮球）五大类。录取本科新生5 033名，较2016年增加233人。生源包括全国27个省（直辖市、自治区），其中重庆生源3 789名，占总计划的75.28%。本科新生包含普通文史理工类3 747名，体育类241名，对口高职本科类393名，艺术类648名，高水平运动员（篮球）4名。新生中含汉族在内有24个民族，少数民族新生比例占7.9%。女生3 076名，占比61.1%。城镇考生约占47.3%，应届考生约占80%。

学校在重庆市本科二批录取分数线仍高于同类市属高校，文科超二本线64分，理科超二本线62分。2017年是重庆市普通文理类录取新生分数达一本线上最多的一年，分别为文科13人，较2016年增加9人；理科47人，较2017年增加31人。

其他录取分数较高的地区包括：四川文科距一本线1分，理科距一本线6分；安徽文科距一本线3分，理科距一本线6分；云南文科距一本线4分；贵州文科距一本线4分；甘肃文科距一本线7分；宁夏文科距一本线8分；新疆文科距一本线9分；河北文科距一本线8分。

3．招生考试

组织重庆文理学院2017年高水平运动队（篮球）专项测试，共计78人参加专项测试，其中第一级运动员13人，人数较上年大幅提高。整个测试工作按教育部及重庆市教委、市考试院相关文件要求执行，保证了测试过程公平、公正、公开。

组织2018年全国硕士研究生招生考试，参考人数达1 759人。做到了考前试题没泄密、考试过程严格规范、考试结束没有出现大规模作弊等问题，整个考试过程平稳有序、安全顺利。

就业工作

1. 就业工作

学校实施就业"一把手负责制"。成立以党委书记和校长为组长，分管教学和就业的校领导为副组长，招生就业处牵头，相关部门负责人为成员的就业工作领导小组，坚持学校领导亲自抓、总负责，招生就业处统筹协调，二级学院具体执行的三级联动机制，层层落实就业工作任务。

秉持"创业至上、就业为本"的就业工作理念，制定完善2018届毕业生就业实施方案，明确就业职责，校长与二级学院院长签订《就业工作目标责任书》，力争实现全员就业。

强化就业队伍建设，提高就业工作保障。在就业管理人员和辅导员中积极开展就业培训，着力构建一支知识结构合理、专业化程度较高、服务意识较强的就业工作队伍。

拓展就业市场，提升就业质量。分管校领导亲自率队到重庆及周边省市、东部发达地区大力拓展就业市场，先后与浙江、江苏、广东、福建、四川、重庆等省市国家百强县、高新区、大型人力资源集团签订校地校企合作协议，建立人才培养及输出基地。

与四川航空、厦门航空、碧桂园、中国核工业二三建设有限公司、中铁二十一局集团第五工程有限公司、中国二十二冶集团、国家电网新疆电力有限公司、福建建明集团、三亚亚特兰蒂斯等1 200余家优质企业建立点对点人才合作关系。

举办不同规模双选会，提供充足就业岗位。根据学校远离主城特点，确立大中小相结合的双选会形式，举办场次多，提供岗位多，确保学生充分就业。举办"2017年重庆文理学院春季双选会""2017年重庆文理学院秋季双选会"两场大型双选会，参会企业均在200家以上；举办"2017浙江东阳规模企业（重庆）人才招聘会（重庆文理学院专场）""2017年福建省晋江、石狮企业赴重庆文理学院专场招聘会""2017年永川区软件园、永川万达广场专场招聘会"

等三场中型招聘会，参会企业在 50 家左右。举办单独企业与小规模企业专场招聘会近 300 场。2017 年提供岗位达 1.4 万余个，供需比为 2.6∶1。

实施就业"3+3"双向延伸工程，拓展就业服务内涵。启动就业工作向校内 3 个非毕业年级学生及毕业后 3 年内未就业学生双向延伸。对低年级贫困大学生，与企业对接，向他们提供带薪职业见习岗位，让他们通过劳动解决困难，收获职业体验与能力，为就业做好准备。对已毕业 1~3 年未就业学生，再次对接企业为他们推荐就业岗位，做到学生离校不离心，就业服务不断线。2017 年与重庆斯达尔人力资源管理有限责任公司签订就业见习合作协议，建立迪卡侬（上海）体育用品有限公司永川星光大道分公司、重庆市智汇人才开发有限公司等大学生职业见习基地，启动"重庆文理学院离校未就业毕业生到永川区软件园就业回流工程"项目。

加强与重点地区政府机构合作，提升就业单位质量。瞄准经济发达地区，分管校领导亲自率队到重庆及周边省市、东部发达地区大力拓展就业市场。2017 年与浙江东阳人社局、福建省晋江人社局、成都青白江区人社局等建立人才合作关系，签订"人才智力项目合作意向书"协议，建立"专业人才培养基地""大学生实践就业基地"，开展大型招聘会等。

2．就业指导与服务

创新就业教育，增强教育实效。构建"两全两分"教育指导体系，"两全"是指就业教育覆盖全体学生、教育全流程，"两分"是指分阶段、分群体实施就业教育与指导。对各年级进行不同内容的就业教育。对低年级学生，开设职业生涯规划课程，组织学生参加职业生涯规划大赛，参加职业见习；对高年级学生，开展就业形势与政策，讲解求职技巧教育。并根据就业方向的不同，如考研、公招考试、求职、参军、创业等，实施分类的就业指导，举办公益培训班。学校购买"大学生职业生涯规划课程""大学生就业指导课程"线上课程 54 学时，开设大学生周末就业教育课 32 学时，聘请企业 HR 到校开设讲座 4 学时，初步构建了教学方式"线上与线下"、教学内容"理论与实操"、师资来源"学校与企业"三维融合的"立体式"课程教育体系，学生受益良好。

落实就业帮扶，优化就业服务。重点帮扶就业困难学生，消除学生就业障碍。积极落实求职创业补贴工作，启动"贫困学生实习就业帮扶计划"，出台"鼓励毕业生到西部、基层就业奖励措施"，并通过开设贫困大学生考研、公务员及事业单位公益培训班等方式积极帮助毕业生充分就业。坚持服务育人宗旨，举办"财金通"杯重庆市第三届大学生职场模拟招聘大赛，秦硕泽同学以本科组第五名的成绩获得大赛二等奖，学校获得大赛优秀组织奖。畅通就业渠道，提高就业服务水平。开通并运营"重文理就业"微信公众号，实现校招、校外双选会和就业指导等信息网上推送。为毕业离校时未就业的近1 000名毕业生免费订阅三个月的中国移动"和工作"求职就业短信服务。认真做好毕业生"三方协议"的及时发放、毕业生档案管理和邮寄工作。学校对2017就业先进进行了表彰，公共管理学院、文化与传媒学院被评为就业工作先进集体，机电工程学院被评为市场建设先进集体，教育学院被评为就业指导服务先进集体，旅游学院被评为创业工作先进集体。

重庆文理学院 2017 年度国家奖学金获奖学生名单表

序号	学生姓名	院 系	专 业
1	张嘉益	文化与传媒学院	汉语言文学（现代文秘）
2	方东瑞	文化与传媒学院	广播电视编导
3	蔡汶兴	数学与财经学院	经济统计学
4	杨中兰	数学与财经学院	财务管理
5	周乾虎	数学与财经学院	数学与应用数学（师范）
6	杨行行	数学与财经学院	金融数学
7	陈钱宽	软件工程学院	网络工程
8	朱 玲	软件工程学院	软件工程
9	周 勤	软件工程学院	信息工程
10	刘飞鸿	公共管理学院	法学
11	梁 菲	公共管理学院	行政管理
12	黄乙桃	经济管理学院	工商管理（物流管理）
13	唐 娟	经济管理学院	工商管理
14	谢佼佼	建筑工程学院	工程造价
15	赵 爽	建筑工程学院	工程管理
16	郑 叶	建筑工程学院	土木工程
17	张 静	教育学院	小学教育
18	勤 丹	教育学院	学前教育（对口）
19	邓乐悠	教育学院	应用心理学
20	叶 馨	美术与设计学院	视觉传达设计
21	黎雪婷	美术与设计学院	环境设计
22	罗强龙	美术与设计学院	环境设计
23	白雪娇	体育学院	社会体育（健身指导方向）

续表

序号	学生姓名	院 系	专 业
24	洪祖华	体育学院	体育教育（师范）
25	李 欢	电子电气工程学院	物理学（师范）
26	吴顺斌	电子电气工程学院	电气工程及其自动化
27	武兆堃	电子电气工程学院	微电子科学与工程
28	徐 艺	机器人工程学院/机电工程学院	机械电子工程
29	刘家兴	机器人工程学院/机电工程学院	材料成型及控制工程
30	赵志锋	材料与化工学院	环境科学
31	陈 鑫	材料与化工学院	制药工程
32	易 虹	外国语学院	英语（师范方向）
33	廖熙铸	外国语学院	英语（商务英语）
34	张馨月	林学与生命科学学院	风景园林
35	吕惺惺	林学与生命科学学院	生物科学（师范）
36	邹宇航	林学与生命科学学院	风景园林
37	冯秋霞	旅游学院	旅游管理与服务教育[对口]
38	仵鹏珍	旅游学院	会展经济与管理
39	陈 梦	音乐学院	音乐学（音乐表演）
40	尹雪莲	音乐学院	舞蹈学（师范）

发展与管理

FAZHAN YU GUANLI

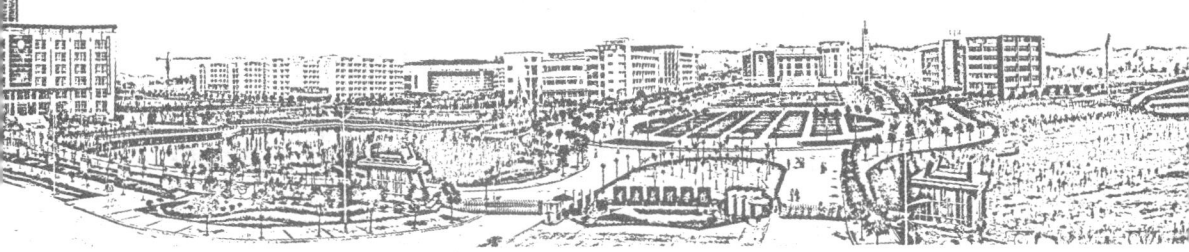

合作发展

1. 健全创新创业制度体系，深化创新创业课程建设

正式出台《重庆文理学院关于深化创新创业教育改革的实施意见》（重文理院〔2017〕1号），明确了"十三五"期间学校创新创业教育总体目标，构建了通识教育、系统教育、重点教育、精英教育分层递进的创新创业教育体系。2017年，在重庆市高校中率先设立了创新创业奖学金制度，出台了《重庆文理学院大学生创新创业奖学金评选暂行办法》（重文理学〔2017〕32号）。

学校与万学集团联合打造的"大学生创新创业基础"首次作为必修课（2学分），正式面向2016级4665名学生开放，课程合格率为92%，学生整体反映情况良好。

2. 开展形式多样的创新创业活动，营造良好校园氛围

积极开展创新创业训练计划、创新创业培训、创业先锋班、创新创业大赛等专项培训活动。2017年创新创业训练计划共申报77项，国家级和市级共立项31项，其中国家级7项、市级24项；举办"创业先锋班"2期，与永川区人社联合开展大学生GYB创业培训12期，与永川团区委举办"新芽计划"2期，举办各种创新创业大赛赛前培训15期，举办创新创业教育形势报告会、"新工科背景下大学生创新创业面临的机遇和挑战"等培训、路演、沙龙共48期，培训学生3 000余人；牵头举办第三届"互联网+"大学生创新创业大赛，与永川区科委、人社局、软通动力联合举办了"乐业杯"2017重庆永川创新创业大赛春季赛，与永川区政协联合开展助推大学生创新创业主题活动，举办重庆市第六届大学生创新创业大赛校园选拔赛，组织参与璧山区第二届创新创业大赛、2017"学创杯"全国大学生创业综合模拟大赛，参与学生3 000余人。

2017年，举办微型企业评审会2次，共有17个项目参与大学生微型企业申报评审，立项11项，新增微型企业14家，通过微型企业项目申报评审，从源头上保证了微型企业质量。

2017年应届毕业生创业人数为185人，创业率为3.4%。但在校生参与创

业人数比 2016 年有所增长，创业学生人数达 300 余人。

3．加强创新创业师资队伍建设，提升指导服务水平

充分整合校内外资源，聘任 125 名创新创业导师，初步组建了"竞赛指导型、孵化育成型、政策服务型、专业教学型"的创新创业导师集成库。本学期先后派出校内师资 41 人次，参加了 14 期由国家相关部委、重庆市教委、市科委组织的"全国创新创业教育交流培训""教育部西南高校创新创业师资培训""重庆市高校创业工作队伍（咨询服务方向）培训班""2017 第十三届全国高校电子商务创业教育研讨会""中国福建创新创业高峰论坛""第一届国际创新创业教育生态大会""第三届'互联网+'大学生创新创业大赛赛前培训""2017 年重庆市高校创新创业指导教师培训班""第一期众创空间管理咨询导师培训班"，进一步加强了创业师资队伍专业化水平建设。

4．积极整合多方资源，平台建设取得重大突破

百川兴邦众创空间经过专业化运营和精心打造，成为学校创新创业重要孵化平台，在市教委开展的众创空间绩效评估中被评定为"优秀"等级。经过市级评估、推荐，科技部验收，被确定公示为 2017 年国家备案众创空间。

大学生微型企业孵化园获各级政府验收和支持。我校大学生微型企业孵化园区是重庆市教委、重庆市工商局、重庆市人社局授予的市级创业孵化基地、重庆市十佳微型企业孵化园区，该基地顺利通过重庆市教委 2017 年市级示范基地检查验收，在重庆市人社局市级孵化基地考评检查中被评为"良好"，获得奖励资金 20 万元。争取永川区财政资金支持 680 万元，用于推动科技成果转化，促进微型企业孵化，与永川区政府共同打造大学生微型企业孵化园，使园区成为"永川国家双创示范基地"的核心组成部分。

校企合作共建校外创业孵化平台。按照"创客中心、能力本位、需求导向、分类探索、多元培养"的基本要求，创新创业办公室与重庆协信地产控股公司初步达成意向合作，在"协信·昌州古城"共建 1 000 余平方米"协信—重庆文理学院创业孵化园区"，园区重点选拔文化传播类、艺术类、体育类、音乐类、软件类、旅游类等有一定创业基础的创业团队或企业入驻，现已完成园区设计和团队初选。

5. 高质量编制发展规划，高效推动教育综合改革

完善重庆文理学院"十三五"事业发展规划系列编制工作。为推进"顶天立地"发展战略的实施，结合审核评估专家反馈意见以及现阶段学校改革发展实际，修订、完善了学校"十三五"事业发展规划、系列子规划，制定"十三五"事业发展规划任务分解并下发。

完成教育综合改革自查报告和学校深度转型工作总结。根据《重庆文理学院深化教育综合改革实施方案》的总体要求，总结成绩，查找问题，全力推动深化教育领域综合改革，形成自查报告及年度总结并上报市教委。按照上级文件精神，总结了学校近10年来在转型发展中所取得的成就，并重点梳理了近两年来深度转型所取得的成绩。

完成教育综合改革试点项目的申报与评奖工作。成功申报市教委主管的《创新驱动背景下的创新创业教育综合改革试点》项目，并上报2016年《互联网时代大学生思想政治理论课线上线下一体化教学新模式改革》试点成果荣获三等奖。

完成"重庆高等教育史研究"课题任务和院校项目的结项、立项。下拨经费，组织研究人员完成"重庆高等教育史研究"子课题：《重庆高等教育史》第五卷的研究工作。根据《重庆文理学院院校研究管理办法》，组织并完成了2015—2016年度立项的院校研究项目的结题评审工作，开展了2017年度的院校项目立项工作。

完成决策参考编制工作。主动收集国内外高等教育改革动态，超额完成重庆文理学院《决策参考》9期（总第45期）的编制和印刷工作，为校领导和各二级学院负责人提供了高等教育发展与改革的参考信息资料。

6. 全面拓展合作领域，校企合作开创新局面

政校合作再上新平台。学校与永川区政府在已有合作的基础上，多次开展交流洽谈，拟定了新的战略合作协议，新增共建大学生孵化园协议、软件园区大学生就业实习基地协议，永川知名企业重庆红江机械有限责任公司战略合作协议、固高科技有限公司合作协议等。目前，与永川开展的企业合作协议共新增12家。合作实现了从点对点合作向全面战略合作的转变，开创了双方互利

互惠发展新局面。与九龙坡区和重庆高新区合作向纵深发展,年度合作项目新增两个,其中机器人与智能装备研究院正式挂牌成立,政校企三方形成战略合作和项目合作"1+4"的良好局面。与大足区政府全面对接,在人才培养、科研领域和环保装备产业基地共建等方面达成共识。

校企合作走向新工科建设新起点。学校自2017年来,开启了与国内外知名大企业的合作。目前,已经与阿里云、慧科集团签署合作协议,成立重庆市首家高校"阿里巴巴大数据学院";与凤凰数媒、华为技术有限公司、深圳市讯方技术股份有限公司和达内时代科技集团公司等开展合作,共建华为网络学院、HTC虚拟现实学院等产业学院。与知名大企业产业学院的共建,标志着我校正式开启了新工科校企合作建设的新起点。本年度,学校还与重庆鼎霸公司、丹勋教育基金合作共同举办"拳击进校园"系列活动,受到央视媒体的专访,学校影响力日益增加。

校校合作实现新突破。本年度,学校与加州大学洛杉矶分校、辽宁师范大学等国内外知名高校签订实质性的合作协议,校校合作实现了新突破。

7. 全方位开展校企协同人才培养工作,育人模式取得新进展

2017年度,学校积极探索校地合作育人新模式,全方位开展校企协同育人工作。与凤凰卫视集团·凤凰数字媒体产业有限公司合作共建"凤凰数字媒体实验班""凤凰数字媒体实验实训室",联合培养的数字媒体动画班于今年9月开班;与永川软件园和智考教育深入开展政、校、企三方合作,持续为永川软件园培养储备干部;与企业共建洲际英才班、实验班帮考教育班、达内VR班、睿峰测试班、蓝桥JAVA班、凯健班等特色实验班,新增学生数共300名。

在创新育人模式下,学校本年度共1 760名学生参与校企合作生产实习,来自企业行业毕业论文(设计)项目选题共1 021个,企业课程(项目)植入共48门(项),企业、行业、校际等专家进校园专题讲座45人次,企业、行业人员参与指导人才培养过程138次,校企合作编写小本教材(讲义)5本。

8. 扎实开展精准扶贫,对口巫溪工作有实效

持续深入推进扶贫帮扶工作,建立扶贫工作机制。学校领导高度重视,充分利用资源优势、人才优势、科技与文化优势开展一系列帮扶活动,不遗余力、

全力帮扶巫溪脱贫攻坚。同时，学校还将扶贫工作纳入学校年度工作计划，划拨专项经费并专项考核；成立扶贫工作领导小组，校长担任组长。针对专项扶持巫溪天元乡脱贫工作，及时召开校长办公会，制定了《重庆文理学院开展帮扶巫溪县天元乡脱贫攻坚工作方案》，明确帮扶任务，分解帮扶任务，完善保障机制。

六大举措，全面开展对口帮扶。首先，学校加大资金扶贫，在预算中单独设置扶贫经费。今年已向巫溪县扶贫办和巫溪县教育基金会直接拨付扶贫资金30万元；开展扶贫日捐赠活动，全校师生捐款共计21万余元，全部用于对口帮扶巫溪天元乡。第二，积极开展教育扶贫工作。先后为巫溪县培训骨干教师，派出大学生到巫溪县中小学及职教中心顶岗支教。第三，学校选派干部支持扶贫。学校于今年9月再次派出了金盛同志和杜孝田同志深入巫溪县开展帮扶工作。第四，紧抓科技扶贫。组织建立重庆文理学院帮扶智库，成立了由22名专家学者组成的天元乡脱贫攻坚专家智库，开展产业规划、疾病预防、种养殖、电子商务等方面的指导。第五，组织开展结对帮扶行动。落实了巫溪天元乡20户贫困家庭的对口帮扶工作。第六，学校开展农校对接行动，组织采购巫溪农副产品，帮助天元乡农民脱贫增收，助推天元乡农业产业发展。

学校对口支援巫溪的精准扶贫工作取得了系列成效，得到上级和社会的一致认可，市教委官方网站先后两次对学校扶贫事迹进行报道。

9. 多措并举，切实推进成果转移转化工作

多措并举促进科技成果的转移转化，修订完善《重庆文理学院科技成果转化管理办法》。依据国家法律法规，教育部、科技部等国家部委及重庆市相关政策文件精神，结合学校实际情况，先后3次组织学校各职能部门、二级学院、科研院所及一线科研人员研讨、征集意见，历经5次修改，制订并出台了《重庆文理学院科技成果转化管理办法》。该办法的出台打通了科技成果转化在机制体制上的制约因素，并将科研团队在科技成果转化收益中的分配比例提高到80%。

多渠道、多形式推广推介学校科技成果。高质量汇编学校2014—2017各项科技成果和知识产权情况，编制《重庆文理学院科技成果汇编》图册；开通

重庆文理学院技术转移中心公众号,面向企业推介学校科技成果;与重庆市科技服务大市场达成战略合作,合力打造线上线下相结合的重庆市科技服务云平台重庆文理学院分平台,向全市乃至全国推广我校的优秀科技成果以及专家团队;依托专业成果转化公司,与企业精准对接,重点跟进纳米涂料和特色植物种苗的校企对接;积极组织科研院所、二级学院参加各类成果交易及展示会,参加中国首届"高校科技成果交易会"、渝洽会、"全国首届微米纳米产学研用创新大会"、璧山科技活动周、"军民两用技术成果双向转化重庆对接会""科技资源精准对接地方"等各项成果推广推介活动 20 余次,相关科研院所、二级学院 30 个科研团队通过项目路演、成果展示以及与政府、企业、其他高校进行交流学习等方式,积极推广我校优秀成果。同时,学校还成功加入中国高校技术转移联盟,成为"联盟"成员单位,有效拓展了成果转化的渠道和途径,推动和引领学校科技成果的转移转化工作。协同科技部成功举办"知识产权周"系列活动,在学校红河校区 A、B 区及星湖校区举办了"第十七届知识产权周·科技成果展",对外展示了我校近年来所取得的各类科技成果、专利、软件著作权等。目前,"大尺寸柔性触控技术""大功率无线充电桩""智能电磁防护用轻质、大面积高效导电薄膜"等 10 余项优秀成果受到相关政府部门、科研院所、企业等的高度关注,项目合作正在深入洽谈中。

10. 政产学研合作,服务地方经济社会发展

主动对接政府、企业,转化科技成果服务产业经济发展。学校先后组织材料技术研究院、机电工程学院以及电子电气工程学院等单位共 18 个科研团队赴永川、九龙坡、万盛、潼南、大足等地,精准对接地方企业需求,帮助企业解决实际困难。目前,学校材料成型团队、智能装备制造及其信息化技术团队正分别为重庆凯恩机械制造股份有限公司、重庆明友钢具制造有限公司等企业提供解决方案,以帮助其解决相关技术难题;新材料技术研究院伍太宾团队利用材料成型相关专利技术为重庆银丰热处理有限公司、重庆至庆科技有限公司等企业供应相关零配件产品;绿色纳米建筑涂料团队与重庆澳富保温材料有限公司签订科技成果转化合作协议,合作研发和解决适应市场的建筑保温环保材料关键技术,帮助澳富公司建立形成覆盖西南地区、辐射全国的新型建筑环保

产业基地;特色植物种苗团队技术成果"渝姜1号"和"渝姜2号"等,在永川、彭水、巫溪等20多个区县广泛推广,累计示范推广种植优质丰产生姜1 087万平方米。

开展技术培训,助力地方产业发展升级。学校生姜产业技术体系创新团队,先后在忠县、丰都、荣昌、永川开展脱毒生姜标准化栽培管理技术培训专场4场,培训人数达1 200余人;全年培训无病原种姜繁育技术人员及专业种植技术人员4 000人次。受重庆市人社局委托,学校举办了"电子信息材料与器件新技术高级研修班",为重庆各区县企业培训材料类专业技术人员60名。

11. 突显重点,成果转移转化实现新突破

成果转化重点项目有新进展,"银纳米线大尺寸柔性触控技术"项目,完成了柔性触控器件实验生产线的安装调试工作,可实现不超过22寸的柔性触控小批量生产;该项目还取得九龙坡区约1 000平米的办公室场地以及1 000万元的意向性经费支持。目前,项目落地九龙坡区的公司核名已经通过,正在注册,预计2018年上半年注册完成;科研团队与招商资本旗下东莞市招科高智公司合作在广东东莞成立了"东莞市银柔智能科技有限公司",主要开展银纳米线透明导电薄膜在智能可穿戴设备上的应用。目前已得到对方500万元的注资;团队与重庆合益光电科技有限公司及松录科技有限公司开展合作,试制了21寸触控器件样品,并已与合益光电签订了合作协议。"抗ED药和肺动脉高压一类药物"项目,已于今年初顺利完成了向美国FDA和中国CFDA临床实验申请的提交。目前已获得美国CFDA批文,中国FDA进入制文流程。

多项科技成果转化有新突破。学校组织、遴选科研团队对接九龙坡区、大足区、万盛区、潼南区、永川区等地政府和企业,助推科技成果转化落地。目前,"琴叶榕叶片的组织培养基及离体再生方法""一种桃子嫁接育苗种植方法桃子嫁接育苗种植方法"等3项专利直接转让企业,实现专利转让零的突破。"植保机械用被动盘近净锻造成形"、LED灯具、纳米涂料以及注射成型技术等9项科技成果转化收益有新增,全年成果转化收益达300万元,各项科技成果转化经费收入接近1 500万元,实现经济效益达数千万元。

12. 夯实基础工作，稳步推进校友工作

加强信息平台建设。重视信息化平台建设，不断完善数据库建设，及时收集、更新校友信息；建立了校友分会会长、秘书长联络群，各地校友也纷纷建立 QQ 群，目前已建立了 51 个群，成为总会以及校友之间的互动平台。编辑出版第六期《校友之家》杂志，邮寄、发放 1 000 册；制作微信 59 期，介绍母校动态、校友工作动态、宣传校友业绩，深受校友好评。

加强校友工作研究。召开学院校友工作会，对校友工作进行总结和部署，对荣获优秀校友会、优秀校友工作者的学院和个人进行了表彰奖励；召开校友总会常务理事工作研讨会，围绕学校建设、深化校友工作内涵、创新校友活动进行研讨；召开渝西片区地方校友会工作交流会，就如何更好地开展地方校友会工作进行研讨。

加强校友工作交流。赴四川外国语大学、西南大学、重庆理工大学、浙江大学走访调研，就校友工作平台建设、教育发展基金会等工作进行了深入交流。同时积极参与 2017 年全国高校校友工作研讨会、重庆地区高校校友工作联席会，努力提升校友工作理论水平，共同探索校友工作新途径、新方法。

加强校友文化和校友意识的培养。本年度，校友总会及各学院分会举办校友论坛 15 场；成立校友工作部开展干部培训、技能培训等活动；毕业季为 2017 届毕业生制作专题微信、致 2017 届毕业生寄语、邀请毕业校友参加毕业典礼、联络校友单位录制视频、聘任 140 余名毕业生班级校友联络员，跟踪、关注新校友的个人成长和事业发展，加强对毕业生校友意识的培养。

13. 发挥桥梁纽带作用，全面提高服务能力

加强各地校友会的联络。2017 年成立广西校友会。校友总会领导参加了企业家校友会年中和年末联谊活动，并和学院分会领导走访和慰问了云阳、遂宁、渝北、荣昌、梁平、江津、长寿、垫江、潼南、北碚、深圳、广西等地校友，加强了与各地校友的联系与沟通，传递母校关爱，凝聚校友力量。

热情周到服务校友。今年 16 个年级 1 000 余名校友返校聚会；组织评选发放"恩海助学金""金果源教师奖励基金"等校友奖助学金，帮扶慰问患病的黄晓荣、谢华等校友。为校友企业与母校及各学院的合作传递信息、搭建平

台，热情细致地做好校友的日常服务工作，通过电话、电子邮件、书信（节日贺卡、慰问信）等方式做好为校友发送节日短信祝福、为校友邮寄赠阅校报和校友杂志等。

14. 打造品牌活动，助推校友文化建设

成功举办首届校友文化节活动。"母校缘·校友情·缙云风"首届校友文化节活动取得圆满成功。本次活动内容丰富、形式多样，包括创业导师聘任、教学实践基地授牌、校友风采展、校友沙龙、创业论坛、校友座谈、校友献课、文娱晚会、师生友谊赛。首届校友文化节对增进校友情谊、汇聚文理智慧、凝聚广大校友、促进校友文化与校园文化的融合、推动人才培养起到了积极的作用。

完成"金果源"学生最喜爱的教师奖评选活动。成立基金管理委员会，制定基金管理办法和评选办法，举行现场评选大会，10 名教师荣获学生最喜爱的教师，5 名教师荣获提名奖，5 名学生荣获最佳推荐奖，举行了隆重的颁奖仪式，并召开"金果源"教师奖励基金获奖教师座谈会，就今后评选工作提出意见和建议。

筹建重庆文理学院教育发展基金会。顺利完成基金会的申报、审批和备案工作，召开了"重庆文理学院教育发展基金会（筹）第一届理事会"，选举产生了基金会第一届理事会，推选出基金会第一届理事会理事长、副理事长、秘书长和监事。目前正积极推进基金会网站建设、完善规章制度、策划捐赠项目。接受校友捐赠 13.7 万元，用于教师奖励。草拟《重庆文理学院教育发展基金会接受社会捐赠管理办法（草案）》《重庆文理学院教育发展基金会财务管理办法（草案）》，规范基金会管理。

15. 工作特色和亮点

出台《创新创业奖学金评定办法》，首次共评选出 48 个团队（个人），发放创新创业奖金 20.5 万元。遴选打造了"四型"创新创业导师队伍。整合资源构建"逆向互通"的创业合作孵化模式。

五大举措助推成果转化，科技成果转化经费实现历史新高。出台《科技成果转化办法》，实施五大举措，组织遴选 30 个科研团队 20 余次多形式参展、路演，精准对接地方需求，助推成果转化落地。目前，《琴叶榕叶片的组织培养基及离体再生方法》等 3 项专利顺利转让企业，实现了专利转让零的突破；学校科技成果转化实现收益约 300 万元，较 2016 年增长 16%；获得各项成果转化经费总数近 1 500 万元，取得历史新高。

产教融合、校企合作走向良好新开端。学校产教融合、校企合作积极转向新工科领域，开启了与国内外知名高校、行业企业的合作新航向，与加州大学洛杉矶分校、辽宁师范大学、凤凰数媒、重庆红江机械有限责任公司、深圳固高研究院、阿里云、华为公司等开展合作；产教融合、校企合作走向纵深方向，从传统的合作模式走向与地方政府、行业企业在科学研究、人才培养、成果转化、师资队伍建设、学生实习实践等全面的战略合作领域，合作项目逐步增加，校企合作工作成效逐步显现。

成功举办"母校情·校友缘·缙云风"首届校友文化节，促进了校友文化与校园文化的融合，对推动人才培养起到了积极的作用；校友活动形式从单一化向多样化转变，多元化的校友活动互动，促进母校和校友的发展和交流；开创性地完成了重庆文理学院教育发展基金会的筹建工作。

国际交流与合作

1. 中外合作办学稳步推进

与俄罗斯托木斯克理工大学达成战略合作，成功开展"3+1"合作项目；与美国北卡罗来纳大学威尔明顿分校联合培养项目目前已通过教育部专家的评审。

2. 海外高水平专家来校工作取得新进展

通过巴渝海外引智和自聘方式从美国、英国、意大利、俄罗斯和韩国聘请了11名海外高水平专家来校进行科研合作。

3. 师生赴外访学研修持续推进

2017年我校教师出国留学工作取得了明显的进步：全年学校出国留学教师达27名（国家公派20名，学校公派7名），同比去年增长了76.92%；其中赴外访学研修23名，攻读博士1名，攻读博士后2名，其他方式1名。

4. 教育涉外监管工作全面落实

外籍专家教师坚持依法聘用、规范管理、关注动态、主动上报。结合重点工作和实际需要，制订计划统筹、因事定人、人事相符、厉行节俭、务实高效的因公出国原则，针对出访人员要实施严格把关、优先推荐、过程监督、归国备案。2017年校务部涉外监管工作扎实开展，全年无事故发生。

5. 积极筹办国际研讨会，共享前沿研究成果

创新靶向药物国际研究院主办"第二届靶向治疗与分子药物国际研讨会"，吸引了来自美国、意大利、英国等国内外著名专家学者约100余人齐聚学校，就结构生物学在当前靶向药物研究中的应用、未来靶向药物发展方向和人类疾病治疗等问题进行深入交流和探讨。大会为来自世界各地的科学家和国内各科研院所、研究机构搭建了共享靶向药物研究成果、促进学术交流、孕育新合作的桥梁。由重庆市科学技术协会、重庆文理学院主办的"2017微纳米材料与先进制造国际学术会议"在学校召开。来自俄罗斯、美国、新西兰、波兰等国家的300余名专家学者参加了会议，共同探讨微纳米材料在生物医学、高分子

加工、复合材料等领域的新技术和运用成果。学校还与国内外多个高校、企业签署实验室共建协议、合作研究协议。

6．邀请专家来校交流，提升学校学术水平

国际著名植物衰老机制研究科学家、美国康奈尔大学终身教授甘苏生来校短期工作。期间甘苏生教授为我校师生作了学术报告，详细解答了教师们关于酮类物质合成及调控机理、生姜木质素与脆嫩品质相关性等方面的问题，并就我校园艺学重点"学科、专业、学位"一体化建设与发展方向提出了建设性意见和建议。波兰科学院物理所学术委员会负责人、Kazimierz Wielki 大学物理系教授、波兰材料协会和美国光学学会理事 Andrzej Suchocki 教授来校交流，并作专题学术报告。

7．深入开展国际合作，支撑学校人才培养体系

意大利语言培训班如期开班，佩鲁贾大学将定期选派意大利语教师来校授课。2017 年，佩鲁贾大学选派 Simone Buccilli、Monia Alemanno、Elena Costantini、Rosa Depietro 4 位教师来校授课。与俄罗斯托木斯克理工大学签订《联合办学项目合作协议》，制定了"2+2"国际班人才培养方案；选派新材料技术研究院金属材料工程（国际班）学生赴俄罗斯伊万诺沃参加暑期夏令营活动。重庆市微纳米光电材料与器件协同创新中心与新西兰奥克兰大学材料及纳米技术研究中心签订《关于建立"微纳米光电材料与器件国际合作联合实验室"的协议》，探索跨国培养与跨境流动的人才培养新机制，培养具有国际视野的高素质、复合型人才，努力成为国际化专业人才的培养基地，集聚国内外优秀人才，突破关键技术。

校务管理

1. 目标管理与考核

有序推进目标考核管理工作。按照强化基本职能、突出重点工作、加大党建工作考核力度、接轨绩效考核的思路，多次与二级部门进行自上而下、自下而上的沟通与协调，顺利完成了目标编制、评审、中期调整与发布工作，组织完成全校各二级单位年度工作目标考核。

有效实施工作质量过程监控。组织完成了2017年两次开学工作检查，及时通过工作质量简报发布各类检查、评估所发现的问题，适时组织相关职能部门跟踪验证、关闭各类检查发现的问题。2017年共发布工作质量简报9期。

组织清理学校规章制度。根据审核评估和满足实际管理运行需要，清理学校现行适用文件274个。

2. 校务管理

稳步推进办公信息化建设工作。协助完成学校部分会议室改造问题；协调现技中心开展了新版OA系统功能的测试与推广使用。

正式实施《合同管理办法》《重庆文理学院"三重一大"决策制度实施办法》，与重庆新源律师事务所签署法律顾问服务合同，规范开展合同管理与法律事务相关工作。严格按照学校相关制度，加强合同审签管理力度，做好了630份合同的审签以及2016年合同归档工作；参与高新区管委会承接高新大厦相关房屋使用权谈判等法律服务工作。

牵头开展部际联动工作。全年召开部际联动会2次，切实加强各职能部门的沟通协调，充分发挥部际联动机制作用。

有序开展在线交流工作。制定了本年度在线交流总体安排方案，策划周密，协调到位，共组织开展交流活动22期。引导二级学院结合"审核评估""学习'十九大'"主题开展部门负责人与大学生面对面交流，进一步丰富交流形式。

做好了本年度开学工作检查安排与协调、节假日值班安排和全国两会、十九大召开等敏感时段安全稳定值班安排。

3．文字与信息

文稿撰写优质高效。牵头撰写了党代会报告、毕业典礼校长致辞、审核评估预评相关材料、巡视"回头看"反馈意见材料、党委书记述职整改报告、领导班子述职报告等重要文稿共58份以及其他日常文字工作。其中，党代会报告等材料受到学校上下一致的充分肯定。

政务信息报送畅通及时。围绕学校特色亮点及师生关注热点，开展政务信息采写上报工作。全年共报送信息39条（数量是2016年报送的两倍多）。

规范开展信息公开工作。及时发布2017年信息公开工作目录和指南，按照要求认真编写《重庆文理学院2015—2016学年度信息公开工作年度报告》并上报、发布，有效确保学校信息公开内容真实，形式多样。

4．接待会务

进一步规范公务接待，控制得力。进一步严格接待审批制度，细化公务接待管理过程，制定公务接待审批表、登记表；做好了20余批次的兄弟高校来校考察学习等相关接待工作，严格审定菜单和标准，杜绝超标接待，控制陪餐人数。

着力强化公务车辆管理，运转有序。实行公务用车审批制，规范公务车辆使用流程，严控超标用车；持续强化公务车辆检修、保养与安全教育等工作，严格公务用车经费核算与报销。2017年学校公务车辆安全行驶26万余千米。

统筹做好全校会议（活动）的安排与协调。做好了开学工作会、毕业典礼、期末工作会、第二次党代会、审核评估会等重大活动协调以及一周会议（活动）安排、会议室安排等工作。

5．文件与机要印信

牵头拟定学校重要规章制度。修订出台了学校党委全委会、党委常委会和校长办公会等三个议事规则，进一步健全了决策制度，规范了决策程序和决策行为，防范了管理风险。

严把发文关口。深入落实《重庆文理学院公文处理办法》等相关文件精神，严格控制文件数量，强化文件审核力度，本年度学校党政文件共制发500余个，审核、送签、编号、制作、分发等各个环节专人负责，管理规范有序。

提高收文处理效率。本年度共接受外来文件约1 800余份，机要文件约409份，处理校内请示约119份；完成了2016年机要文件清退与销毁工作（清退56份，销毁263份）。文件接收、登记、送签、批阅、归档各环节无差错，流转及时。同时还完成了市委内网涉密文件接收、报送相关测试工作。

严格执行印信管理规定。完成了学校相关党总支印章清理与刻制工作，刻制新印章6枚（书记、校长及法人印章更换2枚），收回清退旧印章2枚；完成了毕业生登记表、毕业证以及五四表彰等各类用印工作，其中常规用印7 200余人次，合同用印1 600余份，开具介绍信89份，较去年大幅增加。

积极参加市委办公厅组织的市委内网公文管理知识培训，市机要局、保密局组织的密码技术专业知识和保密培训以及市教委组织的政务信息和保密工作培训，切实提升履职能力。

6. 督查督办

稳步推进学校重大决策、重点工作的督察督办。及时制发学校党委会、办公会纪要，累计发放相关纪要700余份；围绕2017年学校年度重点工作、党政办公会决议有关事项开展督查督办206项学校重大决策事项，并通过《工作质量简报》及时通报、反馈相关工作推进与落实情况。

持之以恒做好"校领导留言板"处理工作。坚持每天按时查看校领导留言板，共处理、回复师生留言434条，重点督办事项20余项，畅通了学校、教师、学生三方沟通渠道，积极为师生排忧解难，凝聚师生情感，维护学校良好形象。

7. 星湖校区事务管理

积极开展星湖校区各项工作督查。主动走访调研和检查教学运行、环境、安全、后勤保障等工作，针对在调研和检查中发现的问题，及时督促相关单位进行整改，着力提升星湖校区师生服务质量和水平。

着力解决星湖校区周边存在的各种隐患。协调学工部安管处、总务部、博达公司等对星湖校区学生宿舍用电安全、森林防火、湖堤安全等开展了安全隐患专项排查。

8. 校务公开

领导重视，组织机构健全。学校成立了校院两级层面的校务公开工作领导小组，学校及各二级单位的党政一把手担任相应的组长，明确相关职能部门及人员的校务公开工作职能职责，明确分工，责任到人，确保校务公开工作有组织、有领导、有计划。

运作规范，内容齐全。按照《信息公开实施办法（试行）》和《校务公开目录（试行）》要求，校务公开的项目、内容、程序、步骤、形式做到了规范和统一。及时公开学校基本情况、统计数据、与师生员工利益密切相关和社会比较关注的重要事项，仪器设备、图书、教材等物资设备采购和重大基建工程招投标等信息，重点公开和全面公开相结合，切实保证教职工的知情权、管理权，提高决策的透明度、清晰度。2016—2017 学年，通过学校门户网站主动公开信息 3 200 余条，通过信息公开平台主动公开信息 1 628 条，通过办公内网主动公开信息 40 余条，通过学校官方微博、微信主动公开信息 1 400 余条，主动公开《高等学校信息公开事项清单》所列内容共 293 条。

形式多样，监督有力。学校通过校园网"信息公开"专栏、教代会、工代会、校发文件、学校年鉴、校领导接待日、校领导留言板、校园广播、宣传橱窗等渠道，及时向校内师生员工和社会公众主动公开相关信息；不定期组织人员对全校各单位校务公开相关工作进行督促检查，对发现的问题跟踪验证，确保及时关闭；按时将学校财务工作年报等重要事项提交教代会、工代会讨论，主动接受监督，师生员工和社会公众对学校能及时地提供各种学校信息表示满意。

9. 领导班子建设

坚决贯彻落实中央和市委的各项安排部署。全年召开党委全委会、常委会共 40 次，其中专题学习贯彻中央及市委各项安排部署 22 次。加大对党委常委会相关决议的督查督办，先后制定 4 个实施方案，对学习贯彻党的十九大、全国高校思想政治工作会及十八届六中全会等重要会议精神以及习近平总书记"7·26"重要讲话精神、视察重庆重要讲话精神进行安排部署。

坚持党委领导下的校长负责制。遵循"集体领导、民主集中、个别酝酿、会议决定"的原则，坚持集体领导与个人分工负责相结合，始终坚持党委对学校工作的全面领导，讨论决定关系学校全局性的重大问题和党建工作，并积极支持校长依法行使职权，实现党委领导、校长负责、教授治学、民主管理的有机统一。

坚持团结协作、增强整体合力。学校领导在明确分工、责任到人的基础上，进一步明确细化书记第一责任、副书记分管责任、班子成员的"一岗双责"，切实加强党建工作的分工协作。坚持谈心谈话制度，注重班子成员之间的信息沟通和情感交流，尤其是在"三重一大"问题上会之前，领导班子充分交流思想、交换意见，秉持公心、坦诚相见、相互支持、相互信任，营造团结、务实、民主的班子氛围，促进领导班子的整体合力得到充分发挥。

10. 民主决策

认真贯彻执行民主集中制。学校党委严格遵守"集体领导、民主集中、个别酝酿、会议决定"的原则，坚持集体领导与个人分工负责相结合。

坚持监察处长、工会主席列席校长办公会议制度，采取多种形式倾听多方面意见，进行民主决策，确保学校重大决策、重要规划、重要合同等程序合法。

不断加强教代会委员会工作，落实教代会委员会职权，通过教代会、工代会等渠道将学校"十三五"发展规划、第三次党代会部署等重大决策、重要规划和相关决定及时公开公布，强化对学校民主决策重大事项的监督。

11. 工作特色和亮点

提升服务，优化三种形式。优化校领导（部门负责人）与大学生交流形式，通过面对面的交流，拉近校领导（部门负责人）与大学生之间的距离，了解学生学习生活中遇到的实际问题并予以解决，增强学生的主人翁意识。创新开展学校党委常委会、校长办公会议题申报形式，通过OA办公平台在线提交议题申请，精简议题申报程序，提升议题申报效率。进一步完善目标考核评价办法，首次将报送高质量工作经验交流文章纳入目标指标考核中，统筹梳理学校亮点工作举措，助力学校实现特色和内涵发展。

奉献担当，扎实推进四项工作。凝心聚力，文字工作优质高效。牵头完成党代会工作报告、毕业典礼校长致辞、审核评估预评相关材料、巡视"回头看"反馈意见材料、党委书记述职整改报告、领导班子述职报告、领导班子工作实绩自评报告等 58 份重要文稿以及其他日常文字材料撰写工作，其中，党代会报告受到全校上下一致的充分肯定。履职尽责，督查督办及时跟进。及时制发学校党委会、办公会纪要，累计发放相关纪要 700 余份；围绕 2017 年学校年度重点工作、党政办公会决议有关事项开展督查督办 206 项学校重大决策事项；坚持每天按时查看和回复校领导留言板，重点督办校领导留言板事项 20 余项，畅通了学校、教师、学生三方沟通渠道。主动作为，国际合作与交流工作取得新进展。与俄罗斯托木斯克理工大学达成战略合作，成功开展"3+1"合作项目；与美国北卡罗来纳大学威尔明顿分校联合培养项目目前已通过教育部专家的评审；通过巴渝海外引智和自聘方式从美国、英国、意大利、俄罗斯和韩国聘请了 11 名海外高水平专家来校进行科研合作。统筹协调，着力解决星湖校区安全隐患。协调相关部门对星湖校区学生宿舍用电安全、森林防火、湖堤安全等开展了安全隐患专项排查。

师资队伍与人事工作

SHIZI DUIWU YU RENSHI GONGZUO

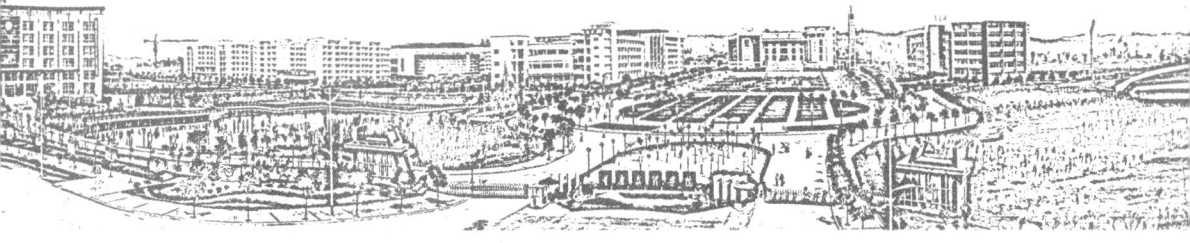

师资队伍与人事工作概述

1. 加强师资队伍建设，培养造就高端教育科研人才

人才专项经费充足、使用规范，效益较好。设立人才专项经费，保障人才队伍建设。人才专项经费分设人才引进费、高层次人才培育费、巴渝海外引智计划经费、师资队伍培训费等，高度重视人才队伍建设。人才专项经费与学校收入同步增长。2017年人才专项经费投入达2 000余万元，为学校人才引进和培养提供了有力的经费保障。人才专项经费使用规范、效益好。人才专项经费主要用于教职工培训、干部培训、人才引进安家费、住房补贴、配备工作电脑等。同时还用于高层次人才在学科建设、科学研究等方面，为他们在各自领域发挥排头兵作用提供了充足的资金保障。

教师学缘结构改善，博士学位占比大幅提高。教师学缘结构不断改善。2017年，引进来自知名高校（中科院、北大、清华、浙大、人大、同济等）和具有海外留学（英国牛津大学、澳大利亚悉尼大学、新西兰奥克兰大学、日本静冈大学等）经历的博士60余人，选派教师海外学习、进修20余人，比上年有较大增长，学缘结构日趋优化。博士学位占比大幅提升。学校现有专任教师1 065人，其中具有博士学位人员220人，具有博士学位人员占专任教师20.7%，学历结构更加合理。

青年拔尖人才梯队建设规范有序，引进和培养工作推动有力。进一步修订《重庆文理学院人才引进办法》《重庆文理学院博士研究生培养规定》《关于培育拔尖人才的若干意见》《博士后工作站博士后研究人员经费资助与管理办法》，不断完善和优化制度体系，选拔学科学术带头人和骨干教师进行重点培养，到知名高校、知名企业、科研机构、博士后工作站学习、研修、开展合作研究，保障青年拔尖人才梯队建设。高层次人才引进力度加强。2017年，引进博士60余人，引进高级职称双师型教师5人；通过"巴渝海外引智计划"引进国外知名专家学者6人，柔性引进国内外专家学者8人；培养省部级以上人才2人；委托培养博士4人；录用硕士研究生68人。人才培养效果明显。

完成"双师型"教师培训 170 余人，高校教师岗前培训 110 余人，国内访问学习、高级职称晋升人员岗前培训、会计青年英才培训等 80 余人。大力推进教师海外培养计划，特色专业骨干教师海外研修培训、海外访问学习培训 20 余人。

创新型人才及团队明显增长。获批"重庆市院士专家工作站""光电薄膜与器件重庆市工程实验室""重庆市工程师创新能力培养训练基地"各 1 个。

国家级、省部级高层次人才总量有所突破。新世纪"百千万人才工程"国家级人选、科技部"创新人才推进计划科技创新创业人才"、重庆市第五批高校优秀人才计划人选各增加 1 人。柔性引进中国工程院院士、复旦大学陈芬儿教授和国家百千万工程第一、二层次人选、享受国务院政府特殊津贴的重庆市名师任宏教授来校工作。

2．加强师德师风机制建设，不断提高师德水平

构建师德师风建设常态机制。认真贯彻落实教育部《关于建立健全高校师德建设长效机制的意见》《高等学校预防与处理学术不端行为办法》《重庆文理学院师德师风建设暂行条例》等相关文件，制定师德师风建设年度工作方案，在职称评审、岗位聘任、年度考核、评优评先等活动中，实行师德考核一票否决制。建立健全师德榜样示范机制。设立富有特色的奖项宣传师德典型，如"教学名师奖"等八大奖、"金果源"学生最喜爱教师奖等。2017 年开展首届"金果源"学生最喜爱教师奖评选活动，通过网站、橱窗、简报等形式宣传报道，营造良好的师德师风建设氛围。师德师风建设成效明显。2017 年，陈中祝获"重庆市先进工作者"荣誉称号，重庆市教委进行了集中宣传报道。

3．完善职称评审机制，关心教职工成长发展

贯彻落实市人社局、市教委职称评审改革相关文件精神，结合学校实际情况，修订职称外语和计算机考试要求，并经职改领导小组研讨、教代会执委会审议、办公会研究、党委会审定，发布相关文件；积极向主管部门争取政策，调整专技岗、管理岗、工勤岗之间的岗位比例，增加专技岗位数，特别是中高级岗位数。

根据《关于深化职称制度改革的意见》，结合学校现有情况，讲师职称评审大幅度改革，回归评审条件，并试行评聘分离，对于取得相应职称资格而未

按相应职级聘用的教师，校内绩效部分兑现相应职级待遇。

根据市人社局、市教委职改办的安排，严格程序、规范操作，开展专业技术资格申报评审工作。今年共17人获得正高专业技术资格，39人获得副高专业技术资格，9人获得非教师系列中级专业技术资格，6人通过留学归国人员绿色通道获得中级专业技术资格。讲师资格申报评审工作正在进行中，目前通过学科组评议共35人，较往年有大幅增加。

4. 深化人事制度改革，不断提升教职工认同感

严格执行学校2017年绩效工资过渡方案，落实以知识价值为导向的分配原则，增强教职工获得感。一是有计划、有针对性地到市内外高校开展绩效工资水平和执行情况的调研，了解绩效工资水平和管理方式。2017年按非教学人员3 400元/人,教学单位及科研单位按4 000元/人为教职工核增一次性绩效，效果良好。二是及时保障、下发现有的绩效工资。全年全校预算划拨1.02亿元绩效工资，在绩效工资的发放管理过程中，耐心、细致并充分听取了各单位的意见，确保绩效工资的顺利发放。

创新开展第三聘期中期管理岗位竞聘，切实解决中、低级岗位人员晋升的"瓶颈"问题。为进一步优化管理岗结构，提升学校管理水平，根据重庆市事业单位岗位设置管理实施办法、高等学校岗位设置管理指导意见等文件精神，结合我校实际，出台了《重庆文理学院第三聘期中期管理岗位竞聘工作方案》，经个人申报、部门测评、人事部门资格审查，报学校办公会审核和学校统一竞聘考核，做好了管理五级、六级、七级、八级职员竞聘工作。

积极争取上级政策，解决教职工关注、关心的焦点问题。一是认真开展校内外教职工工作保障餐调研，制定教职工工作保障餐的方案，提高教职工福利水平，增强教职工幸福感和获得感。二是认真学习人事政策，查阅、完善人员档案，积极开展人事管理工作。2017年共办理115名新进人员、18名调离及辞职人员、11名退休人员、13名校内调配人员的相关工作。对新进人员的出生年月、参工时间、间断工作时间、连续工龄推算年月进行认定，对140名职工学历学位认定表、基本信息确认表、干部履历表等审查后装入个人档案，原则上不产生遗留问题。

5. 落实创新驱动发展战略，服务高层次人才需求

创造性设立高层次人才激励基金，解决绩效工资总量不足的问题。经过多方调研，争取上级政策，创造性地在绩效工资外，专门设立高层次人才激励基金，对高层次人才专门奖励，激发高层次人才的科研教学积极性，同时不挤占学校绩效工资总量，解决学校绩效工资总量不足的困境。

积极参与学校成果转化收益、横向课题收入等文件研讨，为科技人才"松绑"。为积极推动创新驱动发展政策落地，服务高层次人才队伍，积极参与了学校科研人员成果转化收益，横向课题收入分配的文件研讨，及时解决科研人员收入科学规范问题，为学校高层次科研人才收入和精力解决问题。

6. 落实放管服改革要求，提升人事工作服务水平

根据学校岗位结构分布，积极调整岗位结构。重新核准岗位总量、结构比例和最高等级限额，及时修订和完善岗位设置实施方案、岗位说明书及岗位任职条件，在充分调研的基础上，积极争取上级政策，将学校的管理岗、专技岗、工勤技能岗比例进行了调整，有效地打破了学校建设和发展中教职工队伍建设的"瓶颈"。

根据办学实际需要和精简、效能原则，申报设立教学、科研机构。学校为对接重庆市支柱产业发展，服务永川地方经济，增加专业性强和学科特色明显的二级学院，服务学校长期发展战略需要。充分调研学校机构设置情况，对学校的教学科研机构设立情况全面梳理，提出了机构改革建议。

进一步完善用人机制，对校内各类非在编人员进行清理、规范。目前已完成全校 500 余名非在编人员的清理和分类管理，理顺了该类人员人事管理的体制机制。

7. 严格教职工日常管理，深入推进工作作风建设

强化作风建设，建立机关考勤和教学单位不定期巡查相结合的劳动纪律检查制度。学校在非教学单位安装上下班打卡记录器，强化教职工纪律意识；抽取工作人员，对教学单位办公室实行不定期抽查，严格劳动纪律。

坚持和完善请假程序和手续，严格教职工考勤管理。严格落实学校一般职工因病、事假、产假、中干请假制度，全年办理一般职工请假 48 人次，中干请假 36 人次。按月对考勤进行汇总，规范了各二级单位职工考勤情况，杜绝了漏报、迟报现象。

8．薪酬福利工作规范严谨，确保发放及时准确

开展教职工养老保险、职业年金工作。严格落实重庆市关于事业单位养老保险及职业年金有关规定，全年养老保险、职业年金合计支出 3 560 万元左右。

开展工伤保险、生育保险、失业保险、临聘人员保险缴费工作。2017 年我校参保人数为 1 713 人，缴纳工伤保险 59 万余元，失业保险 95 万余元，生育保险 32 万余元，各类临聘人员养老保险 55 万余元。

为全校在职教职工购买了公务旅行交通意外伤害保险，做好了工勤人员的转岗晋升、残疾人就业保障金的减免、病退人员申报、各项福利慰问金的发放等工作。

9．特色与亮点

人才队伍建设取得新突破。新增 1 个人才平台"重庆市院士专家工作站"、1 个人才培训基地"重庆市工程师创新能力培养训练基地"；"海棠人才行动计划"获重庆市优秀人才项目资助，国家级人选、省部级人才新增 3 人，获"重庆市先进工作者" 1 人。

深化职称评审机制改革，释放人才创新活力。根据《关于深化职称制度改革的意见》，积极向主管部门争取政策，调整专技岗、管理岗、工勤岗之间的岗位比例，增加专技岗位数，特别是中高级岗位数；结合学校实际，讲师职称评审大幅度改革，回归评审条件，并试行评聘分离，对于取得相应职称资格而未按相应职级聘用的教师，校内绩效部分兑现相应职级待遇。

积极思考学校专职科研机构绩效工资改革方案，加快推进建立以任务为导向的绩效分配体制，根据不同学科特点构建不同的分配机制。探索专职科研机构弹性编制管理，逐步实现编制动态管理，提升专职科研机构整体水平。

主动破解管理岗位的聘用及待遇难题。为提升教职工的收入，增加获得感和幸福感，教工部积极作为、主动思考，对于今年竞聘并符合管理七、八级岗位的人员，因岗位数量限制和渝人发〔2008〕43 号文件限制，不能聘用到相应岗位的，可享受相应岗位的校内绩效工资待遇。

重庆文理学院二、三级教授名单

姓名	性别	所属部门	备注
孙泽平	男	校务部	
许洪斌	男	校务部	二级
兰　刚	男	校务部	
谭　宏	男	校务部	二级
李德全	男	校务部	二级
王明华	男	校务部	
万书辉	男	校务部	
漆新贵	男	校务部	
谢志刚	男	教工部	
宋凡金	男	教工部	
王大平	男	教学部	
程正富	男	科技部	
李天福	男	文化与传媒学院	
杨　钊	男	文化与传媒学院	
杨忠谦	男	文化与传媒学院	
卢成武	男	数学与财经学院	
霍永亮	男	数学与财经学院	
徐　强	男	材料与化工学院	
郑士远	男	材料与化工学院	
石东平	男	电子电气工程学院	
杨守良	男	电子电气工程学院	
李才俊	男	公共管理学院	
何腊生	男	公共管理学院	
杨　帆	男	林学与生命科学学院	
谢吉容	女	林学与生命科学学院	
田秀英	女	林学与生命科学学院	

续表

姓名	性别	所属部门	备注
徐敬明	男	林学与生命科学学院	
颜 聪	男	音乐学院	
陈龙国	男	美术与设计学院	
张咏清	男	美术与设计学院	
肖宇窗	男	教育学院	
裴跃进	男	教育学院	
曹成刚	男	教育学院	
王 蕾	女	教育学院	
曹荣誉	男	教育学院	
何云贵	男	继培学院	
兰觉明	男	继培学院	
刘希东	男	校务部	
董 刚	男	校务部	
戴晓敏	女	工会	
陈天培	男	旅游学院	
罗万成	男	重庆服务外包学院、软件工程学院	
吴中军	男	图书馆	
赵华君	男	机电工程学院	
曹优明	男	地恩公司	
钟志奇	男	合作发展部	
黎 明	男	合作发展部	
易文德	男	质量监测与评估中心/教学督导委员会办公室	
唐 英	女	环境材料与修复技术实验室	
李会合	男	特色植物研究院	
刘奕清	男	特色植物研究院	
李传印	男	特色植物研究院	

2016—2017年先进集体和优秀教师、优秀教育工作者名单

一、先进集体（9个）

旅游学院　材料与化工学院　新材料技术研究院
林学与生命科学学院　机电工程学院　教工部
博达公司　学工部　纪检部

二、优秀教师（53人）

安继斌　包宋建　曹　锐　陈眉月　陈顺民　陈远川
陈云妮　程丽州　单士锋　丁　芳　费秀芬　高慧林
郭鹏远　贺鑫晨　胡明清　胡媛艳　黄丽霞　黄孟军
雷明东　李冰琼　李国强　李杰（男）　李　瑞　李　微
李小鲁　李兴成　李　亚　李　璐　林　锐　刘俊玲
刘　凌　卢成均　柳红东　陆宇润　马祥梅　毛一波
庞　敏　苏　燕　苏永要　唐恭俭　汪琳琳　王爱忠
王德易　吴　旭　伍国果　夏晶晖　谢廷智　殷　娇
钟　利　钟聿新　周　琼　周　燕　郑小芳

三、优秀教育工作者（35人）

蔡华锋　陈本炎　陈　浩　陈诗琴　程　淦　程海军
邓珊珊　杜孝田　杜　勇　龚文捷　江　松　乐万里
雷　莉　罗春梅　毛　君　彭盈盈　阮　吉　宋亦薪
孙凌涛　霞碧云　谢应宽　许菲菲　严国丽　杨加强
杨勇（纪检部）　姚昱岑　易文德　余　敏　喻身洁
袁　驰　张跃旭　周　丁　周　灵　祝新艳　左永艳

2017年教龄、教育系统工作满30年的人员名单

一、教龄满30年人员

龙晓霞　田秀英　刘露营　李才俊　李忠彬　杨树成
肖宇窗　陈天培　陈胜婷　林　红　周亚非　唐　英
曹优明　戴晓敏　魏良福

二、教育系统工作满30年人员

叶晓容　刘爱民　李泽忠　陈能秀　罗洪林　胡雪华
袁顺洋　蒲超伦

2017年新进人员

姓名	性别	就职日期	就职部门	就职职位
辛　斌	男	2017/1/5	电子电气工程学院	专技人员
胡　靖	男	2017/2/22	林学与生命科学学院	专技人员
王运雷	男	2017/1/12	材料与化工学院	专技人员
张玲玲	女	2017/1/20	数学与财经学院	专技人员
檀笑乾	男	2017/2/22	文化遗产学院、国际学院	专技人员
欧　烨	女	2017/2/20	教工部	行政管理人员
曾　豪	男	2017/2/21	校务部	行政管理人员
罗昱文	女	2017/2/21	电子电气工程学院	专技人员
张　翼	女	2017/2/21	合作发展部	专技人员
苏　琴	女	2017/2/21	音乐学院	专技人员
陈　旭	女	2017/2/21	总务部	专技人员
刘玉芳	女	2017/2/22	旅游学院	行政管理人员
唐大勇	男	2017/2/23	机电工程学院	专技人员

续表

姓名	性别	就职日期	就职部门	就职职位
胡 浩	男	2017/2/28	经济管理学院	专技人员
金 容	女	2017/3/9	新材料技术研究院	专技人员
吕 程	女	2017/3/30	机电工程学院	专技人员
潘伟刚	男	2017/3/31	教育学院	专技人员
李洪雷	男	2017/3/31	特色植物研究院	专技人员
孟 祥	男	2017/4/12	新材料技术研究院	专技人员
许洪斌	男	2017/4/14	学校领导	专技人员
石一非	男	2017/4/25	新材料技术研究院	专技人员
李世强	男	2017/5/2	创新靶向药物国际研究院	专技人员
黄玖红	男	2017/5/8	创新靶向药物国际研究院	专技人员
漆沫沙	女	2017/5/9	数学与财经学院	专技人员
范剑平	男	2017/5/24	材料与化工学院	专技人员
唐 华	女	2017/5/26	新材料技术研究院	专技人员
方 波	男	2017/6/7	创新靶向药物国际研究院	专技人员
李 巧	女	2017/6/20	特色植物研究院	专技人员
李 强	男	2017/6/20	特色植物研究院	专技人员
李艳琼	女	2017/6/22	电子电气工程学院	专技人员
王竟一	女	2017/6/22	经济管理学院	专技人员
邹 挺	男	2017/6/22	特色植物研究院	专技人员
税小华	男	2017/6/22	数学与财经学院	专技人员
徐照英	女	2017/7/4	新材料技术研究院	专技人员
谭洪波	男	2017/7/4	创新靶向药物国际研究院	专技人员
闫雪莲	女	2017/7/4	质量监测与评估中心/教学督导委员会办公室	专技人员
龚丽娟	女	2017/7/4	学工部	专技人员
贺 建	男	2017/7/4	经济管理学院	专技人员

续表

姓名	性别	就职日期	就职部门	就职职位
王文涛	男	2017/7/4	材料与化工学院	专技人员
张梓涵	女	2017/7/4	文化与传媒学院	专技人员
李帅	女	2017/7/4	文化与传媒学院	专技人员
周阳	女	2017/7/4	经济管理学院	专技人员
彭琴	女	2017/7/4	环境材料与修复技术实验室	专技人员
周凡力	女	2017/7/4	学工部	专技人员
卢德强	男	2017/7/4	体育学院	专技人员
张亚军	男	2017/7/4	创新靶向药物国际研究院	专技人员
罗亚飞	男	2017/7/4	创新靶向药物国际研究院	专技人员
张元圆	女	2017/7/4	马克思主义学院	专技人员
周洪丹	女	2017/7/4	档案馆	专技人员
曾福文	男	2017/7/4	校务部	专技人员
赵瑞斌	男	2017/7/4	党群部	专技人员
向飞	男	2017/7/4	教工部	专技人员
邵志鹏	男	2017/7/4	林学与生命科学学院	专技人员
范宣辉	男	2017/7/4	音乐学院	专技人员
李亮林	男	2017/7/4	学工部	专技人员
李树明	男	2017/7/4	机电工程学院	专技人员
刘筱	女	2017/7/4	美术与设计学院	专技人员
彭友湘	男	2017/7/4	机电工程学院	专技人员
朱复明	男	2017/7/4	学工部	专技人员
李冰鑫	女	2017/7/4	数学与财经学院	专技人员
陈艳	女	2017/7/4	材料与化工学院	专技人员
陈润瑶	女	2017/7/4	音乐学院	专技人员
张劲松	男	2017/7/4	总务部	专技人员

续表

姓名	性别	就职日期	就职部门	就职职位
左雨婷	女	2017/7/4	新材料技术研究院	专技人员
丁明德	男	2017/7/4	材料与化工学院	专技人员
陈泉洲	男	2017/7/4	材料与化工学院	专技人员
葛晓茜	女	2017/7/4	旅游学院	专技人员
杨和山	男	2017/7/5	材料与化工学院	专技人员
陈国榕	女	2017/7/5	材料与化工学院	专技人员
张平磊	男	2017/7/5	电子电气工程学院	专技人员
宋链	女	2017/7/5	经济管理学院	专技人员
彭迎春	男	2017/7/5	机电工程学院	专技人员
刘瑶	女	2017/7/5	新材料技术研究院	专技人员
孔凡霞	女	2017/7/5	学工部	专技人员
吴振坤		2017/7/5	林学与生命科学学院	专技人员
丁戈	男	2017/7/5	材料与化工学院	专技人员
兰天晨	男	2017/7/5	材料与化工学院	专技人员
陈昀昀	女	2017/7/6	美术与设计学院	专技人员
景彦霞	女	2017/7/6	教育学院	专技人员
陈怡萱	女	2017/7/7	音乐学院	专技人员
李红娟	女	2017/7/7	马克思主义学院	专技人员
王敏	女	2017/7/7	经济管理学院	专技人员
陈美静	女	2017/7/7	新材料技术研究院	专技人员
王荣珍	女	2017/7/10	文化与传媒学院	专技人员
段亨攀	男	2017/7/10	材料与化工学院	专技人员
孙虎堂	男	2017/7/10	文化与传媒学院	专技人员
孙绍慧	女	2017/7/10	文化与传媒学院	专技人员
王明振	男	2017/7/11	经济管理学院	专技人员

续表

姓名	性别	就职日期	就职部门	就职职位
刘田	男	2017/7/10	体育学院	专技人员
李哲馨	女	2017/7/11	特色植物研究院	专技人员
邓迪	女	2017/7/11	旅游学院	专技人员
李勇	男	2017/7/13	创新靶向药物国际研究院	专技人员
赵勇	男	2017/7/13	音乐学院	专技人员
杨延菊	女	2017/7/13	电子电气工程学院	专技人员
任云	女	2017/7/13	特色植物研究院	专技人员
刘霞	女	2017/7/13	特色植物研究院	专技人员
张文林	男	2017/7/13	特色植物研究院	专技人员
谭斯颖	女	2017/7/14	文化遗产学院、国际学院	专技人员
刘红盼	男	2017/7/14	材料与化工学院	专技人员
易信任	男	2017/7/14	音乐学院	专技人员
刘辉	男	2017/7/14	机电工程学院	专技人员
戴媛	女	2017/7/14	林学与生命科学学院	专技人员
徐勇刚	男	2017/9/7	电子电气工程学院	专技人员
魏敬周	男	2017/9/8	经济管理学院	专技人员
李彦林	女	2017/9/18	环境材料与修复技术实验室	专技人员
肖雨	女	2017/9/28	教育学院	专技人员
肖丽容	女	2017/9/29	文化与传媒学院	专技人员
夏冰月	女	2017/10/12	美术与设计学院	专技人员
郭丽君	女	2017/10/12	文化与传媒学院	专技人员
邹佳桃	女	2017/10/16	数学与财经学院	专技人员
王少阳	女	2017/10/31	马克思主义学院	专技人员
付强	男	2017/11/24	机电工程学院	专技人员
吴雪君	女	2017/11/24	学工部	行政管理人员
陈炜	男	2017/12/13	环境材料与修复技术实验室	专技人员

保障与服务

BAOZHANG YU FUWU

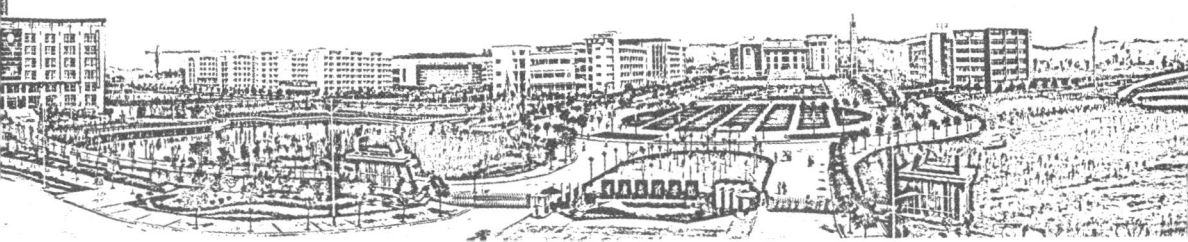

基建工作

1. 概述

严格执行学校"十三五"校园建设规划,进一步加强校园维修改造、环境绿化以及整体景观打造,进一步强化基建过程、节点管理和廉政建设,全年招投标符合相关规定要求,无任何违规违纪事件发生。今年完成的维修改造工程项目均顺利通过验收,未出现重大质量安全事故,未发生恶意拖欠工程款及农民工工资等情况。2017年全面完成综合实训楼主体建设,人和居3号教职工住宅全面进入装修装饰阶段,累计在永川区公共资源交易中心完成招标项目23项,累计开展各类小型维修改造项目100余项,全年累计支付工程款4000余万元。

2. 规范开展招投标工作

继续扩充校内基建招投标评标专家库。在已建成的校内基建招投标评标专家库基础上,为了进一步完善招投标评标专家类型和扩充校外专家人数,本年度开展第二次招投标评标专家征集工作,共征集到10名校外专家。目前,学校基建招投标评标专家共35人,其中校内18人,校外17人,确保学校基建工程招标评审工作的专业性、公平性和公正性。

规范开展招投标工作。根据重庆市教委今年关于市属高校基建招投标的最新规定和要求,进一步规范学校招标项目,所有基建项目招投标均纳入永川地方招投标管理。同时为了提高基建招投标工作的专业性,学校对招标项目实行招标代理制度,通过选取服务优质高效的代理公司代理招标工作,确保学校基建招标项目顺利完成招标。本年度严格执行市教委和学校的招投标规定,未出现任何违规违纪情况。

3. 合理制订基建规划

从2017年4月开始,重庆市教委对市属高校基本建设项目的立项申报、招投标、合同执行等作了统一规定,要求各高校认真制订基本建设三年分期规划,并与学校预算三年滚动计划相匹配。按照市教委要求,加强2017—2019年拟开展基本建设的立项论证和申报工作,三年分期规划预计开展各类新建和维修改造项目约190项,总投资约3亿元。学校基本建设三年分期规划的制订和分年度计划的实施,进一步完善学校硬件条件,提高各类建筑的服务保障水平。

4. 加强制度整改及建设

根据重庆市教委和地方建设主管部门要求,结合学校职权目录和廉政风险点,开展内部制度回头看,结合学校实际,出台《重庆文理学院工程(设计)变更、工程现场签证管理办法》《重庆文理学院基建工程预结算管理办法》《重庆文理学院基本建设项目立项审批办法》,进一步提高基建管理的规范性、科学性、严谨性,有利于基建工作健康开展。

5. 全面推进工程项目管理工作

2017年清理红河A、B区临时违规建筑20余起;对人和居3号教工住宅、综合实训楼进行了有效的管理并完成重点项目的抽样送检工作;完成了建筑工程结构力学实验室前期所有手续;完成维修改造工程材料验收、工程竣工验收等。

6. 稳步推进两大新建项目

人和居3号楼建设进展顺利。人和居3号教工住宅为32层框剪结构高层,一梯八户,共设计有255套住房,总建筑面积26 731平方米。该项目由贵州建工集团第二建筑工程有限责任公司承建。截至2017年12月24日,人和居3号楼教工住宅全面进入装修及设备安装工作阶段。为保证工程质量,建好民心工程,除了安排经验丰富的现场代表外,还与学校工会一起组建了3个由总务部和教职工代表构成的学校监督组,以及组建建筑工程学院土木工程专业学生户型预验收组全程参与项目管理、质量监督和安全防范等建设工作。整个工程进度控制良好,工程施工质量及安全均得到了有效保障。

综合实训楼项目情况良好。综合实训楼工程是国家发改委资助项目,也是学校与永川区政府共建的项目,该建筑为25层框架剪力墙结构,地上23层,地下2层,总建筑面积约32 240平方米,不但可以满足"重庆市光电材料和微纳米材料研发及测试服务心"15 000平方米的用房需求,还将进一步提升学校实习实训条件,该项目由重庆竞盟建筑工程(集团)有限公司承建。截至2017年12月24日,该项目已顺利通过主体结构验收,填充墙施工完毕,目前已进入内外墙抹灰，外立面保温施工、屋面防水等分项工作阶段，为了保证该工程高效推进，现已完成幕墙工程设计优化，有序推进室内精装修的组织与沟通工作。

7．全力抓好校园维修改造

星湖校区是老校区，红河A区已投入使用14年。今年学校重点继续推进对两校区校舍建筑的维修改造工作，对校区基本设施进行改造，不断优化其功能发挥，校园基本条件得到进一步改善和提升。

星湖校区重点实施八大项目。一是抓好了校舍维修改造，重点对双竹公寓的强电弱电进行了升级改造，星湖校区4、5、6阶梯教室改造等；二是加强对星湖校区污水雨水管网建设（包括沿卫星湖的污水管网改道及泵房修建，女三舍、女生公寓、男一舍旁、女九舍、女十舍污水管网修复，以及新建图书馆室外雨水管网等）；三是单独设立回族学生就餐场所，即新建学生清真食堂；四是校医院改造（屋面渗水治理及观察室改造等）；五是公共区域改造，边界及水厂垮塌围墙修复，原9、10号室外楼梯毛面花岗石铺贴，活动中心彩钢屋面渗水治理，杉树湾周边安全防护栏安装等；六是加强了校外道路改造，与卫星湖街道办事处共建校外双竹至校大门段沥青路面铺设；七是继续对主干道两侧行道树白蚁进行后期防治治理，减少白蚁繁衍力度及对树木的破坏；八是科研基础设施建设，即海绵工程建设。

红河校区重点落实七大项目。一是重点对人和居室外及地下车库公共环境进行整改，主要项目包括6、7号楼地面防水工程，面积约900平方米，负二楼地下室污水排水沟治理，生活污水管网疏通与改造，6、7号楼主干道路灯更换等；二是落实校企合作项目建设，凤凰数字化媒体班装修；三是有效整合红河A区消防控制室，将原有图书馆、格致楼、食堂、恪勤楼、留学生公寓等的9个分散的消防中控室整合到知津楼的中控室，重新布置信号线路约50 000余米，已全部竣工并投入运行；四是室外污水雨水管网改造（B区桃苑、李苑、食堂、2号实验楼及教学楼间等）及松苑、恪勤楼、赋棠苑室外消防管道维修更换；五是进一步提升科研及教学条件，主要项目有文传学院标准录播室建设、协同创新中心门厅装修、知津楼改造、逸夫楼8间教室改造、图书馆改造、工业机器人智能制造实训系统用房配套改造等；六是完成红河B区食堂改造；七是完成恪勤楼两间会议室改造，纪委约谈室改造，恪勤楼办公室增加照明设备等。

8. 深入开展隐患排查整治

坚持定期巡察整改制度。2017年定期对星湖、红河校区的房屋、堡坎、排洪沟等进行全面检查，及时对不安全的因素进行整治。4月28日，总务部协调学工部安管处、新叶公司、博达公司等部门相关人员逐一对后山及校舍安全隐患进行了排查，及时汇总检查中发现的问题并召开现场反馈会，目前已完成星湖校区图书馆外排水沟缺失、排洪沟堵塞、危岩危石、德音楼外倾斜段围墙等整改工作，确保校园安全稳定。

实施重点排危拆除工程。先后拆除红河校区友邦驾校旁、星湖校区杉树湾的临时库房等危房。

9. 精心打造校园景观

学校大力开展生态校园绿化建设，坚持以人为本、生态优先，林荫型、景观型、休闲型绿地结合。校园绿化管理规范，行道树、观赏草坪修整整齐，校园绿化整体景观生态、自然、优美，大力改善了师生生活环境。

主要项目包括：人和居6、7号楼苗木移栽与修枝及景观打造，红河B区（食堂外，桃苑、李苑）灌木及花草配种，逸夫楼旁绿配栽等。

10. 工作特色和亮点

创新重点项目JDJX目标管理模式。除按照国家要求对两个重点项目委托监理公司（J）进行项目管理外，设置建设单位土建、安装现场双代表（D），并与学校工会一起组建了3个专门学校监督组（J），组建建筑工程学院土木工程专业学生房间户型预验收组（X）全程参与项目管理、质量监督和安全防范等建设工作。整个工程进度控制良好，工程施工质量及安全均得到了有效保障。

优化基建规范程序管理。按照市教委最新要求，优化完成2017—2019年拟开展基本建设的立项论证和申报工作，保证今后3年基建工作的有序开展。修订完成项目招投标管理制度、施工项目管理细则、安全文明施工规定、工程结算规定等基建管理文件，对工程项目的高效实施提供了有效的制度保证。

推进项目信息化管理。为了保证工程项目管理的高效快捷，总务部有序推进项目信息化管理建设工作。按照校级科研项目（工程项目信息化系统建设）的要求对学校工程项目信息进行统计分析，并与行业专家进行沟通交流，形成工程信息管理系统初步建设方案，加快了学校工程项目信息化建设的步伐。

财务管理

1. 预算管理

2017年4月编制完成学校2017年预算并下发各单位执行。2017年7月按上级统一要求启动2018年预算编制工作，根据学校事业发展规划，多次走访校领导、科技部、教工部、教学部等相关职能部门了解资金需求，结合学校2018年工作重点、2014—2017年的预算执行情况和2018年预算申报情况，完成2018年预算的"二上二下"编制和2018—2020年三年滚动预算。

2. 强化预决算公开

根据《中华人民共和国预算法》的规定和重庆市关于做好市级部门预算公开工作有关要求，在校园网上向会社会公开了2017年部门预算信息和2016年部门决算信息。

3. 收支情况

本年实现收入53 825万元，其中财政补助收入31 549万元，教育事业收入14 841万元，科研事业收入3 266万元，其他收入2 070万元，经营收入2 099万元。全年支出为59 512万元，其中财政补助支出32 039万元，非财政补助支出27 473万元（含事业支出24 715万元，经营支出2 099万元，其他支出659万元），各项收支规范有序、进度合理。合理安排、调度和使用资金，全面保障了学校事业发展各项资金需求。

4. 规范组织会计核算

严格按照国家法律、法规以及学校各项规章制度，组织开展各项会计核算工作。

5. 提高服务意识，做好服务工作

积极转变服务观念，会计服务不断向前端延伸，主动性不断增强，更趋精细化。组织召开教学部门财务工作座谈会，就持续推进投递式报账、优化财务报销手续、提高服务质量等问题与教学部门经费负责人、办公室负责人进行座谈。针对提出的问题进行梳理，分层次进行整改与调整。

为新材料协同创新中心期中自查、"三特"专业检查、2014—2016年大学生思想政治工作自查等提供经费预算、经费开支情况等财务支持。还为科研项目申报、结题以及各类审计等工作提供全方位数据查询、统计、咨询服务。

为学校120多名教职工代理申报了个人所得税,使他们有更多时间投入到教学、科研工作中去。首次为市级人才李璐办理了个税优惠。

6．按时完成教学审核评估数据填报工作

专门抽调人员,积极配合学校教学审核评估工作,按照教学审核评估指标和学校主控部门要求,认真梳理、统计、分析相关财务数据,完成了本科教学工作审核评估预评估自评报告和正式评估财务数据的填报,还撰写了自评报告中教学经费及保障部分文字材料。

7．积极参与学校硕士点的申报

认真填报申硕材料所要求的基本条件、支撑条件等相关数据,为学校申硕工作提供了数据支撑。对照新的申硕条件和招标要求,认真思考,积极作为,成立了专门工作组,向学校报告了《关于学校达到申硕要求的思考》,在统计分析学校收入基础上,走访了十多个二级单位,进一步细化优化相关工作方案。

8．拓展筹资渠道,积极争取各项专项资金

积极与永川区财政局、凤凰园区管委会等各部门沟通协调,为学校争取专项资金,获得大学生创新园后扶资金680万元,靶向药物2017年创新驱动专项补贴资金800万元。争取市财政的支持专项资金200万元。组织完成学校2017年中央专项资金的上报工作,获得1400万元中央专项发展资金。

9．成功争取到横向科研项目免税资格

为最大限度降低横向科研项目税负,认真学习研究国家、重庆市相关文件精神,多次到国税相关部门就免税资格申报资料、申报程序、操作流程等问题进行了深入的咨询与沟通,经不懈努力,成功争取到了横向科研项目的免税资格,最大程度降低了横向科研项目税负。

10．修订重庆文理学院财务管理办法

为适应新的《事业单位财务规则》《高等学校会计制度》的要求,修订完成《重庆文理学院财务管理办法》,为规范学校财务管理工作提供制度依据。

11．各类收费平稳有序

全年实现普招生学杂费收入13 587万元,其中学费收入10 494万元,住宿费收入1 870万元。代收教材费等1 223万元。通过校园卡系统收取各类充值款项约共计5 477万元，其中现金充值款185万元，通过圈存充值收款预计5 200万元，通过校园卡发放学生各类补助及应退款项发放至校园卡92万元。三校区共为教职工、在校学生、临时聘用人员及家属等共计新办及补办校园卡1.1万张。全年通过校园卡系统多项目收费功能为教学部、学工部等多部门提供网络缴费平台，共计收取普通话报名费、重修费、计算机英语等级考试等报名费391万元。

12．积极化解债务

按照上级2012—2017年学校化债任务，我校2016年便提前完成任务，2017年2月再归还了农业银行贷款1 250万元，减少近60余万元利息支出，贷款余额下降至12 430万元。

13．理清家底，给学校决策提供有力依据

提前统计学校2014—2016年和2017年到目前的预算执行情况，对学校的2017年财务情况和2018年的预算情况进行数据分析，为学校2017年即将开展的完善事业单位绩效工资和超额绩效工资等学校重点工作提供了有力依据。

14．信息化水平逐步提高

积极联系软件开发公司，率先实现了电子发票重复报销的自动化验证，本年度报销电子票据1 004份，报销金额109万元，极大提高了财务报销的效率和质量，也为下一步实现财务报销、财务档案的电子化奠定了坚实的基础；实现财务系统与资产系统两系统的对接，实现了自动对账，并可以实时查看资产报账的情况；引入10M带宽的MSTP财政专线网络，提高了财务处理的效率，更有效地保证了财务数据的安全；对经费查询、学生收费、网上报账等系统进行登录整合，实现一个用户名和密码的单点登录。

15．建成财务业务系统云桌面

财务信息系统采用独立的财务内网，为解决办公场地和内外网数据交换不畅的限制，建立财务信息系统云桌面，将财务的全部业务放在云桌面上，彻底解决了财务信息安全隐患和数据交换，使用云桌面更加便捷地处理各种财务业务。

16．强化内部控制，开展工作质量监测

根据《行政事业单位内容控制规范》要求，认真梳理学校层面和业务层面风险,优化内部流程,对目标管理、部门制度管理、业务管理、议事管理、考勤管理、服务管理、安全管理、工作汇总进行全面监督,发现问题及时提出整改,并追踪整改结果。通过重点工作监测,提前将问题扼杀在摇篮中,加强了部门员工间的合作,提高了工作效率。

17. 档案管理规范,全力配合档案查阅

按规定及时完成会计档案的收集、整理、归档、查阅等的日常财务档案工作,做到妥善保管、存放有序、查阅方便,保证归档材料的齐全、完整。配合完成各项校外及校内审计的档案查案,及时为教职员工查阅档案。

18. 广泛开展交流,加强队伍建设

9月20—22日,由谭宏副校长带队赴集美大学、厦门理工学院进行了考察交流。对集美大学财务处和厦门理工学院财资处就财务部门的科室结构及岗位职责、预算编制及分配机制、内控管理、财务管理与核算、项目绩效评价、科研经费管理、财务信息化软件等问题进行了详细的交流。刘灿国副书记带队赴重庆三峡学院、重庆师范大学、重庆科技学院就绩效工资改革进行交流。王明华副校长带队赴重庆科技学院就科研经费进行交流。组织多人次参加市教委组织的财务处长能力提升、天大天财公司组织的财务软件、北化组织的资产管理软件、市财政局组织的重庆市会计英才后备人才等培训。

19. 特色与亮点

初步建立了典型财务事项定期发布机制。本着服务教学、服务科研、服务管理和方便教职工的工作理念,针对师生员工在财务报销过程中存在的带有普遍性的问题,建立典型财务报销事项定期发布机制。财务人员注意搜集报销过程中存在的带有普遍性的典型问题,而后进行整理和分析,并给出详细操作说明,多渠道进行发布,使师生员工及时了解报销的规范,从而更便捷、更准确地完成报销手续。

整合信息系统,便捷服务师生。针对经费查询、学生收费、网上报账系统登录时用户名和密码相对独立、用户名和密码不统一、教职工经常忘记用户名和密码的情况,对多套系统进行登录整合,实现了单点登录。

采购管理

1．提前筹划采购工作

对于 2017 年中央专项资金采购工作，在项目批准前积极与各相关单位人员紧密联系，提前建立交流 2017 年中央专项资金 QQ 工作群，为二级单位的采购提供相应的咨询服务。在项目批准后，面对中央专项资金计划下达时间晚的不利情况，及时调整工作模式，建立专项资金采购绿色通道，优先处理专项资金项目的事宜。及时敦促、协助各二级单位完成采购项目，截至 2017 年底已经完成约 1 000 万元招标工作，实现支付约 620 万元，顺利完成财政局下达的支付进度。

2．全勤全力，为教学、科研和管理提供有力保障

全年招标 174 个项目，完成采购预算资金约 7 800 万元，实现采购金额约 5 888 万元，其中公开招标约 2 235 万元，竞争性谈判约 2 474 万元，询价约 8 万元，电子平台约 1 091 万元，竞价网约 80 万元；完成 2016 年中央专项资金项目招标及支付工作，实现付款 904.46 万元。

3．规范管理，加强监督

招标采购接受纪检监察部门的监督，每次开标提前向纪检部报送开标项目时间，接受对开标、评标的现场监督；依法依规公开信息，主动接受供应商和社会监督，提高公信力。

资产管理

1. 加强制度建设，规范管理行为

为进一步规范管理，明确职能职责，完成了《重庆文理学院国有资产管理办法》和《重庆文理学院固定资产管理办法》的修订工作。

2. 学校资产总量稳中有增

2017年底，资产总量达 2 163 791 199.45 元。其中固定资产 1 376 198 873.47 元，无形资产 605 637 102.13 元。当期期末净资产 1 817 559 108.16 元。今年累计新增固定资产和无形资产 112 451 432.93 元，原值增长幅度达 5%，保持了国有资产的持续增长。

3. 严格流程促管理，强化职能责任意识

完成了全校资产清查工作，完成了材料库房账务和实物盘点工作。完成各项资产验收 125 批次，金额达 89 000 余万元；完成质保验收 72 批次。

4. 优化资产配置结构，大力推进使用效益管理

待报废资产占用学校大量有效使用空间，对学校更新配置教学资源造成一定空间压力。经申报，全年获批报废处置资产 8 850 项，原值共计 1 588 万元。清理了待报废资产占用的场地，有效拓宽了教学空间。

5. 规范资产出租出借，依法合规做好资产经营

在保证资产履行职能的前提下，为促进资产保证增值，规范使用资产面向社会出租出借，为学校增收减负。2017 年，共实现租金收入 113 万余元。同时，资产部还高度重视经营风险防控，积极排查隐患，关闭危险源。

6. 特色与亮点

积极推进资产管理信息化，深入推进"互联网+资产管理功能拓展"，完成了教职工个人管理和使用资产信息查询系统，每一位教职工均可实时查询本人使用和管理的资产，增强了大家对资产管理的责任意识和管理意识。

图书情报工作

1．加强文献资源建设，建设文献信息保障体系

2017年，通过深入林学与生命科学学院、数学与财经学院、体育学院、经济管理学院、旅游学院和新材料研究院等二级学院和科研机构调研以及网络意见征求、召开读者座谈会等途径对读者的信息资源需求进行了全面了解，并结合学校馆藏现状，科学配置信息资源，在有限经费投入中实现读者需求最大化。

截至12月26日，全校新购图书4万册、编目典藏图书4万册、报刊1 200余种；完成2018—2020年人大复印资料数据库、外文期刊及外文图书供应商招标和合同签订；完成了2018年中文纸质图书供应商的招标和合同签订；完成了10万册电子图书的采购，续购往年数据库。截止到2017年12月26日，全校有纸质图书191万多册（含过刊合订本），生均图书册数91.1册；电子图书91万种（册）。

在文献资源建设方面，坚持全学科覆盖、优先建设重点学科的原则，2017年纸质及数字资源采订覆盖学校所有学科。在数据库建设方面，在保证CNKI、优秀博硕论文等广大师生使用率最高的数据库正常使用的基础上，积极开展新的数据库建设。全年共试用新数据库25个，新购数据库2个。

为切实提高全校馆藏书质量，2017年3月1日，图书馆组织各二级学院师生赴重庆参加春季图书现采会。通过现采会现场挑选方式采购图书1 800余种2 000余册，使学校的图书文献建设更加贴近和符合学科、专业需求。

2．完善自动化与网络建设，提升信息化水平

完成图书管理系统升级、数据迁移等前期准备工作，并对图书馆和资料室相关业务人员进行多次使用培训。做好电子阅览室、光盘室、技术部办公室的设备搬迁后的安装和布线工作。做好亚德业务系统的维护工作，及时解决工作中出现的问题。及时做好图书馆各类平台信息管理与发布工作，图书馆网站发布各类信息65条；图书馆微信制作和发布图文消息24条。完成各个系统的正常维护工作，保证自动化系统、各个资源数据库系统、自建数据库系统的正常

运行。做好各类工作机、检索机、电子阅览室的维护和调试工作。清理本馆图书条码使用情况，打印图书、过刊条码等。

3．增强服务意识，提供人性化服务

为读者提供了足够的开放时间和空间，最大限度地满足读者在时间、空间上对图书文献的利用。周开放达到了98小时，外借书室周开放时间近77小时。同时及时更换各室各类规章制度及温馨提示牌，方便读者利用图书馆。2017年，图书馆共接待读者86万余人次，图书外借12万余册。

利用文献资源丰富的得天独厚的条件，将收集、开发文献信息资源进行整理、加工后向师生提供全方位、高层次文献信息情报服务。2017年，编印《高等教育动态》16期，课题检索27项，代查代检文献459篇，查收论文185篇，一般咨询服务418次，文献传递106篇，发布学科信息120条。撰写《重庆文理学院近10年在四大排行榜中的表现》《重庆新建本科院校在大学排行榜中排名的对比分析》《2017年重庆文理学院WOS科研论文分析》；并结合学校申硕工作收集相关资料撰写了《重庆四院校科研实力对比分析》，该报告揭示了我校学科专业取得的成绩，以及在重庆同类高校中的位置。根据学校的发展需要汇编3个专题资料：《新工科研究进展资料汇编》《双一流资料汇编》《专业认证资料汇编》。完成重庆文理学院学科分析报告2015—2017年汇编，编制《图书馆资源与利用2016年度报告》，回溯编制《图书馆资源与利用2014年度报告》。这些报告为学校审核评估工作提供了有力的支撑，受到评估专家的高度认可，同时为学校领导和管理决策参考提供了丰富的信息资源。

为提高新生对学校图书馆的认识，引导广大学生充分利用图书馆各类文献资源，2017年9月26日至10月22日，图书馆分别在红河校区和星湖校区为全校2017级全体新生举办了41场以"走进图书馆"为主题的新生入馆教育培训讲座。此外，为培养学生的信息意识和信息能力，帮助读者有效使用图书馆及文献信息资源，全年图书馆开展读者讲座培训共24次，内容涉及搜索引擎、数据库检索、查收查引用、慕课检索等。

4．创新宣传工作和读者互动形式，协助推进学风建设

利用各种形式进行图书馆资源和服务的宣传导读，提升图书馆的服务水平

和质量。在图书馆班子精心组织策划及全体职工努力配合下，成功开展读书文化月活动和服务宣传月活动。

4—5月举办以"与经典相伴，与书香同行"为主题的读书文化月活动，先后开展了征集大学生课外阅读指导教师、招募阅读推广大使活动、国学经典诵读大赛、图书漂流、书签设计大赛、"上书"大赛、"书山寻宝，玩转图书馆"活动、读书分享会、"书香学子"评选、大学生文化协会成立20周年庆典等活动。

11—12月开展以"用心微服务，爱在图书馆"为主题的服务宣传月活动，先后开展了专题展览、特别还书日、免费文献传递服务、超星"悦"读抽奖、专题数字资源系列讲座、好书荐购、读者座谈会、读者问卷调查、走进科研院所、图书馆知识有奖问答、图书馆知识竞赛、评选"十佳读者"等多项活动。通过活动的开展，进一步向读者宣传各种文献信息资源、征求学生对图书馆工作的意见和建议，同时不断在活动中积累经验，提升图书馆文献资源的服务能力和水平。

5．馆际协作积极推进，社会服务成果不断扩大

作为重庆职教城协作组成员之一，积极组织参与协作组4·23世界读书日社会宣传、书香永川征文、国学诵读表演大赛、"行走的图书"等活动，丰富了职教城校园文化氛围，提高了职教城学生的文化素养，充分发挥了图书馆在社会教育、文化传播、构建和谐社会等方面的重要作用。另外，图书馆积极向市民开放，2017年办理借阅证240余个，外借图书2 607册。

6．加强安全保卫工作，建设"平安图书馆"

认真完成学校治安综合治理和消防工作的任务和要求，强化安全教育，坚持"安全巡检制度"。定期对两校区图书馆进行日常安全巡查；在重要的时间节点和敏感时段，安排领导干部做好24小时值班工作，日常两校区图书馆均有教职工值班，及时处理各类安全稳定问题，确保图书馆正常运行和财产安全。通过图书馆全体工作人员的努力，图书馆全年未出现安全责任事故。

7．工作特色和亮点

传播文化，服务育人。通过开展读书活动月活动和服务宣传月活动，广泛宣传图书馆各类资源，引导广大读者爱读书、多读书、读好书，提升学生的学

习热情，增强学风建设。同时，通过系列读书宣传活动，锻炼了大学生文化协会和图书馆学生管理委员会的活动组织、协调和开展的能力，提升了他们的素质。

突破争新，服务学校决策管理。为了给学校各级管理层面提供决策服务，图书馆积极主动调研学校领导层面和各二级单位层面教学科研需求，找准定位，采取普适性与针对性相结合的原则提供决策信息服务。针对二级单位具有信息需求广泛性的特点，图书馆采取普适性原则定期编制《高教教育动态》(半月刊)，2017年共编制16期；针对学校领导层面信息需求具有较强的专题性和目的性的特点，图书馆收集某一领域资料，把握各方面的现时动态，加以分析提炼形成调研或专题报告。2017年，图书馆制作系列专题报告，为学校科学决策提供信息服务，受到了学校领导的赞赏。通过决策信息支持服务，图书馆从传统的为教学、科研服务拓展到为学校教学、科研、管理决策提供服务，挖掘了图书馆的潜力，体现了图书馆的价值。

档案工作

1. 信息化建设成效显著

完成档案信息化加工设施设备的购置。本年度先后购置了档案数字化高速扫描仪、档案数字化平板扫描仪、档案数字化展示平台、档案数字化专用电脑等设施设备，为信息化建设打下了坚实基础。

完成档案管理系统与OA系统的对接。为做好此项工作，进行了前期准备和充分调研，在充分借鉴兄弟高校成功经验基础上，确定了对接实施方案。将"南大之星"档案管理系统升级到最新版本，档案管理信息系统存储功能更强大，查询功能更便捷，安全性更高。实现了学校OA系统中校内发文、上级来文、请示报告与"南大之星"档案系统文件信息的对接工作，实现了自动实时归档。

完成合同档案数字化工作。鉴于合同档案查询利用较多，结合学校实际，在遵循上级文件精神基础上，设立合同专题档案。完成2016年学校1 000余份13 000余页合同档案的数字化工作。此项工作的创新之处在于，实现了合同档案全文查询和识别，查询利用更加快捷。

完成党政会议纪要数字化工作。为更好地保护原件，部门指定专人，完成2006年至2016年学校党政办公会会议纪要的数字化工作，查询更加方便。

完成学籍档案数字化工作。今年学籍档案数字化工作较往年有了创新和进步：全校每位毕业生的信息录入非常详细，姓名、性别、身份证号、毕业证号、学位证号、所在学院、专业、班级一应俱全，查询十分方便，输入任何一个信息都可以查询，避免了过去查询容易出现重名的现象。

2. 正式出版学校校志和年鉴

正式出版《重庆文理学院志（1976—2016）》。全书时间跨度40年，32万字。本书由西南交通大学出版社正式出版，有利于全面、深入、系统梳理学校的发展历史，总结学校的办学经验，探索学校的发展规律，推动学校的深度转型发展，强化内涵建设，提升学校教育教学质量，积累历史经验，为学校的可持续发展积累动力,积淀学校文化内涵。

正式出版《重庆文理学院年鉴（2017）》。全书共计 32 余万字,由西南交通大学出版社出版。在传承学校历年年鉴编纂风格基础上,将年鉴做了适当调整:大小由原来的 210*297 mm 调整为 175*245 mm,封面标题年份由原来年鉴内容年份调整为通用的出版年份。

3．完成 2017 年度归档工作

为做好本年度归档工作,于 3 月 17 日召开专题工作会,就学校 2017 年归档工作进行研讨、安排和部署。于 3 月 30 日,在格致楼 A401 多媒体教室举行了 2017 年归档工作培训会,全校兼职档案人员以及档案馆全体人员参加会议,现场进行了操作和培训。4 月 19 日,在星湖校区林学与生命科学学院会议室召开了归档工作交流会,林学与生命科学学院进行了经验介绍,与会人员对如何做好 2017 年归档工作进行了热烈研讨。本年度归档工作较以往在数量和质量上有新的进步。

4．热情服务,做好档案查询服务工作

在严格标准前提下,优质高效地提供了学籍、会计、科研、人事、党群、纪检等档案查询服务工作。无论是炎炎暑期,还是寒冷的寒假,只要有查询利用要求,工作人员都会在第一时间赶到办公室做好查询服务工作。提供查询服务中,既严格标准,又热情服务。

5．精心组织,做好了人事档案整理信息化招标工作

为进一步管理好学校干部人事档案,根据上级和学校工作安排,启动了干部人事档案整理信息化招标工作。实地走访了相关高校,详细咨询了业务主管部门,同教工部进行了深入交流和沟通,制定了翔实的招标文书。12 月底,学校档案整理信息化招标文书已送至重庆市政府采购中心,即将完成招标工作。

6．工作特色和亮点

成功承办重庆市高校档案工作会。12 月 13 日,由学校承办的重庆市高校档案工作会在恪勤楼 422 会议室召开,重庆市档案局副局长李旭东,学校校长许洪斌、副校长谭宏,以及重庆市档案局经科处、重庆市教委办公室、重庆市 50 余所高校档案工作负责人参加会议。会议集中观看了《逐梦兰台——发展中

的重庆文理学院档案馆》视频,我校与重庆大学、西南大学、重庆交通大学分别进行了档案管理经验交流。重庆市档案局副局长李旭东在讲话中充分肯定了我校档案工作,给予我校档案工作高度评价。

开展形式新颖的国际档案日颁奖活动。11月16日下午,"档案——我们共同的记忆"国际档案日征文颁奖大会暨"文理记忆"档案征集活动启动仪式在恪勤楼304多功能厅举行。会议对国际档案日征文活动中表现突出的师生进行了表彰,同时通过朗诵、情景剧、现场采访等形式对优秀征文作品进行了现场展示。"文理记忆"主题档案征集活动也在本次活动中正式启动,学校老领导胡文良、校友工作办公室主任谢华琳代表校友分别向档案馆现场捐赠了学校珍贵历史照片和实物档案。此次活动受到学校师生的高度评价,认为此活动具有十分重要的意义。一方面,唤起了大家的档案情怀,宣传了档案,提高了人们的档案意识;另一方面,是一次服务教学的积极探索,在整个活动的组织、策划、实施中,文秘专业的学生都积极参与,文秘专业学生"办文、办事、办会"的专业核心技能得到有效提升。

现代教育信息

1. 网络信息安全保障

开展了2017年度网络安全执法检查、教育行业网络安全检查、关键信息基础设施网络安全检查、教育行业网络安全综合治理等专项检查。采用多种措施对网站和信息系统进行运行监测，及时修补了漏洞，保障了网站和系统安全，确保全年无安全事故发生。利用现有安全设备，开展网络信息监控和网络安全隐患分析，做好了用户上网行为和系统运行状态分析。开展数据中心安全防护优化，利用防火墙等设备部署了精细化安全策略，确保了数据中心安全。制定《网站内容安全扫描操作规范》，全面梳理网络服务类型，严格管理对外网开放的网络服务和业务，有效预防了来自外网的网络攻击。

做好了公安部门、通信管理部门、电信运营商和编办等部门要求的网站备案、网站挂标等工作，确保了对外信息服务的权威性。开展了网络安全宣传工作，通过工作人员服务过程宣传和讲解网络安全知识、开设网络安全宣传专题网站等形式，宣传网络安全法，强化了用户的网络安全意识。严格管理校园网络机房、消防、UPS等基础设施，做到了进出有记录、使用有记录，确保了基础设施的安全运行。有效控制信息发布，确保信息公开安全可靠。加大了校园网信息发布的管理工作，落实专人负责校园网主页信息的公开发布工作。

2. 智慧校园建设

对"十三五"期间拟建设的智慧校园建设目标和项目进行了详细论证，在此基础上，根据技术发展趋势和应用服务方式拟定了学校"十三五"信息化规划并正式发布。学校成为重庆市信息化建设先进集体，李宗斌和吴立友分别获得信息化管理和信息化应用先进个人称号。

启动智慧校园平台建设，完成4台web服务器、22台应用服务器、2台数据库服务器部署工作。完成22个系统的认证集成、13个系统的数据集成、91个数据集成接口、59个数据对象的集成工作，涉及数据3 000余万条。智慧校园平台提供的统一身份认证、主数据管理、应用管理（含PC端和移动端）、服务总线等于2017年10月底上线试运行，包括46个人事服务、28个办公服务、8个公共服务、3个财务管理服务、22个移动服务。截至2017年12月底，开展用户培训80余人次，平台用户数近3万人，办事大厅访问数达3万余次。

教学管理系统建设工作自启动以来，完成24个子系统共计486个功能模块需求调研、系统分析、原型设计，所有功能模块的编码工作完成80%。截至2017年12月底，人才培养方案管理、实验教学管理、选课管理和课表编排等子系统已进入上线前的集成测试、压力测试和数据准备阶段，集成原教务系统数据100万余条，并于2017年9月底开展了实验教学管理子系统的用户培训工作。

人事管理系统和OA办公系统升级工作有序开展。截至2017年12月，完成原人事管理系统教职工基本信息和扩展信息数据的迁移工作，完成OA系统流程及表单迁移工作，共计上线人事及OA服务74个。

移动终端访问平台实现从无到有的突破。通过改版学校主页，使学校主页适应各种移动终端屏幕，提升了用户体验。部署并实施"今日校园"APP，提供移动应用22个。截至2017年12月，图书管理系统升级工作已完成系统部署和平台对接工作。为进一步提高学校网站群的安全性和稳定性，完成了站群管理系统全面升级及所有网站的迁移工作，运行状况良好。增加了网页防篡改、发布内容审核、操作日志记录、微信公众号对接、ACL安全访问控制等功能10余项，对学校信息门户进行了卓有成效的管理。完成了个人收入管理系统、大学生成长目标导航系统、人才招聘网报系统、满意度测评系统等的改版、升级、维护、优化和技术支持工作。

3. 网络建设与运行维护

为了保障学校正常教育教学和科研、生活秩序，中心从简化和规范服务流程入手，加强网络常规维护和故障隐患排查，提高了网络故障处理及时性，增强了网络运行稳定性。重点保障网络运行质量，开展了多方面的建设，保障了用户良好的上网体验；推出了运营商融合套餐，给用户带来了实惠。完成了全校教学区域、食堂校园网无线覆盖，增加475台无线AP、28台无线POE交换机，星湖校外公寓部分学生宿舍网络改造200余信息点，新增逸夫楼5楼20

余信息点，有线、无线基础网络运行良好。坚持24小时值班待班，保障核心交换机6台、路由器1台、接入交换机600余台、安全设备2套的稳定运行。

为提升网络业务性能，保障应用服务，优化服务器部署，将两台高性能交换机RG18010升级调整为数据中心交换机，新增12台万兆数据中心接入交换机，采用SDN网络部署模式，全面提供精细化安全管控。完成105台套各类应用服务器的管理工作，全面开展服务器安全基线检查，定期进行漏洞修复和系统升级，核心业务系统每日一检，核心业务数据每日一备，保障了各项业务工作的正常开展。从技术层面做好了校园安全管理的运维支持工作，协助安管处对新建监控网络方案的设计与施工，确保监控网络建设顺利开展并及时投入使用。通过加强与永川广电公司协调沟通，做好了全校公共区域的模拟电视信号线路系统与新增数字电视线路的维护优化与管理工作，用户故障解决的效率进一步提升，提高了用户的使用体验。

4．资源建设与应用

做好了"校园视频资源点播直播平台"各类资源添加工作，资源容量总计996G，资源总数达2 006个。做好了网络教学平台维护工作，新增课程54门。做好了教师个人资源存储系统维护管理工作，开展了教学管理系统实验教学管理模块、新版OA的使用培训工作，完成了"网络教学平台"用户使用培训工作。

5．网站建设与维护

完成了学校门户网站、学校主站改版工作；完成了在校生、考生、教职工、校友四大主题页面；网站栏目总计102个；做好了二级部门网站改版和日常维护工作中。开展了全面改版二级网站的准备工作，完成网站模版前期设计，涵盖了二级学院、职能部门、专题类三大风格，为实现在下一年度高考志愿填报前完成改版做好了充分的准备工作。

6．工作特色和亮点

良好的智慧校园初见成效，获批重庆市高校信息化建设先进集体。学校先进稳定的校园基础网络架构、高速的接入服务、完善的信息化建设规划、领先的信息系统建设理念，奠定了良好的智慧校园建设基础。基于全生命周期的全局化管理信息系统建设成效和"以人为本、服务为先"理念搭建的智慧校园平台开展的信息服务效果，获得同行专家的高度认同，在本年度获批重庆市高校信息化先进集体。

智慧校园平台成功搭建，全面集成化的应用服务成效初现。随着智慧校园平台提供的统一身份认证、主数据管理、应用管理（含PC端和移动端）、服务总线、一站式办事大厅等基础平台的上线运行，为师生用户提供了涉及人事、办公、财务、资产等多方面的100余个应用服务，更贴近用户的使用意愿，极大地提升了信息化服务质量，同时也在服务移动化方面取得了突破，提供了常用服务20余项。

学校门户网站成功改版，反响良好。在2017年高考志愿填报前，通过广泛征求意见，完成了学校主站改版工作。此次改版工作量大、成效明显、反响良好。设计并完成了在校生、考生、教职工、校友四大主题页面；网站栏目总计102个。在此基础上，与微信公众号进行了成功对接，搭建了学校统一的信息发布平台，将于近期发布。

多举措并用，严防死守，保障了网络信息安全零事故。通过关键信息基础设施专项网络安全检查，大力宣传网络安全法，利用安全设备，第三方机构检测渗透检测、上级信息检测平台、全面开展网络实名认证、全面启用https协议、网站运行状态监控、信息系统等级保护测评、数据中心部署精细化安全策略等手段，确保了本年度网络安全。

后勤服务

1. 智慧后勤深入推进，服务方式提档升级

后勤信息化建设初见成效。结合学校信息化"十三五"规划，落实了学生进退宿舍网上办理、宿舍手续无纸化、校园车辆违规停放网上曝光、道闸系统识别等信息化措施，加强信息数据收集、分析和指挥、管理，不断优化后勤服务方式。

后勤服务网络大厅有效运行。在陕西师范大学帮助下建立了网络报修平台、服务监督平台、微信公众平台、校园短信通、移动后勤等七个平台，本学年利用后勤数字平台完成维修任务1.6万余件次，收到表扬33次，实现维修、服务监督的快捷化，进一步贴近了后勤服务与师生之间的距离。此外，公司还建立了员工报事报修管理办法，通过网络报修平台将部门员工的绩效工资与网络维修数量、维修质量等挂钩，优化工资计发依据，加强信息跟踪监督，不断提升维修效率和质量。

2. 常规物业长抓不懈，校园环境整洁有序

保洁绿化勤劳朴实。红河环境部上半年经过3个月的跟班、测量、核算，基本完成了教室、广场、道路等保洁工作量核定，为进一步加强和优化管理提供了基础依据。对不锈钢垃圾箱表面除污垢进行了有效尝试，形成了校园人行道、公路定期冲洗和校内乱张贴物、悬挂物、树池杂物、公路沟洞积沙、青石板青苔等定期清理机制，达到了较为理想的效果。校园绿化方面，对红河校区草坪改造近5 000平方米，移栽乔木20余棵，改种灌木1万余株，修剪草坪4万余平方米，浇水150吨，施肥3次，树木草坪打药4次，环境消杀4次，修剪乔木1 500余棵，修剪灌木10万余平方米，基本解决了绿篱老化、裸土的问题。定期对西大门、月湖等地的鲜花进行更换，进一步美化了校园环境。此外，将沙和雄黄进行混合，洒在学生宿舍周边，较好地解决了学生宿舍有蛇出没的问题。

星湖校区完成了120余棵危树、死树的砍伐清理工作，完成了新生军训、

音乐学院院庆、重庆市高校女子足球赛等重大活动场地的保洁及环境清理任务，确保了整洁、干净、清爽的校园环境。暑假期间，两校区还清理了乱写乱画乱张贴"文化"5 000多平方米，进一步改善了校园面貌，师生对环境的满意度达95%以上。目前全校绿化面积达27万平方米，绿化率达30%以上。

设备设施完好运行。采取主动巡查维修与报修跟单相结合方式，及时掌握设施设备运行情况，提高维修及时率，确保设备设施正常运行，确保了红河校区A、B区的正常供电、供水。本学期共完成桌椅维修4 000余项，路灯维修600余次，维修排水设施250余处，疏通更换水密子300余处，墙面刷白翻新700余平方米，维修学生宿舍和人和居等公共区域门禁系统、车辆道闸系统300余次，排查整改墙体瓷砖掉落等安全隐患100余项，维修更换下水道井道盖40余个。暑假期间做好了校区所有配电房及配电柜防鼠网的制作安装和校区主排水孔的刷漆标识工作。本学期共处理各类维修事务3万余件，其中人和居相关区域路灯亮度不够和B区桃苑、李苑、杏苑路灯常亮等问题得到解决。每月对二次供水水箱进行清洗，积极配合电梯维保公司严格执行了每月15日的维保检查工作，确保了校内电梯安全运行。本年度将知津楼所有卫生间144套塑料水龙头全部改为不锈钢水龙头，同时对管路进行了加固，做好了学校多媒体教室、语言实验室等设备设施的维修管理工作，完善了各项记录，有效地提高了多媒体设备的运行质量，确保了学校各项教学工作的顺利开展。

宿舍服务温馨感人。公司管理服务的校舍面积达118万平方米。两校区宿舍管理坚持执行"站立式微笑"服务，严格落实日间巡检与夜间消防检查制度，加强宿舍防火防盗管理，严把校园公寓大门关，认真做好来人来访登记，主动热情为学生排忧解难，全年没有发生重大消防和安全责任事故，受到师生肯定。

红河宿舍部本学期阻止送外卖157起，抓获散发商品打折广告、废旧物品回收广告、健身广告等人员31人，查获学生寝室室内无人而未关大门809间次、私拉乱接电源146起、违章电器208件，发现并处置13间寝室钥匙放在电表箱上、28间寝室钥匙插在锁孔未取、76间寝室阳台外沿摆放花盆等，督促865间毕业生寝室清洗厕所便池，整治乱停乱放车辆389辆次，完成了5 813名毕业生网上退宿手续，确保了5 948名新生顺利入住。

星湖宿舍部专项组织10余次宿舍安全突击检查,查处各类大功率电器150余件次,对所管辖的固定资产制作了电子档,对不能使用的设备设施进行了及时报废,协助公司办公室完成了库房物品清点及搬迁工作。

两校区宿舍员工克服低文化水平服务和管理高文化水平大学生的困难,他们通过耐心、细致、周到的服务,确保了学生宿舍的秩序和安全。其中星湖宿舍员工涌现出30多件感人的好人好事:"爱莲楼"代芝秀冒雨护送新生到校医院看病,"学聚苑"唐章兰经常帮助生病学生熬中药,"松风苑"吕正美深夜为102、704寝室同学疏通下水道,"学聚苑"郑丹娜半夜为生病学生到双竹卫生院拿药,等等。特别是"树蕙苑"孙继勤为一位送新生来校坐车虚脱的家长安排休息和为其熬粥送药,家长万分感谢,连连说道:"把孩子放在你们这里学习生活,有你们的照顾,我非常放心!"

3. 餐饮服务严把关口,师生用餐安全正常

食品安全严管严控。9月中旬,组织对食堂大宗生活物资入围供货商进行公开招标。按合同要求完成大宗生活物资价格审订和蔬菜价格调查任务,严把食材采购质量关,坚持索证索票、验收入库等工作纪律,保证食品的质量和安全。启动国家食品安全示范城市创建工作,全面提升学校食品安全保障能力。推动明厨亮灶工程建设,持续改进就餐环境。通过签订安全责任书等形式,做好食堂及接待餐厅等餐饮服务工作,确保正常供餐。

质量价格持续稳定。遵照学校稳定食堂饭菜价格的要求,克服物价上涨、劳动成本增加带来的困难,采取目标成本管理、源头进货、第三方监督等方式,加强"农校联合",千方百计降低成本,在没有动用学校食堂平抑基金的情况下,实现了学生食堂供餐"质量不下降、价格不上涨、数量不减少"的"三不"目标。8月下旬,公司在学校评标专家的指导下,完成了双竹公寓食堂承包经营公开招标。严格餐饮员工操作流程和加工、制作、留样等制度,在红河一、二食堂就餐大厅新增设了加温"微波炉"各1台,新增设了2台"筷子消毒车",有效提高了餐饮服务质量。

售卖服务师生满意。本学期博达公司组织食堂经理、各特色档负责人、学生代表等餐饮研讨会6次,梳理和排查了餐饮服务中的问题并及时整改。公司

在食堂设立了饭菜质量投诉台，随时收集学生意见。开展了每月一次的餐饮服务质量满意度专项调查工作，本学期无食品安全责任事件发生，师生满意度均保持在85%以上。

4. 强化节能管理，做好水电管理工作

在全国节能宣传周和低碳日期间，公司采取网页发节能倡议书、开展能源紧缺体验活动、召开节能宣传培训会等方式在校内营造了良好的节能氛围，提高了全校师生的节能意识。继续做好了对校园节能监管平台的日常管理和维护以及教室的节电控制管理，达到了较好的能源监控和节能效果。完成了星湖校区二、三教学楼直饮水设备的安装工作，彻底解决了星湖校区师生的饮水难问题。完成了人和居3号楼的天然气安装各项手续办理工作，确保了3号楼在竣工时能够顺利通气。抓好了公司与相关行业部门的日常协调、沟通工作，做好了两校区日常水电气的相关费用的结算收支工作。每月按时完成校内各处的水电表的抄录工作和水电费的回收工作，确保了学校水电费的收支平衡。

5. 严格用车制度，做好交通运输服务工作

根据《重庆文理学院公务车辆使用管理办法》（重文理办〔2017〕3号）文件要求，修改并完善了学校后勤车辆管理控制程序，继续加强了对小车的派车、车辆维修保养等用车环节的监管，有效地防止车辆低效率运行。继续做好了对驾驶员的安全培训和管理工作，一年来，公司的车辆安全、准时、准点地完成各项运输任务，确保了学校各项教学活动的顺利开展。

6. 强化日常管理，做好维修服务工作

全力做好了星湖校区泥木、水电、家具、家电等方面的日常报修工作。在雷雨季节来临前，及时地清除了星湖校区供电线路下的树木和杂藤，有效地防止了雷雨期间供电事故的发生。每月按时做好了对星湖校区各配电室、配电箱等供电设施、设备的维护保养以及安全检查工作，确保了日常供应安全。通过采用租用永川供电局发电机备电、自备发电、专线架设等方式，积极配合校内各单位做好了研究生入学考试、英语四六级考试等各项活动的供电专项保障工作。截至12月26日，公司及时完成常规小型维修15 000余件次，完成较大供水电故障抢修16次，为学校保持正常教学秩序提供了有力的后勤保障。

7. 文明活动蓬勃开展，服务质量有效提升

"文明礼仪我带头"活动深入人心。以学校"文明礼仪我带头"活动方案为基础，公司制定了活动方案，在原有规范文明语言、文明仪表、文明行为和奖惩办法的实施细则基础上，重点从宣传教育、细则规范、督导检查等方面落实了完成时限、牵头单位和参与部门等，明确了各部门员工"做什么"和"怎么做"，形成了学礼仪、知礼仪、行礼仪的长效机制。

规矩意识教育活动效果明显。公司制定了实施方案，全面贯彻依法依规做事做人理念，侧重清理完善部门和班组管理制度，突出党员干部教育重点，以严格遵守国家法律法规、行业规范和落实学校及公司各项规章制度为目标，引领党员干部员工达到了"立规矩、讲规矩、守规矩"的总要求。

"我为博达添光彩"活动誉满校园。公司围绕好人好事、专业服务、展示形象、加油鼓劲等10个方面制定了活动方案，明确了牵头人和责任人。全体员工立足岗位，扎实工作，服务师生，先进事迹层出不穷，优秀行动异彩纷呈，在践行社会主义核心价值观的进程中以实际行动提升服务品质，为学校新工科背景下开启高水平应用型大学建设新征程提供了坚实的后勤服务保障。

8. 以制度建设为引领优化工作开展

通过情况摸排和专业咨询，制订了《重庆文理学院危险废弃物管理办法》，进一步加强对全校危险废弃物的科学规范管理，明确了相关单位的管理和监督职责，细化了危险废弃物处理流程和工作要求，目前已通过校长办公会审定，即将发文实施。重新修订了《后勤服务质量监督管理办法》《重庆文理学院教职工基本医疗保险管理办法》《重庆文理学院学生保险管理办法》《重庆文理学院节能减排监督管理办法》等规章制度，根据实际需要做了相应调整，进一步加强工作规范，对提升管理水平、细化管理流程等起到了坚实的保障作用。

9. 常规检查与专项检查相结合，提升工作质量

克服人手少的问题，继续推进分校区后勤监督管理片区制，详细拟定了本年度后勤服务质量监督管理的推进计划，继续开展以常规检查为抓手、专项检查为重点的日常监管工作。在强化过程监督与检查的同时，不断促进后勤公司文化创新与发展，确保了两个后勤公司的监管职责更加明晰，监督目标更加可

控，监管分工更加合理。今年常规检查以定期巡查、随机抽查、专项检查和用户监督投诉处理相结合的方式，累计完成了食堂、超市、学生寝室、房屋楼顶、安全文明施工等质量监督常规检查100余次，开展了食品卫生安全、食品留样、屋顶漏水排查、秋季校园周边食品卫生安全、校内超市、校内饮用水、人和居屋顶种植专项治理排查等7个专项检查，并协调实施食品安全相关责任落实签订工作。

在常规检查和专项检查中，加大对违约经营、超范围经营以及过期食品的检查和处理力度，加强对校内超市经营活动中的产品质量、价格等监督管理。

2017年4月5日，在红河A区知膳楼食品卫生检查中发现，特色档口"享约时刻"出现在售卖期间发现有老鼠活动、地板油渍清理不及时、室内物品摆放无序、操作间垃圾废品未及时清除等严重问题，后勤管理人员要求该档口限时停业整改，并实施跟进检查，有效保障了师生就餐安全。4月28日，对星湖校区"麦香园"糕点房出售14盒过期伊利高钙奶处罚合同违约金2 000元。在2017年秋季开学准备工作检查及后管科日常检查中，发现"帝恩"超市在租赁场地新开了京东快递营业点，堵塞了消防通道，造成很大的安全隐患，便责令"帝恩"超市在2017年11月16日前停止京东快递点的业务工作，保证了消防通道的畅通。2017年10月30日，我校接到市教委反映人和居楼顶种菜、堆土堆肥料，以及时有臭味影响居住的整改通知，学校领导高度重视，总务部、博达公司对所反映的问题进行核实，并严格按照市教委指示要求和学校整改要求，全面完成了人和居顶楼种植的拆除工作，目前正开展集中整治的相关招标和治理工作。

10. 沟通顺畅，处理及时

坚持定期会议交流沟通制度。总务部与新叶公司、博达公司，以及校内其他经营服务单位之间，强化执行了"月交流沟通"制度，执行了双周检查情况通报会制度。通过利用定期交流沟通制度，在物业管理、食品安全、特色档经营、校内超市经营等方面加强与被监督管理单位的联系与沟通，对整改情况进行跟踪反馈和针对性提出预防意见，有效解决了检查中发现的问题，督促两个后勤公司不断提升后勤服务品质。

加强后勤投诉处理力度。后勤客户服务中心进一步加大为师生提供有关学校后勤服务方面的政策、业务咨询服务的工作力度，2017年受理师生有关餐饮、宿舍、校园绿化、环境卫生、设施设备、安全保卫、校园网络、一卡通等方面的咨询、投诉、建议及意见共计1 000余次；通知学生领取丢失的校园卡296张；通知学生领取丢失的证件、钥匙、贵重物品等共计97次；通知学生领取丢失的现金475元；接受师生有关后勤方面的投诉40余次。后勤客户服务中心联系有关部门对师生反映的问题及时处理和回复，师生投诉处理率100%。

11．以创建食品安全示范城市为契机推进食品安全

校园食品安全是创建国家食品安全示范城市的重要内容，是维护社会和谐稳定、保障师生健康的重要因素。按照重庆市、重庆市教委以及永川区关于创建国家食品安全示范城市的总体部署和工作要求，总务部牵头落实开展了我校创建工作，制定了重庆文理学院创建国家食品安全示范城市行动方案，成立了重庆文理学院创建国家食品安全示范城市行动领导小组，并于5月10日组织召开学校创建食品安全示范城市专题工作会，全面布置落实了创建工作任务，并在日常检查工作中督促相关部门切实实施，确保学校食品安全状况保持良好、工作落实到位和食品安全得到师生普遍认可的创建目标得以实现。9月18日，在学校党委书记孙泽平，副校长万书辉、王明华参加的秋季校园及周边食品安全专项检查工作启动会上，进一步明确了推进和促进创建工作的举措。成立了师生加入的学校膳食委员会并积极开展对食堂的检查监督工作，同时对照创建工作要求，完成了学校食品安全现状调查、食堂自查及收集我校师生对食堂的意见和建议等工作。

12．工作特色和亮点

认真落实党的民族政策，全面做好回族学生伙食保障工作。通过与星湖校区各学院沟通，主动承担起少数民族学生伙食保障工作。在新学年初积极组织星湖校区回族学生及学生家长代表座谈，全面掌握了星湖校区回族学生伙食需求。在学校党政领导的关心和大力支持下，采取了免房屋租金整体外包的方式，在星湖校区商贸小区开设了一个清真餐厅，并对该清真餐厅的水电费进行了减

免。目前，该餐厅运行状况良好，彻底解决了星湖校区总体人数少、回族学生少等实际条件制约下，无人愿意经营清真餐厅，回族学生无处就餐的大难题，为学校民族统战工作做出了重要贡献。

推行阳光采购，完成2017—2018学年食堂大宗生活物资入围供货商项目招标工作。9月20日，在学校纪检部的全程监督下，牵头完成2017—2018学年食堂大宗生活物资入围供货商项目招标工作。此次招标的评标专家组是由学校纪检部在校内外随机抽取的具有丰富的学校食堂物资采购管理经验和食品安全管理经验的7名专家组成。经专家组的现场评审，最终由12家供应商获得了我校6大类食堂大宗生活物资的配送资格。此次招标是我校率先在重庆市内高校中进行的食堂大宗生活物资实行公开招投标，且本次招标是市内高校食堂大宗生活物资采购招标中最彻底、最全面的一次公开招投标，进一步提高了我校食堂物资采购的公开性和公平性，同时为市内其他高校的食堂物资招标采购提供了丰富的工作经验。

践行文明，服务社会。全员实行"人过道净"、主动捡拾校园垃圾，定期清理校园乱张贴、教室乱写画、宿舍乱丢放、车辆乱停放、厕所不文明等痕迹。公司党员干部到潼南区梓潼镇卫星村慰问贫困户，公司所有员工踊跃为巫溪县天元乡捐款1.1万余元，有刚到公司工作一天的、有建卡贫困户、有自身家庭经济困难的、有借钱捐赠的、有即将退休的老党员，充分彰显了博达员工守望相助、情真意浓的博大情怀，得到了社区居民和政府部门的首肯。

安全稳定工作

1. **综合事务规范严谨，服务管理精准到位**

制度文化更加完善。对规章制度汇编进行第六次修订，对相关制度办法进行删减、合并、补充和完善，新建立农药使用、鼠药投放、反恐防暴、工用具摆放、微型消防站管理、暴雨雷电应急处置等制度预案，积极配合完成《校园摩托车管理办法》《废弃物处理规定》等文件的修改完善，使之更加符合新形势和新要求，更具操作性和规范性。截至目前，公司内部规章制度已形成了7大类、121篇，涵盖日常保洁、绿化、守护、防范、巡视、抢险等内容的质量规范和评价体系。

业务技能持续培训。在修订完善员工岗位说明书的基础上，实施部门定期培训，开展师徒帮带，外出学习参观，请永川区社保局专家和资产部专业人员、学校专业课程教师到公司指导等培训方式，提升员工技能，特别是邀请了永川区食药监局专业人员对从事餐饮服务的全体员工进行专业培训，邀请了公司法律顾问到公司上法治课，在常态化培训中提升了员工素质。

全覆盖联动机制高效实施。坚持部门内控全覆盖联动、部门之间全覆盖联动、部门主管全覆盖联动、公司员工和所有服务管理区域地点联动，公司办公室不定期督查，重要节点集中检查等方式，坚持早会、例会制度，对重要事项和问题进行定期梳理通报，采取定时间、定地点、定项目、定目标、定措施、定整改人、定验收人等方式进行跟踪管理，形成"点线面"互动工作格局。公司通过专题研讨和细化措施的落实，及时发现和有效解决了服务过程中的难题，为规范管理奠定了更加坚实的基础。

2. **重点部位防守得力**

公司安保员工做到了校大门、中控室、学生公寓、地下车库、人和居前台等重点区域昼夜值守，对湖边溺水、高空抛物、外墙砖脱落、山体滑坡、围栏翻越和防火防盗、交通治理、楼顶绿化整改等关键环节重点监督，确保了校园平安。

3. 反恐防暴效果明显

两校区各门岗坚持询问外来可疑人员和检查外来车辆后备箱,共计盘查外来人员进入校区9万余人次,检查外来车辆10万余辆,整治摩托车、自行车乱停乱放3万余辆,车辆违规停放锁车并曝光300余车次,登记晚出晚归学生1 700余人次,拦截外卖人员7 000余人次,收缴各种刀具40余把、钢管30余根、不明液体2桶,特别是星湖校区有效控制了外来接山泉水和钓鱼人员,维护了校园的正常秩序和安全。

4. 日常巡防不留死角

两校区制定了50余处签到点,督促员工及时巡逻、及时签到,发现并处置夜间未上锁办公室、实验室、多媒体教室等1 500余次,抓获偷车嫌疑人6人、乱张贴人员140余次,消除火灾隐患23次,清理马蜂窝10余个。星湖安保部主动协助绿化养护、环境保洁,宿舍管理排除险树、倒树,帮助清运垃圾、疏通公路积水等,长期坚持打捞湖边漂浮物,多次发现水管破裂及时关闭总闸并报告,使维修人员及时修复,减少了资源浪费。

5. 稳定工作

做好了与市公安局国保总队高校支队、国安五分局、市教委安稳办、区教委安稳办及辖区派出所等的沟通协调工作。做好了情报信息的收集上报工作,本年度截至目前向相关单位报送基础情报信息60余期。在各个敏感时段及校运动会、双选会等大型活动期间安排领导带班双值班甚至全体24小时值班。做好了全国英语四六级等级考试、计算机等级考试、研究生考试等大型考试考场秩序的维护、保密室坚守工作,确保考试全程顺利进行。

6. 消防工作

开展消防安全隐患排查整治工作。全年开展隐患排查30余次,查出各类隐患问题100余条。两校区更换4 kg干粉灭火器3 000具,疏散引导箱15套,消防重点部位更换2具装灭火器箱50个、4具装50个,疏散指示牌600块,两校区增加消防沙箱50个。

开展消防宣传、实战演练工作。利用"5月安全宣传月""119消防安全宣传月"开展消防宣传、实战演练工作。全年开展专项消防知识讲座和实战演练

10 次，对新进教职工进行消防专项培训 1 次，制作悬挂消防宣传条幅 67 条。未发生大的消防意外事故。

7. 交通工作

严控外来车辆，确保车辆通行顺畅。两校区不定期不定点共开展了 29 次交通整治，重点治理机动车无牌无证驾驶、电动车搭人等违章行为，劝导学生不骑无资质的摩托车上学，电动车在校内行驶不准搭人，并要求行驶中戴安全头盔。查处校内无证摩托车 20 台，纠正电动车搭人 60 余人次，拟定了《重庆文理学院摩托车管理规定》。

8. 治安工作

随着办学规模的不断扩大以及学生数量的不断增加，校内的案件纠纷呈现上升的趋势，本年度安全管理处接、处各类报警、求助、咨询电话共 900 余起，其他咨询电话 700 余起。

9. 户政工作

本年度为师生做好户籍咨询的常规工作，教师迁入集体户 20 余人，本学期新生户口迁移 66 人次。

10. 特色与亮点

服务师生，化危为安。6 月初，通过安保队员蹲点守护和分线合围，在校外将一名偷窥者抓获，有效排解了学校领导和师生们的担忧。5 月，星湖安保员工有效阻止了"组团式"外卖人员强行进入。5 月 30 日红河校区突然停电，公司立即组织应急发电和 A、B 区地下通道、人和居车库排水，相关部门主管和维修员工连续奋战 30 多个小时。在处置人和居卫生间下水道堵塞的过程中，公司等员工通力合作，不惧脏、累、险，受到住户交口称赞。

深入推进平安校园建设，巩固平安校园建设成果，对视频监控进行扩容建设，投入近 200 万元，有力地维护了校园的政治稳定和治安稳定。学校全年无政治事件发生，无大的刑事案件和治安事件发生，无灾害事故发生。

医疗医保

1. 有效开展全校医疗保障服务

克服人手特别紧的困难，在只有7名正式职工的情况下全面做好了学校日常医疗服务、24小时加值班、疫情监控与管理等工作，并修订完善了《重庆文理学院传染病及突发公共卫生事件防控预案》（重文理后〔2017〕5号）。11月23日，面对重庆市和永川区的肺结核疫情，学校党委书记孙泽平、副校长万书辉召集相关单位负责人在恪勤楼504会议室召开"学校传染病防控工作专题会"，布置了学校近期肺结核防控各项工作，要求严格执行防控制度。有效开展健康知识宣传活动。3月3日下午，校医院联合学工部、团委、离退休工作部和永川区兴龙湖社区卫生服务中心在红河校区第九阶梯教室举办了"人禽流感预防知识讲座"，共有300余名师生参加了本次宣传活动；3月24日是第22个"世界防治结核病日"，在红河校区举办了以"社会共同努力，消除结核危害"为主题的肺结核健康知识宣传活动；5月30日，在红河校区举办"中国公民健康素养66条"知识讲座；11月24日，在红河校区举办"冬季传染病宣传活动"，重点宣传了结核病等传染病的防治知识；12月1日是第30个"世界艾滋病日"，在红河校区举办以"共担防艾责任共享健康权利共建健康中国"为主题的预防艾滋病宣传活动。认真做好学校各种活动现场医疗服务工作，为新生军训、考试现场、工会活动、体育赛事、学术活动、大型会议等，提供现场医疗服务60余人次，有效保障了学校大型活动的现场医疗服务需求。顺利完成学生体检工作，根据学校工作安排，校医院于2017年5月31日至6月9日圆满完成了2017年毕业生体检工作，本次检查145个班，共计检查5829人，男生共计2296人，女生共计3533人。9月26日—10月14日，完成2017年新生体检工作，共检查4752人，其中男生1990人，女生2762人。体检结果和档案及时有效地送交给了各二级学院。强化医务人员业务培训，组织全体医务人员参加各种业务学习，强化道德素质、强化服务意识；12月14—15日，校医院派出3名医务人员在重庆科技学院参加了重庆市教委举办的"2017

年高校校医基本功比赛"。

2．完成行业主管部门工作检查

做好校医院各项卫生工作，顺利完成了永川区食品药品监督局、疾病控制中心、中山路社区卫生服务中心等检查督导工作。

3．稳步推进校医院各项工作

召开专题会，进一步规范了校医院经费使用；向永川区卫计委申报设置医疗机构，经过书面材料申报，校医院科室整改，现场专家初审、复审等各种程序后，于2017年6月获得新医疗机构许可证"重庆文理学院星湖校区综合门诊部"；完成星湖校区医院急救设备的安装调试验收工作，完成星湖校区医院多功能数字化放射系统DR的论证申报审核审批工作，即将进入采购程序；完成校医院药品管理系统的重新录入、审核、调价等工作；完成校医院医保系统的前期筹备工作，预计在2018年1月正式开通使用。

4．有效开展医疗保险工作

2017年度职工医疗保险累计缴纳职工基本医疗保险费用12 803 366.88元，按永川区人社局要求核定完成了2017年全校1 623名教职工人员基数数据，为发放今年的"公务员补贴"做好了人员信息校对工作。在政府主导的"全民医保"活动中，通过多方调研及政策解读，联合永川区人社局，协调学校学工部门，着力宣传和推进在校学生自愿购买"大学生城乡居民医疗保险"工作，取得初步成效，本年度购买该项保险的在校学生共计2 223人（不含在户口所在地参保的学生），增长率为62.26%（去年参保人数为1 370人）；与此同时，学生商业保险作为在校大学生保险的补充，遵循国家和上级部门的政策主导及管控，2017年开始不再主导此项保险，参保人数为7 287人。

二级学院

ERJI XUEYUAN

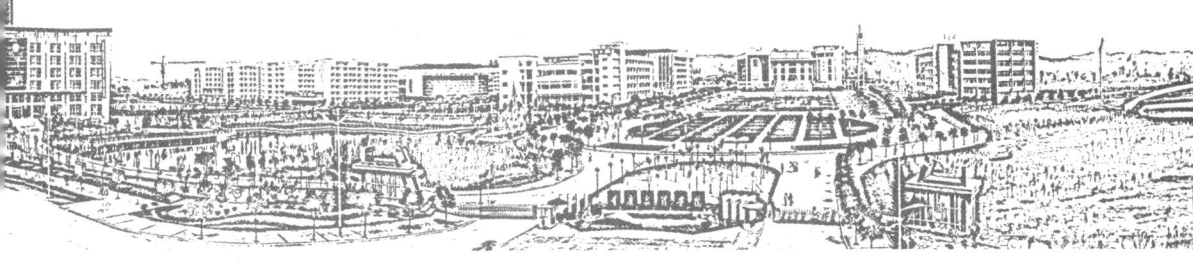

文化与传媒学院

1. 高质量通过本科教学工作审核式评估

全面梳理学院教学、管理系列制度，以审核评估指标为要求，学院梳理了近三年来教学、管理的各项制度、材料，规范学院教学档案体系内容。完整规范填写各项状态数据，做到及时准确。凝练学院人才培养思路，做到定位准确、思路清晰。针对文学类、传媒类专业的实际，注重人文、艺术、技术融合，发挥专业之间互通、互补、互融育人优势，提出"注重人文，强化技能，多元培养，融合发展"的应用型人才培养思路。加强学院文化建设，提炼学院文化内涵。凝练出"以文化人，承传正道"的院训，并由此提炼出四个教学系的系训。学院在办公区域、实验室将学院文化理念、学院荣誉、师资情况、学生风采、实验室文化、实验室规章、学生代表作品，通过橱窗、展示窗、多媒体等形式展示出来，彰显学院成绩和荣誉，营造良好的学院文化氛围。总结学院办学成果，出版师生代表作品刊物。整理出版了学院院史、教师科研论文集、学生社团《星湖》写作社25周年作品集，通过刊物的出版，进一步总结了学院办学成果。

2. 多渠道、多举措创设平台，助力教师成长

加强人才队伍建设，2017年新进教师7名，其中博士5名，硕士2名。注重双师型教师培养与出国培训，派出1名教师参加双师顶岗培训，5人申请双师型教师认证。2名教师到四川外国语大学参加外语培训，4名教师出国访学。鼓励教师交流学习，本年度，学院共有26位教师参加不同专业领域的培训学习，通过学习交流，开阔视野、拓展思路、提升能力。

3. 规范经费管理，提升使用效益

规范经费管理，合理高效使用经费。坚持重大支出党政联席会审核和学院教师大会通报制度；严格执行专项经费专人负责，大额经费集体会签；涉及教职工切身利益的经费发放和酬金分配问题，在召集学院党政联席会扩大会议基础上，向老师详细通报执行情况，做到信息公开。各项行政经费使用突出教学

中心地位，经费的高效使用，促进了学院教学工作发展。"三公"经费使用规范，按照学校要求，对公接待严格从简，2017年校拨三公经费使用高效且有结余。

4．重视信息公开，确保规范管理

坚持党政联席会制度，定时定点召开会议，做到重大事项全员知晓、讨论、决策。加强信息公开，2017年度，学院主页新闻中心共发布新闻116条，教学活动发布新闻54条，科研活动发布新闻41条，学生活动、党团活动发布新闻87条，推送招生就业信息11条，发布党政、学工公告29条；学院召开党政联席会、院务会23次；召开教职工大会14次，完成了学院工作情况、重要通知、重要公示公告的信息公开。

5．强化教学常规管理，完成审核评估工作

重视审核评估，多次召开审核评估全员宣传动员会，强调大局意识、宣讲评估要求，召开专门工作会议，研究迎评工作方案，细化工作内容，注重工作细节。组织各系各教研室进行专项自评整改试卷、毕业论文（设计）等重要教学文件5次，整理归档全部迎评教学材料，梳理完善教学数据。对课堂教学各环节进行全面质量控制和规范要求，加大教学巡查力度，主管教学副院长和督导委员、教学秘书每天坚持教学巡查，各督导委员检查教学、随堂听课次数明显增加。开展同行评教工作，共11人接受同行评教，学院93.8%接受了同行评教。有效促进了教学秩序良性运行，学院教风和学风状况良好。按照学校审核评估的要求继续加强课务管理、教材征订、等级考试等常规教学管理工作，多次组织召开系主任、教研室工作会议，研究部署教学工作中多项议题。在接受审核评估专家走访、听课中，得到多位专家的充分肯定。

6．深入推进"五大教学改革"

认真组织"精彩一课"教研活动，努力提高教师课堂教学能力。组织并积极鼓励老师们参加学院的"精彩一课"系列教研活动，分别开展了教学示范课和教学研讨课。教学示范岗或参加教师"说课程教改课"比赛获奖的教师开展教学示范课，新进教师或青年教师开展教学研讨课，各教研室组织教师们听课评课，对授课教师从整体的教学内容设计到案例选择以及师生互动环节的安排等方面进行学习讨论,既帮助了青年教师课堂教学水平持续提高,又进一步加强了学院教师间的教学探讨和交流,巩固了学院"互学互助"的良好教风。2017年21人次教师参与了"精彩一课"教学公开课活动。积极推进专业核心课程改革。重视专业核心课程改课,通过开展"精彩一课"教学公开课活动交流学院立项、结项的核心课程改革成果,激励并帮助符合申报条件的老师积极申报课程改革项目,"影视导演""影视编剧""摄像技艺""纪录片创作"4门课程申报了核心课程改革。继续推进毕业论文(设计)改革。召开毕业论文改革研讨会,进一步修订和完善了文传学院毕业论文(设计)分专业的评价标准。修订后的方案既满足了各专业毕业论文多样化改革的需求,为学生提供了多种形式检验专业核心能力的选择,又细化了检验和评价的标准,每一种毕业设计方案都有详细的评价标准,更能客观反映学生的毕业设计水平。2017届汉语言文学(师范)专业31人选择教学设计,占本专业毕业论文(设计)人数的21.3%;汉语言文学(现代文秘)专业25人选择调查报告,占本专业毕业论文(设计)人数的32.9%;广播电视编导选择专题专题片、纪录片、电视散文、广告短片、刊物采写与编辑的人数为51人,占本专业毕业论文(设计)人数的41.5%。学院32篇毕业论文(设计)被评为学校优秀毕业论文(设计)。启动2018届学生毕业论文(设计)工作,严把论文选题关,多次组织教研室评审,按工作计划严要求重质量开展开题答辩。

7．"双师双能型"教师比例明显提高

高度重视"双师双能型"教师的培养。2017年,组织对派出双师挂职交流的3名老师开展双师交流汇报会,分享行业实践的成果。结合学校院教〔2017〕130号的要求,由专业类"双师双能型"教师认定委员会初步认定郝力瑶、王宏梅、华龙康、余建荣、刘宏梁等5名教师为"双师双能型"教师。学院"双师双能型"教师人数达到35人,占学院专任教师的72.9%。

8．教研教改成果丰硕

李芹燕的"地方高校文化创意专业集群创新复合型研究"被批准为重庆市教育科学"十三五"规划2017年度重点课题;雷璐荣的"全媒体视域下'新闻采访与写作'课程教材建设的研究与实践"获批2017—2018年重庆市高等

教育科学研究课题重点项目，牟芷的"'互联网+'高校思想政治教育的融合创新"获批一般项目。李芹燕与苹果公司合作的"重庆渝西地区中小学课堂基础技术师资培训"项目获"2017年教育部产学合作协同育人项目"立项。李微、林建刚、陈怡冰获2017校级教学改革重点项目立项，周杰、韩宇峰、刘友洪、牟芷获校级教改一般项目立项。刘友洪的"多需求视野下的青年大学生志愿服务'四位一体'模型构建研究"获批团中央一般项目。

9．启动汉语言文学（师范）专业认证工作

响应学校开展师范专业认证工作计划，根据《普通高等学校师范类专业认证实施办法（暂行）》和《中学教育专业认证标准》要求，全面总结汉语言文学师范专业建设情况，广泛开展讨论，认真梳理问题，精准测算数据，完成《汉语言文学（师范）专业认证自评报告》，制定《汉语言文学（师范）专业认证工作方案》、拟定《汉语言文学（师范）专业认证工作推进表》，策划《2016级师范生教育教学见习工作方案》，力求从教育实践基地、师范专业教师队伍培养、师范教学日常运行支出、师范生国考等方面加大建设和投入力度，切实增强学院师范教育人才培养服务中学教育发展的能力和水平，促进本师范专业教育的竞争力，力争实现汉语言文学师范专业中学教育认证三级的建设目标。

10．重视能力培养，开展技能训练活动

2017年暑期开展了未来人文学者实验班、重庆市公文写作大赛集训、大学生创新创业训练、传媒专业核心技能训练、师范生公招考试面试技能集训、暑期社会实践活动、语保工程等7个暑期专业技能训练项目，涉及2014级、2015级、2016级学生，参与人数184人。按人才培养方案专业技能训练模块的设计，2017年，共开设专业技能训练课程24门，技能训练课成为学生专业课的延伸、兴趣拓展的补充。

11．加强学生毕业实习组织管理

组织开展2018届学生毕业实习工作，同时加强毕业实习信息化管理，高联系统中准确完成2018届全部学生系统注册，准确录入实习基地信息28个，分散实习指导教师信息36人，加强实习过程监督，安排专人在实习信息化系统中负责学生实习管理和考勤。安排师范专业集中实习77人，非师范专业集中实习40人。

12．学生学科竞赛成果突出

重庆市教育委员会主办的重庆市第二届大学生公文写作大赛中，学院派参赛学生15人，全部获奖，获团体一等奖，个人赛一等奖14个，二等奖1个；"真语文"五周年之语文教师中华优秀传统文化素养大赛一等奖4项；第十二届全国大学生文学作品大赛一等奖1项目，二等奖5项，三等奖8项；学生作品《格勒·原·梦》分别获第三届国际大学生新媒体节和第三届万峰林国际微电影盛典一等奖；学生团队作品《迪欧短视频》获第六届中国"高新杯"创新创业大赛最具孵化价值创业团队；学生13项目作品在第九届全国大学生广告艺术大赛重庆分赛中获奖。

13．研究项目和成果情况

2017年，新增国家社科基金项目1项，国家语委中国语言资源保护工程专项任务3项，团中央课题1项，重庆市社科规划课题3项，重庆市教委人文社科项目1项，重庆市教科规划课题1项，重庆市高教学会高等教育研究课题2项，教育部产学研合作项目1项，重庆市博士后项目1项，永川区软科学课题1项，校级引进人才科研项目4项，校级科研项目3项，学术出版资助2项。2017年，教师发表学术论文38篇，其中核心论文11篇，出版著作5部。

14．积极开展学术交流活动

举办学术讲座13次，其中博导级讲座4次。讲座内容丰富多样，主要有重庆国学院院长、西南大学博士生导师刘明华教授的"经典诵读与国学素养——以《中华传家读本》为中心"学术讲座；西南大学新闻传媒学院院长、博导虞吉教授的"中国电影再认知"学术报告；中国书法家协会理事、重庆市书法家协会副主席、重庆书法艺术研究院副院长、西南大学博士生导师曹建教授的"书法欣赏与收藏"学术讲座，等等。

15．地方语言文化研究成果卓著

对地方语言文化的研究是学院科研工作的一个着力点。2017年，获批3个语保工程汉语方言调查项目，总经费24万元。另外，重庆地方语言文化研究中心王长武老师申报的"面向对外汉语教学的《汉语常用应答语辞典》研编"

项目获重庆市教委人文社科项目立项,项目经费 2 万元(含配套);王长武老师申报的"重庆市外来人口语言适应行为的比较研究"项目获重庆市社科规划一般项目立项,项目经费 2 万元(含配套)。

16．科研服务地方有新的开拓

2017 年,学院继续坚持校地(企)合作服务人才培养,夯实学生专业技能的思路,强调"产教融合,校企合作",加强科研、人才培养资源建设和整合,实现业界资源共享,着力打造业界支撑的学历教育和应用型的专业教育,大大提升了学生应用型技能培养的层次和水平。积极开拓校地(企)合作的范围。2 月 22 日与何埂镇开展校地合作洽谈。双方就宣传片创作、微电影制作、课题调研、梦想课堂建设、PPT 制作培训、创业计划撰写等 10 个合作项目进行了深入交流,并就各个合作项目的实际运作展开了详细的研讨与规划。2 月 23 日,永川区委宣传部网信办何滨主任一行四人莅临学院洽谈校地合作事宜。3 月 7 日,学院李天福院长等先后前往大足区三驱镇中心小学、灯塔中学、大足三中 3 所学校指导校园文化建设工作。3 月 21 日,永川区新闻社副总编卢国俊访问学院,就院社合作中的专业培训、媒体推广、学生实践等具体事宜与学院进行了洽谈。5 月 16 日,学院与永川区新闻社举行战略合作签约仪式。9 月 21 日,永川区语文教育发展校地联盟成立大会在博文馆 101 顺利召开,并举办了学术报告、教学交流系列活动。

17．重点科研领域进展情况

为深入贯彻国家和重庆市"双一流"建设文件精神,加快推进硕士专业学位点建设,2017 年,通过积极整合人才资源,凝练学术骨干力量,组建起了一支高学历、高职称、年轻化的研究团队,校级重点学科——中国语言文学学科申报成功。2017 年,与西安石油大学深入开展联办硕士研究生教育合作,根据联办协议,积极遴选李东平、杨钊 2 位教授为西安石油大学汉语国际教育专业硕士研究生导师,并获得批准。

18．丰富活动形式,推进党员教育

组织学生集中观看十九大开幕式,认真学习党的十九大报告,邀请副校长万书辉、纪检部部长蒋礼文、学院院长李天福、书记白成良等专家分年级分专题为学生讲解十九大报告内容，将十九大精神准确及时传达给学生。学生党员干部积极主动学习十九大精神内容，以党员主题活动日、民主生活会、学生干部会议等形式展开学习。同时学院通过周末教育、团组织生活会、年级QQ群、微信群、微信公众号等方式，向全院学生宣传讲解十九大精神，学生根据报告内容撰写学习心得。扎实有效地学习十九大精神，确保党的十九大精神入脑入心、落实落地。学院以"没有任何借口"为主题，举办"两学一做"学生征文演讲比赛；为加强学生党员理想信念教育，对第67、68期入党积极分子进行专题培训，对毕业生党员进行离校前教育，带领学生党员赴渣滓洞、白公馆、红岩魂陈列馆，缅怀革命先烈，学习红岩精神；评选"党员示范寝室"，要求学生党员以身作则，树立先锋模范榜样；积极开展学生党员发展对象答辩会、新党员入党宣誓、支部书记讲党课等活动，积极创新"两学一做"教育活动形式。

19.培育优良学风，提高育人质量

以本科教学审核评估为契机，培育优良学风，召开迎接评估学风的建设工作会、举办评估知识竞赛、制作评估宣传橱窗等，营造出良好的评估氛围。学工人员深入课堂、食堂、宿舍了解学生情况，强化学生教育，优化学风建设。学院每周公布学生课堂出勤、早晚自习出勤、早操出勤、宿舍卫生检查结果等情况，针对相关排名靠后的现象，召开专题会议，商讨解决对策，以审核评估促进优良学风建设。在评估期间，专家组成员走访了学院学生宿舍、课堂、实验室等，对学院学风建设给予了高度评价。分专业设计相应技能比赛，文秘专业举办重庆市大学生公文写作比赛院内选拔赛、文秘综合知识竞赛、行政能力知识比赛；汉师专业举办讲课比赛、演讲比赛、普通话比赛；广播电视和广编专业举办微电影大赛、摄影大赛、创业创意大赛。2017年，学生积极参与各类比赛，获国家级、市级奖项100余人，获奖项目88项。其中，苟维获第二届全国大学生网络文化节微电影大赛一等奖；于璐团队获第三届国际大学生新媒体原创作品大赛一等奖；徐文娟团队获第十二届"科讯杯"国际大学生影视作品大赛西部组二等奖；罗文登、夏梦获第三届四川省大学生原创微电影大赛"优秀剪辑奖"。陈辉、郭立晨等在"纳德杯"重庆市大学生公文写作技能大赛中获佳绩，荣获团体赛一等奖、个人赛一等奖14名、二等奖1名。张瀚文、吴竟成等在第五届全国真语文大赛中获一等奖五项,二等奖两项;张伶俐在第36届重庆市大学生辩论赛中获"最佳辩手"称号;邢传巧荣获2017年重庆师范生技能大赛二等奖。

20. 实施"双创"教育,培养创新人才

万学教育负责人张强、曾劲、赵华东来校指导学生创业大赛,举办就业创业论坛,并邀请重庆商务职业学院院长冉光学、优秀校友大渝网总编张采兵、淘金职业技术学校校长李平返校为学子交流创业心得。举办"互联网+人生赢家"创业讲座,白成良书记多次分年级为学生讲解创新创业知识,组织创业学生参加阿里巴巴淘宝创业宣讲会。承办重庆市第六届大学生创新创业大赛重庆文理学院选拔赛,为学生搭建创新创业新平台。李月欣团队获第三届全国移动互联创新大赛一等奖;夏梦团队摘得重庆市第六届大学生创新创业大赛重庆文理学院选拔赛桂冠,同时还荣获第六届中国创新创业大赛(重庆赛区)"最具孵化价值创业团队"奖项,荣获孵化基金2万元,现已成功入驻重庆微软云暨移动应用孵化平台;陶天伦团队在2017永川区"凤凰杯"创新创业大赛中取得第二名。

21. 搭建就业平台,保障学生就业

学院开展求职讲座、简历大赛、模拟职场大赛、考研动员会、考研辅导报告等一系列活动,让学生做好就业升学准备。举办重庆国跆文江体育文化传播有限公司专场招聘会、澳门卫视重庆站专场招聘会、重庆涛涛文化传播有限公司专场招聘会,积极搭建学生就业平台。与福建闽江人才中心、大足利民学校、皇家艺术学校、恒迈影视文化传媒有限公司等签订学生就业实训协议,有效帮扶部分就业困难学生顺利就业。2017届毕业生年底就业率为97.67%,考研上线48人,23人被武汉大学、西南大学、日本早稻田大学录取。吴旭辉、丘政策、王海英等毕业生分别就业于荣昌中学、乌鲁木齐航空有限责任公司、璧山区委宣传部等企事业单位。2018届毕业生卢俊吉、韦笑、杨琳等已就业于涪陵第十四中学校、重庆两江新区博雅小学校、中铁二十三局集团有限公司等单位。李月欣、谢华东在校"财金通"杯大学生职场模拟招聘大赛中夺得大赛桂冠。

22．借力校友资源，助推学生成长

密切联络校友感情，热心服务校友，做好校友工作。2017年，中文1982级校友、1992级校友返校聚会，学院党政高度重视校友返校聚会工作，精心部署安排，做好校友返校接待工作，增强了校友与母校间的情感。李天福院长走访慰问了1992级校友李荣杰（灯塔中学校长），并指导灯塔中学校园文化建设。白成良书记带队走访校友陈亿（重庆三峡联合职业大学董事长）、艾中华（金果源公司总经理）、李平（淘金职业技术学校校长）等优秀校友，聆听校友故事，助力学生成长。全国模范教师吴莲子、语文特级教师陈伏兰等返校为学生讲学，提升学生专业技能。2017届毕业生吴旭辉（就业于荣昌中学）、李文静（就业于梁平实验小学）、黄福波（成功考取西南大学研究生）等校友为2018届毕业生作就业与考研经验分享，满足学生成功就业与升学的美好需求。

23．制定有效措施，暖心帮扶"四困生"

按照学校学生资助与帮扶要求，深入开展"四困生"帮扶工作，分类建立"四困生"档案，化解学生学习、生活、就业等难题。认定470名家庭经济困难学生，其中建卡贫困户有73名，经济困难重点关怀学生24名，获国家助学金学生434名。还通过"手拉手"基金、师生捐赠、勤工助学等方式，有效解决学生经济困难。排查心理困难学生，学院构建以学生工作书记、辅导员、学生家长、心理专业教师为一体的帮扶体系，对心理异常的学生进行专业帮扶。针对学业困难学生，邀请专业课教师、朋辈导师、辅导员对学生进行学业辅导，助力学生完成学业。对就业困难学生进行分片包干、承包到人，制定就业方案，促进学生就业。

24．依托团学活动，提升学生素养

举办第九届"金话筒"十佳主持人大赛、第十三届"室歌室名"大赛、第598期和611期"周末文化广场"活动、第二届"挑战杯"篮球赛等。各年级积极开展学生活动，2017级举办入学教育活动，2016级举办感恩征文暨演讲比赛，2015级举办宿舍文化建设活动，2014级举办简历大赛和模拟职场大赛。社团活动精彩纷呈，星湖写作社的首届"见信如晤"大赛、十二届"笔锋"征文大赛，思逸辩论社的第八届"思逸杯"新生辩论赛，渝西文化创意社的"传统文化"知识竞赛，蒲公英书社的"汉字英雄"大赛，语言文化艺术社的首届"喜剧之王"大赛，青年电影协会的"影像作品"大赛，清风写作社的"感恩心言"征文大赛，丰富学生课业生活，锻炼学生综合能力。

25．工作特色与亮点

"三维四级"竞赛模式发挥人才培养杠杆效应。分专业设计技能训练项目、学科竞赛，构建"三维四级"学科竞赛机制，即推行课内与课外相结合、集中与分散相结合、校内与校外相结合，指导学生参加校级、市级、国家级、国际级四级学科竞赛，以赛促训、以训促教、赛训强技。

整合资源，积极推进中国语言文学学科的建设和转型。学院充分整合各方面资源，实现了资源集聚、优势互补，以建设重点学科为抓手，有力地推动传统学科向新兴学科、交叉学科的发展转型。学院多次召集学院骨干教师（主要是具有副教授以上职称教师或具有博士学位教师）开座谈会，共商学科建设和发展的策略，在第四轮校级重点学科的遴选中，学院中国语言文学学科申报成功。

弘扬志愿精神，深化实践育人。学院重点建设"大手拉小手"志愿服务平台，组织学生赴永川何埂镇、三教镇、卧龙中学等地，开展志愿服务活动。期间，"大手拉小手"志愿服务活动被中青网、易网、重庆晨报、永川日报等媒体报道，也被团中央、重庆市教委、永川区教委等职能部门报道。学生以志愿服务为题材，拍摄的微电影《等归》获2017年美丽乡村国际微电影艺术节"最佳故事奖"和四川省大学生原创微电影大赛"优秀剪辑奖"。学院以志愿服务项目成功申报团中央立项课题1项，校学生工作品牌1项。

数学与财经学院

1. 强化教学管理，健全管理制度

着力构建符合学院实际的教育管理体制，努力实践"以情感管理为基础，以制度管理促规范，以过程管理为关键"的管理思路，进一步明确"以人为本、自主发展"的教育理念，强化内部管理，健全和完善了学院教学管理制度。

强化常规教学工作，积极推进教学质量工程建设。加强教学过程监控，在期初、期中、期末教学检查中对教师执行教学大纲情况、教学进度、学生考勤、授课、作业布置批改等进行监控管理，对课程设计、毕业设计等实践教学过程进行监管，要求老师严格规范教学工作规范。进一步完善听课、督学体系。坚持执行听课制度，加强教学研讨，提高课堂教学质量；通过学院督学专家组，对全院教学工作进行全面有效的监督、检查和评价，进一步发挥督学专家在教学方面的引领作用。狠抓考风建设，严格执行期末考试制度和监考制度，进一步细化和明确教师的监考责任和要求，对考试违纪情况予以严肃处理。注重教师素质提升，提高育人水平，组织教师参加学校举行的一系列教学活动，其中2位教师获得学校教师说课程改革与建设汇报活动二等奖1项、三等奖1项。依托校企合作，选送4名教师到企业参加实践能力培训。积极推进教学质量工程建设，提高教学质量。2017年，获教学成果三等奖1项，财务管理专业立项建设为校级特色专业。

构建教学模式，优化课堂教学。学院以专业核心课程改革为抓手，积极围绕提高课堂教学质量的工作中心，将"以人为本、自主发展"教育理念与教学实际有机结合，开展一系列课堂教学改革的研究活动，逐步改变"以教师为中心"的课堂教学局面，逐步开始运用"自主、探索与合作"的学习方式，强调形成积极主动的学习态度，使学生主动参与、乐于探索、勤于动手，在获得基础知识和基本技能的同时成为学生学会学习的过程、形成正确价值观的过程和构建学生精神生命的过程。通过教师之间的教学经验交流，抓好资源共享、智慧共享，强调了行动的全员化、多元化，提高教师研讨的时效性，提高教师适应新课程的水平。每位教师按自身优势来选择合适的教学行为、设计自己个性化的教学、创造独特的教学风格,为提高教育教学质量找到新的支撑点。

推进特色教育,凸显教学品牌。为推进特色教育,凸显教学品牌,提高学生人文素质和科学素养,学院依托"知数学堂""企业好会计"合格+多元人才培养项目,认真开展各项活动,对学生进行专业特长的培养,在学生实践能力训练、学科竞赛等方面取得了较丰硕的成果。

2. 凝心聚力,学科科研工作成效显著

认真贯彻执行"顶天立地"战略,大力加强学科建设,数学重点学科建设成效显著,在第三轮学科建设检查、考核中,数学学科取得了优异成绩。同时,数学学科进入重庆市重点培育学科行列。进一步凝练学科方向,整合了学科团队,加强科研创新团队建设。形成了以"群与图的理论及应用""图像处理建模理论与算法""金融建模理论及应用""优化与决策理论及应用"等4个主要的研究方向为基础的数学重点学科;以数学教育方向为基础立项重庆文理学院数学教育研究所;以财务管理方向为基础立项重庆文理学院中小企业财务研究所。

在经费投入等方面给予科研团队大力支持,从制度上保证教师从事团队科研工作的利益,维持相对稳定的科研创新队伍。注重新的激励机制的构造,建立科研创新团队的申报和考核标准,实现团队在共同目标基础上的有机配合,以提高团队的创新绩效。进一步完善科研评价体系和人事分配制度改革,强化落实目标责任制,调动广大教师的科研积极性和紧迫感,合理引导团队成员多出成果。

加强国内外科研合作和交流。坚持请进来和走出去相结合,进一步加强同国内外高校、科研机构和企业等的科研交流与合作,与多方保持密切联系,开展多领域的合作研究和学术活动,扩大了学院的社会影响。本年度,组织学术报告20余人次,参加学术会议20余人次。

学科团队实力雄厚,数学学科现有骨干成员20人,其中硕士生导师5人,有博士学历的14人,在读博士2人;团队年龄结构合理,平均年龄36.5岁,30岁以下1人,30~40岁13人,40~50岁5人,50岁以上1人。科研项目取得突破,主持省部级项目2个,参研省部级以上项目多个。论文质量大幅提升，2017年数学学科公开发表论文30余篇，SCI收录期刊20余篇。数学学科获重庆市重点培育学科。

3. 锐意进取，学生工作品牌日益彰显

提高整体素质，加强辅导员队伍建设。在原有4名辅导员的情况下，2017年，新进1名辅导员，同时还分配了4名兼职班主任，按专业、班级进行分类指导。在稳定辅导员队伍建设的同时，学院大力引导各个辅导员走专业化道路，逐步向创新创业、职业规划、思想教育等方面发展。除新进辅导员外，其余4名辅导员都至少参加过一次外出培训学习。不定期召开学生工作会，对学生工作中存在的问题进行研讨，并对辅导员进行培训，指导各项工作。在学工部举办的第五届辅导员职业能力大赛中，李亚获优秀奖；在学校党委举办的"学习十九大精神，不忘初心、继续前进跟党走"主题演讲比赛中，邹佳桃获优秀奖。

加强示范引领，促进学院学风建设。为坚定学生理想信念，传承优秀传统文化，学院开展了各类主题教育活动。举办"两会"精神知识竞赛、十九大知识竞赛；邀请上海亿贤投资公司高级合伙人、资深投行专家来校举办"学习·信念·奋斗"专题讲座；对2017级新生进行入学教育，指导他们确立目标，合理规划，为大学四年做好准备。为提高辅导员"周末思想教育课"授课水平，学院分管学生工作书记带领辅导员开展周教听课及评课活动，特别是对新进辅导员进行指导，迅速提高他们的讲课水平。开展网络思政工作，通过多种平台引领学生思想，参加博文大赛2人，发表博文3篇。

在各级各类表彰中，学院学子获多项荣誉，4名学生获国家奖学金，56名学生获国家励志奖学金；2014级经济统计专业学生李林芮被评为重庆文理学院2016—2017学年"十佳青年"；在学校五四评优中，获红旗团支部2个，先进班集体2个，文明寝室11个；4人获得先进个人标兵荣誉称号，267人获得先进个人荣誉称号。学生早操、早自习、晚自习出勤率（含晨读晚练）≥95%，特别是2017级学生基本上都达到了100%。开展学生寝室文化建设活动。通过日常清洁内务评分、寝室文化建设主题内涵、寝室成员才艺展示等多种方式，加强寝室文化建设。以学生宿舍为阵地，从学生日常做起，促进学风建设。

学院2017年本科招生353人，普通本科第一志愿录取率呈持续稳定态势，一志愿高档分数稳中有升，报到率达到95%以上。2017届毕业生初次就业率为88.7%，年终就业率达到95.58%，其中有22名学生考研继续深造。2018届毕业班参加考研的学生有102人。开展考研指导交流咨询会，2018届毕业生于7月陆续开始实习，实习期间，采用高联实习系统对学生进行统一管理。辅导员每周检查实习学生出勤情况，并对学生申请更换打卡地点、更换手机、更换实习单位等进行审批管理。

结合学院五个专业（方向）学生的实际，按专业、分年级制定大学生成长目标导航手册，分阶段进行考核。在2016级和2017级，全面实施大学生成长目标导航。先后邀请贵州财经大学庞一成博士等校内外专家和优秀校友，对各年级各专业进行专业引导，帮助他们尽快转变中学学习习惯，明确学习目标，分类指导。完善家庭经济困难学生认定制度，严格按照规则来评定，并在学院网页及办公室区域公示栏进行公示。2017年，认定贫困学生708名，534名学生获国家助学金。

提升综合素质，指导开展各类团学工作。加强基层团组织建设，于2017年上半年举办团校1期；开展好"一学一做"主题教育实践活动；规范建设"重庆文理数财团总支"微信平台，发挥新媒体在学生工作中的重要作用。通过报名、筛选，2017年大学生暑期"带薪实习"有159人参加，分布在重庆市各级各类企事业单位。7月8日，学院在万盛区关坝镇兴隆街社区开展了以"教育夯基础，关爱促成长"为主题的留守儿童教育帮扶和调研活动。完成2017年中山路社区市民学校建设，开展"学雷锋""敬老爱老""文明校园"等志愿服务活动。

在2017"高教社杯"全国大学生数学建模竞赛中，学院获国家二等奖4项，重庆市一等奖13项，重庆市二等奖14项；在全国大学生数学竞赛中获重庆市一等奖9人，其中2人获复赛资格，重庆市二等奖11人；在重庆市师范生技能大赛中，学院2名学生参赛，均获得重庆市二等奖；在重庆市合川区第六届"诚信杯"创新创业大赛中，学生团队获优秀奖；在全国大学生市场调查分析大赛中，学生获全国一等奖1个，三等奖2个，重庆市一等奖2个。

为强化学生专业技能，提高就业能力，开展"数之韵"系列活动，针对各专业特点制定讲课比赛、财务技能大赛、网页设计大赛、软件技能大赛等。通过比赛促进学生学习，进一步掌握专业技能，收到较好的效果。2017 年学生科研立项 9 项。2015 年学生科研立项 7 项，现已结题 6 项，结题率达到 85.7%。

加强服务意识，做好校友会工作。作为校友分会，暑假期间组织 1994 级、1984 级校友会；会长余大鹏带头到重庆市万盛区走访看望校友，加强了和校友之间的联络。5 月 25 日，邀请贵州财经大学庞一成博士（原数计系 2002 级校友）在知津楼 D402 开展"母校开启我的高校教师之路"专题讲座。3 月 12 日，邀请上海渝商投资股份有限公司总经理谢伟（原数学系 1978 级校友）在知津楼 C303 会议室举办招聘宣讲会。

4．工作特色和亮点

结合专业实际，固化特色学科竞赛，不断探索新的培训模式。2017 年，积极组织参加各级各类学科竞赛，获国家级奖励 7 项，市级奖励 32 项，校级奖励 50 余项。

材料与化工学院

1．以本科教学审核评估工作为统领，扎实推进本科教学建设

专家组到学院实地考察期间，调阅2017届环境科学等5个专业284份毕业论文，调阅金属材料工程专业材料性能学等4个专业，8门课程的课程试卷，总体反映学院试题命制质量较高。走访学院实验室，考察王召东的"无机化学实验"、郑士远的"化学实验基本技能实验"，与学生进行沟通与交流。通过走访考察，专家认为学院实验实训条件较好，设备先进，但场地空间较小，限制学生技能训练的开展，并建议学校应按照工科实验场所建设规范要求，进一步加强实验室建设。听取李颖"聚合物基复合材料"、黄孟军"生物化学"、徐康茗"材料性能学"和廖文利"物理化学"等部分教师的授课环节。专家与学院领导班子就学院办学进行深度访谈，与实验实训主任何家洪就实验实训教学等问题开展深度访谈，与廖文利进行教师访谈。与金属材料工程专业10位专业教师进行座谈会；兰天晨和刘红盼参加青年教师教学沙龙，与2014级化学王绍鑫和2015级环境科学曾越2位同学开展访谈；王维勋参加教师座谈会，受到专家肯定；王运雷和何家洪参加青年博士教师座谈会。

2．以新工科建设为主线，提高专业建设水平

在专业建设、课程建设、人才培养等方面紧紧围绕新工科这条主线，取得良好开端。环境科学专业通过重庆市三特行动计划特色专业验收，申报环境科学与工程新工科专业。高分子材料与工程专业成为重庆市三特行动计划特色专业。化学工程与工艺专业成为学校特色专业。围绕新工科建设新要求，学院利用学科专业交叉优势，拟规划打造环境生态修复与污染治理工程研究院，融合各专业优势，以团队建设为核心，开展新工科建设研究。学院教师利用工科优势，积极申报教育部新工科研究项目，申报项目3项。选派教师参加各级各类新工科培训，启动化学师范专业认证教育工作。

3．以五大教学改革为抓手，着力提升本科育人质量

制定学院特色的推进五大教学改革实施方案并扎实推进和落实，制定本科

毕业论文（设计）多样化改革实施办法和替代办法。推选"环境监测""化工原理"等6门核心课程进行建设。组织教师积极开展"说课程"交流活动，王维勋的"搭建线上线下相融合的工程师素养进阶新模式"和任莉平老师的"金属材料热处理原理及工艺"分别获一、三等奖。成功立项市级教育教学改革研究项目"立足人才培养质量的高分子材料与工程特色专业建设的探索与实践"和校级教育教学改革项目3项，完成市级教育教学改革项目结题1项，校级教育教学改革项目结题8项。向学校推选环境与化工类专业建设五位一体改革与实践市级教学成果奖。

4. 以学科和专业技能大赛为载体，促进学生应用能力提升

承办"华为杯"材料加工与检测技能大赛和环境污染治理工艺设计大赛2项赛事，600人次学生参与，所有专业开展专业技能暑期集中训练，采取"以训促学"的原则促进学生职业素质的提高，进而激发学生的学习兴趣。唐星宇同学获重庆市第三届高校师范生教学技能竞赛化学组第一名，第五届全国师范生教学技能竞赛获全国二等奖，陈黎黎等同学作为重庆市唯一代表队代表重庆市高校参加首届全国大学生化工实验大赛总决赛获一等奖，陈寇成等10余位同学获2017年"晨光杯"大学生化工设计竞赛暨第十一届全国大学生化工设计竞赛全国二等奖，陈鑫等10余位同学获2017年"中科力泰杯"第四届川渝地区大学生化学实验竞赛总决赛一等奖、二等奖和三等奖。杨红霞等3人获第六届全国大学生金相技能大赛一等奖、二等奖和三等奖。李思序同学获第七届"国药工程-东富龙杯"全国大学生制药工程设计竞赛全国二等奖和三等奖。

与重庆市出入境检疫检查局、重庆市环投集团有限公司等单位签订协议，进一步增加原有实习基地的数量，实习基地达到近40个，满足学院应用型人才培养需求。

5. 以教师教学能力培养为引领，全面提高本科教学质量

积极开展"新老教师结对子"帮扶活动，实施"青年教师成长帮扶工作"，对青年教师进行一对一帮教活动，配一名有丰富教学经验的教师进行教学指导，定期进行听课和指导。分管教学院长为组长，组成青年教师帮扶小组，通过听课、交流和集中讨论等形式，对青年教师教学能力进行评估，找出不足和

提出建议。定期开展学生座谈会,全面地收集课堂教学信息,全面分析教学过程中存在的问题,并及时进行改正。

6. 以校地(企)合作和实验教学平台建设为保障,强力支撑应用型人才培养

与重庆环投集团有限公司、成都绿林科技有限公司、重庆市优合新型材料有限公司和重庆泰华环境监测公司等单位开展多种形式的合作,合作协议4项,并且与相关企业签订3项横向项目,经费30余万。选派刘红盼、范剑平、陈金磊、徐康茗、孙向卫和何家洪等6位老师到相关企业进行双师型培训。

7. 实验实训工作

实验室常规管理规范,仪器设备完好率95%,仪器设备利用率高。承担全校97门实验实训课程的教学任务。制定《重庆文理学院材料与化工学院实验课程管理及考核办法》《实验室开放方案及实施细则》;完成实验室各项规章制度的完善补充工作,所有实验室落实到具体责任人。完成近3年学院实验课程实验预习报告册、实验报告册、实验教学运行记录等本科审核评估所需材料的归档工作。对6个本科专业所有实验室课程中较为陈旧的实验项目进行清除,将最新科研成果及企业实际生产需要的操作技能补充到实验教学中。教师出版教材3部。2017年下半年承担300余项开放性实验项目任务,开放人时数18 000人。完成2017年重庆市乡村初中化学教师国培计划的实验实训训练工作。

8. 科研工作

2017年,科研立项34项,其中国家自然科学基金2项,省部级11项,地方项目3项,人才引进项目7项,横向项目7项,项目经费共计300余万元。

9. 申硕工作

在工程硕士(环境工程)工作组的带领下积极开展相关工作,组织到企业交流考察,把握环境工程领域行业需求、发展趋势并开展本专业领域与社会发展需要适应性分析。确定3个硕士研究生的培养方向,开展环境工程领域团队建设,积极主动引进、培育高层次人才。

制定《工程硕士(环境工程领域)专业学位研究生培养方案》,与重庆市环境保护工程设计研究院有限公司、重庆中明港桥环保有限责任公司等及多家

城市污水处理厂、环境监测站签订合作协议，开展专业学位研究生教育培养基地建设。培育申报重庆市科学技术奖奖励3项，积极培育申报1项环境工程领域教学成果奖。

10. 学生工作

早操、早自习、晚自习出勤率高。做好学生指导与帮扶，完成奖助学金的评定工作。就业工作有序推进，2017年学生初次就业率为87.7%，年底就业率达到95.77%；举办6场专场招聘活动；2017届毕业生中有62人被中南大学、重庆大学等全国重点大学录取为研究生。

2017年，举办校级以上比赛3次，承办学校田径运动会开幕式表演；主持院级以上活动10次。承办学校第618期周末文化广场、新生辩论赛、篮球赛、寒暑期社会实践汇报大会、2017届毕业典礼等活动，打造精品校园文化，活跃校园文化氛围。

学生科研结题17项，立项34项，申报国家和重庆市大学生创新创业计划项目4项，结题6项；申请专利7项，发表科研论文10篇；2017年41人次11项获国家级奖励，134人次34项获省市级奖励。获全国师范生技能大赛二等奖、"挑战杯"大学生课外科技竞赛全国三等奖，"挑战杯"大学生课外科技竞赛重庆赛区特等奖，首届全国大学生化工实验大赛特等奖、一等奖；化工设计大赛西南赛区一等奖；重庆赛区一等奖；在全国大学生金相技能大赛中获得一等奖。在第七届"国药工程-东富龙杯"全国大学生制药工程设计竞赛中获全国二等奖和三等奖。

11. 师资队伍

引进博士11人，硕士6人，外聘兼职教授5人，新增兼职硕导4人，6人参加双师培训，1人出国，1人挂职，1人参加出国培训，近30名教师参加各类各级培训。

12. 工作主要特色亮点

2017届毕业生中有62人被中南大学、重庆大学等全国重点大学录取为研究生，考研人数位居全校前列。学生科研结题17项，科研立项34项，申报国家和重庆市大学生创新创业计划项目4项，结题6项；申请专利7项，发表科研论文10篇;全年41人次11项获国家级奖励,134人次34项获省市级奖励。

申报1个新工科专业——环境科学与工程。拥有两个市级特色专业——环境科学和高分子材料与工程,其中高分子材料与工程正在申报重庆市一流专业。化学工程与工艺专业成为校级特色专业。

环境科学与工程学科被确定重庆市"十三五"市级重点学科,药学被确定重庆市"十三五"市级重点建设学科,这是继无机化学市级重点学科后取得的两个市级重点学科。

机器人工程学院/机电工程学院

1. 教学工作

分阶段开展教学检查，包括开学教学检查，日常教学检查，教学中期检查，期末教学检查，以及领导不定期开展教学巡视。分别对教师及教学管理人员各项教学材料进行检查和指导，以督促其符合规范、保证质量。每天开展日常巡教，适时监控师生上课情况。中期主要对教学进度及质量的符合度进行检查，分别开展教师和学生座谈会，搜集掌握教学信息，做出相应反馈及处理。期末对各项教学工作的完成情况进行检查，并着重对试卷命题质量进行把控。不定期开展巡教，以便进一步掌握课堂教学等实际情况，发现问题，及时责令整改。

制订《教育教学工作专项激励暂行办法》《教育教学质量责任追究制度》，定稿2015版人才培养方案与教学大纲，历经行业企业调研，结合重庆机器人与智能装备产业的发展需求，进行反复论证修改而定稿。

力促教师教学能力提升，对8名青年教师指派经验丰富的指导老师，从教学技巧、撰写教案、备课开展指导，并定期交流，开展上岗前的教学预演课，保证新教师教学质量。采取教研室主任听课、院领导听课等措施，对评教效果不好的教师进行指导帮扶，提高其教学水平。支持教师参加教学能力的提升学习和培训，先后派出20余人次外出参加各级各类培训（含国培计划、国内访学等）。开展双师型队伍建设，2017年暑期，派出10余人次前往各类企业参加实践项目锻炼，以提高教师的实践教学能力。开展同行评教和教师自我评价，成立教学质量考评工作小组，开展对晋升职称教师、新进青年教师的评教工作，同时还组织各教研室开展教师的自我评价。

组织教师开展教改项目申报，申报校级教改项目16项，2017年第二批产学研协同育人项目20余项。推进课程教学内容改革，将企业项目引入教学，以提高学生对实际生产产品、技术与工艺的了解，老师将自己的课题引入教学，引导学生参与其中，实行项目驱动学生发展的思路，以提高学生的工程实践能力。开展教学方式改革，对实践性较强的课程，教师多采用实践与理论相结合的方式，更多地引入实践，让学生更快、更早地接触工程实际问题；通过课程竞赛等方式，选拔优秀者参加竞赛，为学校培养优秀拔尖人才。部分教师还录制了慕课，为学生增加了网上学习知识的机会。推进毕业论文改革，修订毕业论文的系列文件和各阶段需填写的各种资料，系统地对毕业论文的撰写格式、各阶段应该做的工作、毕业论文替代等做了详细的说明。开展核心课程改革，组织2门核心课程的结项工作，组织14项核心课程的申报工作。2017年，出版教材2部，专著1部。

开展行业认知实习，组织开展了三个专业为期一周的专业认知实习活动，采取了"走出去""请进来"相结合的形式，强化实践教学能力。开展车工、钳工、焊接、特种加工、铣磨、数控加工和3D打印等金工实训，组织完成三个专业326名学生的毕业实习与毕业设计（答辩）工作，有2篇论文由省级比赛获奖代替，形成论文作品12项和机械设计图纸若干。7月，组织学生开展"暑期优秀工程师"专业技能训练项目，要求学生到企业参加工程训练，对提升学生科研兴趣、培养学生科技创新能力具有重要的作用。开办"机器人卓越工程师人才培养实验班"卓越人才培养，开展合格+多元的人才培养模式，培养优秀的机器人专业的工程技术人才。学生获第五届全国大学生工程训练综合能力竞赛（重庆赛区）一等奖1项，二等奖1项，三等奖4项。在第三届中西部地区大学生先进成图技术与产品信息建模创新大赛中，获省级一等奖4项，二等奖5项，三等奖8项。在世界机器人大赛格斗机器人大赛中，获国家级一等奖1项（亚军），二等奖3项，三等奖1项。获全国三维数字化创新设计大赛省级特等奖3项，一等奖2项。在2017年中国机器人大赛中，获国家级一等奖1项，二等奖1项，三等奖1项。在第十届"高教杯"全国大学生先进成图技术与产品信息建模大赛中，获国家级一等奖3项，二等奖5项。在中国服务机器人大赛中，获国家级二等奖4项，三等奖1项。与重庆宗申车辆有限责任公司、重庆红江股份有限公司等企业签订了校企合作协议，并与重庆红江股份有限公司签订战略性合作协议。

开展以评促建，完成本科审核评估，以评促建，通过评估，学院教学规范性及教学质量得到进一步提高。通过了机械电子工程专业评估。

2．学生工作

坚持实行辅导员巡课制度、听课制度、谈话制度、深入宿舍制度，了解学生情况更加全面，对迟到、早退、旷课学生形成了极大的威慑力，学院整体学风得到了极大改善。4月，举行了学风建设推进会。

坚持实行早晚自习和早操严格考勤制度，实行分管书记、学工办主任、所在年级辅导员定期检查，发现问题及时整改。坚持做好学生评优评先和奖助学金评选工作，所有的评选工作必须经过学院党政联席会讨论通过才能上报。

专业竞赛出效果，打造品牌铸精品。6月，举行了机电工程学院首届机器人文化节，包含"中国制造2025"演讲比赛、"铁人三项"钳车工技能大赛、"机器人与智能装置设计应用大赛""先进成图暨产品信息建模大赛""三维数字化创新设计大赛"等比赛，挖掘了一大批理论基础扎实、动手能力强的优秀学生，他们在2017年暑假举行的中国机器人大赛、世界机器人大赛、3D大赛、全国第十届"高教杯"先进成图大赛、第五届全国工程能力大赛中均获佳绩。

在2016届毕业生就业率达到97%的基础上，根据市场需求，通过各种方式引进企业为2013级、2014级毕业生搭建双选和多选平台。引进了包含华中数控、广州数控、中国重汽、埃马克、润通工业、重变电器等大型企业进入学校选拔任用人才。截至12月，为2013级举行13场专场招聘会，为2014级举行15场专场招聘会。2013级年底就业率达到98%。

2017年4月，举办第一期团校，举行理论课、知识竞赛、走进行业、走进敬老院、走进市民学校、缅怀革命先烈等活动。

暑假，三下乡团队深入永川区三教镇新观音村的贫困家庭中，为贫困家庭的孩子送上温暖和慰问，为市民学校的孩子送去了知识和技能。从2015年起与陈食镇马银小学建立对口帮扶市民学校，2017年已完成四期志愿者服务工作。2017年，学院在全校范围内招募志愿者，和马银小学建立体育、美术、写字、科技等兴趣班，每星期五下午派出志愿者义务支教。学院志愿者和该校留守儿童建立一对一帮扶小组，通过写信谈心、学习辅导等方式帮助留守儿童健康成长。学院志愿者与大安镇敬老院建立帮扶基地，每隔两周去帮助敬老院的老人洗衣服和被子，陪他们聊天，和他们娱乐。

3．科研工作

2017年，立项重庆市教委科技项目2项，永川区科委项目1项；校级项目16项，新增横向项目5项，与重庆固高科技长江研究院有限公司联合申报的2017年重庆市人工智能技术创新重大主题专项——基于人工智能的上肢康复机器人开发及产业化获立项。2017年新增教职工8人，其中博士研究生7人，研究员1人。拥有法国海外留学经历1人。发表科研论文22篇，其中SCI收录论文6篇；授权专利5项，申请专利25项。

智能装备及系统集成方面：对基于磁流变阻尼器的智能汽车悬架系统进行了深入研究，基于自供电技术与无线通讯技术设计了磁流变阻尼器内部状态在线监测系统；提出基于未知输入观测器与相关系数法的故障诊断算法，用于检测并隔离系统执行器故障；提出基于整车悬架模型的阻尼器控制律容错算法；发表论文3篇，开发了满足车辆使用环境的多种磁流变相关技术，并在轿车、特种车辆上进行了应用试验，开发出基于磁流变技术的新型车辆振动控制系统示范样车；该研究工作的开展为磁流变技术在特种车辆领域的工程化应用奠定了坚实的基础。

工业机器人高速高精度控制方面：采用广义预报控制模型控制机器人动力学解决了目前工业机器人高速高精度发展瓶颈；针对现有的工业机器人特殊的控制器，提出了多控制器的开放式智能系统结构，将参数辨识与控制系统紧密结合，引入专家知识结构，有效学习选择最佳控制方案以提高控制性能，继而进行了长达10余年的技术研究、软件开发以及设备的制造，先后申请和授权国家发明专利15个，完成了20余万行软件代码的编写和调试，获得了相关的软件著作权3项，专著1部，SCI/EI论文10余篇。机器人智能传感与精密检测方面：对基于微纳制造技术的传感器基础理论、结构设计、加工工艺和封装测试技术进行了深入研究，提出了基于触点电极和压膜阻尼效应的微型加速度开关理论模型、延长硅基微型加速度开关导通时间的结构设计方法和封装技术、高阈值精度微型加速度开关的结构设计方法和加工工艺流程。该科研成果提出了一整套基于低阈值、高阈值精度、低成本的微型加速度开关的基础理论、结构设计、加工工艺和封装技术的解决方案，在智能制造物流、货物运输、汽车安全气囊等领域有广泛的应用前景。

4. 机械工程重点学科研究取得进展

申报机械工程校级重点学科，成立学科办公室，加强学科管理，突出顶层设计；瞄准国家和重庆重大发展战略需求，聚焦机器人与智能装备行业发展，形成机电控制技术与智能系统、智能制造系统集成技术、智能装备制造及信息化技术、先进成型加工技术与装备等四个关联度高、与现有学科基础匹配的学科研究方向。

加强学术队伍建设，夯实学科发展的基础。本学科已建成一支知识结构、专业技术职务结构、年龄结构和学缘结构合理的高水平学科团队，其中新世纪百千万人才工程国家级人选和国家有突出贡献的中青年专家1人，教授5人，副教授6人；具有博士学位的12人，硕士学位的11人；博士生导师1人，硕士生导师3人。

参股重庆德新机器人检测中心，共建国家级机器人检测平台；建成市属工业机器人与智能装备工程技术研究中心和机器人与智能装备研究院校级科研平台，加大实验室基础设施建设力度，2017年总投入690万元，其中200万元用于购置长虹工业机器人及智能制造实训系统，显著改善了本学科教学科研条件。

5. 工程实训中心

加强实训中心日常管理，耗材采购小组组织10次耗材采购工作，新建、扩建智能制造生产线运行及调试实训室、机械性能测试及表面精度测量实验室、热处理及金相实验室、机械创意设计实验室、工业机器人理实一体虚拟仿真实验室、模块化工业机器人综合实训室、工业机器人拆装实训室、工业机器人综合实训室、机械制图与机械课程设计专业教室等，完成760万实验实训设备的招标、安装、培训、验收任务。

实验室管理人员承担金工、数控、CAD、机电控制、精密测量等课程的理论和实验实训教学任务，总课时2500左右，年人均课时420左右。

6. 工作特色和亮点

学科建设取得新进展，市级机器人与智能装备特色学科专业群成功获批；

对接机器人与智能装备产业需求，成立了国家级机器人检测平台等科研机构；机械工程被列为第四轮校级重点学科，获批重庆文理学院合格+"机器人卓越工程师实验班"。人才引进获得新突破，加大了高水平人才引进与团队建设力度。2017年，引进高层次人才12人，其中博士研究生8人，研究员1人，拥有法国海外留学经历1人。科学研究取得新成果，2017年获各级各类项目22项，发表科研论文22篇，其中SCI/EI收录6篇，授权专利5项，软件著作权20项，省部级科研获奖1项。

就业质量得到新提升，2017年，举办招聘会28场，2013级年底就业率达到98%。引入华中数控、广州数控、中国重汽等优质企业进校选拔人才，学生就业质量获得了质的提升。创新创业活动有新特色，不仅沿袭了独具学院特色的学工品牌"机器人文化节"，还承办了学校2017年机器人与智能装置应用设计大赛，对学生实践动手能力和创新创业能力的提升都起到了积极作用。校企合作得到新深化，与重庆红江机械有限责任公司建立战略性合作关系，机器人研究取得新发展，工业机器人高速高精度通过算法仿真以及实际平台验证实际控制效果达到国内先进水平；服务机器人方面已经开发一套高仿真度、具有云智能、语音交互、人脸识别、磁导航等功能的迎宾机器人；结合工业机器人与PLC等相关技术，自行开发了教学型五轴加工机器人，目前可以实现复杂曲面的加工。

林学与生命科学学院

1. 教学工作

深化园林实用技能型卓越农林人才培养模式改革，采用分段式、顶岗实习式育人新模式，采用订单式培养，培养出"下得去、上手快、留得住、后劲足"的园林人才，"实用技能型卓越园林人才的探索与实践"获重庆市教学成果奖一等奖；开展生命探索实验班人才培养模式改革，打造具有扎实的生物技术专业理论基础，掌握生物技术研究基本方法，具备学术研究潜力的高素质应用型专门人才；加强与华宇园林、益海嘉里等多家企业的合作，扩大专业的社会影响力，汇聚资源，打造各专业特色；严格落实学校审核评估方案，各项工作任务落实到位，规范完成各项教学工作，做好迎评工作。

建设园林品牌专业，园林市级"三特行动计划"特色专业通过专家组验收，加强在线开放课程建设，组织课程团队打造"园林规划设计""观赏植物学""园林施工图绘制"等3门在线开放课程，"观赏植物学"申报市级精品课程；加强校本教材建设，刘国花、邹容等2位教师完成2门课程教材的撰写工作。

深入开展校企合作，促进产学文化融合。紧跟区域行业经济，服务地方产业发展，搭建校地共建科教平台，以科研创新为驱动，以工程项目为载体，以实战训练为路径，建立校外大学生实践基地6个；与重庆渝川园林（集团）有限公司、泸州江潭窖酒业有限公司、益海嘉里（重庆）粮油有限公司、重庆华宇园林有限公司、永川区农产品质量安全检测与监督管理站、重庆伊诺生化制品有限公司等企事业单位就人才资源共享、实践教学基地建设、学生实习、双师型教师培训、科研团队合作等方面展开了深度合作，与华宇园林公司联合举办2017年"华宇杯"美丽乡村景观设计大赛；与重庆园林行业协会联合开办优秀工程资料员订单班，培养"下得去、上手快、留得住、后劲足"的专门人才。

深化五大教学改革，激发学院办学活力。组织教师积极推动课堂教学改革，探索教学改革新模式，将取得的初步成果形成教学教改项目，获得市级教改项目1项，校级教改项目3项；组织各系成员开展教学内容、教学方式、考核方式及毕业论文（设计）改革研讨，各系针对本学期专业核心课程改革进行了细致研讨，并完成 8 门核心课程的立项申报工作和 10 门核心课程的结项工作；完善 2018 届毕业论文（设计）多样化改革方案，确定各类型毕业论文（设计）评价标准，保证学生毕业论文（设计）质量。

完善实践教学体系，提高学生实践技能。完成 2017 届本科毕业论文（设计）答辩及 2018 届本科毕业论文（设计）开题报告工作，按照教学计划完成了各专业的教学实习、试讲、技能训练和毕业实习工作；举办第二届"华宇杯"美丽乡村景观设计大赛和首届"华为杯"食品检测大赛，组织学生参加第七届"华文杯"全国师范院校师范生教学技能大赛、重庆市第十一届盆景艺术展和 2017 韩国国际压花比赛等赛事，学生参赛 220 余人次，组织农林人才卓越园林实验班学员实际参与华宇园林和金三维园林公园设计和小区规划设计，培养能胜任园林景观设计、园林工程施工和园林植物管护等岗位工作的实用技能型专门人才。

加强师资队伍建设，提升教师教学水平。加强青年教师队伍建设，学院对新进青年教师的指导实行"一对一"帮扶，从教学准备、教学设计、课堂组织等方面进行——指导。组织课程团队和专家团队深入课堂诊断、把脉、提升；开展同行评教工作，分专业组建同行评教团队，对刘静、陈薪竹、李洪雷等 10 位任课教师的课堂教学质量进行了客观公正的评价，为提高教师教学水平打下基础；组织教师参加 2017 年教师说课程建设与改革比赛，以系为单位开展赛前打造，推荐游玉明和黄丽霞等 2 位教师入围决赛，游玉明老师获比赛一等奖，黄丽霞老师获比赛三等奖。

毕业审核和学位授予评定等常规教学运行工作。确定集中考试科目和考核方式改革课程，确定课程考核改革方案；学院对 2017 届毕业生的毕业审核和学位授予评定工作高度重视，根据教学部关于毕业审核和学位审核的相关文件，对毕业生课程学分、平均学分绩点、体质健康、处分情况等项目进行了仔细审核。2017 届本科毕业生 434 人，通过毕业审核获毕业证书 385 人，毕业率 97.9%，获学士学位 375 人。

组织开展"2017 届毕业论文（设计）督查""上期试卷复查""学生实习

实训检查"等专项工作；期末试卷出题、审查、考试和阅卷继续按评估标准严格把关，尤其是试卷审查工作，严格按流程执行，保证了命题质量；开展学生实习实训、教研活动、青年教师教学、新生教学等专项督导活动，不定期召开新生座谈会、毕业生座谈会、师生座谈会，及时了解教学运行情况；落实专人负责日常巡教，建立良好的教风学风，确保学院教学秩序良好。

2．学科科研工作

围绕"园林"国家级特色专业，打造优势学科群，进一步推动"十三五"市级重点学科建设。在已拥有"风景园林规划设计研究所""重庆珍稀濒危水产资源保护与开发研究中心"两个校级学科平台的基础上，打造建设园林国际级实验教学示范中心和园艺学市级学科平台，以充分凝炼办学特色，突出园林国家级特色专业的学科优势，完善学科专业分布，强化学生应用能力建设，力争在园艺植物种质资源创新与利用、种苗工程理论与技术、逆境生理与调控技术、采后利用与质量安全4个学科方向取得创新与突破。

围绕如何进行科学研究的设计与选题和如何写好科学基金申报书为学院教师进行专题报告。学院获两项青年基金，此外国家重点研发计划项目子课题（刘嘉2017YFD0201103）获批立项，实现了学校在该项目层面上零的突破。申报重庆市科委项目3项，重庆市教委科学技术研究项目2项，2017年，新增横向项目2项，本科生获校级学生项目17项。

获批1个经济植物生物技术重庆市重点实验室，以及水生动物疫病防控实验室和特色农产品开发与应用实验室2个校级科研机构，为生物技术和食品科学方向科研研究提供更全面保障。2017年，引进博士2名，副教授1名。

2017年12月已见刊论文38篇，其中SCI 4篇，中文核心期刊18篇。申报著作权专利1项，实用新型专利10项，出版应用型教材5本。

引进海外归国人才刘嘉教授牵头学院科研工作，并与意大利萨萨里大学和美国农业部分别达成合作协议，邀请中国农业大学吴学宏教授，美国爱达荷大学Edwin Lewis教授，康奈尔大学甘苏生教授，江苏大学博士生导师张红印教授，渤海大学副校长、博士生导师励建荣教授等11位博士生导师来校讲学交流，学院教师累计参加国内外学术交流40人/次。

专门开展《重庆文理学院科研和学科类经费使用报销办法》《重庆文理学院科研项目经费管理补充规定》学习，督促全体教师合理化、规范化使用科研经费，更好地实施各项科研计划。

3．学生工作

每周召开一次学生工作例会，关注学生思想动态，做好工作小结和本周工作安排。两早一晚，听课、深入寝室、评奖评优、周末教育等常规工作有序开展。组织开展新进辅导员听课评课工作。组织开展"四困生"帮扶工作，给学习相对较差、经济困难学生鼓励打气，谈心谈话，让学生振作起来，消除后顾之忧，投入到正常的学习生活中去。

结合青年团员"一学一做"和喜迎十九大，举办 606、617 期两期周末文化广场活动。学院学生足球队参加 2017 年学校"足协杯"五人制足球联赛获第一名，在 2017 年大学生田径运动会上获星湖校区团体第一名。组织学生参加暑假社会实践工作，组建了大学生"科技支农"服务团队。2016 级风景园林钟程成同学获全校社会实践技能汇报一等奖。2014 级生物科学专业王光清、唐博等 5 名同学参加 2017 年第七届"华文杯"全国师范校园师范生教学设计评比比赛和技能比赛，获特等奖 2 项、一等奖 1 项、二等奖 7 项；2014 级吴金芋、肖朝新等四名同学生参加全国第二届大学生生命科学创新创业大赛获二等奖；2015 级园林邓艾佳、王园园同学参加 2017 年韩国国际压花比赛，获特选奖；2015 级园林毕汪琴、冯庆等 5 名同学参加重庆市大渡口区第二十届盆景展暨第六届插花艺术展，获一枚银奖、四枚铜奖；2015 级风景园林陈鸿铮、张健锋等 4 名同学参加重庆园博园科普演讲比赛获一等奖 1 个和二等奖 3 个。

2017 年组织开展 7 场专场招聘会，毕业生就业率达 92%。2017 年学院毕业生 385 人，99 参加研究生入学考试，上线 67 人，录取 41 人。

4．实验实训工作

主要服务于生物科学、生物技术、园林、风景园林和食品科学与工程等五个专业 127 门实验实训课程的教学任务，开设实验项目达 1 088 项，完成实验教学 35 万余学时。开设开放实验项目 91 项，开展"华为杯"食品检测技能大赛、"华宇杯"美丽乡村景观设计大赛等学科竞赛，开放实验人时数达 5.2 万余学时。服务于教师和学生科研项目10余项以及300余人的毕业论文工作,高效液相色谱仪、光合荧光测量系统等40万元以上大精设备开放达1 660学时。

购置专用危化药品贮存柜10套、头戴式防护面罩40套,有效消除了危化药品保存和使用的安全隐患。

完善格训楼实验室布局,配合完成了该楼86间、4 000余平米实验场所的规划布局以及家具等设施配置方案。

2016年度中央财政支持地方高校发展专项资金"现代生物技术实验实训中心"冷冻离心机、酶标仪等共计37.6万元进口设备的安装、调试以及验收等工作。配合园林特色专业建设工作,完成建筑模型、园林阵列软件21.5万元设备等安装、调试以及验收工作。完成2017年度中央财政支持地方高校发展专项资金"园林实验教学中心"的立项申请、设备购买需求编制、招标参数文件撰写等工作。完成共计371.45万元设备的购置工作,已有92台高品质图形工作站以及实物展台187.5万元设备投入到实验教学中,有效缓解了我院实验设备陈旧、台套数不足等问题。

5．工作特色和亮点

着眼全局,育人工作有特色。学院获得"三育人"先进集体、2016—2017年度精神文明建设先进集体等荣誉。庞敏、夏晶晖、黄丽霞三位老师获2016—2017年度优秀教师;邹容老师获首届"金果源"学生最喜爱的教师;2014级徐显玲、宋华莉获精神文明建设先进个人。

6月,学院园林市级"三特行动计划"特色专业通过专家组验收,在艾瑞深中国校友会网《2017中国大学评价研究报告》发布的2017中国大学本科专业排行榜和2017中国各地区大学本科专业排行榜等榜单中,学院园林专业在重庆地区排名雄居榜首,园林专业跃升至"中国高水平专业"的专业层次,专业星级为四星级。

创新人才培养模式,教学改革持续深入。组织教师积极推动课堂教学改革,探索教学改革新模式,获市级教改项目1项,校级教改项目3项。深入推进园林实用技能型卓越农林人才培养模式改革,广泛采用分段式、顶岗实习式育人新模式,采用订单式培养,培养出"下得去、上手快、留得住、后劲足"的园林人才;"实用技能型卓越园林人才的探索与实践"获重庆市教学成果奖一等奖。

完善赛训机制,实践创新能力日益凸显。以赛促训,赛训结合,学生实践创新能力不断增强。2014级学生邹宇航、郑世宽参加2017年"园冶杯"大学生国际竞赛,获风景园林课程设计作品二等奖;2014级熊科玮同学获园林设计毕业作品二等奖;2014级郭倩汝、李卓、申枫琦、廖苗获风景园林课程设计荣誉奖。学生压花比赛作品《长城》在韩国2017国际压花比赛中荣获特选奖。2014级吴金芋、肖朝新、李颜、宋华莉四名同学生参加全国第二届大学生生命科学创新创业大赛获二等奖。

电子电气工程学院

1. 教学工作

完善《电气学院毕业设计多样化改革实施办法》《电气学院毕业论文（设计）替代办法》《电子电气工程学院毕业实习管理办法》《电子电气工程学院重修学生管理办法》等教育教学管理制度。

建立多渠道、多方法的教学质量信息系统。领导听课、定期与不定期的教学检查、教学督导、学生信息员定期信息反馈、学生网上评教、教师网上评学、课程考试和成绩统计分析、毕业论文评估、学生毕业率与就业率的统计分析、半期教学座谈等。

学院组织教师按照"有用、可用、管用"的原则，精选教学内容，将科研成果转化为教学资源，将行业企业技术、标准纳入教学内容，创设、开发自己的课程、教材、讲义。2017年学院编写出版《单片机原理及应用》《电子设计自动化（EDA）》教材两部，开设"模拟电子技术""电路分析""电子信息科学与技术专业导论"三门在线课程，改变传统灌输式教学方式，广泛采用任务驱动、项目导向、问题探究、案例教学等多样化的教学方式，课堂教学实现从过去重点讲清楚为什么，到现在主要教会学生怎么做的转变。突出培养学生学习能力、实践能力和创新创业能力。改革考核评价方式，变单一的重现式闭卷考试为技能操作、方案设计、作品创作等，注重实践应用能力和团队合作的多元化考核方式。改革毕业论文（设计）多样化，突破单一的学术论文写作模式，形成科研论文、项目设计、产品制作、学科竞赛等多样化的毕业论文（设计）形式，实现了培养学生综合实践能力、应用创新能力的目标。学院2017届毕业生418人，其中在学院参加毕业论文（设计）人数400人。

学院电气工程自动化专业进行了合格+多元人才培养，按照项目任书积极推动工作。根据《关于开展2017年校级教学改革研究项目申报立项工作的通知》要求，由教学办牵头组织教师申报教改课题核心课程改革研讨。2017年，学院有1门专业核心课程改革结项，新增申报4门核心课程改革。2017年，教师发表教研教改论文 10 余篇。

2．优化师资结构

2017 年暑假期间学院有 22 名教师被选派到邦飞公司（10 人）、华清远见公司（3 人）、永川区公共实训基地自动化控制中心（9 人）进行为期一个月和 10 天的"双师双能型"跨界培训。派送 1 名教师出国进行专业培训；50 余人次教师参加了国内的各级各类教研教改会议。学院为 6 位新教师一对一安排指导教师，开展同行评教工作。

3．学生活动

开展各类学生专业技能比赛与培训，建立暑期优秀工程师的培训项目，在校内外遴选相关教师，制定具体的暑期培训计划。进行"TI"杯重庆市大学生电子设计竞赛的指导培训工作，并获重庆市赛区二等奖 1 名。组织并指导学生参加第三届"重庆市大学生物理创新竞赛"，13 组进入决赛，获得一等奖 5 项、二等奖 6 项、三等奖 2 项。获重庆市第四届高校师范生技能大获一等奖 1 项、二等奖 1 项，获全国师范生技能大赛三等奖 1 项。

通过集中和分散相结合的方式组织学生到企业开展教学实习活动。改进毕业实习过程管理，采取毕业设计（论文）指导教师即为毕业实习指导教师的方式，指导教师通过电话、QQ 等方式要求学生提供实习工作图片资料，使毕业实习管理更加规范有序，强化了实习监控，规范了实习管理。

4．实验室建设

2017 年开设电路分析、模拟电子技术、数字电子技术、信号与系统等实验课程 30 门，开设实验实训项目 300 余个，服务学生 3 500 余人，完成实验实训人时数 65 320。完成 2017 年度中地共建项目，金额 400 万元。其中电力动态模拟实验室建设工作，项目金额 267 万元；电力仿真实验室建设工作，项目金额 59 万元；工程实训设备项目建设工作，项目金额 40.39 万元；实验室机房计算机建设工作，项目金额 31 万元。

5．科研工作

2017 年，学院教职工申报项目 37 项，其中自科基金项目 8 项，重庆市科委科学研究项目 9 项，重庆市教委科学研究项目 7 项，永川区科委项目 3 项，校级科研项目10项。重庆市科委科学研究项目立项建设3项，重庆市教委科学研究项目立项5项，永川区科委立项建设1项，校级项目立项建设9项。教师深入企业调研，与企业技术人员深入探讨，深化校企合作机制，建立校企合作解决技术难题，2017年与企业开展科技合作项目3项。学院在"电子信息技术与应用工程中心"前期建设成果基础上，打造市级科研平台。依托电子信息科学与技术、电气工程及其自动化等本科专业启动第四轮学科建设，围绕"电气工程"一级学科申报了"新型储能器件及应用工程研究中心"市级工程中心，该中心于2017年获市教委立项建设。工程中心现有科研人员10余人，除从事行政管理的中心主任外，还设立了从事学术管理的学术委员会，科学合理的管理建设促进了中心正常运行。2017年对外发布科研项目6项，与重庆邮电大学联合培养研究生2人。围绕"电气工程"一级学科，下设学科方向申报了"电力系统智能故障诊断研究所""新能源材料计算研究所"并获学校评审通过。

截至2017年11月10日，已登记的科技论文17篇，其中SCI收录6篇，出版专著1部、教材1部，受理发明专利1项，实用新型专利1项。学院实现了学科方向转变，初步凝练了电气材料、电气系统、电气检测等研究领域的三个学科方向，通过研究和培养等方式建立了学术研究团队，在新能源器件研究方面取得了较好的研究成果。学院与重庆邮电大学联合培养的2名在读研究生在新型储能器件及应用工程研究中心从事相关研究，同时还选拔优秀的本科生进入实验室开展研究工作，相关成果在参加重庆市创新物理竞赛中取得较好成绩。

6．学生成长

重点做好"两会"期间、毕业生离校期间等安全稳定预案和值守工作，确保了全院学生安全"零事故"和稳定"零事故"；坚持"学生为本"，狠抓学生日常教育管理工作。确保了学生课堂考勤、早操出勤、早晚自习出勤、宿舍文化检查等各项工作指标名列学校前茅；做好了"四困生"帮扶工作。分类排查、建立台帐、对口帮扶重点帮扶，完成2017级新生的心理普查，特别针对心理困难学生建立个人心理档案，更加完善帮扶体系；深入推进学生奖惩制度，促进学风建设。狠抓学风、考风，督促学生学习新版学生管理制度和学生违纪处理制度，对违纪学生及时进行处理；在学生评优评先过程中全面考核学生的综合素质，宁缺毋滥，让学生帮扶、奖励实至名归；加强大学生思想政治教育、宣传、引领工作。引导广大青年学生观看十九大，学习、贯彻相关精神，自觉用习近平新时代中国特色社会主义思想武装头脑，用青春梦助力中国梦；有序推进各年级学生成长目标导航工作，在2017级新生中全面实施成长目标导航，全力落实学生学习承诺制度和学习警示制度的实施。2017年，举办了10余场专场招聘会。

7．团学工作

全面落实"三会两制一课"。在各年级各班积极开展团组织活动，加强团员思想政治教育和自我教育，强化团员意识，提升基层团组织凝聚力和战斗力的制度保障。更好地保持和增强共青团政治性、先进性、群众性。积极开展二级团校教育，学员反映良好。从团校开展方案、课程模块设置、导师团队遴选等各方面改革，形式更加多样化、内容更加丰富，占领思想政治学习、宣传主阵地。积极开展学生第二课堂素质拓展活动，成效显著。举办大学生职业生涯规划大赛、师生趣味运动会、宿舍文化创意比赛、科技服务进社区——电子产品维护与维修、永川区双龙村市民学校、活力团支部和最美团支书的遴选推荐等富有特色的团学活动；为深入推进学生"走下网络，走出宿舍，走向操场"三走活动开展了班级篮球赛、羽毛球赛、乒乓球赛等丰富多彩的体育活动。活动策划科学、组织有序、总结及时、宣传到位，成效显著，做到了活动上层次、上水平、有影响。

8．工作特色和亮点

教学工作中各项制度明确、方案可行。五大教学改革推进效果明显、落实到位；学生专业技术能力培养方式多样化，学生动手能力、创新能力得到有效提高。审核评估工作中，材料准备充分，工作推进有序。

学生科研立项逐年递增。自2015年毕业设计替代改革以来，学生参加科研立项方面更加积极、主动。2015年学生科研立项申请5项，2016年申请15项，2017年申请26项；截至目前，2015年学生科研立项100%结题，2016年结题率已经过半，2017年学生科研立项已完成30%。

2017年，学生在"挑战杯"课外科技学术作品竞赛、电子设计大赛等学科竞赛中，获重庆市级及其以上奖项20余项。在数学建模、"中华魂"读书活动征文比赛等比赛中学生参与度高，均取得较好成绩。

软件工程学院

1. 专业建设

借助永川软件园、帮考教育集团与学校开办计算机科学与技术专业政校企合作班，永川软件园在实习实训场地、经费、政策等方面提供了全力保障，企业方帮考教育集团的工程师进课堂讲授技术课程、企业商用项目入课程，政校企合作班2017级招收学生60名，现有在校学生260名。

借助软件工程市级特色专业平台，申报重庆市"机器人与智能装备特色学科专业群"，并立项为重庆市级特色学科专业群。探索新工科，试点VR专业人才培养，与达内合作，7月，在2014级开设VR班，遴选35名参加学习（6名教师参加该班培训），校内3个月技术培训+北京3个月企业实训，并实施本学期技术课程学分置换。12月，完成在北京的项目实训任务。

改造传统专业，探索计算机类大类招生。为应对传统产业的升级改造，从2018年拟调整现有专业的培养方向，计算机科学与技术开办虚拟现实方向，软件工程开办数据应用及处理方向，信息工程开办物联网方向，网络工程开办安全方向，实施大平台+方向模块的计算机大类招生，启动了大类招生的前期调研工作及人才培养方案的制定工作。

转变思想观念，启动工程教育认证。送培23名骨干教师、管理队伍参加工程教育专业认证培训，并正式启动软件工程专业的认证工作。

围绕重庆市智能产业，落地产教融合，与华为、百度、HTC等业内引领企业合作开办新工科专业或改造传统专业，成立产业化学院，已经达成初步协议。

以俱乐部为载体，推进"互联网+"精英人才培养项目。计算机科学与技术专业接受校内评估，获良好成绩；软件工程专业接受重庆市学位授予资格评估获得好评；完成专业审核评估的预评估及评估的相关工作，启动专业审核评估后续的整改工作。

深化产教融合，拓宽校企合作育人平台。2017年上半年第一批产学合作协同育人项目5项，2017年下半年申报第二批产学合作协同育人项目6项。

2．课程改革

建设在线课程，储备 MOOC 资源。万忠杰课程团队的"UI 应用开发之 PHOTOSHOP 篇"建好并已经在玩课网发布，刘艳军课程团队的"程序设计基础"和高峰课程团队的"信息技术基础"等课程获学校立项建设，已经完成 MOOC 视频制作。

引优质 MOOC 资源，践行混合式教学改革。借助中国高校计算机教育 MOOC 联盟试点院校平台，学院的数据库原理及应用、程序设计基础、计算机应用基础和前端技术等课程，引进"爱课程"的"数据库系统概论""C 程序设计"，引进"玩课网"的"大学计算机基础""数据库原理及其应用技术""C 语言程序设计"和"UI 应用开发之 PHOTOSHOP 篇"等优质课程资源，开展"MOOC+SPOC+翻转课堂/混合式"教学模式，提升教学效果。

抓课程团队建设，推进核心课程改革。学院以课程团队为载体推进课程建设和改革，围绕课程团队促进队伍培养和高水平队伍建设。刘艳军以专业核心课程"程序设计基础"代表该课程团队参加教师说课程建设与改革比赛，获二等奖。课程团队完成 2015 版人才培养方案的教学大纲修订及定稿工作；核心课程改革结题 4 门、申报特色应用型教材 1 部。

汇聚课程改革，展示课程改革示范性。12 月，学院罗代忠应邀出席第五届 MOOC 与高校计算机课程建设研讨会并作"引 MOOC 资源，践行混合式教学改革"专题发言，充分展示了计算机应用基础的混合式教学、程序设计基础的"MOOC+SPOC"教学和数据库原理及应用的翻转课堂教学等模式改革成果。

3．教学研究

"回归工程实践的软件工程人才培养创新与实践"获重庆市第五届高等教育教学成果奖二等奖。立项教育部产教协同育人项目 15 项，市级教学改革研究项目 1 项，校级新工科研究与实践项目重大 2 项、重点 1 项。

4．工程实践

毕业设计多元化，商业项目替代 13 人、论文替代 3 人、著作权替代 74 人、专业认证替代 113 人、专业竞赛替代 23 人、科研项目替代 2 人、其他类项目替代 4 人，总计 232 人替代，2017 届论文替代率 72%。开展商业项目、论文、著作权、专业认证、专业竞赛等替代答辩，提高了毕业设计替代作品的质量。开办 Linux 网络服务、房产交易网等 5 个暑期"优秀工程师"训练班，邀请达内集团、成都银河科技等企业开展真实项目实训授课，150 余人参加训练，成效显著。

5．队伍建设

外引名师，1 月全职引进日本广岛大学博士生导师朱红兵教授；6 月，兼职引进韩国科学技术院博士生导师韩永男教授。内培骨干，选派骨干教师万忠杰到加拿大进修半年，在职攻读博士的李光远、胡贵强毕业回校。组织近 70 人次到校外参加 VR 师资培训、新工科建设及工程教育认证工作研讨和经验交流会、国际虚拟现实创新大会、VIVE 开发者峰会。校企教师互助，实施企业教师任课资质评审，安排骨干教师与任课的企业工程师实施互助。校校教师互助，下半年，新乡学院安排了 3 名教师到我院交流学习，学院安排王宇、王俊祥和罗代忠三位教师与新乡学院教师开展互助学习交流。

6．人才培养

依托"e 创星空"，借助"导师制"+"俱乐部"，对学生在导师制模式下完成的工程项目成果进一步孵化，组织学生参加各类专业学科竞赛、创新创业大赛和创业实践，获省部级及以上奖励 56 项，创立微企 3 个。承办校级互联网+创新创业大赛、程序设计大赛、"蓝桥杯"预选赛，为创客培养提供了土壤。学院罗代忠受邀参加河南新型本科院校计算机学院院长论坛，并作"践行回归工程，探索面向新工科的 IT 人才培养"大会主题报告。永川电视台、《永川日报》以"政校企深度合作，加强应用型人才培养"为专题，对学院政校企合作、专业建设、人才培养、众创空间和未来新工科建设进行专题报道。

7．科学研究

学院现有重庆市计算机工程实验教学示范中心、重庆文理学院软件研究所、大数据智能计算与可视化研究所、生物信息与复杂网络研究所、重庆文理学院机器视觉与智能信息系统重点实验室、e 创星空众创空间以及中地共建智能信息处理实验室等。依托这些科研平台，学院坚持"以专业建设为重点，以学科建设为基础"，深化教育教学改革，开展以智能科学与虚拟现实为核心的理论与技术的学科建设工作，2017年，申报重庆市科委虚拟现实应用工程技术研究中心、重庆市教委多维移动信息感知与智能识别重点实验室等多项市级科研平台，已列入指南。

2017年，立项"基于复杂网络的人类致病蛋白质发现方法研究""医疗健康大数据集成、分析、可视化关键技术预见及智能决策支持研究""基于自偏置磁电效应的阵列式微型自供能磁传感器研究""面向大数据的云安全控制机制研究与应用"等省部级以上科研项目4项及"基于演化超网络的不平衡多定位点蛋白质亚细胞定位预测方法研究"等校级科研项目6项，经费41万元。

2017年，全院科研人员发表核心期刊论文9篇（其中SCI检索2篇，EI检索2篇），编写专著及教材4部，软件著作权40项。

邀请重庆巴渝学者特聘教授黄大荣博士、"海外高端专家"韩国科学技术院韩永男教授与柳相秀教授等专家学者来院举办了7次高水平学术讲座，内容涉及新工科建设、大数据、VR虚拟现实等当前师生比较关注的热门信息与技术。

8．学生教育管理

2017年，安排4名辅导员外出培训，提升业务本领和理论水平。学院辅导员在第五届辅导员技能大赛中获一等奖，在校十九大演讲比赛中获三等奖。实行学工周例会制度，加强业务培训和学生思想动态研判，切实加强交流和指导。

实施"12345"学生党员素质提升工程，连续四年举办"讲中国故事""讲文理故事""讲老师故事""讲校友故事""讲学长故事"等"系列故事"教育引导工程，学生学习风气进一步好转。面向2017级新生开展"目标教育""学习经验交流会""新生素质拓展训练""专业引导"等学业目标规划系列活动；面向二、三年级开展"礼仪与交往""电脑一帮一"志愿服务活动、"PPT设计大赛"等活动。面向大四学生开展"就业形势与指导""简历制作与求职礼仪"就业培训。

构建工程职业素养训练体系。举办主题团日活动4次，受益学生1 000余人次，其中第2次获校第5名；举办青年团校培训班两期，培训学员100余人次，规范有序的开班典礼受到上级团组织表扬。承办校两期周末文化广场，参与学生2 000余人次，编排节目20余个，其中获得红河校区第一名1次。学院举办首届"植树杯"篮球、足球、排球、羽毛球、乒乓球等系列比赛，学院女子排球队和乒乓球队均荣获全校第一名的好成绩。承办第十七届科技文化活动月之PPT设计大赛。

全面实施课堂座牌管理制度，启动"亮身份·进课堂"计划，获审核评估组专家认可和表扬。通过早发现、早警示及时梳理、警示了本学年各年级挂科率较高的学生，并对相关学生进行了指导和帮扶。

与重庆文理学院老协文化艺术学校共同举办第十三期和第十四期市民学校电脑培训班，开展电脑"一帮一"活动；爱心中转站和电脑俱乐部在校内外开展志愿服务活动10余场次。暑期三下乡社会实践团队被重庆市授予先进社会实践集体称号。

2017级新生报到率94.5%，名列全校理工科学院第一名。2017届毕业生初次就业率、年底就业率分别达到93%、97%，较2016届有较大的提升。

11月，在广东佛山召开的中国服务贸易协会第七届中国服务贸易年会中学院荣获"2017服务外包人才培养校企合作示范机构"荣誉称号，罗万成教授代表全体校企合作示范单位作"校企合作引擎新工科建设"演讲。

9．工作特色和亮点

自3月起，学生支部正式启动学生党员"12345"素质提升工程。该工程把提升学生党员素质作为学院学风建设的突破口，进一步提升党员发展质量和教育水平，实现"党建带团建，党风促学风"，形成学院学生党建工作的新常态，打造学院学生党建工作的新品牌。在该品牌建设过程中，党支部创新性地在全校举行党员发展答辩、建成党员活动室、发放入党通知书、签订党员承诺书、制作《党支部工作纪实手册》。

学生党员"12345"素质提升工程得到了重庆市委教育工委高校基层党建工作督查三组和学校党委的充分肯定。截至2017年年底，已经先后有新乡学院计算机与信息工程学院、物理与电子工程学院、重大城市科技学院艺术与设计学院、重庆财经职业学院商贸旅游系、重庆文理学院机电工程学院、文化与传媒学院、体育学院、数学与财经学院、美术与设计学院等9个兄弟二级学院来院学习考察品牌建设情况。

经济管理学院/建筑工程学院

1. 学科科研工作

成功申报第四轮学科建设，在第三轮学科建设的基础上进一步优化学科方向设置，布局西部经济与决策管理、服务运作科学与管理、资本运营与公司治理、营销工程与品牌管理四个研究方向，聚焦"新商科"建设，切实强化并夯实学院工商类本科人才质量。

2017年，组织申报各类项目50余项，立项国家社科基金项目1项，市级科研项目3项，永川区、校级及其他项目20余项。2017年，发表论文30余篇，其中高级别论文近10篇，核心期刊以上论文16篇；申请专利"分离浮罩式新型沼气发酵装置""一种手控式猪圈圈舍'三废'清洁结构""一种蚯蚓养殖床"等5项。

黄婷婷"融媒时代的品牌文化传播"、高霖"ADINA分析基础与工程实践"、蒋先平"管理学——理论、案例与技能（第2版）"、冯利朋"供给侧结构性改革的经济学分析与应用研究"、蒋先平等"企业战略决策管理"专著或教材出版。

2. 教学工作

着力抓好本科审核评估工作，成立专门工作机构，统筹整个评估工作，特别是学院BIM实验建设、"白话"论坛以及创新创业教育得到评估专家的认可，圆满完成评估工作。

工程造价与土木工程专业完成校内专业评估，工程造价专业申报立项为学校特色专业。学院建筑类新专业创新人才培养定位，着力突出岗位能力和建筑产业特色，强化"现场工程师"职业目标，形成有特色的人才培养体系，不断优化调整，最终以优良的成绩通过校内新专业评估。工程造价专业立项为学校特色专业建设。

进一步优化物流工程新专业人才培养方案，改造工商管理传统优势专业，孕育专业新生命，开启"新商科"建设征程。新申报的物流工程专业开始进入人才培养阶段，多次组织专业老师和企业行业专家对物流工程新专业人才培养方案进行优化，明确培养目标和方向，确保应用型人才培养卓有成效。对于工商管理专业发展，向"互联网+金融服务"等当前社会急需的人才培养方向转型思考，提高专业的生命力和专业质量，培养符合新商科、新经济发展需要的复合型人才。

完成工程管理专业认证工作实施方案，明确任务和目标，制订详细的工作计划，开始有序进行工程教育专业认证工作。

"合格+"多元人才培养初见成效，中段进阶正着力推进。学院"工程项目经理"卓越班进行多元人才培养探索，进行了技术提升、校内实践、专家指导、合作学习以及理论前沿探索等相关活动，学生成果不断显现，能力不断增强。

在专业内涵建设方面，充分利用专业带头人的智库作用，由专业带头人领衔进行特色专业建设、专业认证教育和专业改造活动，为专业内涵发展保驾护航。

3．教学改革

继续深入推进专业认知见习、专业导论课与入学教育"三位一体"的新生专业引导模式。2017级新生入学教育、专业导论课与专业认知见习三种方式进行有效结合，根据"请进来"和"走出去"的思路，把学生集中到工地、企业一线的现场，聘请现场和工地的管理人员对学生进行现场的专业教育，把企业的管理者请到"专业导论"课堂和入学教育对教师和学生进行互动教育，效果明显。

深入推进"五大教学改革"，在课程教学内容、教学方式、课程考核方式、毕业论文（设计）等方面持续改进。申报4门专业核心课程改革，工商管理专业核心课程第一轮改革全部完成，物流工程专业核心课程开始建设，工程大类专业核心课程改革也持续推进；其中新增20余门课程进行考核方式改革；2017届585名毕业生中做毕业设计的人数超过400人。

教学改革研究抓住新工科建设契机，质量显著提高。新增教育部"校企合作协同育人"项目2项，重庆市级教改重点项目1项，学校教改项目13项（其中新工科项目3项）；发表教研教改论文15篇；出版教材5部；学院两位教师参加学校"说课程"比赛获一等奖（田书芹）和三等奖（沈中友），首次获得学校校级比赛一等奖；有5项教学成果奖获批学校三等奖，各级部门协会教学成果奖1项。

学院与松溉镇政府合作，进行"工程测量"的实地项目制教学、松溉古镇特色研究以及学生毕业论文与设计的真题真做，阶段性成果已产出。已开始探索与海来汇景度假酒店、永川万达广场、永川区建委的校企校地合作和项目制教学。

4．二级督导效果明显，教师教学质量得到加强

严格教学规范执行情况督查，对教学礼仪执行、课堂教学言论、教师意识形态管控、教学资料携带等方面进行重点检查。学院教学督导委员通过深入课堂听课、教师调研、学生座谈和巡查等方式，了解教师课堂教学和学生学习情况，特别强化了青年教师指导和新进教师培养工作的督查，加强与授课教师的沟通与交流，不断地从整体上提高我院课堂教学质量。教学督导委员还加强了考试管理的督查，严格考风考纪，对2017年的补缓考、重修考试、期末分散考试和集中考试均要求作出合理安排并加强了对监考教师的培训与要求。重点加强了外聘教师教学监控，制定了外聘教师管理办法，对晚上、周末教学和实验室教学进行了重点巡查，保障了审核评估和日常教学状态。

坚持由教学督导委员会成员、教学管理人员和学生工作人员共同负责对全院教师的课堂教学情况进行巡视的制度，星期一至星期五定期巡查教师和学生的课堂教学和学习情况，并及时反馈情况，进行处理。对毕业班教学、节假日前后教学、期初和期末特殊时期教学、实验实训的教学秩序进行重点督促。

由学院领导、各系主任组成的教学督导委员会和由教学副院长牵头的教学管理队伍定期、不定期通过课堂听课、学生座谈访查等多种途径开展教学督导。其中，院领导王明华、张碧波、谷继建、各系主任、督导组成员等累计听课100余节。督导委员会成员结合听课情况对教师授课过程中存在的问题和不足与相关教师及时进行了交流，教学效果得到了持续改进。

制定教师自我评价工作方案，开展教师课堂教学质量自评和教研室研讨，促进教师主动开展教学反思，促进了教学更新。制订新教师指导计划，实施青

年教师"双导师制"。开展新教师帮扶研讨活动5次,这些教师在本年度的助教和教学工作中较好地完成了各项任务,其担任课程的学生满意度均达到了良好以上。

按照教学规律,规范安排教学任务,核心专业课程(专业基础课程和和专业技术课)实行小班排课,课程组织与纪律、教学效果得到大幅度提升;所有高职称教师都承担了本科生上课任务,完成了课程教学任务。

学院针对试卷、毕业论文(设计)等教学档案材料,开展了教师自查、教研室交叉审查、教学办复查、学校专家抽查等工作,规范了教师试卷命题质量、毕业论文(设计)质量等,达到了以评促建的目的。

5. 实验实践教学与实验室建设不断完善

实验室建设初具规模,BIM虚拟仿真中心已具规模。云端BIM虚拟仿真实验教学平台已经构建了虚拟仿真硬件平台和软件平台,硬件方面有高性能计算机、3D打印机和桌面打印机、3D环形幕和VR虚拟场景等;软件方面配备了3D环形屏幕场景编辑软件、BIM族库系统、BIM快速提量软件、BIM轻量化图形在线展示平台、BIM教学资源库等资源,基本能够满足本科教学需要和工程模型训练。筹划建设BIM学生协会、BIM培训中心和BIM考试中心。工程力学与结构实验室已经完成选址、手续办理、招标、施工图设计、现场勘查、功能划分及部分物资采购等工作。工程地质实验室设备购买已经到位,安装调试完成,已经投入教学使用。智能物流与供应链仿真中心投入使用。通过2017年中地共建项目,筹建了智能物流与供应链仿真中心,建设完成物联网与供应链信息技术系统、VR技术与虚拟仿真系统、电商机器人系统,并购买了供应链系列仿真优化软件等,智能物流与供应链仿真中心初具规模,将投入使用。建筑工程白话实验室完成设计,每双周举行一次建筑工程白话实验论坛,土木工程系、实验室全体老师参加论坛,已举办7期。专业老师根据自己所担任的课程,提出课程疑难点,对各疑难点通过动画、视频、可视化演示、建模拆模等手段,实现白话过程,梳理疑难点白话原理,提出实验建设经费和建设保障条件,建筑工程技术白话实验室建设完成了设计阶段,举行设备论证和设备采购。完成了实验室文化建设,布局和建设了建筑工程学院实验教学中心1~4

楼室内和室外文化墙、经济管理实训中心室内和室外文化墙，实验室环境干净上档次。

完善实践教学体系，现代企业运营综合仿真实训课程效果明显。2017年是现代企业运营综合仿真实训课程开展第四个年头，本着"实练实干，无缝衔接"的理念，课程得到了深度开发，老师独立授课，学生模拟企业真实运营，学生综合能力得到了锻炼。实验室运行平稳，经济管理经济管理实验中心承担14门实验实训课程，运行总人时数15 000，建筑工程实验中心承担14门实验实训课程，运行总人时数 16 000 余，实验室运行平稳，满足了学院所有专业的实践教学。

6. 毕业生相关工作有序完成

2017届毕业生实习检查与鉴定、成绩评定、优秀实习生推荐、实习总结与材料上报等工作进展有序，按时完成各项后续工作，突出实习成果的展示作用。2017届毕业生毕业论文（设计）工作如期完成。

2018届毕业生实习和毕业论文（设计）工作启动。召开2018届毕业生毕业实习动员大会，新增4个实习基地，与万达广场、海来汇景度假酒店等企业达成合作意向，解决了学生实习没有具体工作任务的问题。落实专业教师定期进行各专业的毕业实习指导，使用高联实习管理系统进行实习监控。2018届毕业生毕业论文（设计）工作按照计划推进，在毕业生离校前进行了选题、开题以及撰写初稿等工作。

7. 学科竞赛呈现良好竞争势头

2017年，获国家级一等奖24人次、二等奖25人次、三等奖33人次，建筑软件技能比赛10人次达到熟手级；省部级重庆赛区金奖7人次、一等奖11人次、二等奖3人次、三等奖24人次；区及校级一等奖4人次、优秀奖10人次。其中，王红君、胡在东、殷朝华、熊小伟、黄婷婷、李坤老师指导的2017"学创杯"全国大学生创业综合模拟大赛在全国及省市级比赛中获一等奖；殷朝华、蒋先平、黄婷婷老师指导的第三届中国"互联网+"大学生创新创业大赛获重庆赛区金奖；苏燕、安凯歌、汪旭指导的第五届全国高校商业精英挑战赛获全国一等奖和二等奖；高霖、王轩、邓德学、杨惠会、徐新瑞老师指导的

第三届中西部大学生先进成图技术与产品建模创新大赛获市级一等奖和三等奖；汪旭、安凯歌、刘培玲指导的2017年第二届全国建筑类院校虚拟建造综合实践大赛获得国家级团体二等奖；蒋先平指导的第九届娃哈哈全国大学生创客营销实践大赛在市级和校级比赛中获团体一等奖、三等奖的好成绩；周燕老师指导的2017年全国中高等院校BIM招投标竞赛获国家级二等奖、市级二等奖及最佳投标人称号；王红君、刘传富老师指导的2017年品牌策划大赛获国家级一等奖及三等奖；周燕、吴柳老师指导的第八届全国中、高等院校学生"斯维尔杯"建筑信息模型（BIM）应用技能大赛获得国家级二等奖和三等奖；赵毅、高霖、冯燕博、杨文晗、万晓慧、汪旭老师指导的第十一届周培源力学竞赛获国家级优秀奖及省市级二、三等奖；周燕、沈中友老师指导的第三届全国高等院校工程造价及创新竞赛获国家级一、二等奖；冉令刚、唐宗洁、杨文晗、周燕老师指导的全国高等院校BIM应用技能大赛获国家级二、三等奖；冉令刚、唐宗洁老师指导的全国高等院校建筑软件技能认证大赛共10人次取得国家熟手级认证书。

2017年上半年学院提交微型企业申请10余个项目，学校评审通过2个微型企业；2017年下半年提交微型企业申请5个项目，批准通过1个微型企业，12月底，学院共有微型企业5个（已经入驻南门创业园4个，即将入驻1个），分别是重庆冰颖科技有限公司（负责人：贺冰星）、重庆沁灵建筑节能技术有限公司（负责人：钟银）、重庆益聚电子商务有限公司（负责人：向江川）、重庆市瑞烽电子商务有限责任公司（负责人：袁瑞琳）。

8．学生工作

进一步改革第二课堂学分认定办法，构建了学分与学风激励相容机制，制度育人，打造学生管理品牌。进一步健全"三养"（养成讲卫生、爱清洁的习惯；养成讲道德、守纪律的习惯；养成讲文明、树新风的习惯）、"四进"（学生骨干模范带头作用进寝室；德育考核评比进寝室；自律组织进寝室；优秀文化进寝室）、"五比"（比政治觉悟；比道德能力；比学习能力；比实践能力；比就业能力）的育人制度体系。在规范管理的基础上，形成了学院学生管理品牌，推动了工作的发展。

学院开展"共筑中国梦""一二•九红色运动""精进专业砥砺自我"等一系列活动,其中"践行社会主义核心价值观"活动在学生中产生了积极的反响。此外,借助"博今"文化艺术节活动平台,先后开展职业生涯规划大赛,"模拟招聘""创青春""学创杯""工程制图建模""市场营销""校运动会"等活动,不仅丰富了学生的实践活动,而且活动育人效果明显,学生综合素质得到较大提升。

9. 工作特色与亮点

BIM实验室建设成效突出,影响较好,受到行业企业的好评,对于提高应用型人才培养质量起到了很好的推动作用。

教研教改规模和质量大幅度提升。教育部产学研项目、重庆市级项目以及教学成果奖出现质的飞跃;教师说课程比赛获一等奖;"技术白话论坛"开创工程教育课堂教学新方式;集体备课、研课的课程建设工作机制初步形成。

学科竞赛持续创佳绩,应用型人才效果持续走高。

旅游学院

1. 教学工作

2017年，学院评估领导小组多次召开会议，对审核性评估做任务布置和要求传达，并安排审核评估办公室对审核性评估涉及的所有材料进行分类，对材料整理与归档人员进行合理分工。提交上来的文件材料再经过教学院长、院长进行进一步检查和审核，从而确保审核性评估支撑材料提供的及时性和有效性。审核性评估支撑材料涉及7大类80多小类，包括定位与目标、师资队伍、教学资源、培养过程、学生发展、质量保障、地方（行业）服务等。对考试命题、制卷、考试组织、试卷评阅、成绩评定、试卷分析和试卷材料归档等各环节进行了全面复查，进一步摸清了学院试卷命题、评阅及归档现状、存在问题，进一步完善了课程考试环节各项工作；组织专家开展了2017届本科毕业论文（设计）全面审查工作。检查内容包括毕业论文（设计）选题的质量状况、研究手段和撰写质量、外文翻译质量、工作手册的填写与记录情况、毕业论文（设计）工作的管理制度、管理流程、资料保存情况等；撰写了较为全面、精准的自评报告，全面梳理了学院的办学理念、目标定位和办学思路，客观分析了学院各项工作，尤其是教学工作取得的成绩，并通过剖析存在问题，提出了未来学院发展的路径。通过全院师生的共同努力，完成了各项评估审核性工作，取得较为优异的成绩。

2. 多元推进，深化五大教学改革

实施职业场景项目行动教学，创新多元化的五大教学改革范式。围绕教师，以学生专业能力为中心，进行了教学内容、教学方式和考核方式方面的全程性和整体性教学改革。各教研室根据课程教学目标，结合通识教育课程、专业基础课程、专业技术课程、实验实训课程的不同特点，分类探索了适宜的教学模式，构建了科学的教学内容，采取了灵活选用多样化的教学方式和考核评价方式。开展了专业导论课、专业核心课、专业技能品牌项目等的改革。开设卓越英语专项技能提升班。该班结合了专业特色、学生实情以及地区经济社会发展对人才的需求，对培养"合格+"多元优秀旅游人才，对学生在旅游管理类行业岗位上满足国际化应用型人才的需求具有重要基础作用。建立会展职业经理人实验班。学校首批立项建设的"合格+"多元人才培养项目，该班在培养过程中，进一步突出会展职业经理人知识体系的完整性、人才培养的渐进性、知识能力素质培养的融合性、校内外教学的统一性、教学内容和方式的开放性、学生学习的主体积极性、与企业学习实践的贯通性，取得了较好的成绩。开展行业专家进课堂活动。邀请北京中长石基信息技术股份有限公司教育部经理吴少勇，国家旅游局名导进课堂导师、全国导游证面试考官、全国导游考试教材编委焦健等行业专家为学生授课。开展旅游学院教案和课件评比活动。通过对全院所有专兼职教师的教案、课件进行打分，评出一、二、三等奖，并颁发荣誉证书和奖品。补充完善毕业论文的多元化类型，实施毕业论文（设计）替代办法，大大提高了学生毕业论文（设计）写作的积极性。

3．内外结合，拓展校地合作

在继续推进长航班和洲际班的基础上，不断推进和开拓校地（企）合作项目，将实习基地从重庆市开拓到了上海、广州、北京、杭州、三亚等地，实现了实习基地的拓展。已拥有上海国际主题乐园有限公司、广州长隆国际度假区、北京华宇雅艺文化产业有限公司等15家实习基地，地区涵盖东、中、西，类型上也从最初较为单一的酒店扩展到形成酒店、景区、旅行社、会展公司等多元化实习基地体系。

与贵州大沙河仡佬文化国际度假区达成意向性协议，双方将在实践教学、双师型培养、企业员工培训、人才培养方案制定、大学生创新创业孵化等方面开展合作。在为重庆桃博农业开发有限公司编制《永川区五间镇圣水湖桃花岛旅游总体规划》的同时，还承接了永川区旅游局委托的《永川区旅游服务满意度调研项目》以及《永川英山片区旅游开发规划》项目。承接重庆市发展改革委员会重大项目《"一带一路"背景下重庆市会展业标准化体系研究》。12月底，学院横向科研项目经费超过50万元。教师参与起草《会展职业经理人资质条件》团体标准，并作为西部会展本科院校的代表为该标准的起草献计献策。李喜燕教授为永川双石中学开展了法制教育专题讲座，王爱忠副教授应邀参加了茶山竹海修编项目的评审。文艳、王爱忠、王志华三名老师成为永川区应急知识培训师资库培训教师,周健华编写出版教材1部(《会议策划与组织》)。

4. "一二三课堂"一体化特色人才培养

在第一课堂上,以专业核心课程改革规划为契机,分类探索课程教学改革,开展以专业技术课程、实验实训课程为主的教研活动,着力推进专业核心课程教学内容、教学方式和考核方式等方面的整体改革和全程改革。周健华老师的"婚礼策划与组织"课程采取主题婚礼展演形式,王玮琳老师的"茶艺与茶文化"课程考核方式改革引入了行业标准,秦杨老师的"导游业务"课程改革邀请行业专家进课堂,进一步深化了课程的应用型教学改革理念。第二课堂上,学院不断完善"三化三结合"的技能训练模式,拓展"阶梯式"的实践教学体系。持续加强学期技能训练工作的策划,教学办、教研室、学工办各自承担起专业技能训练和成果靓化的职责,实训室开放切实为学生技能训练提供条件保障。在专业实习实训上,采取分散与集中相结合的方式开展了行业认知实习、永川学生用品展、餐饮技能实训、旅游英语听说训练等实践训练,全方位锻炼了学生的实践动手能力。扈月均、张可两位同学面试成功进入马尔代夫康杜玛假日酒店进行了为期半年的实习。第三课堂上,围绕学科行业竞赛,以学生综合能力为中心,强化三级四层的学科行业竞赛体系。2017年,学院学生获得国家级、省级各类比赛获奖10余项。2015级旅游管理与服务教育专业李倩文、杨烯玉等同学获得2017年全国大学生旅游创意大赛一等奖1项;2016级会展经济与管理专业李林、文妍等同学获得重庆市首届青年生态旅游创意大赛一等奖1项;2016级旅游管理与服务教育专业宋秋红、胡宇等同学获得二等奖1项;2015级会展经济与管理专业陈林容、黄天琪等同学获得2017年全国高校商业精英挑战赛商务会奖旅游策划竞赛一等奖1项,2016级会展经济与管理专业陈美奇、覃小凡等同学获得二等奖1项;2015级会展经济与管理专业周艳妮、张迪等同学和2016级会展经济与管理专业刘先峰、李林等同学获得2017全国高校商业精英挑战赛会展创新实践竞赛一等奖2项,2015级会展经济与管理专业李陈凤、翟悦等同学获得二等奖1项;2015级会展经济与管理专业李媛娜、吴丽等同学获得2017年重庆会展专业技能大赛特等奖1项,2016级会展经济与管理专业杨晨、吴鳕等同学获得三等奖1项。在第二届"昆明博览杯"会展项目策划大赛上，学院2015级会展经济与管理专业陈美奇、杨森、谭茜、张智慧组成的"火花队"勇夺冠军。

5．以人为本，创新教学督导和指导机制

以一线教师实际为根本出发点，采取多元化方式进行学习指导，创新了教学督导和指导机制。学院对青年教师（新进教师）的指导实行"多重指导制"，即指导老师、教研室主任、教学办、历届教改课获奖教师、院领导等共同对青年教师开展指导工作。指导教师主要开展青年教师的教法分析、教学设计、课堂教学技能提升技巧培养、考试评价方式改革指导、试卷命题等工作。进一步对青年教师的备课研课、课堂教学、课后总结等工作进行强化指导。借助讲课比赛，充分发挥教学示范岗和高职称教师指导作用，全面提升了教师教学水平。建立教学改革激励制度，对申报各类教学改革项目和参与各类教学活动的事项进行激励。对专业教师实施"开放式外出培训"，即只要有适合的专业教学培训会议，学院基本上都会派出去学习。2017年选派30人次参加暑假茶艺培训、洲际集团"梦想之梯"管培生项目培训、高校会展专业师资实践技能培训、移动数字化建设课程培训等培训班，选派1位教师进行出国英语培训；选派教师外出参加20余次学术交流和会议交流。实施系所合一，持续推进专业教学质量工程建设。按照示范建设学院和示范建设专业要求，重视示范专业、示范性学院、示范教研室、教学示范岗、市级校级教改项目、校级特色教研项目、精品课程、网络课程等质量工程的建设情况，做好"合格+"多元人才培养模式项目等各级各类本科质量工程的培育与申报工作。推进系所合一的工作模式，实行学院领导联系教研室制度，开展了形式多样、具有实际价值的专题教研活动，真正牵头进行实质性的研讨。重视到期教改项目结题、校级教改项目和市级教改项目的申报工作，在全体教师中广泛发动，全体动员。2017年，立项重庆市级教改项目1项，校级教改项目6项。获重庆市教学成果三等奖一项，重庆文学院校级教学成果奖1项。申报特色应用型系列教材1门，申报专业核心课程3门，有2门专业核心课程验收合格并结项。申报教育部高教2017年第二批产学合作协同育人专业综合改革项目1项。

6. 学生工作

建立常态化领导体制与工作机制。2017年，新进思想政治辅导员1名，现有思想政治辅导员4名，定期研究大学生思想政治工作，坚持学生工作例会正常化，定期探讨和交流大学生思想政治工作的特点和方法，创新思想政治教育方式，形成了学院独特的学工品牌。鼓励辅导员积极参与相关培训，不断提高工作水平。2017年，学院辅导员先后参加学校相关职能部门组织的就业创业导师培训、辅导员培训等，鼓励辅导员积极参加网文大赛、辅导员职业技能大赛。继续推进"沐浴书香"工作，通过学院、指导教师与学生"三位一体"的良好互动，以征文比赛、演讲比赛、朗诵比赛、辩论赛等多种方式推进活动开展，强化学风建设。稳抓基础文明，促进学风建设。坚持辅导员与任课教师、班干部、行为失范学生联系制度，坚持辅导员深入学生课堂听课制度，随时把握住各专业、班级学生的学风动态。各年级辅导员必须坚持每周深入课堂听课，全年不少于40次，并检查学生出勤情况，实行学习警示制度，定期在周末教育上通报逃课的学生并予以相应警示和处分，把学风建设落实到实处。以奖学金、助学金评定为契机，坚持"典型示范，带动全面"的原则，校、院、年级、班级层层开展争创活动，整体性地优化班风、学风建设。认真开展大学生成长目标导航工作，实现学工和教学联动。完成2014、2015、2016级学生学年目标完成情况的分析比较，启动2017级学生的大学生成长目标导航工作，结合导师制的开展，进一步加强对大学生成长目标的设计与实施的指导力度。推进宿舍文化建设活动，基于学校寝室设计大赛、"秀出舍彩"寝室文化建设大赛等活动，发挥宿舍在学风建设上的阵地作用；积极落实党员驻班联系制度，通过有针对性的帮扶，主动关心同学的思想、生活、工作和学习，增强集体凝聚力，建设良好的宿舍文化，营造和谐氛围，强化宿舍学风建设，同时也能让更多的教师党员参与到学风建设中来，更全面地了解学生，为学风建设添砖加瓦。

打造以旅游文化节为主线的学生品牌活动，强化学生的专业技能和公共技能。举办第九届旅游文化节，倡导实践动手能力培养，凝练学生活动品牌。先后开展导游之星大赛、中餐宴会服务技能大赛、饭店服务情景剧大赛、会展方案策划大赛、诗歌朗诵比赛、毕业晚会、迎新晚会、辩论赛、社会实践汇报会等众多团学活动，覆盖学生达90%。2017年，学院参加市级以上活动学生35人次。

注重学生实践活动的开展，积极推进暑期社会实践活动，鼓励多种形式参加实践，并开展暑期社会实践汇报会对优秀典型实践进行展示和表彰，激励同学多参加有益自身发展的社会实践活动，并在院级社会实践汇报会的基础上，选拔推荐的优秀人才参加校级社会实践汇报会，并取得较好的成绩。

7．就业创业

落实"一把手"工程，就业指导组织机构健全，政策措施完善，保障有力。完善就业创业课程教学体系，就业咨询、手续办理、户档托管等就业指导与服务体系，以及就业困难和其他特殊群体帮扶体系，从制度层面保证了学院就业工作的顺利开展。

积极组织学生参加重庆市、学校、其他高校组织的毕业生双选会，还通过各种渠道联系了多个用人单位来校选择毕业生，努力为毕业生提供各类就业信息。扎实做好校友工作，搭建多元化的就业平台，组建校友工作队伍，形成对校友的定期走访制度，聘任校友联络员，利用校友资源，为毕业生提供就业信息，拓展就业渠道，同时也促进校友工作的进一步开展。

进行了择业观教育，鼓励学生"先就业，再择业"，鼓励学生在毕业之前积极主动地参加社会实践活动并组织了就业形势讲座，加强了学生自荐书的指导。鼓励毕业生参加公务员、西部志愿者选拔、"村官""三支一扶"等考试，多渠道、多方位就业。积极开展大学生创业工作，强化创业培训，申报大学生微型企业，孵化大学生创业项目，鼓励大学生创业实践。

8．学生常规管理

将周末思想政治教育课作为主要阵地，大力加强安全纪律教育。坚持从严为本的指导思想，坚持"安全第一、预防为主"的工作理念，制定突发事件应急预案，积极开展校纪校规和安全防范教育。在每学期开学之初，做好安全教育工作；在平时工作中，加强安全宣传力度，不定期召开消防、防传销、防诈骗等讲座；在院内卫生检查时，将安全检查作为卫生检查的重点。通过专题教育的形式，强化学生的安全纪律意识，丰富周末教育的形式，增强师生互动，使学院的安全工作常抓不懈。

进一步完善学生工作的相关规章制度，规范学生工作的相关要求，细化常规管理的相关规定，使学生明确常规管理的相关内容。学工人员深入一线开展工作，以张贴公示对不良行为进行全院通报的形式，狠抓学生出勤、上课、早自习、晚自习，并取得一定的实效。规范了学生的学习习惯，端正了其学习态度，巩固了学习成果。

重视学生资助管理，建立四困生档案，帮扶贫困学子，做好困难学生的重点关怀工作，搭建贫困生勤工助学平台，解决贫困生的具体困难。

9．科研工作

科研项目申报积极性增强。截至12月下旬，教师申报科研课题27项，包含国家社科基金项目2项，部级项目2项，全国教育科学规划课题1项，省级项目13项，校级科研项目4项。

论文发表数量有所增长，科研成果产出持续增加。全年教师公开发表学术论文19篇，其中一般期刊11篇，中文核心期刊4篇，CSSCI类期刊4篇，倪中江老师本年度出版专著1本——《湖湘菜系探微》。

将学科学术研究切实和行业需求相结合，为社会提供相关服务，实现科研成果的转化。3月8日—11日，陈天培院长带队到沪浙地区洽谈校企深度合作；3月27日，我院李喜燕教授应邀为永川双石中学开展法制教育专题公益讲座；周健华老师参与《会展职业经理人资质条件》团体标准起草的全过程，并作为西部会展本科院校的代表为该标准的起草献计献策；4月11日，陈天培院长带队一行四人来到嘉发希尔顿逸林酒店洽谈校企合作事宜；5月25日，李喜燕副院长带队到重庆市国际博览中心进行了校企合作会谈；6月10日，党总支书记魏良福带领队到重庆市四面山旅游（集团）有限公司进行了校企合作会谈。

科研人才队伍建设取得成效，正高级2人，副高级2人，中级14人，初级13人。科研骨干主要集中在中级及以上职称的教师队伍中，旅游规划团队成立，联合学校非物质文化遗产研究中心，形成了以陈天培为带头人的旅游规划团队。

10．工作亮点与特色

专业品牌影响力保持稳定。根据《2017年中国大学及学科专业评价报告》，旅游管理与服务教育专业和会展经济与管理专业分别全国排名第二位和第八位；五大教学改革多元化。形成了以卓越英语专项技能提升班、会展职业经理人实验班、行业专家进课堂、教案和课件评比活动等为主要内容的职业场景项目行动教学体系；校地合作趋于深层次。校地合作单位数量明显增多，地域明显扩大，质量明显提高。在"洲际英才学院"和"国际海员海乘校企合作定向委培班"的基础上，为地方服务的各种规划项目、培训项目逐步增多。

旅游文化节已经成为学院特色活动，该活动有机结合学院学生应该具备的专业技能和公共技能，使得广大学生在该活动中得以提升自我。结合导师制的实施，狠抓"沐浴书香"读书活动的开展，营造良好的学习氛围，增强了我院的学风建设。

学院科研骨干主要集中在中级及以上职称的教师队伍中，科研项目申报积极性增强，数量有了明显的提升，论文发表数量有所增长，科研成果产出持续增加。

人才引进上取得重大突破，通过转变引进思路，拓展旅游会展相关专业，成功引进博士3名。

马克思主义学院

1. 科研工作

构建科研项目申报集体打造机制，有效提高项目申报质量，邀请校内外知名专家来马克思主义学院专门就国家社科基金项目的申报写作及注意事项进行辅导。进而使得项目申报者从选题到申报书的撰写再到向学校提交整个过程都由学院组织全体教师进行充分的讨论并提出积极的修改意见，申报人在充分吸纳老师们的意见和建议的基础上进行修改。邀请校内外项目成功申报和结项的专家学者对申报进行评估指导，再将修改反馈给项目申报人再次修改后由学院审核提交学校。

创造良好的科研条件，在制度建设方面，重在激励培养，用学术资助方式保障经费投入。除了按照学院科研资助管理办法执行，学院还针对当前特点与科研需求进行补充，对申报教师予以学术资助。

2017 年，学院在科研项目立项方面获得较大突破。邓多文教授申报项目立项为教育部示范马克思主义学院重点项目；杨启莲副教授申报国家社科基金项目获得立项；江敏副教授申报重庆市社科联重点项目获立项；张莉副教授申报重庆市教委项目获立项。

2. 教学工作

围绕思政课专题化教学改革持续深入开展，取得更加突出的成绩。学校党委副书记、纪委书记兼马克思主义学院院长李德全领衔的教学团队获重庆市首批 5 个名师工作室之一；邓多文副院长领衔的团队获教育部示范马克思主义学院教学科研重点项目立项和重庆市高思政课教学科研示范团队；张莉副教授获重庆市高校思想政治理论课教师择优资助。将思政课专题化教学改革取得的成效总结提炼成基本经验，申报重庆市第五届教学成果奖获二等奖，获学校一等奖。在由重庆市教委组织的全市思政课教师参加的，在重庆交通大学举办的第五届思政课教学技能大赛上，学院米梓嘉老师现场讲授获第三名，总分排名第五，获得本科组二等奖；董骏老师现场讲授第三名，部分提名第六名，获本科组三等奖。通过各类培训提高学院教师教学水平,在学生评教中,由以前的平均 92.5 分,提升到平均 95.1 分。

以接受教育部审核式评估为契机,2017 年,有序开展主题教研活动 50 余次。其中,全院性质的主题教研活动 30 余次。围绕教育部审核式评估、重庆市教学比赛,学院为参赛选手打磨教学设计、课堂教学。在常态化的主题教研活动下,学院教师友好沟通、谦逊表达、积极发言、乐于奉献、不计劳苦,体现出马克思主义学院教师的高品格、高情怀。

学院组织开展教研活动,研讨"把十九大精神融入思政课堂"。四个教研室分别进行,教研室主任具体负责,并做好记录。每个成员具体讲解十九大精神融入课堂的内容与方式,同一教研室成员提建议、讨论、交流,最后由教研室主任总结。通过教研活动,思政课教师对学习十九大报告有了更进一步的认识,紧迫意识与危机意识被大大激发,结合自己的具体工作学习与研究十九大报告在学院逐渐形成浓厚氛围,从而实现将十九大报告从文本、概念化为具体的深刻的认识与实践。

积极宣讲十九大精神,使习近平新时代中国特色社会主义思想及时进课堂、进头脑。在学校党委书记孙泽平带头及时宣讲十九大精神后,党委副书记、纪委书记李德全继续及时向全院教师宣讲十九大精神。之后,邓多文、杨全海、张莉根据学校的统一要求向对接学院学生宣讲十九大精神。全院教师在课堂上,根据具体教学内容需要,向学生宣传与讲授十九大精神。其目的是使十九大的新思想、新举措、新战略最快地进入学生头脑,化作新观念、新思维、新行动。

根据《马克思主义学院对新进教师教学跟踪服务的实施计划》安排,对新进青年教师进一步督导服务。多次听取张元圆、李红娟的课堂教学,以期进一步发现问题,及时改进,让她们走上讲台的第一步迈得更加扎实。在具体工作中,发现有的教师教学中确实有不足,学院采取持续跟踪,采取课前试讲,或派出指导教师、学院督导委员参与听课指导等方式深度指导,直到改进与完善。

建设与实施思政课教学信息员制度,制作《重庆文理学院思想政治理论课学生意见调查表》,拉网式了解各班信息员对思政课教师课堂言论状况和正能量传递情况。工作发现，绝大多数信息员反映本学期上课的思政课教师无不当言论，讲递了正能量，对于老师的教学效果，学生们普遍感到满意。

3．培训交流工作

一方面是"走出去"，学院十分重视教师政治思想和业务能力的提升。2017年，利用参与全重庆市思政课老师集体外出培训的机会，组织全体教师于暑假期间到厦门大学进行集中培训，分批组织教师赴浙江大学、西南大学、重庆大学、重庆邮电大学等知名高校进行业务能力的培训。另一方面，在坚持"走出去"的同时，还采用"请进来"的方式对教师进行培训。先后邀请中国社科院赵智奎教授、西南大学罗洪铁教授、西南政法大学张永和教授、重庆市社科院文丰安研究员、中共重庆市委党校王骏教授、重庆日报社单士兵主任等知名专家学者来院对全体教师进行专业指导，使全体教师受益匪浅。

4．工作特色和亮点

党建工作强化意识形态工作，落实主体责任，筑牢思政课教师政治意识；强化作风建设与业务提升有机整合，实现党的十九大精神进课堂、入头脑、进心灵。科研工作通过构建科研项目申报集体打造机制，创造良好的科研条件，实现了科研成果新突破。教学工作以党的十九大精神"三进"为契机，专题化教学改革纵深推进，教学成效再刷新高，教研活动主题化常态化引领全体教师教学能力新提升。全员培训实现了从"走出去"到"请进来"的有机融合。

公共管理学院

1. 教学工作

依照"以评促建,以评促改,以评促管,评建结合,重在建设"的评建方针,梳理了学院各项教学管理规章制度,将过时的制度进行摒弃,对缺漏的制度进行补遗,对于空白的制度,经借鉴和讨论进行拟定,健全我院教学管理制度。在期末考试试卷审核工作中,我院张纬武副院长带领教研室主任、教学办人员对每一份试卷进行了详细反复审核,对出现的问题和批阅问题及时进行了整改,在专家进校审核评估过程中,学院期末考试试卷确保质量无虞。在学生毕业论文审核工作中,学院经过指导教师、教研室、教学办、教学院长、院外专业教师五级审查,对每一次审查出现的问题都进行了记录,并对问题尽可能进行了整改,确保了论文的质量要求。

教研室工作稳步推进,开展一系列教学科研活动。思想政治教研室开展教学大纲、教学周历以及教案的检查和研讨工作,通过教师自查和互查等方式以及相互听课等形式检查教学计划的完成情况。撰写和完善思想政治教育专业"十三五"建设规划,完成思想政治教育师范生专业认证自查报告和数据对照表,积极开展专业核心课程改革申报动员,为专业建设规划做好了各项工作。5—6月份开展了2014级思想政治教育专业学生的微格实训和专业实习,并在指导教师带领下走进永川中学、文理附中等中学课堂观摩教学。7月,开展暑期教学技能培训,邀请校内外优秀教师进行教学技能和教学方法的集中培训,效果显著。法学教研室组织专业核心课程申报动员,举办专业评估整改汇报交流会,10月份进行了2014级法学毕业论文开题答辩工作,制定法学专业建设与发展规划(2016—2020年),组织王凌涛刑法课、示范岗教师(李小鲁)民法公开课观摩。针对学生技能训练,法学教研室在法制宣传日组织学生到永川文曲广场与永川区人大、司法局、法院、检察院、质监局、妇联等10余家单位一道开展法制宣传,零距离提供法律服务。行政管理教研室认真落实核心课程改革申报工作,有力推进核心课程改革立项,完成2013届学生的毕业论文答辩和 2014 级学生的毕业论文开题工作，完成第八届案例分析大赛，组织选编了第八届案例分析报告，11—12 月，组织 2016 级行政管理学生进行了为期 1 个月的认识实习。

学院积极推进思想政治教育、法学、行政管理专业学生的技能实训工作。推动 2014 级思想政治教育专业学生试讲实训工作。2 月 28 日，开始部署师范生试讲工作，分别与本地的永川中学、重庆文理附中进行了紧密的校地合作，让学生进入中学观摩教学，同时化整为零，采取了微班实训的课程设置和教学管理，把学生安排到了知津楼 5 楼的微格教室进行无差别的试讲演练，并要求每个学生至少完成录视频 6 次，进行自我对照，不断完善。试讲成果最后汇总时凸显了实训的良好效果，受到校内外专家的一致好评。其次，首次开展 2017 年暑假学生技能集中实训，学院进行"合格+"多元人才培养项目"一带一路护梦计划——高端涉外法律事务人才培养"高端涉外法律事务人才、高端谈判人才，模拟庭审演练、司法考试考前、师范生技能竞赛等一系列训练。根据学院人才培养方案，策划和开展了第八届案例分析大赛、2017 年暑期大学生社会实践活动、大学生公关礼仪训练、师范生教学技能比赛、大二学生专业见习等实践课程。这些技能训练，既从各个专业的基本要求出发，同时又兼顾了各专业的通识技能要求，在实训中把握学生的专业方向，又加强基础技能的实训，确保做到"能说、会写、善沟通、懂礼仪、强思辨、善管理"等通识技能培养。

学生参加 2017 年重庆市教学技能竞赛获二等奖；参加第七届"华文杯"全国师范院校教学技能大赛，获特等奖 4 个、一等奖 2 个和二等奖 4 个。法学专业学生 11 月份参加湖南省"漾翅杯"法律实践能力大赛获得团体总分第五名，获得了"优秀团队协作奖"，获"杰出书记员三等奖"。12 月，法学专业学生参加永川区首届高、中等（职）院校法律知识竞赛，获二等奖。

围绕本科审核评估要求教学督导，坚持教学检查巡教工作，共巡教检查 80 次。对于发现的问题，及时和年级辅导员沟通；对个别学生提出警告，进行持续跟踪，帮助其改正行为。以教研室为单位对教师上课所必需的材料进行严格审核，将教学规范深化和强化到每个教师心中，确保课堂上课客观条件的完备。在对学生社会实践、毕业实习等进行督导的过程中，对学生实习实行网络监控，观察学生实习动态，监督学生及时完成阶段性实习任务。

教学改革采取新的形式，有力推进教改项目立项。2017年，2个合格+多元人才培养模式的教改项目获学校立项，并在暑假顺利开展了各项目的学生技能培养课程。学生经过合格+多元人才培养课程，在专业技能上进行了系统锻炼，获得了较好成效。继续推进核心课程改革，核心课程改革有13项立项，11项未立项，立项达到60%，其中已经有3项结项，校级教改项目有1项立项。此外，还出台激励机制，鼓励教师参与教学改革，鼓励教师将教学改革成果申报教学成果奖，积极促进教学改革的建设和发展。

2．师资建设

2017年，现有教职工为30人，其中在编教师为28人，2人为外聘人员。教授5人，副教授6人，博士5人（包括在读）。吸收了全校各学院的专业任课教师28人，保证了课程和本科生论文指导工作的完成。学院同永川区各个中学和事业单位、政府机关建立了亲密合作关系，聘用11名外单位专业人士承担学院专业技能课程。2017年，派出30人次参加各类教学技能培训会和科研论坛，平均每个老师1次，进行了多方位交流，开阔了教师视野，为教学改革和教学建设提供了新资源。积极引进人才，从东南大学、中国人民大学、北京大学引进博士3人，从外院调入我院硕士研究生以上学历教师3人。

3．科研工作

2017年，申报课题立项6项，其中教育部项目1项，市级项目4项，校级项目1项。在公开期刊上发表论文21篇，其中核心期刊12篇。出版教材专著1部。依托学院进行建设的校级重点学科马克思主义理论已进入第四轮建设，在学院的协调和统筹下，组建了新的科研团队，布置了新的科研工作目标。

4．学生工作

围绕"四会四自"指导理念，积极组织开展学生工作，落实学生就业政策，加强学风建设，不断提高学生思想政治水平和大学生核心素养。开展"培养学生道德修炼能力——挑战者联盟主题知识竞赛""培养学生生涯自理能力——'文理味道'大学生美食文化节""培养学生自主学习能力——'千回百转相思成语'主题知识竞赛""学生学会生存能力——学会生存，传递童真活动"，"四会四自"活动参与人数近 500 人,有其他 6 个二级学院的同学参加易仲青年法学会、知行学会、善治学会,促进了社团活动有序开展。法学会结合专业特点广泛开展"3·15"消费者维权活动、"3·15"知识竞赛活动、"送金融知识进校园"的普法宣传活动、"12·4"宪法日法制宣传活动、"12·4"法律知识竞赛活动;知行学会开展"试说新语"师范生说课活动、模拟"教师招聘"比赛活动;善治学会开展"公务员模拟招聘活动"。易仲青年法学会、知行学会被校团委评为四星社团,善治学会被评为三星社团。知行学会社长姚芳被评为"优秀社长",知行学会指导教师李华夏被评为"优秀指导教师"。在本年度"三下乡"社会实践活动中,学院"政策理论宣讲团"被团市委高校工作部评为"优秀团队",李华夏被评为"先进工作者"。

2017 年,学院完成"一学一做""学中华礼仪,树文明新风""青春喜迎十九大,不忘初心跟党走""拥抱新时代,践行新思想"等主题教育活动,还发动广大团员积极配合国家各项精准扶贫政策为巫溪县天元乡募捐,学院开展"制度就是承诺""走出宿舍走下网络走向操场"主题活动。十九大召开以来学院充分利用专业特点,加强政治学习,使广大青年深刻意识到要坚持党的先进性,坚定不移地沿着中国特色社会主义道路奋勇前进。

以情感教育为核心,深入推进心理健康教育。建立学院-班级-宿舍三级信息体系,形成了"专职辅导员+学生信息员"和"群体辅导+个别指导"的教育模式,全员参与、全程监控,形成了一套比较完整的危机干预预警机制。通过创建学生档案、个别谈话、集体辅导、网络宣传等方式开展心理健康教育活动,12 月底,在学院微信公众号推送原创心理健康相关文章 8 篇。

根据各年级不同学习阶段的学习特点,学院开展有针对性的学风建设活动。2017 级主要开展新生心理健康教育、"我的大学"主题职业规划活动;2016 级集中开展学生综合能力提升活动,重点培养学生干部;2015 级加强考研引导与专业知识、技能提升活动,重点打造各项技能比赛,以赛促练;2014 级集中开展就业指导活动,让学生摆正就业心态,广开就业门路。

开展特色培训和学生实践活动,拓展学生综合素质。12 月 24 日,重庆文理学院菁英软能力培训学校第五期顺利结业。菁英软能力培训作为学院学生工作特色品牌，现已开展五期，先后培训学员近 1 200 人，开设专业有演讲与口才、活动组织与策划、公文写作与秘书实务、公管谈判与职业礼仪，覆盖学校近 10 个学院，为学校培养应用型、复合型人才提供了很好的平台，取得了良好的成绩。2017 年，开展社区"市民学校"4 次，分别联系社区敬老院、幼儿园、兴龙湖小学开展义务劳动；与永川万达广场、永川恒凰教育联合开展义务活动互动 4 次；7 月，深入綦江进行"三下乡"，获得"优秀团队"称号。学生在学校辩论赛、演讲比赛、社会实践汇报大赛、永川区法律知识竞赛、资助征文比赛、校男子篮球、女子篮球比赛中获优异的成绩。

5．校地合作

着力于校地合作规范化建设，梳理之前校地合作协议，根据学校要求和实际需要，重新与永川中学、文理附中、北山中学、永川区人民法院、人民检察院、司法局等单位签订校地合作协议，对于外聘合作单位的教师，正式发放聘书，进行备案归档。实现校地合作紧密化，学院派往校地合作单位见习、实习和观摩的学生达到 480 人次；请进外聘教师来我院授课和技能训练指导达 56 人次，完成 672 课时。学院教师同校地合作单位专业人士进行了 18 次不同层次的教学和学生就业、专业发展等方面的交流。拓展校地合作，新增重庆市渝西仲裁院、索通律师事务所、永川区政法委、重庆易法通法务信息有限公司等四个校地合作单位，到 10 月，学院校地合作单位达到 15 家。

6．学生就业

建立良好的就业保障机制，有效促进学生就业。成立由院领导、专业导师、毕业班辅导员组成的就业工作领导小组，加强对就业工作的领导、指导和服务。学院多次动员全院老师帮助毕业生就业，召开就业形势分析会、就业工作研讨会、毕业生代表大会，亲自给毕业生做就业方面的讲座与指导，保证了毕业生就业工作的顺利进行。

规范就业指导模式，提高就业水平。就业指导由集体指导与个别指导相结合，特别是对毕业生"一对一"个性化就业咨询与指导服务工作的具体化和精细化工作，极大地丰富了就业指导工作的形式和内容，让每一位毕业生都能找准自己的方向和树立正确的就业观，对特殊学生实现"一对一"帮扶常态化，开展"个性化谈话",及时解决学生求职过程中遇到的困难与问题,以优质服务做到让毕业生满意。截至 12 月,学院 2013 级年终就业率达 99%,毕业生评价反馈率达 70%。

7. 工作特色和亮点

学院 2014 级法学专业学生在 2017 年国家司法考试中一次通过率 70.7%,为历届最高。在参加考试的 58 名学生中,41 人达到国家司法考试合格线,一次通过率 70.7%。其中,达到 A 证合格线标准者 19 人,A 证一次通过率为 32.76%。有 8 名同学得分在 390 以上,其中过 400 分大关者共计 3 人,最高分 434 分,为永川区最高分。

微班教学模式使师范生技能训练上了一个新台阶。以系统的教学技能训练,总结出一套微班教学模式,即以微格教学技能训练为平台,将学生分成 3～4 人一班,以微班为单位,每个班有一名专业教师指导,并聘请校地合作中学教师担任指导教师,采取微班微课实训方式进行教学技能训练。微班学生根据安排到校地合作中学观摩指导教师教学并同指导教师切磋教学技能,通过校内校外、课上课下、理论实践等各个环节完成系统的师范生教学技能训练 64 课时,并做好每一个环节的记录。通过该种教学模式,师范生在技能方面有了大幅度提高。

坚持发展和推进专业技能实践项目,案例分析大赛已经进行了八届,暑期社会实践活动及其选编辑已进行 8 次编纂,思想政治专业师范生"精彩一课"技能训练已推行 12 年,模拟法庭审判训练进行了 10 年,这些传统的技能训练项目,学院坚持不懈,持续推动,并不断规范和完善,为培养应用型人才建构了较为成熟和完整的课程项目体系。学院积极将学生推出去,组织参加各类学科竞赛,已经形成了"华文杯"师范生技能竞赛、"漾翅杯"法律事务实践能力竞赛、公共管理案例分析竞赛等新的平台,这些竞赛为学生走出校园,到全国范围内进行实践技能交流提供了机会,也为学院学生展现专业技能和验证应用型人才培养成果提供了舞台。

教育学院

1. 教学工作

根据学校关于制定 2015 版人才培养方案的指导意见及修改意见，在 2015 版人才培养方案初稿的基础上，持续修改、调整，力争形成最好的人才培养方案，更好地培养应用型人才，并最终完成小学教育专业、小学教育全科教师、学前教育专业、学前教育专业（对口）、应用心理学专业等人才培养方案定稿。结合《关于完善 2011 版人才培养课程教学大纲暨制订（修订）2015 版人才培养方案课程教学大纲的通知》文件精神，重点对 2015 版的教学大纲进行了修订。

根据学校开展本科教学工作审核评估的相关要求，深化对教学常规工作尤其是课务工作（合理排课、调停课、临时变更上课地点等）的管理，保障教学的正常运行。同时对教师教学大纲、教学周历、教案、课件、课堂教学管理、课堂教学规范（教学礼仪和教学材料"五合一"）、学生作业批改、试卷编制、试卷批阅等工作加强管理，有力地保障了课堂教学的质量。认真完成了 2014 级本科学生试讲、2013 级学生毕业论文答辩、2014 级学生毕业论文开题、2013 级学生实习汇报、2014 级学生实习动员等工作。

持续实施"微嵌入"课程改革。"微嵌入"课程是教育学院已经实施的一种课程改革方式。在前期改革的基础上，学院继续实践"微嵌入"课程改革，在相关课程中嵌入一门微型课程或是根据教学需求嵌入部分学时，如在三个专业的专业导论课中邀请一线优秀教师部分相关课程学时的嵌入，取得良好的教学效果，得到学生的一致好评，有效达成应用型人才的培养目的。

狠抓课程考核方式改革。学院制定详细的课程考核方式改革方案，制定改革目标，通过学院大会、教研室、系各个层面动员教师参与改革的积极性，将改革任务落实到人。除了每门课程都在持续改革中，"普通话""三笔字""舞蹈基础""幼儿美术""音乐基础"等课程都进行了较大力度的改革。

在调研学校学生普通话、三笔字的具体情况基础上，提出了对学生的普通话、三笔字教学实行分层教学的改革思路，并由专业任课教师完成了改革方案，在2015版人才培养方案的开设课程中开始实践分层教学，有针对性地培养学生，真正做到因材施教。

学院完成2013级学生毕业论文答辩、2014级学生毕业论文开题工作。深入推进学生毕业论文改革，改变原有毕业论文脱离社会实践的情况，引导指导老师和学生在论文题目选定过程中改变原有思路，提高毕业论文的实用性，实现"学有所用"。将学生已经申报的毕业论文题目进行详细分类，根据不同类别由各个专业系主任制定详细评审标准。改革后的毕业论文主要包括实践调研类、实验报告类、艺术创作类、教学设计类、理论综述类。多种多样的毕业设计形式给学生提供了多样选择，使他们能够根据自己的特长选择适合自己的毕业设计方式，充分调动了学生参与毕业设计的积极性。

学院立项项目心灵空间探索实验班持续推进，效果显著。项目主要围绕加强专业基础课程的培养、提升专业方法运用能力、强化心理学专业素养等内容展开。根据学生意愿和学院专业要求对学生进行遴选和导师选定；强化学生对于基础知识、专业文献、专业书籍的掌握；系统开展科研方法的训练；严格对学生科研方法能力进行考核。

持续开展学生辅教活动。学生辅教是学院与实践教学基地合作的一项重要内容，是指小学教育专业学生利用课余时间到小学去观摩教学活动，同时，协助导师收集资料、进行教学准备、对小学生进行个别教育、参与各种班级集体活动等，进而深化专业知识，提高人际交往能力、组织协调能力、表达沟通能力、团队合作能力、班级管理能力等。2017年，分别安排2014级、2015级小学教育专业、小学教育全科教师246名学生到红专小学、红河小学、兴龙湖小学开展辅教活动。

组织学生参与重庆市级及重庆文理学院师范生技能大赛，制定《教育学院师范生技能竞赛训练方案》，选拔参赛选手，安排具有丰富教师经验的指导老师，详细落实指导时间和地点等，学院领导和教学办公室人员、指导教师全程参与学生的比赛训练过程，指导学生取得了优异的比赛成绩。在重庆市师范生技能训练中取得二等奖1个、三等奖1个；在重庆文理学院师范生技能训练中取得学生单人一等奖 1 名,二等奖 1 名,三等奖 4 名,优秀奖 10 名。

开展非师范专业学生技能大赛的指导。根据《关于举办第二届非教师教育类专业学生专业技能大赛的通知》文件精神,制定《应用心理学研究方法技能大赛策划书》方案,组织学生开展比赛,提升学生的咨询能力、团队协作能力、活动组织能力。

开展暑期专业技能训练。技能训练分为三笔字普通话训练、心灵空间探索实验班专业技能训练、学科竞赛、创新创业大赛项目、大学生创新创业训练计划项目、工程心理学——心理学在交通中的应用、学前教育专业核心技能训练、小学教育专业核心技能训练、"三下乡"活动等项目,针对所有本科生进行了 308 课时的训练。

加强教学督导,帮扶青年教师。成立由院领导、教学办公室相关人员、系主任、学生辅导员组成的教学督导小组,加强对平时上课过程的巡查,既对教师的上课情况加强督导,也重视对学生上课纪律、听课态度等的监督,定时、定人开展巡教,每周五次;及时将巡教过程中发现的各种情况反馈给相关教师和学生管理人员,督促其进行整改,提高教学质量。

开展同行评教、自我评价工作。在对全院教师教学督导的基础上,开展学院同行评教工作,制定翔实的方案,确定需要参与同行评教的被评教师和指导教师,要求同行尽量采取集体听课方式,每次听课人数不少于 2 人;每位同行至少听每位被评教师 2 次课。同行听课后应认真填写听课记录,并根据学校四类课程评价标准和教师授课情况予以评价。同行每次听课后应为每位老师评分,并给予点评,及时和教师交流意见,对教师进行集体评议,在听课结束后为被评老师给出综合评定分,及时将评教情况反馈给参评老师。加强对新进教师的指导和帮扶力度,安排具有丰富教研经验的老师对他们的教学进行一对一的帮扶。

加强对外交流,开拓办学眼界。2017 年,学院接待兰州城市学院学前教育学院、兰州城市学院小学教育系、兰州城市学院心理学系、浙江师范大学教师教育学院、辽宁师范大学、德州学院等兄弟院系的来访。同时,学院到辽宁师大、南京第二师范学院、浙江师范大学、海南大学、广西师大、山东师大、曲阜师大、济宁学院等学习交流。学院从乌克兰引进外籍教师拉斯加；袁菁嶷老师到英国伦敦大学亚非学院、袁丹到美国中田纳州州立大学进行为期1年的访学。

2.学科科研

高校情绪与心理健康市级重点实验室协办4月29日在第三军医大学举行的重庆心理学学会第五次会员代表大会暨学术会议。学校何华敏教授被推选为监事，曹成刚教授当选为常务理事兼理论心理学与心理学史专委会主任，王蕾、胡媛艳及贺伟婕被选为理事，岳彩镇被选为普通心理与实验心理专委会副主任。高校情绪与心理健康市级重点实验室协办了第二十届中国心理学年会；承办中国心理学会脑电技术专委会2017学术年会。

为鼓励老师们申报课题，提升课题申报成功率，学院邀请西南大学博士生导师王志章教授、中央民族大学滕星教授、《教育发展研究》编辑部主任林岚、首都师范大学魏戈等来校开展了形式多样、针对性强的科研课题申报专题讲座；邀请经验丰富的专家教授、博导为老师们的申报书把脉，为课题申报的选题和内容包装诊断、建言献策，老师们申报课题的数量和质量都有了新的突破。2017年，学院申报科研项目30余项，立项18项。教育部人文社科项目1项，重庆教委人文社科项目1项，重庆教科规划项目4项，重庆社会科学规划博士项目1项，重庆市高教学会项目2项，重庆文理学院学术专著出版资助计划立项1项，2017年校级科研项目立项8项。2017年，学院教师发表科研论文30多篇，其中，SCI二区论文3篇，SCI三区论文1篇，SCI四区论文1篇。部分教师的科研成果正转化为教学内容，使学生能迅速把握学科前沿，拓展了学生的学术视野。

2017年，学院70余人次参加国内各种类型的会议及研修班培训。在2017年中央支持地方高校改革发展资金建设项目的支持下，情绪与心理健康实验室建设实验室获230万元资助，该经费主要用于大型仪器设备的购置，如团体心理训练设备、遥测式视觉记录仪、动态VR虚拟现实心理测评训练系统、驾驶模拟设备等。完成分组实验124学时，5 006人时数；开放实验室62 581人时数。

2017年,学院把握学校第四轮校级重点学科的契机,在原有的心理学重点学科的基础上,又成功申报了教育学重点建设学科。学院根据第四轮校级重点学科建设背景、建设原则和建设要求,提出要在认真总结第三轮校级重点学科建设经验的基础上,把学科建设和申硕结合起来,凝练学科方向,明确内涵建设,强化团队建设。要以新的理念来指导学科建设,要适应社会经济的新发展,要适应教育发展的新趋势,要适应学校新兴应用型大学建设目标,创新团队成员跨界整合模式,实现科学研究、新技术和教育的有机整合。

3.学生工作

以社会主义核心价值观教育为核心,加强学生思想政治教育。通过新生入学教育、主题团日活动、周末思想政治教育课及团校培训等途径,切实提高学生思想政治素养和理论水平。积极开展主题活动。把握时政主题,通过"雷锋活动日""五四青年节""第六届教育节"等活动,强化社会主义核心价值观教育。通过召开学生座谈会、交流会等,增强学生的责任感、使命感。认真组织公益活动。通过"暑期三下乡""城乡市民学校建设""重阳节敬老活动"等公益实践活动的开展,加强学生的社会责任感和使命感。2017年,学院1 000人次学生参加相关活动20余次。

学院通过专家讲座和辅导员周末专题教育的方式,对学生开展"网络借贷的危害""如何预防网络及电信诈骗""青春期女性如何保护自己""艾滋病的传染与预防"等方面的安全知识专题教育,引导学生树立正确的安全和自我保护意识。组织学工人员和学生干部定期针对学生寝室违章用电、私拉乱接等安全隐患进行排查,及时对所发现隐患进行处理和备案,有效杜绝了安全事故的发生。

精心策划、组织开展学院品牌活动。学院以"学生工作品牌"建设为契机,经过团总支的认真策划和组织精心组织,举办了第六届"教育节"之"学生技能大赛""原创诗歌朗诵比赛""儿童情景剧表演大赛""教具制作比赛"等系列活动。本着"以赛促训"的原则,学生参与率达到95%以上,在学生中产生了极强的影响力,丰富了学生的第二课堂,学生专业技能进一步增强,学习风气和氛围有了极大提升。

以寝室文化建设促进学院学风建设。教育学院一直围绕校园文化建设的主旋律，将学生寝室作为课堂教学的扩展和延伸，通过建立"党员示范寝室"和"团员示范寝室"挂牌制度，定期开展"寝室文化月"活动，引导学生加强寝室文化建设，将寝室建设成为大学生成才的"第二课堂"，以此提升寝室文化软实力，使寝室具有优雅清新的环境，丰富多彩的生活，团结友爱的风气，求知探索的氛围，让寝室同学具有健康向上的情趣，拼博进取的精神，不虚度大学时光，建立人生目标，确立人生方向，全面提升学院学生学习风气。

在学院精心组织和教师的认真指导下，学生参加校内外各项活动取得了优异的成绩。在参加由中国教育电视协会、中国关心下一代工作委员会办公室举办的"第十七届全国校园春晚大联欢"舞蹈比赛中，22人获金奖；在"重庆市第十五届'挑战杯'大学课外学术科技作品竞赛"中，3人获特等奖；在"重庆市第四届高校师范生教学技能竞赛"活动中，1人获二等奖，2人获三等奖；在"重庆市第五届大学生艺术展演"舞蹈、音乐、朗诵、美术等系列活动中，28人获一等奖，27人获二等奖，45人获三等奖；在"重庆市第三届大学生职场模拟招聘大赛""重庆市大学生中华魂读书征文比赛""重庆市第八届大学生成长论坛校"等比赛中，3人获一等奖，6人获得二等奖，13人获得三等奖；在"重庆市第六届红丝带杯大学生篮球联赛""重庆市大学生田径锦标赛"等市级体育比赛中，10余人次获前三名；在全国和重庆市各种行业协会比赛中，学院30余人次分别获一、二、三等奖。在学校第十七届田径运动会中，学院获甲组总成绩第一名，甲组女子团体总分第一名，优秀组织奖；在2017年校篮球比赛中，学院女子篮球队获全校第一名。

坚持以人为本，做好学生常规教育和管理工作，认真策划并做好2017级新生接待和入学教育工作。学院2017级录取新生449人，新生辅导员开学前与所有录取学生进行电话沟通，为每位新生制作"入学手册"，保证每一位新生能够尽快熟悉校园，了解大学生活。2017级新生整体报道率为97.33%，精心策划新生入学教育，结合新生实际情况和需求开展"环境适应""心理健康"

"专业引导"等方面的专题讲座，学院领导、部分任课教师、高年级优秀学生都参与了教育工作，还专门引进校外的相关机构对新生进行了"素质拓展训练"，新生对入学教育满意度高。

加强毕业生离校教育，引导学生文明离校。学院2017届本专科毕业生870余人，学院针对毕业生举行就业困难学生帮扶会、毕业生困难座谈会，组织文明离校倡议签名活动，营造了文明离校的良好氛围。组织"感恩母校·畅想未来"系列毕业生座谈会，开展"诚信感恩"教育活动。

扎实开展"四困"学生的排查和帮扶工作，严格按照学校要求在全院学生中仔细排查"四困"学生，并对排查结果分类建立数据库，针对"心理困难""学习困难"和"就业困难"三类学生，学院还专门安排教师进行帮扶和指导。针对"家庭困难"学生，学院通过国家奖助学金评定、困难学生专项资助、"云日奖学金"、勤工俭学等方式为学生解决实际困难。

加强师范学生晨读晚练的监控和指导，严格执行学校师范学生晨读晚练安排，做好师能小先生的选拔和培训，加强学生上课质量的检查，定期对学生训练情况和效果进行总结，及时解决和处理学生训练过程中存在的各种问题，有效地保证了此项工作的顺利开展，较之以前的训练效果和质量也有了明显的提升。

加强就业交流，巩固就业市场。2017年，召开20余场专场招聘会，邀请用人单位到学校进行针对性选拔人才，解决了2017和2018届毕业生计300余人就业。学院党政领导多次带队外出考察和开辟学生就业市场，与重庆启零教育集团、中通产业集团等10余家单位签订就业基地，不仅保证了学生就业成功率，还与单位建立了长期的合作关系，有效确保学生实现顺利就业。针对大部分学生就业技能和面试技巧等环节的薄弱，除了开展正常的就业指导课程外，学院还邀请校外专家和优秀校友回校为毕业年级学生进行专题讲座。

4. 工作特色和亮点

学生技能训练和比赛效果明显。学院认真策划并精心组织了"第六届教育节"系列活动，针对不同专业的学生进行了技能比赛和展示，学生参与面广，参与热情度高，很好地达到了"以赛促训"的目的，实现了学生工作和教学工作的有效融合。"教育节"已被确定为学院学生工作品牌项目。

学生就业工作取得显著成效。截至年底，学院2017届876名毕业生（其中本科毕业生282人，专科毕业生594人）就业率达到97.95%。其中，200余人通过教师公招或特岗考试，14人考上研究生，5人考上专升本，5人应征入伍，2人通过选调生考试。截至12月底，学院2018届329名毕业生已经考上公招教师23余人，已落实就业单位100余人。

外国语学院

1．教学工作

坚持院领导听课、督导委员听课、同行评教、日常巡教、学生信息员制度、学生网上评教相结合的方式等对教师授课质量进行监控。做好了本科教学工作审核评估工作，评估期间，本科教学工作审核评估专家组组长房喻教授考察走访学院，在听取汇报和走访后，房教授对学院办学成绩、综合管理、良好的教学秩序和教学环境给予了充分肯定和高度评价。

2017年，开展英语演讲、英语写作、英语新闻、英语辩论、晨读晚练等技能训练。组织学生参加重庆市高校师范生教学技能竞赛，第六届POCIB全国大学生外贸从业能力大赛，以及"外研社杯"全国英语演讲、英语写作、英语阅读大赛等。其中，学生获第六届POCIB全国大学生外贸从业能力大赛团体二等奖，学生获个人三等奖8人；参加"外研社杯"全国英语演讲比赛、英语写作、英语阅读大赛，获演讲比赛专业组一等奖1人、大学英语组二等奖1人，获阅读比赛专业组和大学英语组三等奖各1人，获写作比赛专业组三等奖1人、大学英语组三等奖1人；2017年第六届全国口译大赛（英语）重庆赛区复赛中，获优胜奖5人；参加第四届重庆市师范生教学技能竞赛，获一等奖1人、三等奖1人；参加学校第三届师范生教学技能竞赛，获团体一等奖，学生获个人一等奖1人、二等奖1人、三等奖1人；参加中国商业杯大学生跨境电子商务技能大赛，获"综合技能奖"一等奖、"最佳创意奖"一等奖、"青春风采奖"一等奖三项大奖。

深入推进专业导论课的建设工作，继续凝练专业导论课教师团队，并对导论课的教学内容和方式实施改革，安排校外一线专家深入导论课课堂讲学2人次，组织学生外出实地见习观摩3次。新申报2015版人才培养方案中专业核心课程1门，结项1门。启动英语（师范）专业认证工作。派出3名教师到重庆学习专业认证标准，查找专业建设中的突出问题，完成自评报告初稿的撰写。抓好了大学英语"1+X"教学改革工作。完成2016级学生大学英语"1+X"模块课程的选课，同时各课程组已有序开展教学并获得学生的广泛好评。重庆市级重点教学改革项目"基于学生需求分析的大学英语 1+X 教学模式改革与实践"的各项工作正在有序推进，准备结项。

抓好了教研室建设和常规管理工作，开展"五大教学改革"、核心课程改革、大学英语"1+X"教学改革、课程教学内容、考核评价方式改革等教研活动。抓好教改项目立项和结题工作，2017 年，申报教改项目 6 项，立项校级教改项目 2 项。完成 2014 级本科学生试讲、实习，2016 级学生认知实习，以及 2018 届毕业生论文选题、开题答辩等工作。完成 2016 届毕业生毕业、学位审核工作，确保了学生顺利毕业。抓好 2017 级本科学生导师制指导工作。选派 30 名教师作为导师对 2017 级本科学生的学习进行全程指导，解决了学生在学习和生活中的困难。完成期末考试试卷、毕业论文、教学周历等教学材料审查和复查工作。持续推进校企合作工作，新增先行者教育咨询有限公司、四川奇速教育科技公司、重庆茂实科技有限公司 3 家校企合作单位，企业、行业人员参与学院专业指导人才培养 10 余次，企业、行业、校际等专家入校园开展专题讲座 4 场。

2．科研工作

组织教师参与各级各类项目选题建议的征集工作，提高教师项目申报成功率，提出 10 余条选题建议。积极申报各级各类科研项目，申报各级各类科研项目 15 项，立项市级以上项目 2 项，校级项目 1 项。学术专著出版资助 1 项。发表各类科研论文 30 余篇，其中核刊 4 篇；出版译著 4 部，专著 2 部。学院采用"请进来"和"走出去"的方式，进行各种学术交流 20 余次，举办校外高级别专家学术讲座 4 场。依托于校企合作开展科研平台的建设工作，成功申报外语网络教育研究所。

3．学生工作

根据《重庆文理学院思想政治目标教育实施办法》，积极开展新生入学教育、入党积极分子培训及党员教育、干部教育、学生心理健康教育、大学生周末思想教育等一系列思想政治教育工作。通过多方面的教育，大学生的综合素质得到明显提升。强化辅导员工作能力，提高其工作质量。先后派出辅导员参加辅导员高校危机管理与公关实务培训、创新创业培训、学校第五届辅导员职业能力大赛等。辅导员在培训中收获颇多，为全面培养学生打下了夯实的基础。有序开展"奖勤助贷"等多项与学生切实相关的工作。2017 年，学院推荐评选出国家奖学金 2 人、励志奖学金 25 人，让家庭经济贫困的学生感受到了国家及学校对他们的重视与关爱。抓好了招生工作。学院 2017 级英语专业计划招收新生 214 人，实际报到 206 人，实际就读率 96.3%。

抓好了就业创业工作，举办"能者教育"、携程网西南客服中心、重庆渝马汇科技有限公司等单位的专场招聘会。截至 12 月底，2017 届毕业生就业率 92.88%。学院以汤玲为代表的 5 名学生积极投身于创新创业活动，建立了重庆雏鹰网络科技有限公司、辣舞饰品有限公司、耘坝科技有限公司、重庆市永川区万通商商贸有限公司及重庆市黑玫瑰商贸有限公司。大学生创业团队获大学生创新创业二等奖学金 1 项，三等奖学金 1 项。申报的"校园悬赏令""随意 APP"等三个项目参与学校组织的创新创业比赛，其中"校园悬赏令"团队获永川区"万学科技杯"企业组三等奖。在 2017 届考研工作中，学院有 20 名学生被四川大学、四川外国语大学、重庆大学等高校录取。积极开展团学活动，全方位提高学生综合素质能力。2017 年，学院先后开展了英语讲课比赛、英语新闻大赛、暑期社会实践汇报大赛、文明之星大赛、义务支教、周末文化广场、"学总书记讲话，做合格共青团员""不忘初心跟党走，青春喜迎十九大"等系列团学活动，丰富了学生的课余文化生活，提升了学生的各项专业技能。

4．工作特色和亮点

特色人才培养模式改革成效显著，人才培养质量不断提升。在应用型人才培养中，学院以各专业实验班建设为主导，以点带面，力抓学生实战能力训练，通过校内校外专家联合打造，在以赛促训方面取得了实质性突破。其中，学生参加重庆市第四届高校师范生教学技能竞赛，获一等奖 1 人，三等奖 1 人；参加第六届 POCIB 全国大学生外贸从业能力大赛，学院代表队荣获团体二等奖；参加中国商业杯大学生跨境电子商务技能大赛，获"综合技能奖"一等奖、"最佳创意奖"一等奖、"青春风采奖"一等奖三项大奖；参加"外研社杯"全国英语演讲、写作、阅读大赛重庆赛区比赛，获英语专业组演讲比赛一等奖 1 人、大学英语本科组演讲比赛二等奖 1 人、英语专业组写作比赛三等奖 1 人、阅读比赛三等奖 1 人；在 2017 届毕业生考研工作中，20 名学生被四川大学、四川外国语大学、重庆大学、浙江工商大学等高校录取。

音乐学院

1. 教学工作

切实做好本科教学审核评估工作。完成了本科教学审核评估工作的支撑材料收集、整理和建档工作，很好地展现了音乐学院的教学水平。从2016年开始，音乐学院提前进入了评估工作的紧张状态，通过多次自查、自纠工作，组织老师们培训，对试卷、毕业论文（设计）等进行自查、完善，顺利完成了学校的专业评估、预评估工作。在专家组进校前，制定音乐学院迎评工作方案、迎评工作日程推进表，完成学院评建工作汇报材料、汇报演练及PPT制作、迎评文化场景布置、迎评技能训练场景布置、学院院史陈列室系列工作，以饱满的精神状态迎接专家组的进校评估工作，受到审核评估专家的高度肯定。

策划、打造并实施"说课程、教改课"工作。学院从年初开始筛选、打造"说课程、教改课"参加教师，经过党政会议商讨、教学办制定方案、教研室初选、督导专家全方位听课、学院赛课等环节，学院最终决定由姜涌、黎丙松两位老师参加学校的"说课程、教改课"比赛。两位老师双双荣获二等奖（第二名、第三名），学院获优秀组织奖。

实行技法课半期考试改革。从出口往回找，对接中小学音乐教学实际，对技法课半期考试进行改革探索。在声乐半期考试中，增加钢琴循环伴奏，以声乐任课教师为单位，同年级学生进行2~4人组合，互相循环进行演唱及钢琴伴奏；钢琴半期考试中，增加了抽弹和视奏内容。音乐学（师范）专业的学生增加了中小学音乐教材曲目抽弹环节，音乐学专业的学生增加了视奏环节。通过技法课半期考试改革探索，有效促进了学生的专业技能训练，提高了学生的专业综合技能水平，提高了技法课半期考试的时效性。

严把新生专业复查关，并以此作为"分层教学"的依据。音乐学（师范）专业复查内容包括声乐、钢琴、器乐、乐理；舞蹈学（师范）专业复查内容包括基本功及剧目。整个复查组织过程规范有序，复查教师尽心尽职、公平公正，对每位学生的专业情况给予了客观评分，比较准确地掌握了新同学的专业基础情况,从而使得教学有的放矢。以此作为技法课课型安排及多层次教学的基本依据。

深化毕业论文(设计)多样化改革。本届音乐学、舞蹈学专业本科毕业生共256名。其中声乐演唱设计110人、钢琴演奏设计39人、器乐演奏设计33人、舞蹈编创与表演设计52人、合唱指挥设计1人,毕业论文写作21人。按要求完成2018届毕业生毕业论文(设计)的开题、中期检查、答辩(展演)工作,根据答辩(展演)展演方式分成14个小组,每组由3~6位教师担任评委,对全体学生的毕业论文、毕业设计进行现场答辩(展演)、评分,并全程录像。

抓实学生实践教学环节,增强学生实践能力。学院重视认知见习、专业实习工作,制定详细的工作方案,研讨制定《音乐学院认知见习、专业实习工作手册》,广泛动员老师们为学生提供认知见习、专业实习工作单位。每个学期的见习、实习工作分为集中和分散两部分进行,提倡学生以集中为主,分散为辅,学院对集中见习、实习的学生进行分组,安排系主任、教研室主任带队进行实习见习工作。工作结束后,学生填写好《音乐学院认知见习、专业实习工作手册》,由指导教师、辅导员、见习实习工作单位等分别评定成绩,按比例计算,构成学生的最终见习实习成绩。为增强学生的团队合作意识,采用"学生项目团队、试讲指导教师择优遴选、试讲验收交叉进行、各试讲验收小组统一培训"等创新做法进行音乐学(师范)、舞蹈学(师范)专业试讲验收,达到了预期目标,学生试讲通过率达到92%,未通过验收学生由指导教师继续指导,学生整改后参加第二次试讲验收。

加强教学督导工作,教学常规工作运行规范有效。为确保教学工作的顺利进行,在学校的统一安排部署下,音乐学院及时有效完成了开课计划、教学任务、课表编排以及教材征订任务,制定音乐学院排课规范、教学周历模板、试卷模板、考核方案模板等,抓实抓好教学关键环节,进一步提升教学工作的过程规范。学院制定了详细的教学督导工作方案,督导专家深入课堂现场听课指导,制定课堂教学质量调查问卷,进行问卷调查、统计、分析以及意见反馈,召开教学督导座谈会、教师座谈会,组织学生座谈会并进行意见反馈,制定整改措施，加强监督引导，有力提高督导工作效能。召开外聘教师学生座谈会，及时了解授课情况。

2．艺术实践活动

师生艺术实践活动成绩显著。2017年音乐学院共举办学生周末艺术实践文艺晚会、建院30周年"文化艺术活动周"系列活动、主修生音乐会、学校迎新晚会等大型活动50余场次，参加永川区第四届舞蹈比赛、重庆市第四届大学生艺术展演（声乐、舞蹈、器乐、戏剧类）等专业比赛，在重庆市第五届大学生艺术展演比赛中，音乐学院荣获一等奖10项，二等奖4项，三等奖2项，获奖等级、数量名列全市高校第一。同时，还参加了中共重庆市委宣传部主办、重庆广播电视集团承办策划并实施的《逐梦他乡重庆人回乡大联欢》文艺演出，女子群舞《妹儿要出嫁》应邀参加全国第三届舞蹈编导高级研修班展演，学生"Blue组合"代表重庆赴京参加中央电视台《星光大道》节目录制，师生精湛的技艺、高质量的展演得到了校外专家、同类院校的一致认可。

学科竞赛成效显著，经济效益逐步提升。在2017年第三届重庆青少年钢琴大赛暨第十一届中国音乐金钟奖比赛重庆赛区选拔赛中，青年钢琴教师张春佳子获专业组一等奖、重庆赛区钢琴选拔赛铜奖、重庆赛区选拔赛最佳钢琴伴奏奖；2015级学生张大卫，2013级学生李函，2013级学生罗洪豪、梁可，分别荣获专业组一等奖。师生艺术实践活动逐步走向社会、走向市场，产生了良好的社会效益和一定的经济效益，2017年社会实践演出创收近50万元。

项目制工作持续发展。2017年，学院修订《音乐学院项目制管理办法》，提高了教师和学生的积极性。"五团二社"项目验收的质量和数量大幅提升，学院验收小组共验收24个项目。混声合唱团、女声合唱团、管乐团、舞蹈团、戏剧社、筝乐团、组合与表演唱、小型器乐等社团等高质量的节目得到了师生们的一致肯定，也为各类晚会、比赛储备了大量的优秀节目，为各类获奖奠定了良好基础。

3．学术交流

对外学术交流不断加强，科研意识逐步提高。2017年，学院特邀著名指挥家、音乐教育家、原四川音乐学院副院长李西林以"合唱团的训练与排练"

为题，重庆市群众艺术馆艺术指导、研究馆员、中国舞蹈家协会理事、重庆市舞协顾问、国务院特殊津贴专家高兴以"浅谈群文舞蹈创作"为题，中国音乐学院院长、文学博士、音乐学教授赵塔里木以"如何认识不熟悉的民族音乐文化——以维吾尔木卡姆为例"为题，著名男中音歌唱家、意大利米兰威尔第音乐学院博士学位获得者、意大利帕维亚国际声乐比赛金奖获得者周围教授以"如何掌握歌唱的方法与技巧"为题，原重庆师专1989级校友、著名青年作曲家、优秀校友周鹏以"艺术人生与音乐创作"为题，为全院师生开展专题讲座，提高教师科研意识。2017年，学院教师发表论文近20篇，在研重庆市社会科学基金青年项目、市教委人文社科项目、校级科研引进人才项目等10项。

4．学生工作

立德树人，加强大学生思想引领。紧密结合"凝聚青年、服务大局、当好桥梁、从严治团"四维工作格局，坚持"党建带团建、团建促党建"长效工作机制，开展主题教育活动，以理想信念教育、爱国主义教育、思想道德教育和素质教育为重点，以学生全面发展为目标，开展团支部书记"背靠背"满意度测评、学院第1期团校、"怎样做一名合格团员"为主题的团课、专题团组织生活、集中观看十九大开幕式和闭幕式等教育活动，参加学校宣讲团的十九大集中宣讲等主题教育活动，多渠道加强和改进学生的思想政治教育工作。

优化工作思路，大力推进"创新创业创优"工作。邀请校友返校进行创业知识讲座，分享校友成功创业经验；积极推荐学生参加学校第三届"互联网+"大学生创新创业大赛、创业先锋班、模拟招聘大赛等专题培训、比赛，组织有创业意向的学生参观"昌州古镇"特色创业项目；积极推进城乡社区市民学校建设，树立学院志愿者服务品牌；以深化校地、校企合作为抓手，服务学生创新创业工作。

常规工作常抓不懈，安全意识重中之重。学院早操、早晚自习出勤率达95%以上，辅导员坚持每周深入学生宿舍2次以上，2017年辅导员分别找学生谈话60次以上；以学生零投诉的高要求，公平公正地完成了2017年五四评优、优秀优良大学毕业生评定、国家奖学金、国家助学金、励志奖学金等评定工作；毕业生教育工作效果显著，结合毕业生就业和离校安排科学制订毕业教育计划,有步骤实施毕业教育,《致毕业生同学的一封信》、毕业生音乐会、毕业生座谈会、毕业生颁奖典礼等,确保2017届毕业生文明离校。

组织学生学习新版学生教育管理规定,利用周末教育集中宣讲、学生自学、班级讨论等形式组织各年级学生学习新版《重庆文理学院学生管理相关规章制度》,重点包括《普通高等学校学生管理规定(教育部41号令)》《重庆文理学院章程》《重庆文理学院学生学籍管理规定》《重庆文理学院学生违纪处分办法》《重庆文理学院学生日常行为管理规定》等内容,使学生的规矩意识显著加强。

关爱贫困学生,重视心理健康,加强感恩教育。辅导员不定期与家庭经济困难的学生谈心,了解他们的具体家庭情况以及对奖助学金的使用情况,加强诚信教育与感恩教育,帮助贫困学生树立自强自立、回报社会的思想。关注心灵,促进学生的心理健康。根据学生心理问题日渐凸现的实际情况,建立"班级心理委员—辅导员—学院学生工作领导小组"心理健康三级干预机制,强化辅导员的心理辅导能力。为每位学生建立心理档案,对筛选出的学生予以重点关注,通过辅导员谈话、心理咨询、与家长取得联系并开展心理辅导,预防心理危机。

多措并举,规范学生课堂秩序管理,加强学生学风建设。由学院领导、办公室人员、辅导员组织的教学督导每天上午、下午、晚上不定期深入到学生课堂当中,检查学生上课情况,发现课堂中的问题并及时处理。同时,规范学生上课请假制度,按照课堂以内的学生管理以任课老师为主,课堂以外的管理以辅导员为主,强化教师在学风建设中的主导作用,理论大课任课教师必须清点学生到位人数并在音乐学院学生课堂考勤情况统计表上签字确认,每周辅导员从统计表中了解上周学生旷课情况并及时纠正处理,实现了教学、学工的联动,从根本上缓解了学生旷课较多的问题。

学院组织2017届毕业生开展了从业技能验收工作,音乐学专业的学生验收项目包括自荐书、声乐、钢琴、器乐、自弹自唱、合唱与指挥等6个必选项目模块和舞蹈、PPT制作、书法、主持等4个自选项目模块两大类;音乐表演专业的学生验收项目包括自荐书、声乐或钢琴或器乐、即兴伴奏、合唱与指挥等6个必选项目模块和舞蹈、PPT制作、书法、主持等4个自选项目模块两大类;舞蹈学专业学生分为自荐书、技巧组合、舞蹈剧目、课堂教学等4个必选项目模块和PPT制作、书法、主持等3个自选模块两大类。验收组根据每个模块的实际情况采取随机抽取 5%~50%的学生参与验收,本次参与验收的人数比例达到100%。本次比赛抽查范围广,针对性强,组织有序,对学生的从业技能有很大提升,增强了学生在实际面试过程中的专业能力。

5. 毕业生就业指导工作

成立了以院长、书记为组长,学工办主任、各教研室主任、各毕业班辅导员为成员的就业工作小组,全面负责我院毕业生就业工作的指导、服务、协调和毕业生就业的日常事务工作,多次针对不同就业类型的学生分类指导,同时邀请学校招生就业办公室的老师承担我院学生的就业指导课程,为学院学生提供专业指导,提高学生的就业技巧和就业方法,转变学生的就业观念,鼓励学生多渠道就业。广泛收集用人信息,确保毕业生信息畅通。通过网络、传媒等平台,获取各种用人信息,通过学院就业领导小组成员、毕业班辅导员、专业教师、学生干部等利用飞信或QQ群及时将最新的就业信息提供给毕业生,使毕业生能够及时掌握相关信息。加强就业帮扶,确保弱势群体毕业生正常就业。与学院家庭经济困难、综合成绩不是特别突出的学生进行谈心,了解学生在就业过程中的心理变化,及时协助毕业生对自己进行客观的评价和正确定位,使他们在择业过程中加强针对性,做到扬长避短、发挥优势。利用学院领导、办公室人员、全体教师、毕业校友企业家、在校学生家长等有利资源,把用人单位请到学校,着实解决毕业生就业问题。2017年,共引进永川区上游小学、永川区红河小学、永川区五洲小学、西安轩成演艺文化传播有限公司、金玛瑙艺术培训中心、南宁艺术剧院等单位来学院招聘毕业生,提供就业岗位140余个,解决毕业生就业近70人。

6. 工作特色和亮点

学院坚持"项目制",坚持"以赛促训、以赛促教、以赛促学",坚持专业技能训练"课程化",实行"教学、实训、比赛"一体化建设,认真组织师生参加各级各类专业比赛,并取得了较好的成绩。在重庆市教育委员会主办的重庆市第五届大学生艺术展演现场比赛活动中,学院师生在声乐、器乐、舞蹈、戏剧、艺术教育科研论文等类型的比赛活动中获一等奖 10 项，二等奖 4 项，三等奖 2 项，获奖等级、数量名列全市高校第一；在 2017 年第三届重庆青少年钢琴大赛暨第十一届中国音乐金钟奖比赛重庆赛区选拔赛中，青年钢琴教师张春佳子获专业组一等奖，以赛区第 6 名的成绩进入金钟奖重庆赛区钢琴选拔赛决赛，最终获金钟奖重庆赛区钢琴选拔赛铜奖；在中共重庆市委宣传部主办、重庆广播电视集团承办策划并实施的《逐梦他乡重庆人回乡大联欢》文艺演出中因表现出色；女子群舞《妹儿要出嫁》应邀参加全国第三届舞蹈编导高级研修班展演；学生"Blue 组合"代表重庆赴京参加中央电视台《星光大道》节目录制；2014 级谭思韵、李楠参加重庆市第三届古筝比赛获一等奖，2015 级张润琴参加第十一届中国音乐金钟奖古筝选拔赛（重庆赛区）获二等奖；2014 级朱炳昱等 11 名同学参加"阳光梦 健康行"重庆赛区声乐组比赛获一等奖；2015 级张大卫参加 2017 年第三届重庆市青少年钢琴大赛获一等奖，2014 罗钰杉等 8 名同学参加 2017 年第三届重庆市青少年钢琴大赛获二等奖。师生通过实践，教学相长，不断提高专业水平，提升综合素质。

体育学院

1. 五大教学改革成效显著

推行五大教学改革,针对期末考核评价方式改革的具体任务,学院从课程改革方案制定到考试安排进行了全程的监督与检查,以保障考核评价方式的顺利进行。针对核心课程改革情况及其进展进行讨论与研究,2017年申报田径、乒乓球课程。提出"以赛促教"大学体育教学理念,调动学生体育参与的积极性。2017年,学校学生体质健康测试合格率达95%。开展"劲松杯"足球联赛、网球、羽毛球、篮球联赛等校园体育活动。

2. 专业平台建设和校企合作

2月22日,"健行未来体育名师班"开班。3月7日,召开"健行"卓越教师班培养方案研讨会,对卓越班学生的实践能力应用培养、课程安排、常规管理及培养方案修订等进行讨论,明确培养目标。基于重庆文理学院与重庆凯健体育文化传播有限公司的前期校企共建成果,以"凯健班"为载体,近年来已为学校培养了百余名高水平专业人才,建立凯健基金,为学校优秀学子和贫困学子提供了40万元奖励和资助。5月2日,双方举行续约仪式。9月26日,举办2017级凯健班开班宣讲大会。3月19日,"护力特"卓越康复治疗师班参与2017国际重庆马拉松的赛事防护工作。本次服务与校企合作的企业重庆护力特运动防护公司一同进行。主要从事肌贴贴扎、冰敷、赛后运动牵拉等工作。11月5日,运动康复系护力特防护班与2015级、2016级47名师生参与2017重庆国际女子马拉松,为一万多名参赛的运动员进行赛事防护工作。本次服务与校企合作的企业重庆百会体育文化有限公司一起完成,主要从事肌贴贴扎、冰敷、赛后运动牵拉等工作。

3. 品牌训练项目进展顺利

2017年,围绕"体育教育专业学生体育教师技能与专项技能训练"项目对学生进行口令口哨、说课、健美操、武术等项目的训练。12月20日,运动康复技能大赛在运动人体科学实验中心举行;12月24日,第二届体育教专业体操比赛在篮球馆举行；12月25日，重庆文理学院健身健美技能大赛暨社会体育专业技能汇报展演在活动中心三楼举行。

4. 教学督导

在每个教学班设立督导联络员，坚持院领导督导值班制，进行督导巡查工作。督导工作组就学生关于课堂教学质量、教材征订、师德师风进行集中座谈，个人随机调研多次，收集了学生的意见，对相关存在问题进行及时纠正。坚持教学巡查和听课制度，加强对于以往问题较多的大学体育课堂的听课与巡查力度。督导组加大了对于理论课课堂常规检查的力度，取得了很好的效果，学风明显提升。严格执行学校关于课堂教学质量评价的规定，成立专门工作小组，对学院24名教师的课堂教学质量进行了评价。每位教师也按照要求开展了教学自我评价。

5. 说核心课程比赛活动

王玉英老师参加学校说专业核心课程比赛活动，组织学院领导、教学办、体育教育系、社会体育系等系部主任、相关指导教师共同设计比赛方案，进行集体打磨，获一等奖。

6. 教学示范引领

5月，组织开展教学活动月活动。活动期间，开展了教学示范岗观摩课、同行评教活动、教学民主生活会、互联网+大学生创新创业大赛、大学生职场模拟大赛、师范生教学技能大赛、体育教育专业预教验收、学生专业竞赛等系列活动。5月15日起，学院举行示范课观摩活动，组织教师观摩学校教育示范岗的授课全过程。

7. 学科竞赛成绩

①篮球队。11月，在重庆文理学院举行的重庆市大学生篮球比赛中，男子篮球队获第一名，女子篮球队获第三名。12月15日—17日，在学校举行的2017-2018中国大学生3×3篮球赛（重庆赛区）中，在单项比赛中，学校获个人技巧冠军；学校大菠萝队、退役球员队获比赛第三、四名，大西瓜队获（重庆城市冠军赛）比赛冠军，段丰伟获MVP。②田径代表队。4月25—28日，在2017年重庆市大学生田径锦标赛上，学校田径代表队获7金6银6铜，甲

组女子团体总分第三名，丙组男女团体第四名；校马拉松拉力队于12月10日参加首届重庆市大学生马拉松拉力赛，获专业高水平组冠军。③乒乓球代表队。在2017年重庆市大学生乒乓球锦标赛上，学校获女子乙组单打第五名。④武术代表队。5月16日—18日，在重庆市教委主办的"2017年重庆市大中小学生武术比赛"中，学校武术代表队在教练闫玉峰、郭建平的带领下参赛，获1金2银4铜，同时获得丙组男子团体第二名，丙组女子团体第三名。11月17日—18日，在重庆市武术运动管理中心举办的第十四届传统武术精英赛上，闫玉峰与郭健平两位老师分别带领武术代表队与2015级武术专选班参加比赛，2015级武术专选班获一等奖5项，二等奖5项，三等奖13项。武术代表队获一等奖4项，二等奖7项，三等奖7项。⑤跆拳道代表队。6月18日—23日，在由中国大学生体育协会主办、辽宁省辽阳市弓长岭区人民政府承办的2017中国大学生跆拳道（品势）锦标赛上，学校跆拳道队在主教练徐泉森老师的带领下参赛，获1枚金牌，2人进入前八，主教练徐泉森被组委会评为优秀教练员。⑥体育舞蹈代表队。在4月8日—9日举行的2016—2017年中国大（中）学生体育舞蹈锦标赛总决赛中，学校体育舞蹈代表队在教练戴菁菁、王玉英带领下参赛，获大学专业院校B组院校VW团体舞、C团体舞、B团体舞的三项冠军。同时学校还获得组委会颁发的优秀组织奖。⑦瑜珈代表队。11月24日—27日，在CSARA第十三届"中国大学生健康活力大赛"中，学校代表队在健身瑜伽专业院校组规定动作4人二级与自选动作男双、女双中均获集体一等奖，混双荣获二等奖。⑧拳击代表队。12月14日—17日，在重庆市大学生第一届拳击比赛中，学校拳击队在熊华宇和武卫两位教练的带领和运动员的顽强拼搏下，发挥了较高的竞技水平，获3金3银5铜，熊华宇与武卫分别获得组委会颁发的优秀裁判员及优秀教练员称号。11月16日—17日，在由中国康复医学会体育保健康复专业委员会、教育部普通高校体育教学指导委员会主办，泰山医学院承办的2017年"天瑞杯"全国高校运动康复专业学生技能大赛上，院长唐建忠带领运动康复系的杨艳、刘凌老师和2015级运动康复专业的赵翼远、张小斌、蒋奎娄、向苗苗四位学生组成的代表队参加比赛，以第七名的成绩获得比赛的二等奖。

8. 体育文化交流与合作

3月13日,在体育学院会议室举行2017重庆市足球协会市级教练员培训班。4月5日,在A区篮球馆举行2017年中美学生男子篮球友谊赛,学校男子篮球队与来自美国盐湖城湖西高中的男子篮球队展开激烈比赛。12月8日—14日,学院袁高燕、匡志兵两位老师前往台北市立大学进行交流,在交流期间,匡志兵老师作了专题学术讲座。

9. 科研成果

2017年重点科研领域集中在体育公共管理和民族传统体育发展变迁两个方面。截至12月25日,省部级及以上科研项目立项8项,其中国家级项目2项,省部级项目6项;第一作者发表论文15篇,其中核心期刊论文9篇,B类核心期刊论文4篇,EI期刊论文1篇;出版学术著作3部、授权国家发明专利1项。

10. 重点科研领域进展情况

体育公共管理:2017年立项国家社会科学基金项目2项,选题分别为"我国校园足球布局城市竞赛体系构建研究"(17XTY003)、"我国农村公共体育服务供需矛盾与供给侧结构性改革研究"(17CTY018),发表CSSCI专业核心期刊论文2篇,选题分别为《农村体育场地低效供给及其成因》(2017-03-28)、《体育场馆资源无形资产的开发与管理研究》(2017-09-01)。民族传统体育发展与变迁:2017年发表B类核心期刊论文3篇,选题分别为《"神曲"模式在体育运动中的应用》(2017-08-23)、《民俗体育生存文化本相的符号变迁》(2017-01-28)、《农村留守老人体育活动设计研究》(2017-01-23);国家级出版社出版著作1部,选题为《民族传统体育的传承与发展研究》(2017-11-30)。

11. 科教融合

国家社会科学基金项目"我国校园足球布局城市竞赛体系构建研究"通过对国内49个(重点为直辖市)布局城市校园足球竞赛体系进行实证研究,从系统论角度分析典型案例,归纳其成功经验与不足,初步构建具有推广价值的校园足球竞赛体系并力促实践,以实现较强的现实示范引领价值。重庆市社会科学基金项目"红军长征中'未名故事'的挖掘和利用"基于研究视角转向、文化传承弘扬、党史史料补充、思想引领强化的研究目的,深入分析了"长征主题"文献的主要研究视角和重点研究内容,发现"知名精神的解读弘扬和传承""知名人物的事迹和论断""知名思想的内涵变化及实践""知名文化的对外应"等知名视角和内容是当前研究的热点,而对作为"长征主题"重点且价值突出的"未名故事"研究还不够深入,甚至被严重忽视。基于此,提出了以"定位-线索-佐证"为主线的"未名故事"挖掘策略,以讲好"中国故事"作为大学生思想政治工作载体,提升大学生"文化自信"。

12. 队伍建设

2017年,引进理学博士1人,考取体育学博士1人,境外学习1人,晋升教授2人、副教授1人。强化队伍培养,选送朱顺全、卢德强、夏赟等外出培训,提高教师素质。开展学工人员和企业的合作互动交流,夏赟、张谦等深入重庆凯健体育文化传播有限公司、重庆天柏科技有限公司等实地调研了解学生就业动态;李冰琼深入到重庆机场集团有限公司交流学习;朱顺全深入到兴龙湖小学、神女湖小学等地进行师范专业人才培养的专题研讨。

13. 团学工作

基础数据采集规范有序,完成体育学院团校的规章制度建设,团组织生活规范有效,开展宿舍文化建设大赛等创新形式的活动。全面落实团市委《重庆市青年马克思主义者培养工程实施意见》,选派团总支副书记夏赟、熊华宇参加2016年重庆市青马骨干班培训。在共青团推荐下总吸纳入党申请人380人,积极推荐优秀分子确定为积极分子198人,发展预备党员25人,转正党员12人。在学生干部培养中,构建新理念,打造新品牌,运动康复专业的专业外出对口服务高水平国际赛事,在健康小分队坚持服务社会的同时,积极沟通联系市内外高水平赛事,采取"走出去"的办法宣传自己,扩大影响。2017年完成重庆马拉松国际邀请赛及重庆女子半程马拉松国际邀请赛的后勤服务工作,得到国内外媒体的宣传和业内人士的高度赞扬。多次安排学生给各二级学院体育活动当教练和裁判,运动会开幕式大型团体操表演,重庆市大学生篮球比赛啦啦操表演,促进学生实践与理论的结合。

14. 学工工作

修订和完善学生管理方面的规定,狠抓学风、突出建设、以竞化人,提升专业实践能力。根据学院特点，各年级在课余时间开展篮球、排球、足球、羽毛球、网球等各类竞赛，以竞赛的形式促进同学们课堂学习、早课复习、课余练习的专业学习氛围，有效地促进了第一课堂和第二课堂的衔接，进一步提升了学院学生的学习风气和学习热情，促进了学院学风建设并增强了学生们的专业能力。开展专题教育，转变学生的就业观念，邀请优秀校友、校外导师、行业专家为各年级开展了人生规划、就业规划、创业指导等各方面的讲座。让灵活就业、自主创业的思想植根于同学们的大脑，有效地转变了在校学生的就业观念。针对就业困难学生，专门组织专业教师和学院领导对其开展一对一或多对一的服务，着重打造其各方面能力并主动和用工单位联系推荐就业。结合学校和社会平台，大力开展创业工作，聘请优秀创业青年、重庆市凯健文化传播有限公司董事长、重庆际华目的地中心事业有限公司总经理、重庆天柏科技有限公司董事长、学院特聘创业客座专家罗浩做指导，结合学校创业培训和竞赛，组建优秀创业团队，在重庆大学生创新创业大赛总决赛中获一等奖1项、最佳人气奖1项。有的在学习之余开公司办企业；有的活跃在各个兼职岗位了解社会，为下一步自己创业做准备。2017届毕业生考研录取38人，居全校第三。

15．工作特色和亮点

教—训—赛结合，"项目制"成果喜人。质量工程效果显著，学生技能稳步提升。体育教育"卓越教师班"、运动康复"护力特班"、社会体育"凯健班"成绩喜人，师范生技能大赛、运动康复技能大赛、社会体育技能大赛成效明显；男子篮球再次代表重庆参加西南赛区比赛；跆拳道在市级和全国比赛中取得了重大进步；田径方面参加全国高水平比赛成绩喜人；健美操、武术风采依旧。

科研取得重大突破，学科建设再添砝码。2017年，再次获国家社科基金项目2项。校地（企）合作成果彰显，学生就业渠道拓展。和凯健续签战略合作协议，获凯健公司、永川烟草公司等多家企业对我院贫困生奖助学金13万元；成功申请成为市民宗委珍珠球、抢花炮、木球训练基地，承担了民运动会的比赛任务，获项目经费40余万元；拓展了重庆天柏、重庆乔泰等多家"实习+就业"基地，成功推荐多名学生高质量就业。

美术与设计学院

1. 教学工作

完成 2015 版人才培养方案以及教学大纲的制定工作。精心组织、策划和完成了 2017 年春季写生工作，做到安全责任零事故、无学生投诉，且写生汇报展取得良好效果。完成 2017 届毕业生设计作品展览。作为学校预评估展览活动的一个重要组成部分，本次展览充分体现学院学生较高的毕业设计创作能力，得到与会专家的一致好评，且绝大部分作品在展览后售罄，体现学院应用型人才的培养质量。完成毕业展览学术活动周系列讲座。完成预评估、正式评估的各项教学材料准备工作。完成逸夫楼整体文化形象提升工作。完成 2017 年暑期专项技能训练工作，教师指导学生作品丰厚，为教学评估艺术氛围打造提供了必要保障。教学示范岗持续扎实推进，在学院起到标杆和引领示范作用。专业核心课改革持续推进。教学督导工作有序开展，确保了学院日常教学的稳定有序。凤凰数字媒体班经过一个学期的运行，取得了一定的成效。成功接纳一名外籍留学生。与新乡学院教师教学交流成效显著。2018 届毕业实习工作有序开展。新建实习实训基地 7 个，有效地保障了 2014 级 376 名学生的毕业实习工作。

2. 科研工作

依据"以强扶弱、以点带面、科技与产业相结合"的科研工作思路，大胆开拓、不断进取，在科研项目申报、科技创作平台建设、对外学术交流及应用成果的产业化等方面取得了不错的成绩，形成了较为良好的发展势头。组织教师外出参加学术研讨会；组织教师举办和参加艺术设计作品展；组织教师进行科研项目申报。教师学术成果及成果转化成效明显，2017 年，学院教师公开发表科研论文 55 篇，其中核心期刊 4 篇，A 类期刊 1 篇，双核期刊 2 篇；发表美术、设计作品近 59 幅；获得实用新型专利 2 项，获得外观设计专利 3 项；申请出版学术专著 5 部，成功出版学术专著 4 部；获得地方横向项目 4 项，到位资金近 50 万元；完成了世通大厦建筑工地装饰及奠基仪式、永川黄瓜山村落文化建设改造、重庆市巴南区龙洲湾旭辉·御府别墅室内环境及景观设计等项目；指导学生共同参与来苏镇旅游规划方案、朱沱镇主题商业文化街包装、重庆西里标识设计方案、广东兴艺装饰有限公司、永川交换空间装饰有限公司、重庆兄弟设计有限公司、永川中华梨村乡村旅游村落、重庆尚艺装饰有限公司的手绘、家装、环艺、内饰、规划及建筑等工作。

3．学生工作

实施"一导、双品、三进、四联"学生管理模式，促成良好学风。学生课堂出勤率一直保持在98%以上。做好"四困生"工作，2017年下半年认定经济困难学生551人，评选国家奖学金3人，国家励志奖学金44人，国家助学金381人。制定"两步走"工作策略，在低年级遴选班风学风好的班级试行，边做边改，不断完善目标导航工作制度，积极探索适合艺术类大学生的目标导航运行机制，确定2014级服装设计与工程1班、2014级美术学1班、2015美术学2班、2016美术学1班、2017级全部专业15个试行班级。

坚持服务社会发展和学生成长，全面推进素质教育，积极做好团学工作，营造良好的育人氛围，突出短平化、节约化和有效性的原则，新成立"一团一队一中心"，成立PVYouth文化艺术团、"绘德"志愿服务队和ISO网络文化作品创制中心，大大增强团学工作的针对性。开展"五个一"社会实践活动，让青年学生磨砺意志，提升才干。2017年开展实践服务活动10余次，参与学生志愿者超过400余人，先后走进永川区青少年活动中心、大安街道、陈食镇、三教镇、爱颐养老院等地开展主题实践活动，内容包括义务帮农、爱心助教、关爱儿童、慰问老党员等，呈现出"佩戴党徽团徽亮身份""结合专业实践显特色""深化党团联动重实效"和"推行道德实践铸品格"的显著特点，系列活动得到大学生在线、重庆志愿者网、重庆共青团、《永川日报》、永川网等媒体的关注。2017年共有13人次被评为校级社会实践先进个人，团总支社会实践部被授予学校社会实践先进集体称号。

开展周末文化广场、迎新篮球联赛、迎新足球联赛、寝室文化建设、演讲比赛、辩论赛、安全知识竞赛等。举办各级各类文体活动40余次，参与人次超过2 000人。举办"学院杯"学生技能大赛活动。培养学生专业技能，开展各种创新创业实践活动。不断完善"12459"的技能大赛活动格局,即一条主线、两个全覆盖、四个提高、五个展示、九大比赛,2017年举办2015和2016届学生技能大赛,参与人次超过2 000人,作品数超过4 000件。2017年,75余人在市级及以上的各类比赛中获奖。在全国第二届大学生网络文化节活动中,获二等奖1项,三等奖2项。在重庆市第五届大学生艺术展演学生书画摄影设计艺术比赛中,获一等奖4项,二等奖6项,三等奖4项。在重庆市学生艺术工作坊比赛中获三等奖。2017年,举办学生干部专题培训10余次,培训人次超过1 000。

邀请校外专家来校为学生开展就业讲座6场,参与人次达1 300。2017年年底就业率超过94%。加强校企合作,拓展就业平台,2017年新建就业基地两个,获学校微型企业立项6家,年底2017届毕业生自主创业比例超过2%。创新科研方式,充分发挥教师示范、引领作用,调动师生的创作积极性,15个专家工作室(坊)广泛开展对外交流与参赛,带领学生参加"永川竹艺"渝创渝新重庆首届创业大赛与"永川竹艺"永川第三届创业大赛,都取得了不错的成绩。

4．就业工作

学院不断开拓创新,形成"党政齐抓,转变观念,拓展市场,重视创业,保就业率"工作主线,近年来毕业生就业率持续提高,2017年年底就业率超过94%。

贯彻实施就业工作"一把手工程",成立以院长为组长的就业工作领导小组,坚持党政联席会研究就业工作制度,每学期至少有一次专门研究就业工作。实行毕业生就业目标管理责任制,在人、财、物等方面保障了毕业生就业工作的顺利开展。

坚持就业教育进课堂,就业工作强责任,利用周末教育、专题讲座等平台,不断加强就业技能教育和就业观念引导,转变美术生眼高手低的就业观念,努力培养正确的就业观念。2017年先后邀请校外专家来校为学生开展就业讲座6场,参与人次超过1 300。做好分类引导、分类就业工作,对不同的就业群体提供有针对性的就业教育和服务,提升就业教育和服务的针对性和实效性。加强校企合作，拓展就业平台。2017年新建就业基地两个，学院走出去开拓就业市场5次，为学生提供就业实习平台，加强学生就业实践。

加强创新创业教育，引导学生自主创业。开设专家工作坊，培养专业拔尖人才，为学生创业提供技术支持，积极为学生创业团队提供咨询服务，对创业项目进行精心包装，鼓励他们积极争取学校微型企业，通过不懈努力，2017年先后获得学校微型企业立项6家，年底2017届毕业生自主创业比例超过2%。

根据艺术专业建设的特点与要求，充分发挥学院教师的示范、引领作用，调动师生的创作积极性。15个专家工作室（坊）广泛开展对外交流与参赛，力图通过校内外教师专业指导参赛，实现美术与设计资源共享，以此打造一批具有良好师德修养、先进教育理念、夯实专业素养、扎实教科研能力的专家教学队伍，培养具有"察、思、想、绘、做、创""六项全能工程"的艺术设计人才，达到树立一个名师、带动一门专业、带出一支队伍、产生一批成果的工作目标，带领学生参加了"永川竹艺"渝创渝新重庆首届创业大赛与"永川竹艺"永川第三届创业大赛，都取得好成绩。

5．工作特色和亮点

合格+多元分层分类培养模式日渐完善。人才的分层培养基于学校"合格+"这样一个大的育人理念，即在确保合格的基础上实现对卓越人才的培育。专家工作室（坊）的建立正是为了保障这一育人机制的顺利实施，建立运行的13专家工作室（坊）涵盖五大专业和方向。学生通过"网上申报、组织答辩、导师确认"的程序进驻工作室，由工作室负责人负责本工作室教学任务，并定期开放展示教学成果。学院实行年度统一考核制，评选出示范工作室（坊）。现学生入驻率为学院总人数的15%。

国际学院/文化遗产学院

1. 国际合作交流

不断拓展国际合作渠道，合作内容不断深化。2017 年，与美国、俄罗斯、意大利、印度尼西亚、泰国、哈萨克斯坦等国家高校和机构开展了合作洽谈。与印度尼西亚泗水工商大学、哈萨克斯坦哈中语言学院开展了来华留学生招生项目，累计招收印度尼西亚及哈萨克斯坦来华留学生 29 人；与美国蒙哥马利奥本大学、意大利佩鲁贾大学、美国 Kaplan 教育集团等开展硕士研究生项目，并与新东方教育科技集团联合举办第 39 届国际教育展。

2017 年 4 月，印度尼西亚泗水中医保健康复技术培训班一行 17 人来学校学习中医针灸保健康复，在永川区中医院开展观摩交流活动，学院负责所有联系及管理工作；同月，泰国陕迪拉工商管理学院 5 名学生到学校开展为期 1 个月的学习交流活动，学院为其提供了中国语言文化课程，进一步传播了中国文化；学院通过自荐模式，经过层层选拔，2017 年有 9 名学生到意大利佩鲁贾大学学习交流。

留学服务方面，留学服务中心自成立以来，严格遵循中心职责，为学校学生出国留学做好服务工作。2017 年，学院开展了美国蒙哥马利奥本大学硕士研究生项目，意大利佩鲁贾大学硕士研究生项目及交流生选拔工作，为 9 名交流学生办理签证咨询及服务。挖掘外围资源，与新东方教育科技集团联合举办国际教育展，邀请数十个国家及地区大学亲临学校与学生面对面交流，拓宽学生视野，为学生提供更多元的选择，12 月底签约出国人数 15 人。协助新东方开展雅思语言培训项目，已有 22 名学生参加雅思培训。

2. 教学管理及质量监控

按照本科教学评估的相关要求规范教学过程，完善管理制度，并按要求进行本科数据填报中教学工作相关的数据统计与填报。成立由教学院长牵头的巡教小组，每周不定期进行巡教。修订学籍管理制度，规范试卷命题、成绩认定、毕业资格审查等程序，规范考务管理、严格考试纪律、重视考风考纪教育，重视学生成绩分析与总结。严格执行教学计划，规范教学运行和秩序；严格调停课程序，严肃教学纪律；增强责任意识，做好（试卷）保密工作；加强教学过程管理，增强教学管理的科学性、规范性和严肃性，留学生教学运行正式进入学校教务系统，学院建立学生专业培养协调机制，与二级学院共同完成对本科留学生的人才培养。根据留学生实际情况，结合国际学院学生专业特点，推进相关专业本科毕业论文（设计）多样化改革工作，进一步规范本科毕业论文（设计）管理。按要求做好了本科毕业论文（设计）答辩和本科毕业论文（设计）开题报告答辩工作。

文化遗产专业是学院 2017 年新申报成功的专业。学院组织专家及任课教师在暑期三次修订人才培养方案，从源头上保证培养质量。成立二级教学委员会和督导委员会，落实同行听课、评课和反馈制度，集中对课堂听课意见和师生座谈会意见进行反馈、交流和指导，加强教学督导和质量监控，增强课堂教学效果。定期召开教学工作例会和中期师生座谈会，听取留学生在教学等方面遇到的问题和建议，以总结经验、寻找不足、提出建议、制定措施，收到了良好的效果。在 2017 年举行的教师说课与专业核心课程教学改革汇报活动中，学院青年教师吴冰磊的"初级综合汉语"课程在比赛中获第三名。

3. 留学生招生与管理

学院通过网络宣传、加强与国外招生点联系及校际交流等多渠道开展招生工作，取得了较好的效果。先后在"来华留学联盟""留学中国""留学重庆"网站开辟重庆文理学院宣传专栏，系统介绍学校国际交流和留学生招生信息，在校内国际学院主页上，详细介绍学校国际合作交流项目，发布留学生招生简章，转载国家有关部门关于留学生工作的法律法规，为校内外、国内外学生出国留学、来华留学提供全方位的服务。与亚洲等主要生源国建立长期稳定的合作关系，保证招生规模，同时不断寻找新的招生途径。通过校际交流拓展生源，接收了来自越南河内大学的 5 名中文专业学生来学校进修汉语；接收意大利佩鲁贾大学 3 名学生来学校开展交流；接收 2 名来自俄罗斯伊万诺沃国际儿童院的学生来学校读本科。2017 年，学校招收来自俄罗斯、意大利、印度尼西亚、哈萨克斯坦等 13 个国家长短期生近 120 名留学生，新增土库曼斯坦生源国，使留学生生源数量稳定、结构得以优化。2017年，有34名外国留学生获得市长奖学金一等奖。

完成《重庆文理学院来华留学生服务指南》修改工作，内容涉及留学生奖励和处分等。使管理工作步入规范化科学化轨道，制度进一步完善。学院留学生管理实行"四级联动"机制，以留管干部为核心，任课教师、学生干部、"一帮一"中国学生协同，共同参与管理。我院辅导员定期开展周末教育对学生进行安全教育，增强了学生的安全防范意识；全院教师参与留学生公寓值班，值班教师每周到留学生宿舍不少于两次。学院组织开展留学生汉语技能训练，包括留学生汉语知识大赛、留学生"重庆文化之旅"演讲比赛等汉语技能比赛，提高学生的汉语水平。

开展课外活动，丰富留学生活。2017年，学院组织留学生参加学校第17届田径运动会、文化艺术节英文歌曲比赛等活动。举办师生趣味运动会、2017届留学生毕业典礼暨毕业晚会、2017新年十二生肖游园活动等，丰富留学生的课外学习生活。

4. 学科科研工作

学科方向进一步凝练。抓住成功申报"十三五"市级重点学科的契机，进一步优化学科整体架构。全面整合社会学一级学科、人类学二级学科、人文社科重点研究基地、协同创新中心等不同建设内容的研究方向，使其聚合在社会学一级学科之下，形成以人类学、民俗学为主干，以文化遗产（含非物质文化遗产）为研究对象，以应用研究为主要范式的学科格局。

学科团队进一步充实。通过大力引进高水平研究人员、吸纳校内方向相近并具备一定科研能力的学术骨干及特聘校内外知名专家，以凝练的学科方向为参照打造校内专职、兼职和校外兼职三个层次的学科队伍。2017年，多次组织高水平引进人才面试，从制度保障和经费上为学科组成员学术研究与交流提供便利。

建立新媒体公众平台。学院开通重庆文化遗产学院微信公众号，用于发布学术成果、学术活动、学生活动、推送学生的田野调查报告，分享讲座、文章、精品项目等学术资源，同时学生也可以直接通过微信平台与管理员进行对话。

该举措提升了学院与学生的沟通能力以及资源共享能力,加强了沟通交流平台的建设。

人才培养体系进一步完善。开办"文化遗产"本科专业并首届招生。与四川大学联合培养硕士研究生取得实质性进展,初步形成从本科到硕士的文化遗产人才培养体系,为学位点申报提供了有力支撑。

科研水平进一步提高。2017年,重大科研项目立项3项。新增各级科研项目5项,其中国家社科基金项目1项、省部级项目3项、校级项目1项。多篇外文论文在海外权威期刊发表和被外文学术著作收录,标志性成果在数量和影响力上有了更大突破。受邀参加国内国际重要学术会议13人次并作大会报告。

学术交流进一步活跃。2017年,多方邀请相关学科领域专家并成功举办多场讲座及读书会,增进了学科骨干和中心研究人员对学术研究前沿动态的了解;开展研究实践及重大项目申报的指导,营造了良好的学术氛围。积极申请出国交流考察,鼓励中心研究人员走出去。承办"人文与科技的融合:新工科发展之道"专题座谈会,为新工科建设提供了新思路。

5．工作特色与亮点

留学生"四级联动"管理模式。从2013年开始,在外国留学生的教育管理工作中,学院开始实行由留管干部、指导教师、"一帮一"学生和留学生干部组成的四级管理模式。对外国留学生学习、生活中遇到的问题,做到及时发现,及时解决。两年来,该项管理制度责任明确,措施落实到位,取得了较好的效果,保证了外国留学生学习、生活的正常进行,保障了留学生的安全稳定。

留学生差异化人才培养模式。近三年来,在保证外国留学生汉语和专业学习达到规定要求的前提下,针对学生国别、种族、宗教信仰和兴趣爱好不同的特点,学院从以下三个方面对留学生进行了差异化训练,以培养留学生特长并提升其综合素质:在人才培养方案中开设中国民乐、舞蹈、武术、绘画、剪纸、书法等特色文化课程;选拔有特长的优秀外国留学生,为其聘请指导教师进行课外辅导;鼓励留学生参加校内学生社团和各类比赛。以上措施取得了良好的效果。

继续教育学院/培训学院

1. 成人高等教育学历继续教育

按照教育部关于印发《高等学历继续教育专业设置管理办法》的通知（教职成〔2016〕7号文件）精神，积极落实《管理办法》《普通高等学校本科专业目录》，对专业进行梳理和调整。完成招生专业"工商管理"高起本、专升本层次的人才培养方案修订和申报工作。

2017年，完成函授站、教学点和校内班4 098名学生（含毕业学生2 517名）的教育教学管理工作。检查函授站点人才培养方案、学期开课计划、课表、任课教师资格审核工作；派遣任课教师到铜梁职教中心、永川机电工业学校、重庆艺才学校、重庆旅游学校等函授站点进行教学面授工作。深入函授站点进行实地听课、参加毕业论文答辩、学生毕业汇报展演，完成教学质量监控工作。启动校内外2018届毕业生毕业论文指导工作。

按照《重庆市教育委员会关于开展在渝成人高等教育函授站和现代远程教育校外学习中心年检工作的通知》（渝教高发〔2016〕64号文件）精神，学院对成教办学情况进行自查和迎评工作。对重庆工商学校等函授站和教学点13名工作人员进行表彰，同时表彰了29名"三好学生"、18名"优秀学生干部"和26名"优秀毕业生"。

2017年，完成函授站和教学点《国家学历部分基层课程水平测试》的组织、阅卷工作1次。三科目报考人数为英语214人，应用文214人，计算机214人。测试组织有序，规范严谨，考试合格率在95%以上。

对学校成人高等教育2017届的2 517名毕业学生进行了毕业资格审核，审核结果合格并颁发毕业证书；依据《重庆文理学院成人高等教育本科毕业生学士学位授予工作实施细则（试行）》规定，学院学位委员会对自愿申请学士学位的182位学生进行了资格审核工作并颁发学位证书。

完成2017级新生信息核对、注册及信息更正工作；对2017级专升本学籍资格进行复查工作以及学籍档案收集、整理、归档工作。

2．培训工作

大胆创新，高质量完成"国培计划"项目。2017年，申报了"重庆市乡村学校校长培训"和"重庆市乡村初中化学教师访名校培训"两个国培项目，并参与2个协同区县送教下乡培训项目（大足区、荣昌区）。并且，对培训模式和培训方式进行创新，得到市国培办的高度评价，并进行了经验交流。两个项目的满意率达到100%。

2017年，完成第三十二届、三十三届中小学校长培训班培训，培训人数156人。完成了渝西片区幼儿园园长任职资格培训，培训96人。

2017年，完成永川区教委送培的"重庆市永川区第六届骨干教师提升培训""重庆市永川区副校长培训班"和"重庆市大渡口区2017年教育系统基建、后勤管理干部能力提升培训""韶关市2016年基础教育系统百千万人才工程"第五期名校长等各类培训共计18个培训项目，累计培训2 600多人。

依托专业，举办专业技术人才培训。9月10日—15日，举办"特色农作物高效安全生产技术推广高级研修班，10月26日—29日，举办"重庆市电子信息材料与器件新技术高级研修班"，两个班共计培训144人。

3．招生社考和自学考试

2017年成人高等教育招生，53人报名学校，成考上线44人，录取44人。其中专升本42人，高起本2人。

加强管理，完成社会化考试任务。2017年，组织完成社会化考试8次，率先施行两次验证方式、校内联动通报制度、校外联动通报制度，共组织了9 397人次参考。

围绕"改革、质量、规模"的工作中心，结合学校"复合型人才培养"及"'合格+'人才培养"具体要求，积极拓展自考校校合作，持续加强与重庆市农业学校、重庆水利电力职业学院、重庆大学城市科技学院等单位的合作办学，新增重庆城市职业学院、重庆财经职业学院的合作办学意向。进一步拓展学校自考办学渠道，扩大了我校自考的办学规模和社会影响力。

2017年，做好行政管理等五个自考面向社会开考专业学生的实习实践的工作。组织毕业论文答辩2期，90余人在学校完成毕业论文工作；实践课程考核 2 次，涉及 80 余科次；毕业设计 1 次，近 20 人开展毕业设计工作。组织审核社会考生毕业证、学位证 170 人次。围绕"自考工作做质量"的总体要求，加强内涵发展，做好自考二学历的教学和管理工作。进一步优化了自考二学历专业结构，选取了一批符合学生实际和市场需要的专业进行招生，淘汰原有的"工程造价管理"专业；优化教师队伍，选派一批熟悉自考教学规律的教师进行二学历教学。

依据重庆市教育考试院的安排，学校积极参与重庆市自考统考命题工作与阅卷工作，在行政管理、财务管理、房屋建筑、汉语言文学等相关优势学科方面组建了自学考试命题专家队伍，开展命题教师培训 2 次，参与自考统考命题 1 次，主要涉及部分市级考试科目的命题工作。参与重庆市 2017 年自考统考阅卷工作两次，涉及统考课程 80 余门，1 万余科次。组织了 2 次统考、2 次校考的报名考试组织工作，总参考人数 3 000 余科次。审核办理自考毕业证书 400 余人、学位证书 170 余人。

4．工作特色和亮点

成人高等教育学历教育工作方面，加强各函授站点检查指导与学籍清理，妥善解决历史遗留问题；高质量通过重庆市教委对成教办学的年度检查工作。

培训模式创新，在优化培训模式和提升培训质量上下功夫。各类培训做到"细、活、实、新"，即：方案设计"细"，方案设计接地气，能充分满足学员需求；集中培训"活"，在培训中激发学员活力，调动学员积极性，让学员的思想、感情充分活起来，变被动接受培训为主动参与培训；跟岗研修"实"，跟岗研修实施前，对每位学员进行跟岗内容统计，根据学员实际需求进行分组，为其匹配适合的影子学校；返岗实践"新"，采取"五个一"的任务驱动，即管理创新、专题讲座、改进方案、指导教师、调研学校。各级各类培训均得到学员认可和送培单位的肯定。学校承办的两个国培项目的满意率均达到 100%，学校国培项目的管理经验还得到市国培办的高度评价，作为典型经验在全市推广。2017 年，培训快速发展，影响力已扩展到省外。接受来自广东、甘肃、海南、河南等地的培训项目，完成各类委托培训项目 23 个，累计培训人数近 2 500 余人，培训金额突破 300 万元。

2017年，高等教育自学考试转型发展，主动"思变"，改革高等教育自学考试教育教学方法，创新开展"全时段、全地域"学习方式，以"自媒体视野下高等教育自学考试教学方式改革探析——以微信辅助教学平台的应用为例"为题，立项中国教育学会重点科研课题一项；主动围绕固有的考试计划，结合"合格+"人才培养模式，创立自考二学历专业核心实践课程体系；积极与西南大学等高校联系开发自学考试网络课程学习资源，构建自学考试网络学习课程库。主动"向外"，拓展自学考试对外合作办学。2017年，自学考试改变原有"等合作"的工作模式，主动"向外"，加强与周边高校合作洽谈，扩大自学考试办学规模。2017年，延续合作办学单位1所，新增合作办学单位2所，意向合作办学单位3所。

大事记
DASHIJI

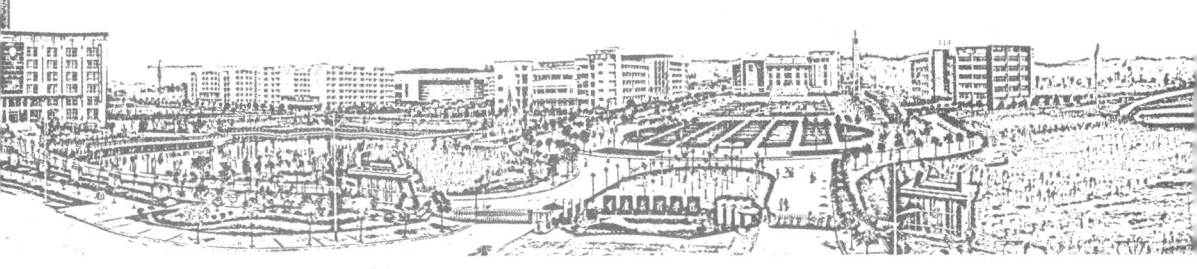

1月

1月4日,"重庆文理学院2017年贫困大学生就业帮扶启动仪式"在学生事务服务中心303会议室举行。学校党委副书记刘灿国,璧山国家高新区管委会经济发展局局长唐刚、副局长陈楠,中国移动通信集团重庆有限公司永川分公司副总经理陶才美,重庆众泰汽车工业有限公司人力资源部总监简亚,重庆国跆文江体育文化传播有限公司董事长黄文江,重庆市智汇人才开发有限公司总经理李建军,学工部副部长周清,二级学院分管学生工作负责人、毕业班辅导员及2017届贫困毕业生代表80余人参会。

1月5日,俄罗斯托木斯克理工大学Vitaliy A.Vaganov博士来校交流学习结业仪式在材料科技楼305室举行。

1月4日—9日,国际著名植物衰老机制研究科学家、美国康奈尔大学甘苏生教授应邀来重庆文理学院特色植物研究院开展短期工作。

1月6日,中国科学院院士、中国科技大学谢毅教授来校开展为期2天的学术交流活动。期间,谢毅在新材料技术研究院305会议室作"多自由度电-声协同调控优化热电转换"学术报告。

1月9日—10日,本科教学工作校内诊断评估在红河校区恪勤楼422、恪勤楼221、知津楼D506三个会场同时举行。诊断方式分现场听取各二级单位汇报和质询交流。

1月13日,学校党委召开2016年度党总支书记落实全面从严治党责任述职会。会议在恪勤楼422、202、204三个会议室同时进行,15个二级学院党总支书记就一年来落实全面从严治党责任情况进行述职。

1月14日,重庆市教委副主任邓睿牵头、原重庆邮电大学校长李银国任组长的专家组一行莅临学校,在红河校区恪勤楼422会议室对学校承担的重庆市微纳米光电材料与器件2011协同创新中心进行中期绩效评估。

1月16日—17日,教育部中国语言资源保护中心专家组一行8人到校开展"中国语言资源保护工程重庆汉语方言调查"二期项目结题验收工作。

1月,教育部发布《教育部高等教育司关于公布有关企业支持的2016年第二批产学合作协同育人项目立项名单的函》(教高司函〔2017〕1号),学校与深圳市讯方技术股份有限公司合作的"智能信息处理工程中心"（负责人：杨志刚）和"深化导师制，培养大学生'双创'能力"（负责人：王月浩），与玩课网合作的"UI 应用开发之 Photoshop（平面设计）"（负责人：万忠杰）和"MOOC 建设与翻转课堂教学研讨班（第一期）"（负责人：罗代忠）等4个项目获立项。

1月，学校被评为重庆市法治宣传教育工作突出单位，向明同志被评为重庆市法治宣传教育工作突出个人。

2月

2月17日，"创业先锋班"（第八期）开班典礼在学生事务中心三楼宣讲室举行。

2月22日，在重庆市会展行业2016年度颁奖典礼上，学校获"2016年重庆市优秀教育培训院校"奖。

2月，重庆市教育委员会发布《关于2016年教育系统众创空间绩效评估情况的通报》（渝教科函〔2017〕2号），学校"百川兴邦"获评"优秀高校众创空间"，"e创星空"获评"良好高校众创空间"。

2月，学校工会获重庆市教科文卫体工会高校片区特等奖。

2月，学校教师发展中心获批首批重庆市高等学校教师发展示范中心。

3月

3月3日，学校与武汉华中数控股份有限公司在红河校区恪勤楼422举行校企合作签约仪式。

3月3日，党委副书记刘灿国率教学部、学工部、机电工程学院、教育学院相关人员赴大足职业教育中心就中职和本科对口贯通"3+4"人才培养模式改革试点项目进行洽谈。

3月11日，韶关市2017年基础教育系统"百千万人才工程"第五期名校长、名教师培养对象高级研修班培训开班典礼在继续教育学院/培训学院学术报告厅举行。

3月16日，LED植物照明技术研讨会在新材料技术研究院305会议室举行。

3月17日，教育部网站发布《教育部关于公布2016年度普通高等学校本科专业备案和审批结果的通知》（教高〔2017〕2号）文件，学校申报的文化遗产、机器人工程和材料科学与工程3个本科专业获准设立。

3月19日，体育学院运动康复系98名学生参与2017国际重庆马拉松的赛事防护工作。

3月20日，公共管理学院法学专业部分师生在知津楼门厅与永川区银监分局、永川区工商分局的工作人员联合开展"送金融知识进校园"法制宣传活动。

3月22日，建筑工程学院组织全体教师在格物楼A406开展教研室集体备课和集体讲课活动。

3月24日晚，第十六届"移动4G杯"大学生"畅想文理"文化艺术节开幕式暨悦读咖"敬一丹读书会"在红河校区A区活动中心三楼举行。

3月6日—25日，学校开展"团支部书记工作满不满意，团员说了算"的评价机制，全校470多个基层团支部完成团支部书记2017年度满意度测评工作，覆盖率100%。

3月29日，重庆国学院院长、西南大学博士生导师刘明华应邀到知津楼红河六阶为文化与传媒学院200多名师生举办《经典诵读与国学素养——以〈中华传家读本〉为中心》学术讲座。

3月，在《重庆市人力资源和社会保障局办公室关于下达重庆市专业技术人才知识更新工程2017年高级研修项目计划的通知》（渝人社办〔2017〕40号）中，学校"电子信息材料与器件新技术""特色农作物高效安全生产技术推广"两个项目获批。

4月

4月5日，在红河A区篮球馆举行学校男子篮球队与美国盐湖城湖西高中男子篮球队中美学生男子篮球友谊赛。

4月7日，由市委宣传部、市政府新闻办组织的"逐梦他乡重庆人"全媒体大型故事采编团队来到学校，在博文馆101学术报告厅与200余名师生分享他们参加"逐梦他乡重庆人"采访过程中背后的故事，并就采访技巧、感悟等内容与师生进行深入交流。

4月12日，湖南文理学院党委书记谷正气一行到校考察交流。

4月12日，由重庆交通大学副校长赵明阶任组长的专家组一行对学校建设期满的园林、环境科学、电子信息科学与技术3个专业进行现场检查验收。

4月12日，以"与经典为伴与书香同行"为主题的"重庆文理学院2017年读书文化月暨阅读推广活动启动仪式国学经典诵读表演大赛"在博文馆101学术报告厅举行。

4月13日，校党委副书记、纪委书记李德全率校工会同志为"刘奕清劳模创新工作室"授牌，并看望慰问"刘奕清劳模创新工作室"全体成员。3月28日，在重庆市教科文卫体工会第一届委员会第三次全体委员（扩大）会议上，学校"刘奕清劳模创新工作室"被重庆市教科文卫体工会命名为首批产业级"劳模创新工作室"并获授牌。

4月14日，学校在红河校区恪勤楼304会议室召开干部大会，宣布领导班子调整决定。许洪斌同志任重庆文理学院党委常委、副书记、院长；免去张进同志重庆文理学院副院长、党委常委、委员职务，另有任用；金盛同志任重庆文理学院党委常委，提名为重庆文理学院副院长；刘仲全同志任重庆城市职业学院副院长。

4月14日，在深圳市龙华锦绣科学园举行的首届中意创新创业大赛复赛（深圳站）上，学校新材料技术研究院李璐博士领衔的柔性触摸显示项目获第一名。

4月14日，教育部长江学者特聘教授夏庆友及团队应邀来学校特色植物研究院开展学术交流。

4月15日—16日，由中国教育学会《中国教育学刊》杂志社与重庆文理学院、重庆市教育科学研究院联合举办"首届全国卓越教师发展论坛"在学校举行。

4月18日，学校二级中心组片区制政治理论学习分别在星湖励德楼406，红河格物楼401，以及恪勤楼202、204、612会议室举行"高校转型发展和党风廉政教育"专题学习研讨会。

4月19日，安顺学院校长刘雷一行到校考察交流。

4月22日晚，以"学习总书记讲话共筑辉煌梦想"为主题的第600期周末文化广场活动在红河校区学海广场举行。

4月23日，学校大学生思想引领中心、写作培训中心、网络宣传中心成立仪式在红河校区博文馆101举行。

4月24日，学校与美国阿肯色大学药学院在创新靶向药物国际研究院签订药学学科博士研究生联合培养协议。

4月25日，学校在恪勤楼221会议室召开干部大会，宣布金盛同志任中共重庆文理学院委员会常委、重庆文理学院副院长，试用期一年。

4月25日，学校意识形态工作联席会在恪勤楼221会议室召开。

4月25日，学校邀请重庆市知识产权局专利代办处副处长陈杨为我校教职工作"专利数据分析及对策建议"专题培训。

4月25日，重报集团新闻办副主任肖永生率领《重庆晚报》《重庆晨报》《重庆商报》、华龙网等媒体记者到学校进行"优化经济结构提高发展质量"主题采访活动，新材料技术研究院、机器人工程学院/机电工程学院、创新靶向药物国际研究院作为这次活动的重要采访点。

4月26日，在第六届中国创新创业大赛重庆赛区动员大会上，学校获第五届中国创新创业大赛（重庆赛区）暨第二届重庆市"高新杯"众创大赛"优秀组织奖"。新材料技术研究院副院长李璐博士作为第五届中国创新创业大赛重庆赛区团队组一等奖获得者、全国总决赛（团队组）先进制造行业第三名获得者作交流发言。

4月27日，学校与永川区软件园共建大学生实践就业基地合作协议签约仪式在永川区软件园B区青创营举行。

4月28日，学校与富士康"实习+就业"校企合作专班"企业文化及专业技能培训"结业典礼在学生事务服务中心303会议室举行。

4月，教育部科技发展中心发布2015年度中国科技论文在线优秀期刊评选结果，《重庆高教研究》获一等奖。

3—4月，在校党委书记孙泽平，校党委副书记刘灿国，校党委副书记、纪委书记李德全带领下，由校务部、教工部、党群部、纪检部、学工部5个职能部门负责人、专职党务干部组成的3个调研组，对学校16个二级学院党总支开展基层党建工作专题调研。

4月，学校与重庆理工大学联合培养的2016级研究生黎燕荣以第一作者、重庆文理学院为第一单位的研究论文 *Pyrolysis-induced synthesis of iron and nitrogen-containing carbon nanolayers modified graphdiyne nanostructure as a promising core-shell electrocatalyst for oxygen reduction reaction*（http://doi.org/10.1016/j.carbon.2017.04.038）发表在国际顶尖级交叉学科杂志 *Carbon* 上。

4月，软件工程学院党员学习室建成，并正式向党员师生和学生入党积极分子开放。

5月

5月4日，学校大学生思想引领中心在红河校区A区知津楼门厅举办"青年五四为年轻发声"主题路讲活动。

5月5日，公共管理学院与永川区教委在公共管理学院会议室联合举办高校"六维一体"思想政治教育协同创新模式研讨会。

5月11日，学校大学英语"1+X"教学改革座谈会在恪勤楼221会议室召开。

5月13日，音乐学院庆祝建院30周年"文化艺术活动周"活动——音乐学院1987级校友相识30周年聚会捐赠活动在卫星湖校区举行。1987级校友为学院捐赠价值近3万元的"交响乐之王""乐圣"贝多芬汉白玉雕塑。

5月17日，学校与西南大学联合招收、学校独立培养的首届材料工程专业2名硕士研究生全票通过答辩，学制两年，其理论学习、工程实践、实验及论文撰写等相关环节均由重庆文理学院独立承担。

5月18日，学校在恪勤楼221召开党建工作领导小组第一次全体会议。

5月19日，学校"2017年读书文化月总结表彰大会暨大学生文化协会成立20周年庆典"在博文馆101学术报告厅举行。

5月20日，由中共重庆市委宣传部、中共重庆市委教育工委、重庆市教育委员会、共青团重庆市委员会、重庆市学生联合会举办的第36届大学生"青年之声校园之春"辩论赛本科院校组决赛暨颁奖仪式在西南政法大学笃行楼模拟法庭一号厅举行。学校辩论队获重庆市大学生辩论赛决赛本科院校组冠军，学校辩论队队长张伶俐同学获"最佳辩手"称号，队员欧阳春雨获"优秀辩手"

称号。

5月18日—21日，2017中国服务机器人大赛在江苏昆山举行。学校首次派出3个团队9名队员参加家庭服务机器人项目比赛，获二等奖4项、三等奖1项。

5月22日—24日，学校组织开展本科教学工作审核预评估。

5月27日，学校在恪勤楼221会议室召开党建与思想政治工作会议。

5月，学校第二个博士后科研工作站——创新靶向药物国际研究院博士后科研工作站获授牌。

5月，学校开展为期两天的专业评估。邀请西南大学、四川理工大学、重庆理工大学等高校6位校外专家和15位校内专家，组成专业评估专家组。对机电工程学院、电子电气工程学院等10个学院的机械电子工程、微电子科学与工程等12个专业进行评估。

5月，学校创新靶向药物国际研究院陈中祝博士获"重庆市第五届先进工作者"荣誉称号。

6月

6月1日，学校携手永川区政协开展助推大学生创新创业主题活动。

6月2日，学校教育广播台四十周年台庆暨年度换届表彰会在红河A区活动中心三楼举行。

6月2日—4日，重庆市高校基层党组织书记全覆盖培训第九期在学校举行。来自渝西片区9所高校278名党总支及党支部书记参加培训。

6月7日，科技部农村中心研究员刘强和北京市科委农村发展中心主任李志军等一行17人到学校校企合作基地"种苗云港"星创天地众创空间调研。

6月13日，全市高校2011协同创新中心建设推进会在学校召开。

6月22日，重庆市科协年会暨"智汇永川"系列活动"军民融合发展论坛"在学校举行。活动由重庆市兵工学会、重庆理工大学、永川区经信委、重庆文理学院联合举办。全市军民融合领域多家企事业单位领导专家近100人参加论坛。

6月26日，在中国侨联新侨创新创业活动中，学校创新靶向药物国际研究院作为理事会单位应邀参加并当选为中国侨联新侨创新创业联盟理事单位，创新靶向药物国际研究院副院长陈中祝博士当选为中国侨联新侨创新创业联盟理事。

6月29日，学校首届"金果源"学生最喜爱的教师奖现场评选在红河校区博文馆101举行。党委副书记、"金果源"教师奖励基金管理委员会主任刘灿国，副校长万书辉，中文系1982级校友、重庆金果源商贸有限公司总经理、"金果源"教师奖励基金发起人艾中华，教工部、教学部、学工部、校友办负责人以及学校初创阶段10个系（中文、数学、外语、化学、体育、生物、政史、物理、音乐、美术）的现任行政主要负责人出席活动。来自16个学院的160名学生代表参加评选。15个学院的学生代表对各候选教师作演讲推荐，选出10名学生最喜爱的教师。艾中华当场宣布增设"学生最喜爱的教师奖"提名奖5名，每人奖金5 000元，以及学生"最佳推荐奖"5名，每人奖金1 000元。"金果源"学生最喜爱的教师奖由重庆金果源商贸有限公司董事长黄志刚校友、总经理艾中华校友捐资设立，2017年学生最喜爱的教师奖奖励名额为10名，每人奖金10 000元。

6月，科技部发布《关于2016年创新人才推进计划入选名单的通知》（国科发政〔2017〕173号），学校特色植物研究院刘奕清教授依托校企合作单位——重庆市天沛农业科技有限公司，致力于特色植物种苗研发创新与成果转化推广，入选科技部2016年创新人才推进计划科技创新创业人才。

6月，学校党委副书记、纪委书记李德全教授申报的"高校共青团工作评价体系研究"，获批2017年度全国学校共青团研究战略课题。

6月，艾瑞深中国校友会网《2017中国大学评价研究报告》发布2017中国大学本科专业排行榜和2017中国各地区大学本科专业排行榜等榜单。学校园林和会展经济与管理2个专业地区排名雄居榜首，电子信息科学与技术、体育教育、电气工程及其自动化、环境科学4个专业跃居重庆市大学本科专业排行榜前三甲，专业层次达到了"中国知名、区域一流专业"。其中，园林专业跃升至"中国高水平专业"的专业层次，专业星级为四星级。

6月，重庆市教育委员会、重庆市财政局联合发布《关于公布2017年特色学科专业群建设项目名单的通知》（渝教高发〔2017〕10号），由学校机器人工程学院/机电工程学院院长王勇牵头，机器人工程学院/机电工程学院与软件工程学院协同申报的"机器人与智能装备特色学科专业群"，列入2017年重庆市本科高校"三特行动计划"特色学科专业群建设项目，获300万元建设经费支持，建设期3年。

6月，重庆市教育委员会、重庆市财政局公布《关于公布第二批"三特行动计划"特色专业验收结论的通知》（渝教高发〔2017〕11号），学校园林、环境科学、电子信息科学与技术等3个市级"三特行动计划"特色专业通过专家组验收。

6月，学校与杭州瓦屋科技有限公司达成协议，将专利成果《琴叶榕叶片的组织培养基及离体再生方法》（ZL 201310534804.5）和《茶树组培苗生根培养的方法》（ZL201310534765.9）转让给杭州瓦屋科技有限公司，实现科技成果的转移转化。

7月

7月4日，学校与昆明理工大学合作交流会在材料科技楼305会议室举行。

7月6日，学校2017年暑期创业先锋班开班典礼在培训学院116会议室举行，学校副校长漆新贵、金盛，重庆万学科技有限公司副总经理赵华东、张庆朋以及合作发展部、培训学院、教学部、学工部和重庆万学科技有限公司相关负责人出席开班典礼，创业先锋班150余名学员参加典礼。

7月6日，学校"一流专业"建设和"新工科"专业建设工作研讨会在红河校区恪勤楼221会议室召开。

7月5日—9日，由音乐学院2015级音乐学（师范）专业刘乐欢姿、张以斌、毛敏、彭文皓、全浩威、王蓝绮、侯嘉敏和2016级音乐学（师范）专业许洋、王川敏9名同学组成的"Blue组合"作为重庆市前十强选手中"最高人气奖"的获得者代表重庆赴京参加中央电视台《星光大道》节目录制。

7月10日，学校靶向创新药物重庆市2011协同创新中心召开建设推进会。中国工程院院士、复旦大学陈芬儿教授，美国维克森林大学Hui-Kuan LI教授，意大利那不勒斯费德里克二世大学Massimo Santoro教授，重庆医科大学周钦教授，福州大学唐点平教授，重庆医科大学黄玮主任医师，中国科学院成都有机所朱槿研究员，四川省人民医院兰海涛主任医师，陆军总医院许川主任医师，学校党委书记孙泽平、校长许洪斌、副校长王明华，教工部、科技部、教学部、资产部以及创新靶向药物国际研究院相关负责人等出席会议。

7月10日，学校创新靶向药物国际研究院主办的第二届靶向治疗与分子药物国际研讨会在学校召开。来自美国、意大利、英国等国内外著名专家、学者约100余人参加。中国工程院院士、复旦大学陈芬儿教授，美国科学院院士、加州大学伯克利分校 John Kuriyan 教授，美国维克森林大学 Hui-Kuan Lin 教授，华盛顿大学药学院 Ning Zheng 教授，意大利那不勒斯费德里克二世大学 Massimo Santoro 与 Francesca Carlomagno 教授，美国加州大学旧金山分校 Neil P. Shah 教授，伦敦大学 Neil Q. McDonald 教授及国内部分专家、学者作了学术报告。

7月10日，学校与中国工程院院士、复旦大学精细有机化工和原料药制造专家陈芬儿教授签订协议，聘请陈芬儿院士为学校特聘教授、创新靶向药物国际研究院首席科学家、靶向创新药物重庆市2011协同创新中心理事会理事长。

7月11日，学校教师说课程建设与改革汇报交流活动分别在知津楼A501、D504、D506三个会场同时举行。

7月20日，重庆文理学院教育发展基金会（筹）第一次理事会会议在恪勤楼308会议室召开。

7月，由国际大学生新媒体节组委会和苏州大学主办的第三届国际大学生新媒体节暨第三届国际大学生新媒体原创作品大赛中，学校文化与传媒学院广播电视编导专业苟维团队的纪录片作品《格勒·原·梦》获得第三届国际大学生新媒体原创作品大赛一等奖（奖金10 000元）。

8月

8月22日，在第六届中国创新创业大赛（重庆赛区）暨第三届重庆市"高新杯"众创大赛决赛中，学校文化与传媒学院夏梦同学团队获本届大赛"最具孵化价值创业团队"奖项，获孵化基金2万元，并入驻重庆微软云暨移动应用孵化平台。

7—8月，学校2017大学生暑期"三下乡"以"喜迎十九大 青春建新功"为主题，组建校团委理论普及宣讲团、校团委禁毒防艾宣讲团、经济管理/建筑工程学院"井岗情 中国梦"全国大学生暑假实践专项行动服务团等19支重点小分队，奔赴四川邻水、宜宾，湖南郴州，以及重庆云阳、万盛、綦江、丰都等地开展社会实践活动。

9月

9月1日，学校在恪勤楼422会议室组织召开新工科建设工作研讨会。

9月12日，中职与本科对口贯通"3+4"分段人才培养试点项目人才培养方案编制研讨会在恪勤楼221会议室召开。

9月13日，学校与凤凰卫视集团·凤凰数字媒体产业有限公司联合举办的数字媒体动画班举行开学典礼。

9月21日—23日，校党委副书记刘灿国应邀率队参加在西安举行的2017欧亚经济论坛，在论坛科技分会核心专场——首届中意创新创业大赛决赛中，学校柔性触摸显示项目获大赛第二名。

9月25日，在重庆市召开的纪检监察系统表彰大会上，学校纪委被授予"重庆市纪检监察系统先进集体"荣誉称号。

9月18日—25日，音乐学院女子群舞《妹儿要出嫁》应邀参加在重庆大剧院举办的重庆市舞蹈新作专场展演。该作品2016年入选国家艺术基金青年艺术创作人才资助项目。

9月26日，由腾讯网主办，重庆文理学院和腾讯·大渝网共同承办的腾讯2017暑假大学生社会实践重庆站颁奖典礼在学校博文馆101举行。

9月27日，学校第三次党代会党代表警示教育会在博文馆101报告厅举行。

9月27日，学校第389期以"如何快速适应大学生活"为主题的"校领导与大学生面对面交流"活动在学生事务服务中心303会议室举行。

9月27日，中国外运长航订单班2017级新生见面会暨2016学年优秀学生表彰会在学生活动中心举行。

9月29日，固高科技（深圳）有限公司董事、总经理，香港科技大学教授吴宏及重庆固高长江研究院常务副院长吴迪来学校交流考察。期间，吴宏为机电工程学院2017级新生作"人才 技术 模式"专业导论课专家辅导术报告。

9月29日—30日，中国共产党重庆文理学院第三次代表大会召开。29日9:00—9:30在恪勤楼304会议室举行预备会，全体党代表参加会议，党委书记孙泽平作第三次党代会筹备工作报告。9:30—11:40举行开幕式，市委教育工委副书记覃正杰、市委督导组成员、全体党代表参加大会。会议由大会执行主席、校长许洪斌主持。会上，覃正杰宣读《中共重庆市委教育工作委员会关于召开中国共产党重庆文理学院第三次代表大会的批复》并讲话。孙泽平代表中共重庆文理学院委员会作《抓改革 强内涵 创一流 开启高水平应用型大学建设新征程》工作报告。党委副书记、纪委书记李德全代表中共重庆文理学院纪律检查委员会作《聚焦监督执纪问责 推进全面从严治党 为开启高水平应用型大学建设新征程提供坚强纪律保障》工作报告。学校离任老领导，校领导班子成员（非中共党员），非正式代表的二级单位正处级负责人，科研机构主要负责人，各民主党派负责人，人大代表、政协委员，共青团、学生联合会、学生社团联合会代表列席。会议期间，审议并通过了《党委工作报告决议（草案）》和《纪委工作报告决议（草案）》，选举产生了第三届党委委员和新一届纪委委员。9月30日，学校新一届纪律检查委员会在恪勤楼504会议室举行第一次全体会议。会议审议并通过《中共重庆文理学院新一届纪律检查委员会第一次全体会议选举办法（草案）》，选举新一届纪委书记、副书记。9月30日，中共重庆文理学院第三届委员会第一次全体会议在恪勤楼422会议室举行，会议审议并通过《中共重庆文理学院第三届委员会第一次全体会议选举办法（草案）》，选举产生了重庆文理学院第三届党委常委，选举了重庆文理学院第三届党委书记、副书记。通过新一届纪委第一次全体会议选举产生的纪委书记、副书记。

9月，全国高等学校学生信息咨询与就业指导中心发布消息，在2017年以"闪亮的日子——青春该有的模样"为主题的大学生就业创业人物事迹征集活动中，学校2016届毕业生郑付林、贺冰星入选全国大学生就业创业典型事迹名单。

9月，由重庆市文化委员会组织开展的 2017 年度重庆市出版专项资金期刊资助项目评选结果揭晓，学校《重庆高教研究》的《西部高教论坛》栏目名列其中，《重庆高教研究》成为非核心期刊中唯一获得项目资助的期刊。

9月，教育部发布《教育部高等教育司关于公布有关企业支持的 2017 年第一批产学合作协同育人项目立项名单的函》（教高司函〔2017〕37 号），学校有 16 个项目获立项，立项数在全国 734 立项高校中位列第 16 位，并获资金和设备投入 300 余万元。

9月，重庆市教委组织《重庆日报》《重庆时报》、新华网、中国教育电视台、重庆电视台、重庆教育微博微信平台等多家媒体机构对学校创新靶向药物国际研究院常务副院长陈中祝进行了新闻专访，集中宣传陈中祝献身科学研究的先进事迹，报道了学校近年来转型发展取得的突出业绩。

9月，2017年（第 10 届）中国大学生计算机设计大赛软件应用与开发组、数字媒体设计专业组、数字媒体设计普通组、微电影组、软件服务外包组全国总决赛中，学校 5 个参赛队获得全国二等奖 1 项，全国三等奖 4 项。

10月

10月11日，学校本科教学工作审核评估动员大会在恪勤楼 304 多功能厅和知津楼一阶、二阶、三阶、四阶五个会场同时举行。全体校领导、校级教学督导委员、全校教职工参加大会。

10月11日，"CCF 走进高校助力你的专业发展"第 529 场——"英伟达走进重庆文理学院"在学校博文馆 101 开讲，讲座由中国 NVIDIA 公司市场总监侯宇涛先生主讲，主题为"深度学习，动手实验"。

10月12日，副校长漆新贵率领教学部和数学与财经学院相关负责人，参加 2017 年杭州·云栖大会，并应邀出席阿里云大学专场分论坛和新工科人才培养经验分享会。会议期间，漆新贵代表学校与阿里云和慧科集团签署合作协议，共建重庆市首家高校"阿里巴巴大数据学院"。

10月12日，学校特邀西南大学心理学部党委副书记叶海燕副教授在博文馆 101 为学校学生工作队伍作"大学生常见心理问题识别与干预"专题培训。

10月13日，重庆市民政局下发《关于重庆文理学院教育发展基金会设立登记的批复》文件（渝民管〔2017〕225号），同意学校正式成立重庆文理学院教育发展基金会。

10月16日，学校网络（新闻）信息员培训会在博文馆101举行，党群部、现技中心相关人员，二级单位网络（新闻）信息员，全校师生QQ、微信、微博、贴吧等群组管理员近300人参加会议。

10月16日，"2017年福建省晋江、石狮企业赴重庆文理学院专场招聘会"在红河校区A区学生活动中心举行。

10月17日，全体校领导带领相关职能部门负责人，分八个检查小组深入红河校区和星湖校区，从师生安全教育情况、交通安全、消防安全、食品安全、网络安全及重点区域、重点人员等八个方面进行全面检查。

10月17日，学校2014级广播电视编导专业同学黄国平团队创作的微电影《等归》（指导老师：韩宇峰）入围第三届四川省大学生原创微电影大赛并在该大赛中获"优秀剪辑奖"。

10月17日，学校开展以"扶贫济困、你我同行"为主题的"10·17"扶贫日捐赠活动在红河校区A区恪勤楼一楼大厅举行捐赠活动启动仪式。

10月18日，接重庆市教育委员会《关于公布2017年度高等教育教学改革研究立项项目名单的通知》（渝教高发〔2017〕16号）文件，学校"'新工科'背景下应用型高校机器人工程专业人才培养模式的创新与实践"等14个项目（其中委托项目2项）获重庆市高等教育教学改革研究项目立项。

10月18日，中国共产党第十九次全国代表大会在北京召开。上午9时，全体在家校领导、恪勤楼非教学单位全体人员在恪勤楼304集中收看了开幕会的现场直播，聆听习近平总书记代表十八届中央委员会所作的报告。

10月18日，学校在恪勤楼422会议室召开学习十九大精神师生座谈会。

10月18日，学校党委书记孙泽平根据党的十九大战略主题，在星湖校区八阶为青年学子讲授"决胜全面建成小康社会的路径和举措"的思想政治理论课。

10月19日，中国人文社会科学评价研究中心发布中国哲学社会科学最有影响力学者排行榜研究报告：基于中文论文的研究（2017版），报告以学者的中文论文数据为主要依据进行了较为详尽的研究，具有较强的权威性。学校谭宏教授成果可观，入选文化研究领域最有影响力学者，全国排名第69位。

10月19日，学校与北京万学教育集团在恪勤楼504会议室进行校企洽谈，深度推进创新创业教育。

10月20日，由学工部和武装部主办，数财学院承办的"爱我国防"主题演讲比赛决赛在博文馆101举行。

10月20日，由文化遗产学院承办的主题为"人文与科技的融合：新工科发展之道"专题座谈会在志仁楼117会议室召开。

10月23日，由重庆市教委主办的重庆市2017年"优创优帮"大学生创业扶持计划50强项目遴选会（永川片区）在学校知津楼D505举行。来自重庆文理学院、重庆大学城市科技学院、重庆水利电力职业技术学院、重庆城市职业学院、重庆财经职业学院、重庆科创职业学院、重庆电信职业学院的15个大学生创新创业团队100余名师生参加活动。

10月26日，在中央电视台体育频道《我是体育教师》节目中，报道了体育学院2012届优秀毕业生张娟在萱花小学从事基层体育教学的先进事迹。在6分多钟的节目里，对张娟在基层体育教学中取得的一系列成绩进行了翔实的报道。

11月

11月1日，李德全教授工作室入选重庆市高校思想政治理论课名师工作室。

10月31日—11月3日，本科教学工作审核评估专家组一行14人入驻学校，开展为期4天的审核评估工作。

11月5日，中国心理学会脑电技术专委会2017学术年会在学校举行。

11月6日，永川区政协主席刘祥全带队走访学校政协委员。

11月7日，民建永川区委助推重庆文理学院大学生创新创业项目对接洽谈会在学校培训学院116会议室举行。

11月8日，"重庆市教委送岗位进高校（永川秋季专场）暨重庆职教城2018届毕业生双选会"在学校红河校区田径棚举行。来自上海、广东、浙江、福建、安徽、海南、广西、新疆、四川、重庆等地区的200余家企事业单位参会，提供近5 000个就业岗位。学校及永川职教城就业联盟兄弟院校的4 000余名2018届毕业生参加双选会。

11月11日,以"不忘初心跟党走,砥砺前行勇奋进"为主题的2017年迎新晚会在红河校区学海广场举行。

11月11日,学校与俄罗斯托木斯克理工大学联合举办的材料科学与工程（国际班）开班典礼在知津楼D506室举行。

11月12日—13日,由重庆市科学技术协会和学校共同主办的2017微纳米光电材料与先进制造学术会议在学校举行。

11月15日,学校在恪勤楼304组织各教学单位（校属独立科研机构）科研负责人、科研秘书、省部级以上在研项目负责人、高学历高职称教职工、高年级学生代表、全体研究生等280余人收看"学习贯彻党的十九大精神——2017年全国科学道德和学风建设宣讲教育报告会"现场直播。

11月15日,"新工科背景下大学生创新创业面临的机遇与挑战"专题报告会在博文馆101举行。

11月16日,学校与重庆红江机械有限责任公司在恪勤楼422举行校企战略合作签约仪式。

11月16日,由市教委宣讲队成员、学校党委书记孙泽平主讲的"党的十九大精神宣讲会"在红河校区博文馆101举行,学生代表和校宣讲队全体人员近300人参加会议。

11月16日,由学校档案馆主办、文化与传媒学院承办的"档案——我们共同的记忆"国际档案日征文颁奖大会暨"文理记忆"档案征集活动启动仪式在恪勤楼304多功能厅举行。

11月18日—19日,由重庆文理学院校友总会主办,北碚校友会承办的"母校缘·校友情·缙云风"首届校友文化节活动举行。

11月22日,学校唐典勇教授与西南大学联合培养的2016级研究生尤国建同学以第一作者的身份在国际顶尖级化学杂志 *ACS Catalysis* 上发表题为 *PtPd(111)Surface versus PtAu(111)Surface: Which One is More Active for Methanol Oxidation* 的学术论文。

11月23日，学校党委书记孙泽平，副校长漆新贵、万书辉，以及教学部、学工部、外国语学院、继培学院负责人到永川区软件园携程网西南客服中心调研用人需求情况、解决人才储备问题。

11月24日，"新工科"专业建设研讨会在恪勤楼221会议室召开。

11月24日，2017年永川区企业专场招聘会在红河A区学生事务中心三楼举行，来自永川区软件园和永川万达广场的30余家企业参会，提供近600个就业岗位。学校近1 000名毕业生参加。

11月25日，重庆市发展改革委员会重大项目"'一带一路'背景下重庆市会展业标准化体系研究"开题报告会暨学术交流活动在学校恪勤楼422举行。

11月25日，学校广西校友会成立大会在南宁举行。

11月24日—25日，由中国服务贸易协会、中国服务网主办，广东省商务厅、佛山市商务局承办的第七届中国服务贸易年会在广东省佛山市举行，学校被评为"2017服务外包人才培养校企合作示范机构"。

11月26日，教育学院在红河A区活动中心三楼举办以"坚定信念跟党走"为主题的第六届教育节暨庆祝十九大胜利召开之原创诗歌朗诵大赛。

11月25日—26日，由教学部和教育学院共同主办的"大骞世界书法院全国名家公益巡讲"系列书法讲座分别在学校知津楼红河校区八阶和博文馆101举办。

11月28日，学校在红河校区恪勤楼221会议室召开卓越教师教育实验班校院协同培养方案修订研讨会。

11月29日，由中共重庆文理学院委员会主办，党委组织部、党委宣传部、党委统战部、校工会承办的"学习十九大精神，不忘初心、继续前进跟党走"主题演讲比赛在博文馆101报告厅举行。

11月，学校院士专家工作站获授牌。

12月

12月1日，在重庆世纪金源大饭店举行的"军民两用技术成果双向转化重庆对接会"上，学校展出12项先进科技成果，其中，"大功率无线充电桩""超高强度铝合金薄壁壳体近净锻造成形技术""大尺度柔性触控屏技术"等科技成果获得参会专家和企业的广泛关注与热烈反响。对接会由重庆市科学技术委员会主办，重庆军民融合协同创新研究院、重庆科技成果转化促进会、重庆大学先进技术研究院和重庆技术评估与转移服务中心承办。

11月29日—12月1日，在重庆市2017年高校思想政治理论课教师教学技能大赛决赛中，学校教师米梓嘉以现场讲授排名第三、总分排名第二获本科组二等奖，董骏以现场讲授并列第三、总分第七获本科组三等奖。

12月2日，在重庆第二师范学院举行的重庆市第二届教育综合改革试点成果奖颁奖仪式上，学校承担的项目"互联网时代大学生思想政治理论课线上线下一体化教学新模式改革试点成果"获三等奖。

12月4日—5日，学校分别在星湖校区安管处办公室及红河校区知津楼二阶、三阶召开《重庆文理学院校园摩托车管理规定（草案）》意见征求会。博达公司、安管处相关负责人及师生员工100余人参会。

12月5日—6日，学校新材料技术研究院李璐同志当选为永川区科协第七届委员会常委，唐典勇、张铁军两位同志获评永川区第三届优秀科技工作者。

12月6日—8日，学校党委常委、副校长兰刚率教工部、资产部、学工部、合作发展部、党群部、新材料技术研究院、新叶后勤服务公司和博达后勤服务公司相关负责人组成调研工作组，赴巫溪县天元乡开展结对帮扶，扎实推进精准扶贫工作。期间，学校与天元乡签订《重庆文理学院对口支持巫溪县天元乡脱贫攻坚帮扶意向书》，并举行定向帮扶捐赠仪式，兰刚代表学校向天元乡定向捐赠20万元。

12月8日，学校在恪勤楼308会议室举行2017年度市级创业孵化基地绩效评估汇报会。

11月30日，12月9日，教育学院青年教师袁菁嶷在英国伦敦举办个人绘画作品展。

12月9日，在由重庆市教育委员会主办的重庆市2017年"优创优帮"大学生创业扶持计划"50强项目"颁奖暨"30强项目"导师帮扶签约仪式上，学校推选的学生创业项目"立璞西服""校园悬赏令·智慧校园云端"及"重庆市永川区葵阳农业开发有限公司"进入比赛30强，入选2017年"优创优帮"

项目扶持计划。

12月10日，学校代表队获重庆市2017年大学生校园马拉松接力赛总决赛专业组第一名。

12月11日，副校长王明华与UCLA（ITA）常务副院长高为雄、重庆市科委副主任梁震、重庆永川高新技术产业开发区党工委书记罗晓春共同签订谅解备忘录，四方将在重庆市永川高新区共建重庆-UCLA智能制造技术研究院。

12月12日，由中共重庆市委宣传部主办，中共重庆市永川区委宣传部、中共重庆文理学院宣传部、中共重庆文理学院组织部、共青团重庆文理学院委员会承办的"榜样面对面"党的十九大精神宣讲进校园活动在学校博文馆101报告厅举行。

12月12日，学校大学生思想引领中心在红河校区A区知津楼门厅举行"青春建功新时代砥砺前行勇奋进"主题路讲活动。

12月13日，重庆市高校档案工作会在学校召开。重庆市档案局副局长李旭东、校长许洪斌、副校长谭宏，以及重庆市档案局经科处、重庆市教委办公室、重庆市50余所高校档案工作负责人参加会议。

12月13日，学校在博文馆举行"不忘初心牢记使命"的好公仆——孔繁森先进事迹报告会暨图片展。

12月13日，大学生创业者代表——口袋兼职创始人张议云应邀为学校师生在学生活动中心作"95后创业者如何打动投资人融资2 000万"的创新创业主题报告。

12月13日，"重庆文理学院贫困大学生就业对口帮扶系列活动之三——职业见习、就业岗位发布会"在学生活动中心三楼宣讲室召开。

11月16日—12月14日，学校组建"十九大精神宣讲队"奔赴全校各单位开展宣讲，作宣讲报告近100场，受教师生覆盖率达到100%。

12月14日，由学工部主办的第五届辅导员职业能力大赛在博文馆101举行，来自各二级学院的16名辅导员代表参赛。软件工程学院的吴莹莹获一等奖，电子电气工程学院张立芳、公共管理学院周曦获二等奖，机电工程学院李树明、林学与生命科学学院邵志鹏和文化与传媒学院张梓涵获三等奖，数学与财经学院李亚、经济与管理学院周阳、教育学院毕境徽和机电工程学院刘晓凤获优秀奖。

12月14日,以"拥抱新时代践行新思想实现新作为"为主题的重庆市学习贯彻党的十九大精神"六进"文艺宣传活动走进重庆文理学院专场演出在星湖校区活动中心举行。

12月15日,在重庆市科学技术协会五届一次全会上,校长许洪斌当选为市科协副主席(兼职)。

12月14日—17日,在西南大学举行的重庆市大学生第一届拳击比赛上,学校拳击队获三金三银五铜。

12月15日—17日,2017-2018中国大学生3×3篮球赛(重庆赛区)在学校举行。学校参赛队获3×3(重庆城市冠军赛)比赛冠军,学生段丰伟获MVP(最有价值球员)。在单项赛中,学校获个人技巧单项冠军。

12月23日,在2017"高教社杯"全国大学生数学建模竞赛中,学校40支队伍参赛,获国家二等奖4项,重庆市一等奖13项,重庆市二等奖15项,获奖率80%。

12月27日,学校成立新时代高校德育研究所暨学生研究团队。

12月27日,著名雕塑家、文创设计专家,原四川美术学院绘画系主任,重庆大学人文艺术学院首任院长,中国美协版画艺委会委员,中国美术家协会理事,中国国家画院版画院顾问,重庆美协副主席,重庆市人民政府文史研究馆江碧波教授莅临美术与设计学院,在逸夫美术楼B-113会议室就美术与设计学院建设与发展、学校文化创意中心的建设进行交流与沟通。

12月,科技部发文公布2017年国家备案众创空间评选结果,学校百川兴邦众创空间被认定为国家备案众创空间,并纳入国家级科技企业孵化器管理服务体系。

12月,国家司法考试成绩公布,学校公共管理学院2014级法学专业有58名学生参加考试,41人达到国家司法考试合格线,一次通过率70.7%。

12月,新材料技术研究院获批2个重庆市级平台。重庆市发展和改革委员会发布《关于2017年市级工程研究中心、工程实验室认定的通知》(渝发改技〔2017〕1007号），学校新材料技术研究院申报的"光电薄膜与器件重庆市工程实验室"成功获批重庆市级工程实验室。重庆市人力资源和社会保障局、重庆市教育委员会联合发布《关于设立第一批重庆市工程师创新能力培养训练基地有关事项的通知》（渝人社发〔2017〕252号），学校作为唯一一所高校成功入选首批重庆市工程师创新能力培养训练基地。

12月，学校"海棠人才"行动计划获批重庆市优秀人才项目（渝委人才办〔2017〕13号）。

12月，重庆市教育委员会发布《关于批准高等学校"十三五"市级重点学科的通知》《关于公布高等学校市级重点培育学科名单的通知》，学校材料科学与工程、园艺学、社会学、环境科学与工程等4个学科获批"十三五"市级重点学科，药学、数学等2个学科获批市级重点培育学科。

媒体报道
MEITI BAODAO

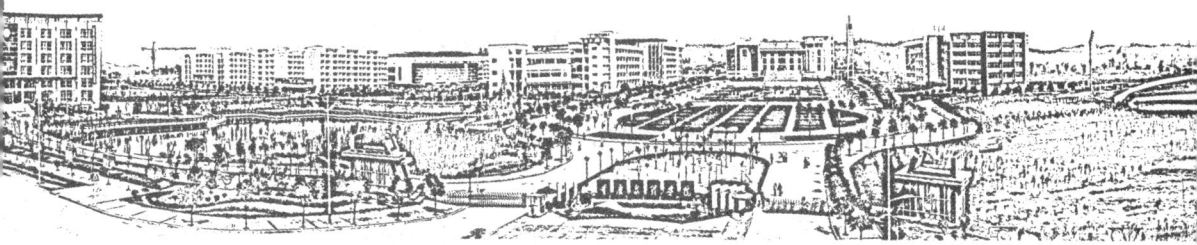

一所应用型本科高校的"创业史"
——重庆文理学院转型发展纪实

《中国教育报》 2017-01-04 1版

"走着走着,突然失去了方向。"近日,重庆文理学院党委书记孙泽平回忆起2007年学校通过教育部本科教学水平评估时,迷茫远大于通过"成人礼"的兴奋。

"成人",意味着自己要对未来的道路负责。重庆文理学院的未来发展有两条路:一条是上面布满其他学校"脚印"的研究性大学之路;另一条是荆棘丛生、无人涉足的应用型大学之路。

8年后,这所新生的应用型本科高校交出了自己的答卷。

一块钱"买"来的院士

为何要顶天?只有顶住天,才能接到地,学校才有服务地方的实力和底气。

2008年,重庆文理学院迎来了一个意外之喜:中国工程院院士、著名材料专家涂铭旌加盟学校。当时,涂铭旌已届耄耋,重庆文理学院才刚过而立之年。

有人并不看好这次"联姻":"80岁到一所'二本'高校,从零起步,能干出什么名堂?"

但涂铭旌不为所动,他要把这里建成新材料的应用中心,将毕生研究成果转化为产业价值。

实际上,不仅是涂铭旌,对重庆文理学院来说,也是一次攸关所系的"创业"。此时的重庆文理学院,别说新材料,连正规的实验室都没有几间。

院士愿意屈身"下嫁"一所名不见经传的新建本科,任谁都觉得不可思议。

图钱吗?在接过重庆文理学院聘书前,涂铭旌告诉孙泽平:"我不要高薪,你只要给我一块钱工资,我就是学校的人!"直到现在,涂老仍住在学校三室一厅的教师公寓。涂铭旌说:"重庆文理学院如同一张白纸,在这里我可以画出自己想画的蓝图。"

然而，在当时，重庆文理学院也不知道这张白纸到底应该画下什么蓝图。

"合格"后的路怎么走？送走教育部的评审专家后，学校领导班子陷入迷茫，是走回传统本科看似安全的"阳关道"，还是走出没人走过的应用型本科高校的"独木桥"？

学校原党委书记钟志奇至今还记得，2008年学校的那场本科办学大讨论。偌大的学校报告厅，嘈嘈切切，很多人对应用型成见颇深，"应用型是不是要退回高职培养模式？""应用型还要不要搞科研？"

众声喧哗中，一个声音掷地有声："我们的改造只要对学生有利，先改起来，试几年，不行再回去。"

一所曾经以师范起家的专科学校，为何要放弃师范专业，垫着脚去够一些需要大量资金和人才堆砌起来的新材料等专业？

为何要顶天？只有顶住天，才能接到地，学校才有服务地方的实力和底气。孙泽平说："我们是地方本科，立地是天职，要为地方培养经济建设所需要的应用型人才；顶天是保障，培育特色优势学科，两者不可偏废。"

8年间，涂铭旌先后主持建设了5 000平方米的实验楼、6 000平方米的成果转化及产业孵化基地，领衔建设了重庆文理学院新材料技术研究院、微纳米光电器件协同创新中心，交出了12个国家自然科学基金项目、300余项科研成果的答卷。

这些科研成果全部面向市场转化。其中，中心研发的银纳米线触摸屏技术，成功试制了可装配5英寸手机屏幕的柔性触控元件，触摸屏生产周期可缩短70%，成本可降低50%，使手机厚度减少1毫米，屏幕坚固不易碎。

从2008年到2014年，学校党委、行政下发1号文件13份，每份文件都贯穿了"应用为本"主旋律。

种下"应用"树，引来金凤凰。如今，学校引来的不只涂老一只金凤凰，还有以美国亚利桑那大学药学院首席科学家李宏宇为代表的新药团队。

新药创制中心拥有抗肺动脉高压和抗ED两个国家一类新药，正委托相关公司进行临床前安全评价，目前的急毒、药代和药效等实验数据表明其优于国外上市的药物。

为了不拘一格降人才，学校还设立特聘教授一、二、三级岗位，让很多充满干劲的年轻人"破壳而出"。

把城市建在大学里

城市的大学，还是大学的城市？这条界线，在永川和重庆文理学院之间变得模糊。

3年前，重庆文理学院红河校区落成，一位记者到此采访，发现"四周光秃秃"，稀疏的树木、一眼望到头的校园，到处都是寂寥之感。

3年后，她再次来到这里，原本光秃秃的校园躲进闹市中，"卖小面的来了，开服装店的也来了"。悄然间，学校和城市共同生长起来。在重庆市永川区政府的规划图上，这里已经成了永川新城的中心。

在一块介绍柔性触摸屏的展板前，永川区发改委副主任谢小平熟络地招待来新材料技术研究所参观的人。她就像这里的主人，每间实验室的用途，甚至每项研究的进展，都了然于胸。

发改委主任一天到晚老往学校里跑，学校跟政府的关系如此亲密无间，在其他地方并不常见。孙泽平还讲了一个"怪现象"："新药研发团队去参加全国创新创业大赛，别的学校都是学校跟着做服务，唯独重庆文理学院，发改委的领导跟着忙前跑后，帮助队员缓解压力、疏导情绪。"

"以前想见发改委的一个科长都难，如今反过来了，发改委的领导围着我们转。"这个转变因何发生，两个数字足以说明："5年10亿元！"新材料技术研究所副所长李璐在谢小平面前拍了胸脯，立下军令状。

李璐没有食言，短短几年，在涂院士团队的帮助下，学校建起了纳米内外墙健康涂料、LED荧光粉及灯具、绿色冶金工艺生产金属铬、pvd超硬涂层等6条中式生产线，而且都已形成产品，陆续进入市场。

"新换的路灯我们一分钱不收，只要把每年节省下的电费给我们。"李璐曾游说谢小平对永川的路灯做翻新，因为学校研发的LED照明灯要比普通灯发光更柔和，而且节能80%。

在重庆文理学院，"不务正业"并非贬义词。拿了学校发的"一元钱"工资后，整整3个月，涂铭旌都没有在学校露面，他不在实验室里，而是钻进永川区大大小小的企业工厂里,他还画了一张重庆地图,每个区域上密密麻麻写满了产业详情。

3个月跑下来,涂铭旌手里攒了200多家企业的名片,每张名片背面,都写着这所企业的需求及产业升级的"软肋"。涂铭旌曾经告诉李璐:"一项技术走出实验室只是开始,真正走向生产线才是终点。"这句话不仅成了李璐的工作原则,更被做成了"重在转化,立足应用"的招牌悬于研究所正门。推而广之,这也是重庆文理学院的立校之本。

重庆每发生一次城市的新陈代谢、产业的废旧扬新,重庆文理学院实验室、人才培养计划、学生课表也跟着一起呼吸吐纳。原来的"摩托城"重庆,现在已引进布局了集成电路、液晶面板、机器人等战略新兴产业,学校的机器人学院、微纳米光电器件协同创新中心也跟着建立起来。

城市的大学,还是大学的城市?这条界线,在永川和重庆文理学院之间变得模糊。

我们培养的是"连长"

"我们培养的是连长,可能有一部分人会成为将军,那是以后的事情。如果定位为培养将军,目标就错了。"

除了重庆文理学院院长之职外,孙泽平还有一个身份——教育部本科评估专家,这让他有更多机会深入观察其他学校的内部纹理。

新建本科去多了,这些"难兄难弟"的心思孙泽平也摸透了:"很多刚升本的新建本科,生怕人家说它不是本科,拼命照抄照搬老本科的培养模式、培养方案。"

"可以即兴来一段弹唱吗?"台下的学生摇摇头,这让孙泽平感到惊诧,师范学院音乐系毕业生竟然无法即兴弹唱。他翻开人才培养方案,答案一目了然,学校开设了很多史学类课程:中国音乐史、西方音乐史、中国钢琴史、西方钢琴史,等等。

"这些学生将来是要去中小学做音乐老师,而不是搞史学研究的。"脚上缠着传统本科"宽口径、厚基础"的沉重锁链,却要朝着"应用型"发足狂奔,很多校长始终没弄明白,应用型大学的课程应该是什么样子。

"从出口往回捋"是孙泽平给出的答案。他说:"同样是教育专业学生,西南大学培养的可能是重点中学老师,重庆师范大学培养的可能是高完中老师,重庆文理学院培养的可能就是乡镇中学老师或小学老师。"

美国西点军校校长的一段话曾让孙泽平印象深刻,"我们培养的是连长,可能有一部分人会成为将军,那是以后的事情。如果定位为培养将军,目标就错了"。

甘愿培养"连长"的重庆文理学院,在2008年开始了一场历时半年的"大手术"——对人才培养方案进行修订。这次"手术"伤筋动骨,砍掉四分之一理论课,并把减下来的课时加到学生实践动手能力的课时中。

如今,重庆文理学院再也找不到一门一成不变的课程,"法无定法",模块化的课程组合方案,让人才培养的差异化得以实现。

同样一门"班主任工作技巧"课程,在汉语言文学和化学教育专业学生的课表里就会呈现出不同样态。重庆文理学院副院长漆新贵解释说:"汉语言文学专业的毕业生当班主任的几率明显高于化学教育专业的学生,那么,这两个专业的'班主任工作技巧'就不能用一个模式来开,前者需要一个学期,后者可能一个讲座就够了。"

当然,阻力也是前所未有。改革之初,有的教师跟孙泽平"叫板":"教育部这么规定的,川大、重大都这么开,凭什么我们要削减这门课?"孙泽平的回答简洁明了:"我们的学生是顾客,教育是服务,学完后无法就业,怎么跟学生和老师交代?"

重庆文理学院的教师大部分是从师范类院校毕业的,以前的老师怎么教他,他就怎么教学生,一本教案可以教几代人。现在,案例教学、专题讨论……每堂课都要精心准备,要比传统教学付出更多努力。

为了让教师动起来,学院推行绩效工资改革、提高示范课课酬、免费出国培训……"既让马儿加速奔驰,又让马儿吃上香甜的草料"。

这场教学改革像是一个咬合的齿轮,从课程到评价,整个人才培养的变革都转动了起来。几年下来,传统老本科的锁链甩掉了,重庆文理学院的教师觉得脚步更轻盈了。

"要学会游泳，必须下水！"几年前，文化与传媒学院院长李天福还像个婆婆妈妈溺爱孩子的"家长"，把学生圈在教室里。现在，他愿意将学生都"推下水"。

"呛了几口水"，面对了客户失望的眼神、市场的冷遇，海纳传媒工作室创始人、大三学生李雪原总算摸爬滚打出了一身硬本领，"比如，运动镜头的使用会使影片更富于变化；要在观众即将产生视觉疲劳时及时转换镜头"。

8年时间，对一所大学来说只是弹指一挥间，但对一所应用型大学来说却异常漫长，因为从雏形到蹒跚学步，并没有可资借鉴的经验和模式。少了套路，却能看到一群为应用型高校摸石蹚水的高教人的真诚。（本报记者：刘博智　储召生　胡航宇）

重庆文理学院探索"高校+市教科院+名优学校"三位一体卓越教师培养模式
——打造教师教育"免检产品"

《中国教育报》 2017-06-27 3版

重庆文理学院学生马若溢求职时在重庆一所重点中学实习，马若溢优异的表现让身边同事以为她一定就读于名校，得知她是重庆文理学院的学生时，同事感到颇为惊异。

马若溢就读的重庆文理学院首届"卓越教师教育实验班"毕业生在名优中小学就业的不在少数，这在当下优质学校选人更青睐名校学生，师范生就业竞争激烈的环境下殊为不易。

作为一所新建地方本科院校，重庆文理学院如何使自己的学生能在就业市场上跟名校毕业生同台竞技？

量身定制人才培养方案

重庆文理学院副校长漆新贵介绍，教师教育是学校的办学优势和强项之一，学校在升本后的转型发展过程中，首先要回答的问题就是如何在转型发展中彰显传统特色。

2013年，重庆文理学院选拔部分优秀师范专业学生，与重庆市教科院共同组建"卓越教师教育实验班"，探索师范教育人才培养模式改革。

"教育有思想，教学有风格，做人有魅力。"这是重庆文理学院党委书记孙泽平眼中卓越教师应有的素质。

重庆文理学院探索出了"高校+市教科院+名优学校"的三位一体卓越教师培养模式：高校负责班级组建和管理，开展教育教学；市教科院负责遴选实践教学基地，协调安排实践教学；名优学校负责学生见习、毕业实习指导等。

"卓越班"有量身定制的人才培养方案。遵循从基本技能到专项技能再到综合能力的递进式发展。从侧重教师基本技能提升训练，到侧重教学专项技能训练，逐步提升为侧重综合教学能力训练。

"卓越班"的学生除完成本专业核心主干课程学习以外，还需完成"职业道德与政策法规""教育理论拓展""教师技能训练""实践教学"4个模块课程的学习。

"我们的目标就是要打造教师教育的'免检产品'。"重庆文理学院教学部部长何华敏说，"卓越班"的学生"三字一话"及教学简笔画、演讲与主持、教师仪表与教态都必须一一过关。

"进来难，留下来更难"

"我们这个班，进来很难，留下来更难。"连续担任4届"卓越班"班主任的任华说，很多学生进来后压力很大，"我的任务就是不断激发他们身上的正能量，让他们不要对自己有消极的心理暗示"。

任华坚持每年给学生家长写一封公开信，倾听家长对"卓越班"建设的意见，还要求学生每年给父母写一封信，汇报自己一年来的学习成长情况。家长对此大加赞赏，有一位家长给任华回信数易其稿，竟用了整整一周的时间。

学生严鑫告诉记者，自己没进"卓越班"的时候，曾因专业成绩很好沾沾自喜，到了"卓越班"才发现，优秀的同学太多，只有不断向优秀者看齐，才能使自己更优秀。

每年，学校从数百名学生中遴选100名组建"卓越预备班"，学习一年以后根据综合考核成绩淘汰掉一半左右。同时，学校也给上进心强、具有潜质的学生一次"复活"的机会。

50%的淘汰率，竞争激烈可想而知。很多学生是通过"复活赛"重新回到"卓越班"的，"为'卓越'而战"是他们相互邀约的誓言。2014级化学专业学生唐星宇曾因为压力太大哭过几次，"想过放弃，但特别不甘心，只能逼迫自己做得更好"。最后她"终于复活"了，"有一股劲儿在推着我前进，现在面对困难，我能更加淡定地应对"。

培养延续到毕业后

'卓越班'是学校送给我们的豪华'大礼包'。"重庆文理学院汉语言文学专业学生杨璐，已被西南大学文学院书法专业录取为硕士研究生，其实，她的硬笔书法完全靠自学，进入"卓越班"后才开始软笔书法的学习。每天，她都坚持练习两个小时。"没有'卓越班'，我的书法不可能有这么大进步。"杨璐说。

"我拿到了最后的入场券！"今年3月，因获得学校师范生技能大赛一等奖，杨渝柳被"卓越班"破格录取。大一时她曾与"卓越"失之交臂，那时她就暗下决心："不进'卓越班'，我依然能优秀。"最终，杨渝柳还是中途"上了车"。

目前，"卓越班"的办学成果正日益凸显：2016年12月，3名"卓越班"学生首次参加全国师范生教学技能大赛获得两个一等奖、一个三等奖；在前三届重庆市师范生教学技能大赛中共获6个一等奖、9个二等奖、12个三等奖，位居市内高校前列。

"卓越班"的引领示范效应也开始发酵。借鉴这一模式，重庆文理学院12个教师教育相关专业已经创建了"特色班"。如文化与传媒学院的"语文名师工作室"，数学与财经学院的"名师梦工厂"，电子电气工程学院的"济慈物理名师班"等。

一些名校纷纷向"卓越班"的学生伸出橄榄枝："我们随时欢迎你校的学生来实习。"

据介绍，"卓越班"学生毕业后，重庆文理学院还将实施"加油站"计划，通过"卓越教师成长加油站"网络平台等多种形式和渠道，对学生专业成长进行跟踪指导，做到离校不断线，持续为其提供优质的教师发展资源，并根据毕业生在工作中反馈的信息对在校"卓越班"学生的培养模式进行持续改进。

通过几年的努力，"卓越班"的学生正在用实力改变用人单位对"出身"的偏见，实力与"出身"的赛跑，答案逐渐清晰起来。（本报记者：胡航宇）

他在材料领域耕耘半生,年过八旬又华丽转身,竭力办好一所大学
——涂铭旌:老兵新传

《中国教育报》 2017-12-21 4版

他,是我国杰出的材料科学家,潜心金属材料、稀土、钒钛及纳米材料研究,为我国材料科学与工程领域的建设和发展书写了浓墨重彩的篇章。

他,身体力行"科教报国、科技兴乡"的人生信条,将科学研究与祖国建设、社会需要、家乡发展紧密地联系起来。

他,耄耋之年,本可安享含饴弄孙的快乐,但他情系桑梓,勇挑重担,将数十年发展积累的教育科研思想付诸实践,演绎着一个老兵新传的人生传奇。

他,就是中国工程院院士涂铭旌。

科教报国,三次创业

时至今日,涂铭旌仍记得71年前乘船离开家乡重庆的那一幕:1946年夏秋之交,年仅18岁的他,前往上海同济大学求学,当轮船经过夔门即将离开家乡的时候,突然之间,一种强烈的感情在他心中升起:"我应该有一颗报恩的心,就是有朝一日,我一定要回报生我养我的故乡!"

那时、那情、那景永远定格在他的心里。回报家乡,为家乡的建设和发展贡献自己的力量——这成了他一生挥之不去的梦想。这个梦,一做就是四十年。

1951年大学毕业以后,成绩优异的涂铭旌留在了同济大学担任助教,并先后被选送到哈尔滨工业大学、北京钢铁学院(今北京科技大学)学习,1955年研究生毕业后先后在上海交通大学、西安交通大学任教。

涂铭旌把自己在西安交通大学工作的30年称作是"人生第一次创业"。30年里,他作为主研人员跟随周惠久院士从事金属材料研究,并协助周惠久创立了金属材料强度理论,创建了西安交通大学金属材料强度国家重点实验室。1988年,涂铭旌作为主研人员的"发挥金属材料强度潜力的理论研究"荣获

原国家教委科技进步一等奖、国家自然科学三等奖，为我国金属材料研究作出了重要贡献。

1988年8月，年已60岁的涂铭旌离开工作了30年的西安交通大学，终于回到自己的家乡——四川成都，受聘为成都科技大学（后四川大学和原成都科技大学合并，组建新的四川大学）教授，担任高新技术研究院院长，开始了他所说的"人生第二次创业"。

在四川大学的20年里，涂铭旌以极大的热情投入科学研究和人才培养工作，取得了令人敬佩的突出成就——

仅用5年时间就建成四川省稀土材料及应用工程研究中心、四川省纳米科技应用工程技术研究中心，领衔申报成功两个博士学位授权点（金属材料和纳米材料及纳米技术）。

2001年四川大学材料学科被评为国家重点学科，他的两项研究成果"室温磁致冷材料"和"无钕稀土系镍氢动力电池"，分别被评选为2002年和2003年稀土十大科技新闻。

1993年，是涂铭旌人生中跌宕起伏的一年。超负荷的压力和夜以继日的辛勤工作，使他积劳成疾，病倒在科研征途中。这一年，他被确诊为直肠癌。"生死对立统一、相辅相成、相互转化。不惧怕死、不谈癌色变，就不致增加身心负担。积极治疗，反而会起死回生。"面对生死考验，涂铭旌十分淡然。

在休养期间，他仍然坚持给研究生上课，不仅着手探索开创"材料创造发明学"课程，还在术后第二年开始指导调至成都科技大学后的首届博士研究生。

"他用生死考验见证了崇高的师德、诠释了教师职业的理想追求。"涂铭旌在川带领的第一批博士生黄婉霞如是说。

1995年，鉴于他在材料学研究方面所作的巨大贡献，他当选为中国工程院机械与运载工程学部院士。

2008年11月15日，涂铭旌度过了自己80岁生日，一个偶然的契机，他在永川与重庆文理学院结缘。他认真了解了重庆文理学院这所年轻的学校，被这所学校的办学理念、办学精神、办学模式、办学效率所吸引和感染。不顾年事已高，他毅然担负起提携这所年轻大学的重任。他受聘为重庆文理学院名誉校长、发展战略顾问,勇敢闯向了人生的"第三次创业"。

涂铭旌曾梦想有一片天地,可以按自己的思维去创办一个材料研究所。如今,他的这个夙愿在重庆文理学院实现了。

桑梓情深,从零起步

接受重庆文理学院的聘书后,涂铭旌和他的夫人唐昭莼舍弃在成都的优裕生活,把全部精力都投进了重庆文理学院,以求引领这所年轻的学校在学科建设、科学研究和应用型大学创建的道路上前进。

一切都是从零开始。

将应用技术师范学院的教学实验室进行了一番改造,涂铭旌便有了在重庆文理学院的实验室。来到学校的第一年,实验室只有4个人,设备空缺,资金匮乏,也没有材料专业,一切都是一张白纸。招人也很困难,没有一个博士往这边投简历,最后只招了6名硕士研究生。

"其实最难的就是确定研究方向,如今涂老在学校工作近十年了,而前几年都是在摸索中度过的。"学校党委副书记刘灿国回忆。

涂铭旌并无退缩。他勇担总设计师的角色,画蓝图、领方向、写方案,从设备的选型到安装调试,再到项目的构思,他推动着每一步有条不紊地进行。

刚到学校的那段时间,涂铭旌不顾年事已高,走访了永川区及周边区县200余家中小企业,按他的话来说,科研要"接地气",要实际应用,做好调研是第一步,要了解企业技术能力现状,企业发展需求,掌握第一手资料,为科研做好准备。

实验室建立伊始,第一年做的项目有刀具的表面涂层、大足石刻的文物保护、重庆巫山城口矿石的综合开发利用等。"我们研究的东西到底有没有价值,适不适路?"涂铭旌经常带着他的学生和助手到企业登门请教。

从为学校进行战略谋划,到求贤若渴为学校广引人才,再到呕心沥血指导学科建设,涂铭旌不辞辛劳深入一线调研。为了抓好实验室建设,八十多岁的他,连寒暑假也几乎没有休息。

"研究院从一层楼扩建到二层楼的时候,正是重庆最为炎热的暑假期间,酷暑难耐,又加上没空调,施工期间灰尘多、噪音大,办公环境特别艰苦。但涂老不仅要求所有科研人员继续工作，自己也坚守在工作岗位。"涂铭旌的秘书雷宇回忆起当时的情景，感慨不已。

在涂铭旌的牵头之下，学校的一系列高精尖实验慢慢开展起来。

2013年，在重庆市科委的组织下，重庆市光电材料与器件研究院落户重庆文理学院，为学校打开了一片全新良好的科研生态。

2015年，重庆市协同创新中心择优支持学校实验室1 000多万元。渐渐地，实验楼从第一层加到了第二层，加到了第三层，再到整栋材料科技楼都成了研发中心。

液压机、喷烧炉等工厂级的装备引进来了；来自英国牛津大学、美国加州大学、清华大学、浙江大学的人才也源源不断加入，霎时间，实验室充盈了蓬勃的生机与朝气。

目前，新材料技术研究院已建成面积约4 000平方米的实验楼和6 000平方米的成果转化及产业孵化场地，拥有价值4 000万元的仪器设备。

呕心沥血，十年如一日

十年里，涂铭旌仿佛忘记了自己已是年过八旬的老人。

这十年间，涂铭旌亲笔写下了《材料中心发展战略构想建议》《培养优秀材料工程师的设想和实践》《服务产业发展的构想和实践》《高素质创新型人才的软实力和巧实力》《运用先进智造技术助推中小型制造业转型升级》等100余篇关于学科建设、学校转型、地方产业发展的报告。这些报告立足实践，深入浅出，真实反映了这些年来在办学模式上的新探索、在学科建设上的新思想、在服务区域性经济社会发展上的新思路。

翻阅这些报告文稿，上面涂满了涂铭旌用红色、蓝色、黑色、绿色的笔做的标注，有的粗、有的细，不时还有三角形、星号做点缀。无数个日夜，实验楼办公桌前，戴着老花镜的涂铭旌聚气凝神，落笔无声，这成为很多人记忆深刻的画面。

在探索实践中，涂铭旌始终以地方高校学科建设、转型升级、服务社会为出发点。他提出普通地方院校服务区域产业发展的三个办学理念：服务区域产业发展，驱动地方院校内涵发展是重要使命，是学校办出特色的必由之路；政、产、学、研协同创新，提高学校整体创新能力，是强校之路；培养特色应用人才（优秀工程师）是强校之本。

十年来，涂铭旌带领材研院在团队建设、科学研究、人才培养、服务社会等方面取得了一系列成绩。新材料技术研究院逐步发展成光电材料与器件、先进材料与成型技术领域的著名科研机构，团队攻克纳米银线柔性触摸屏和喷墨打印电子线路两项关键技术，获得首届全国智能制造创新创业大赛总决赛第一名、首届中意创新创业大赛第二名。

"纳米银线的研发正值夏日酷暑，涂老和我们团队在实验室里待了整整一个暑假。研发过程中，问题重重，困难不断，涂老一直耐心指导，鼓励我们不要放弃，经过几百上千次的实验、上万次的测试，我们才突破了将银金属纳米化及图案化的技术难题。"团队成员李璐说，涂老的敬业精神和严谨的态度给团队留下了难忘的印象，并使大家终身受益。

研无止境，不老"九零后"

十年来，涂铭旌以战略家的广阔视野、思想家的卓越智慧、科学家的严谨作风，激励着身边的每一个人。

校长许洪斌说："涂铭旌院士已成为重庆文理学院一张引以为傲的办学名片、学校深度转型发展的象征符号、文理人心中高耸挺立的精神丰碑。"

这位淡泊低调的耄耋老人曾戏言自己是"八零后"，如今眼看就成"九零后"了，他依然向着未来，迈着探索的步伐。

日前，由涂铭旌院士亲自授牌的创新教育平台"涂铭旌创新实验班"正式搭成，它将采用"3+2"本硕连读的培养模式，以双导师制、因材施教、小班教学、国际化为特色，培养具备"创新、创意、创业、创富"能力的优秀材料工程师。该实验班已有材料科学与工程专业58名学生，其中18名学生将出国留学深造。

"能够进入涂铭旌创新实验班，我感到荣幸和自豪，同时也倍感压力和责任，我将珍惜学习机会，高标准严要求，将涂老的精神传承和弘扬下去。"2017级材料科学与工程专业的丁宇淳如是说。

在涂铭旌院士89岁生日之际，学校党委书记孙泽平和校长许洪斌为他颁发了"终身奉献奖"证书和奖杯。

颁奖词这样写道："十年来，他高瞻远瞩为学校进行战略谋划，他求贤若渴为学校广引人才，他呕心沥血指导学科专业建设；十年来，他带领他的团队为学校、重庆，乃至国家的科技创新作出了重大贡献；十年来，他'大爱无疆、科教报国'的献身精神在文理人心中树起了一座丰碑。"

"谢谢你！涂院士，文理人永远爱你！"孙泽平书记发自内心的告白唤起了全体文理人的共鸣。

接过沉甸甸的奖杯，涂铭旌止不住内心的激动，他说："这辈子我得过三个国家级科学技术成果奖、20多个省部级奖项，单单情有独钟两个奖，一个是四川大学授予我的'十佳师德奖'，一个就是文理学院授予我的'终身奉献奖'。"

"这两个奖激励着我继续奉献，继续回报生我养我的重庆家乡父老。我将为重庆文理学院建设高水平的应用型大学鞠躬尽瘁，活到老，学到老，奉献到老，这就是我的心愿。"涂铭旌说。（本报记者：胡航宇　通讯员：史甲庆）

海归博士 4 年成功研发世界领先癌症抑制剂

《重庆商报》-上游财经《大渝网》《腾讯网》　　2017-09-08　　秦健

4 年前,从美国亚利桑那大学药学院回国的陈中祝博士接受重庆文理学院邀请,开始组建创新靶向药物国际研究院。4 年后,团队自主研发的"抗 ED 和肺动脉高压一类新药"即将进入临床研究,而与美国专家合作研发的 1 个治疗甲状腺癌、乳腺癌的 RET 抑制剂,也属于世界领先水平。

美国博士毕业选择来渝

陈中祝出生于安徽怀宁。2001 年,他从西南师范大学应用化学专业毕业后,来到江苏某外企研发部任项目经理,主攻新药研发。5 年后,他放弃高薪选择深造,在中国科学院成都有机化学研究所开始了 5 年的硕博研读。

2011 年 4 月,陈中祝拿到了美国亚利桑那大学的邀请函。同年 8 月,他来到美国从事科学研究,并获得亚利桑那大学 VPR 博士后奖。经过慎重考虑,他选择回国来到重庆文理学院。"跟国外相比,我国目前的新药研发能力还较薄弱,正是需要科研人员的时候,从另一个角度来说,国内新药研发的发展空间会更广阔。"

重庆文理学院的新药研发基础为零,且地处重庆永川,更不是一线大城市。让陈中祝动心的,是时任重庆文理学院院长、现任重庆文理学院党委书记孙泽平的务实和诚意。当时,对方的一句话让他印象深刻:"我们文理人做的比说的好,兑现的比答应的多!"

研发新药每天工作 10 小时

2013 年 7 月,陈中祝博士接受重庆文理学院邀请,开始筹建创新靶向药物国际研究院。10 月,研究院正式运行。

新药研发不是一朝一夕的事。"做研究,必须耐得住寂寞,静得下心。"陈中祝说。筹建的一年里,除了春节,他把时间几乎都放在了研究院。在步入正轨后,他依旧是每天早上 7 点多就上班,晚上 10 点过下班。

"研究院的同事们都这样,周末主动加班。有时一个实验要持续10多个小时,想走也走不开。"陈中祝说。

不久,研究院迎来了中科院成都有机化学研究所的联合培养博士生。一次,在读博士生雷杰做柱色谱分析时,按照常规做法多次试验后,也没将成品分离出来,无奈向老师请教。陈中祝亲自指导,更改了他的实验思路,成功分离、提取出了成品。

目前,团队先后聘请了6名世界知名新药研发专家作为团队首席科学家,现在创新靶向药物国际研究院有科研人员27人,其中正高级职称的科研人员9名;具有博士学位的科研人员21人;具有海外留学经历的科研人员10人,成为一支不容小觑的国际协同创新新药研发团队。2016年,创新靶向药物国际研究院成功获批重庆市级博士后科研工作站。

成功研发世界领先抑制剂

2015年,陈中祝率领"抗ED和肺动脉高压一类新药"项目研发团队进入"第四届中国创新创业生物医药行业全国总决赛",以90.58分的成绩,打败了来自众多名校、大型药企和科研机构的200多支全国优秀团队。

目前,"抗ED和肺动脉高压一类新药"已完成临床前安全评估,预计今年底可进入临床研究。该药物与目前国际销售较好的同类药物相比较,有起效更快、更安全、高效和有较适中的药效时间等明显优势。

此外,团队与美国合作成功研发的治疗甲状腺癌、乳腺癌的RET抑制剂,与目前甲状腺癌治疗药物相比较,体外活性增加了1 000倍以上。

陈中祝说,此药物可同时针对RET和VEGFR2靶向,相当于同时阻断了肿瘤细胞的两条前进路径,在世界属于领先水平。成功上市后能提高癌症的治疗效果和减少药物的耐药性,给广大癌症患者带来良好的预后。

重庆文理学院八大举措帮扶困难学生就业

华龙网　　2017-03-01

华龙网　3月1日21时55分讯　重庆文理学院高度重视大学生，尤其是家庭经济困难、就业困难学生群体的就业工作，按照"重点关注、重点推荐、重点服务"原则，制定2017年困难学生就业帮扶八大措施，扎实帮扶困难学生就业。

一是建立就业台帐。建立贫困大学生分年级档案，实行信息统计报送制度，对低年级贫困学生的职业能力提升状态实行学年报送制度，对毕业年级贫困学生的就业分类指导、定点帮扶、就业状况实行月报制度，及时掌握贫困毕业生的就业情况，强化动态管理。二是开设专场讲座。聘请校外专家为低年级、高年级贫困学生分别开设"职业生涯规划"专题讲座、"求职准备与技巧"专题讲座各4场，帮助、引导低年级学生制定个性化成长计划、组织参加职业技能培训，提升毕业生心理素质和求职能力。三是组建公益培训班。根据贫困学生个人发展与就业的不同意愿，投入10余万元购买专业培训课程，分类组建考研辅导班、公务员考试辅导班等公益培训班4~6个，为就业困难毕业生免费提供专题培训。四是开展"一对一"就业指导。根据就业困难学生的自身特点和实际情况，持续开展"一对一"就业指导工作，组织发动辅导员、专业教师等通过个别谈心、心理辅导等方式，有针对性地为就业困难毕业生提供职业生涯规划、职场形象设计、就业形势与政策等方面指导，帮助他们掌握就业政策、更新就业观念、提升就业能力。五是强化就业信息和岗位推送力度。通过学校就业网、短信、电话、电子邮件、QQ群、飞信群等多种载体，有针对性地为就业困难毕业生及时提供各类岗位需求信息及招聘会信息，同时筹备组织2017年春季贫困大学生就业专场招聘会，并将采取优先推荐、个别推荐等措施，积极为就业困难毕业生提供就业机会。六是为贫困学生发放求职补贴。深入贯彻落实国家和重庆市有关政策，按时发放贫困学生求职补贴，并于2017年出台贫困学生到西部、边疆、基层就业补助政策，鼓励贫困大学生到西部、到边疆、到基层就业。七是提供助研助管岗位。针对少数就业困难学生实际情况，从学校有关职能部门、科研院所、校办企业中提供临时性的助研、助管岗位，帮助解决学生实际困难。八是寻求社会爱心援助。学校组织发动各相关单位和教职员工多方联系友好单位与爱心人士，为贫困学生提供勤工俭学岗位、带薪实习岗位、就业岗位、求职电话补助、结对帮扶等爱心援助，帮助贫困大学生顺利完成学业并就业。

重庆文理学院多举措推进科研工作创新发展

华龙网　2017-12-28

华龙网　12月28日18时30分讯　重庆文理学院多举措推进科研工作创新发展。一是完善科研管理体制，激发科研动力。修订完善重庆文理学院《纵向科研项目管理办法》《科研和学科类经费使用报销办法》《科研项目间接费用管理办法》等系列管理办法，出台重庆文理学院《横向科研项目管理办法》《科技成果转化管理办法》等文件，切实有效推进科研经费使用和管理方式改革创新，下放科研项目经费审批权限至项目负责人，优化科研创新机制氛围，激发科研创新活力，着力提升广大科研人员工作的积极性和创造性。

二是注重科研协同合作，提升科研合力。与俄罗斯托木斯克理工大学开展战略合作，共建国际科技合作示范基地，推动双方优势技术和科研资源的合作共享。与美国加州大学洛杉矶分校共建重庆-UCLA（ITA）智能制造技术研究院，依托加州大学洛杉矶分校技术成果、技术团队等科研资源优势，强化双方在智能制造、新材料、信息技术、生物传感和医疗技术等领域的科研创新合作。与重庆固高科技长江研究院、网龙网络控股有限公司等高科技企业开展深度合作，共建人才实训基地和科技研发基地，在教育机器人、智能制造、人工智能、虚拟现实等科研方面，形成人才互聘和联合研发的合作模式，共同加强人才培养与科技创新。

三是搭建科研创新平台，助力成果转化。与中国兵工集团五九所共建X短波金属无损检测分析联合实验室，搭建一流的金属检测技术平台，推进军民融合创新和资源成果双向转化。与永川区共建中小企业创新服务中心，促进人才、平台、成果等要素向行业产业流动，从应用端、需求端整合资源，构建创新链条，提升技术供给能力，促进成果落地转化。与市教育评估院联合建立教育创新研究院，挂牌成立中小企业财务研究所，推进科研院所、研究中心、科研基地、研究团队、研究经费等科技资源有效运用于教育教学，促进科研成果转化为教育教学资源。